제2판

SAS를 이용한 다변량 자료분석

저자 박흥선

Multivariate Data Analysis Using SAS

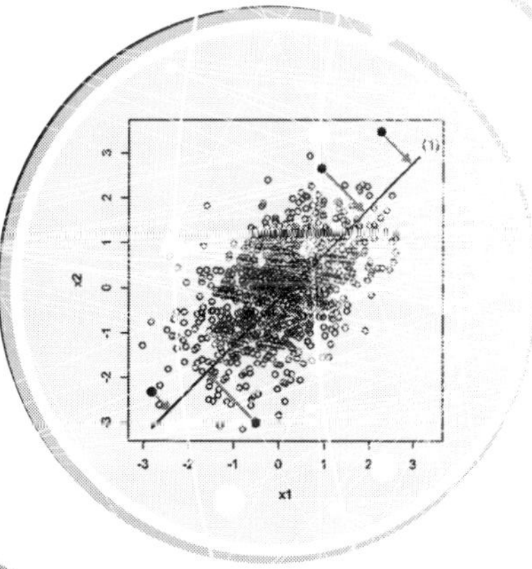

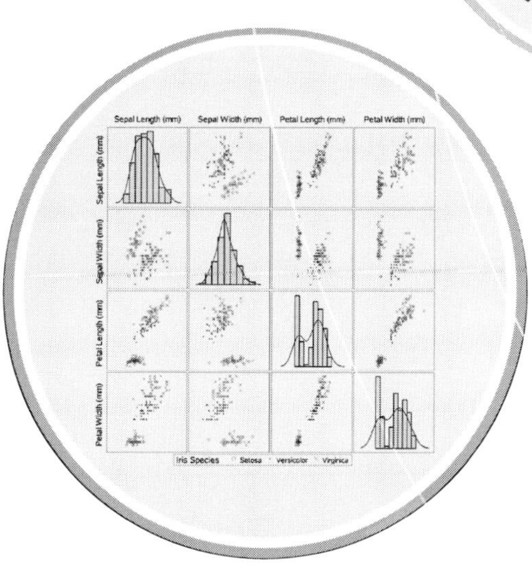

자유아카데미

Contents

머리말

현대통계학의 급속한 발전은 컴퓨터와 같은 하드웨어의 발전과 무관하지 않다. 이는 사회가 발달할수록 기하급수적으로 축적되는 데이터의 양 때문이기도 하지만, 가능한 모든 변수를 분석과정에 포함시킴으로 극대이윤을 추구하려는 기업의 노력과도 그 보조를 같이하고 있다. 자세히 말하면, 과거의 통계분석은 x와 y, 두 변수의 상관분석이나 $x_1, x_2, \cdots, x_p$와 y의 중회귀분석에 만족했지만, 현대사회는 $x_1, x_2, \cdots, x_p$와 $y_1, y_2, \cdots, y_q$ 간의 복합적 관계에 근거한 다차원적 분석을 요구하고 있기 때문에, 다변량 자료분석(multivariate data analysis, 혹은 다변량 분석)은 이미 정보사회에서 가장 필요한 통계분석 방법 중 하나가 되었다.

특히, 마케팅의 CRM(Customer Relationship Management)이나 유전자 분석의 DNA microarray, 그리고 빅 데이터(Big Data), 애널리틱스(Analytics), 데이터 마이닝(Data Mining) 뿐 아니라, 의료보건, 섬유공학, 교육학, 심리학, 심지어 패션 의류에 이르기까지 거의 대부분의 분야에서 요구되고 있으므로, 다변량 자료분석의 중요성은 아무리 강조해도 지나치지 않을 것이다.

다변량 분석은 벡터와 행렬, 다변량 확률분포의 이론, 그리고 사용하는 분야마다 서로 다른 용어로 인해 학부과목으로 개설하기엔 조금 부담스러운 것이 사실이다. 이러한 면에서, 이 책은 다변량 이론의 수학적 증명 보다는 다변량 자료분석의 개념을 강조했고, SAS®소프트웨어를 통한 실제 자료분석에 초점을 맞추었다.

이 책을 소화하기 위해서는 최소한 두 과목 이상의 통계학 수업을 수강할 것을 추천하며, 특히 회귀분석(regression analysis)과 실험계획법(design of experiment), 또는 범주형 자료분석(categorical data analysis)을 수강한 사람은 이 책을 이해하는데 문제가 없을 것으로 생각한다.

마지막으로 출판을 도와주신 자유아카데미사의 김지영 사장님, 부족한 나의 강의를 경청해 준 학생들과 아낌없는 격려를 주신 통계학과 교수님들께도 감사드리고 싶다. 그리고, 표지 디자인으로 수고해 준 이루경, 지루한 교정과정을 도와주며 응원해준 아내 승희에게 사랑과 존경의 마음을 전한다.

2023. 6월. 속초에서.

Chapter 1

벡터와 행렬

벡터(vector)와 행렬(matrix)은 다변량 분석에 없어서는 안 되는 도구로서 관측치나 변수의 개수가 많은 자료분석에 효과적으로 사용된다. 이 단원에서는 다변량의 이론적 접근을 위해 벡터와 행렬의 개념과 성질, 표기법 등을 간단히 살펴보기로 한다. 이에 대한 보다 자세한 설명은 다른 문헌[1]을 참조하기 바란다.

1.1 스칼라와 벡터

실수공간 혹은 유클리디안 공간($\mathbb{R}^n$)에서 정의되는 '스칼라(scalar)'는 크기를 나타내는 실수값이며, 실수공간의 '벡터(vector)'란 방향과 길이를 나타내는 두 개 이상의 실수로 이루어진 객체이다.

Definition: (스칼라) 스칼라(scalar)는 크기(몸무게, 길이, 온도 등)를 나타내는 실수값.

Definition: (벡터) 벡터(vector)는 두 개 이상의 실수로 이루어지며, 길이와 방향을 나타내는 값.

Remark 이 책에서, 스칼라는 영문 소문자(a, b, $c, \cdots, x$, y, z)로 표시되며, 벡터는 영문볼드체 소문자($\boldsymbol{a}$, $\boldsymbol{b}$, $\boldsymbol{c}, \cdots, \boldsymbol{x}$, $\boldsymbol{y}$, $\boldsymbol{z}$)로 나타낸다.

[1]박홍선 (2023), "통계학을 위한 선형대수", 자유아카데미사

Definition: (벡터의 크기) 벡터의 크기(size)는 벡터를 구성하는 원소의 개수로 결정되며, 만일 벡터 $\boldsymbol{x}$를 구성하는 원소의 개수가 n개 이면 벡터 $\boldsymbol{x}$는 $\mathbb{R}^n$에 속하며, 이를 $\boldsymbol{x} \in \mathbb{R}^n$이라고 표기하고, 벡터 $\boldsymbol{x}$의 크기를 $n \times 1$(발음으로는 'n-by-one') 이라고 한다.

Definition: (행벡터와 열백터) 가로방향의 벡터를 '행벡터(row vector)', 세로방향의 벡터를 '열백터(column vector)'라고 한다. 특별한 언급이 없으면 모든 벡터는 열백터로 간주한다.

Example 다음은 열벡터와 행백터의 예다.

$$\boldsymbol{x} = \begin{pmatrix} x_1 \\ x_2 \\ \vdots \\ x_{10} \end{pmatrix} \in \mathbb{R}^{10}, \qquad \boldsymbol{y}^T = \begin{pmatrix} y_1 & y_2 & \cdots & y_5 \end{pmatrix} \in \mathbb{R}^5 \tag{1.1}$$

Definition: (벡터의 전치) 벡터의 전치(transpose)는 행벡터를 열벡터로, 혹은 열벡터를 행벡터로 바꾸는 것을 말하며, 이는 벡터에 T라는 위 첨자를 사용하여 표시한다. 따라서, 임의의 열벡터 $\boldsymbol{x}$의 전치는 행벡터 $\boldsymbol{x}^T$가 된다.

Definition: (벡터의 덧셈과 뺄셈) 벡터와 벡터 간 덧셈과 뺄셈은 같은 크기를 가진 벡터 사이에서 정의되며, 아래와 같다.

$$\boldsymbol{x} = \begin{pmatrix} x_1 \\ x_2 \\ \vdots \\ x_n \end{pmatrix}, \quad \boldsymbol{y} = \begin{pmatrix} y_1 \\ y_2 \\ \vdots \\ y_n \end{pmatrix} \in \mathbb{R}^n \quad \Longrightarrow \quad \boldsymbol{x} \pm \boldsymbol{y} = \begin{pmatrix} x_1 \pm y_1 \\ x_2 \pm y_2 \\ \vdots \\ x_n \pm y_n \end{pmatrix} \tag{1.2}$$

Definition: (벡터의 길이/노옴) 3차원 벡터 $\boldsymbol{a}$는 좌표평면에서 (a_1, a_2, a_3)로 정의되며(그림 1.1 참조), 벡터 $\boldsymbol{a}$의 길이(length)는 $||\boldsymbol{a}||$라고 표시하고 '$\boldsymbol{a}$의 노옴(norm)'이라고 읽는다.

$$\boldsymbol{a} = \begin{pmatrix} a_1 \\ a_2 \\ a_3 \end{pmatrix} \in \mathbb{R}^3, \quad \Longrightarrow \quad ||\boldsymbol{a}|| = \sqrt{a_1^2 + a_2^2 + a_3^2} \tag{1.3}$$

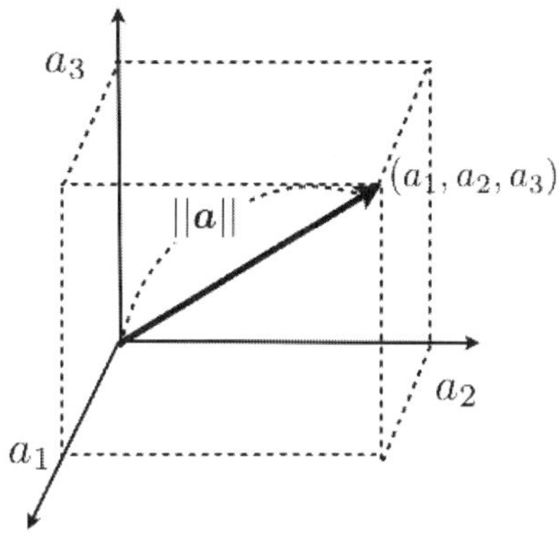

그림 1.1: 3차원 좌표계에 표시된 벡터 $\boldsymbol{a} = (a_1, a_2, a_3)$와 길이/노옴

Definition: (벡터의 내적) 두 벡터 간의 내적(inner product)은 같은 크기의 벡터 사이에서 정의되며, 아래와 같다.

$$\boldsymbol{x} = \begin{pmatrix} x_1 \\ x_2 \\ \vdots \\ x_n \end{pmatrix} \in \mathbb{R}^n, \quad \boldsymbol{y} = \begin{pmatrix} y_1 \\ y_2 \\ \vdots \\ y_n \end{pmatrix} \in \mathbb{R}^n \quad \Longrightarrow \quad \boldsymbol{x}^T \boldsymbol{y} = \sum_{i=1}^{n} x_i y_i \tag{1.4}$$

Theorem 1.1 *벡터 $\boldsymbol{x}$와 벡터 $\boldsymbol{y}$가 $\mathbb{R}^n$에서 정의될 때, 그림 1.2의 두 벡터 간의 사잇각 θ에 대하여, 내적 $\boldsymbol{x}^T\boldsymbol{y}$는 아래와 같은 성질을 만족한다 (증명생략).*

$$\boldsymbol{x}^T \boldsymbol{y} = ||\boldsymbol{x}||\ ||\boldsymbol{y}|| \cos\theta \tag{1.5}$$

1.2 행렬

벡터가 여러 개의 스칼라를 행이나 열방향으로 모아 놓은 것이라면, 같은 크기의 열(행)벡터를 행(열)방향으로 모아 놓으면 행렬(matrix)이 된다.

Definition: (행렬) 행렬이란 숫자나 문자를 일정한 순서에 의해 괄호 안에 배열(array)한 것이며, 영문대문자로 표기한다. 다음은 'm행n열 행렬(혹은 m-by-n

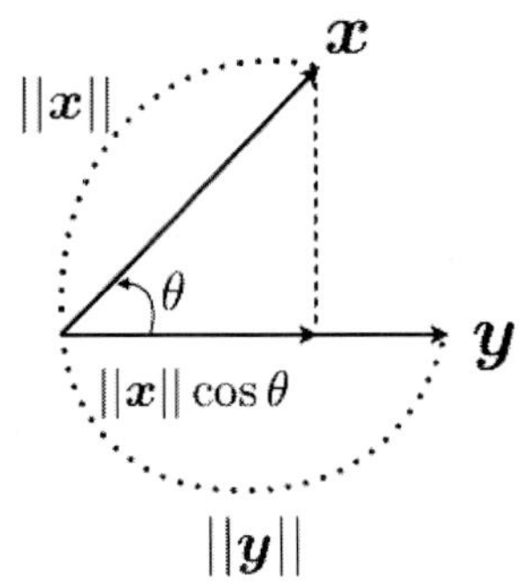

그림 1.2: 벡터 $\boldsymbol{x}$ 와 $\boldsymbol{y}$ 의 내적

행렬)'의 일반적인 모습이다.

$$A = \begin{pmatrix} a_{11} & a_{12} & \cdots & a_{1n} \\ a_{21} & a_{22} & \cdots & a_{2n} \\ \vdots & \vdots & & \vdots \\ a_{m1} & a_{m2} & \cdots & a_{mn} \end{pmatrix} \tag{1.6}$$

Remark 하나의 행렬은 아래와 같이 행벡터들의 배열로 볼 수 있고,

$$A = \left(\begin{array}{cccc} a_{11} & a_{12} & \cdots & a_{1n} \\ \hline a_{21} & a_{22} & \cdots & a_{2n} \\ \hline \vdots & \vdots & & \vdots \\ \hline a_{m1} & a_{m2} & \cdots & a_{mn} \end{array}\right) = \begin{pmatrix} \boldsymbol{a}_{1R}^T \\ \boldsymbol{a}_{2R}^T \\ \vdots \\ \boldsymbol{a}_{mR}^T \end{pmatrix} \tag{1.7}$$

혹은, 아래와 같이 열벡터들의 배열로 표현될 수 있다.

$$A = \left(\begin{array}{c|c|c|c} a_{11} & a_{12} & \cdots & a_{1n} \\ a_{21} & a_{22} & \cdots & a_{2n} \\ \vdots & \vdots & & \vdots \\ a_{m1} & a_{m2} & \cdots & a_{mn} \end{array}\right) = \begin{pmatrix} \boldsymbol{a}_{1C} & \boldsymbol{a}_{2C} & \cdots & \boldsymbol{a}_{nC} \end{pmatrix} \tag{1.8}$$

여기서 $\boldsymbol{a}_{iR}^T$ 는 행렬 A 의 i 번째 행벡터이고 $\boldsymbol{a}_{jC}$ 는 A 의 j 번째 열벡터이다.

Remark 다음은 이 책에서 사용될 행렬의 일반적인 표기와 명칭이다.

1. 행렬의 크기는 행(row)의 수와 열(column)의 수로 표기하는데 'm행n열 행렬'의 경우 '$m \times n$ 행렬'이라고 쓰고 'm-by-n 행렬'이라고 읽는다.

2. 행렬을 표기할 때 공간을 줄이기 위해 $m \times n$ 행렬인 A의 경우 $A = \{a_{ij}\}_{m\times n}$ 이라고 표기한다.

3. 행렬을 이루는 숫자나 기호를 그 행렬의 '원소(element 혹은 component)' 라고 하며, $(A)_{ij}$란 행렬 A의 i번째 행의 j번째 열에 있는 원소, 즉 a_{ij}를 의미한다.

$$(A)_{ij} = a_{ij}$$

Definition: (행렬과 벡터의 곱셈) 행렬 $A_{m\times n}$과 벡터 $\boldsymbol{x}_{m\times 1}$, $\boldsymbol{y}_{n\times 1}$에 대하여, 다음과 같은 곱셈이 정의된다.

$$A\boldsymbol{y} = \begin{pmatrix} a_{11} & a_{12} & \cdots & a_{1n} \\ a_{21} & a_{22} & \cdots & a_{2n} \\ \vdots & \vdots & \ddots & \vdots \\ a_{m1} & a_{m2} & \cdots & a_{mn} \end{pmatrix} \begin{pmatrix} y_1 \\ y_2 \\ \vdots \\ y_n \end{pmatrix} = \begin{pmatrix} \sum_{j=1}^n a_{1j}y_j \\ \sum_{j=1}^n a_{2j}y_j \\ \vdots \\ \sum_{j=1}^n a_{mj}y_j \end{pmatrix}$$

$$\begin{aligned} \boldsymbol{x}^T A &= \begin{pmatrix} x_1 & x_2 & \cdots & x_m \end{pmatrix} \begin{pmatrix} a_{11} & a_{12} & \cdots & a_{1n} \\ a_{21} & a_{22} & \cdots & a_{2n} \\ \vdots & \vdots & \ddots & \vdots \\ a_{m1} & a_{m2} & \cdots & a_{mn} \end{pmatrix} \\ &= \begin{pmatrix} \sum_{i=1}^m x_i a_{i1} & \sum_{i=1}^m x_i a_{i2} & \cdots & \sum_{i=1}^m x_i a_{in} \end{pmatrix} \end{aligned}$$

Definition: (행렬과 행렬의 곱셈) 행렬 $A_{m\times n}$과 $B_{n\times t}$에 대하여, 곱셈 AB는 다음과 같이 정의된다.

$$\begin{aligned} AB &= \begin{pmatrix} a_{11} & a_{12} & \cdots & a_{1n} \\ a_{21} & a_{22} & \cdots & a_{2n} \\ \vdots & \vdots & \ddots & \vdots \\ a_{m1} & a_{m2} & \cdots & a_{mn} \end{pmatrix} \begin{pmatrix} b_{11} & b_{12} & \cdots & b_{1t} \\ b_{21} & b_{22} & \cdots & b_{2t} \\ \vdots & \vdots & \ddots & \vdots \\ b_{n1} & b_{n2} & \cdots & b_{nt} \end{pmatrix} \\ &= \begin{pmatrix} \sum_{k=1}^n a_{1k}b_{k1} & \sum_{k=1}^n a_{1k}b_{k2} & \cdots & \sum_{k=1}^n a_{1k}b_{kt} \\ \sum_{k=1}^n a_{2k}b_{k1} & \sum_{k=1}^n a_{2k}b_{k2} & \cdots & \sum_{k=1}^n a_{2k}b_{kt} \\ \vdots & \vdots & \ddots & \vdots \\ \sum_{k=1}^n a_{mk}b_{k1} & \sum_{k=1}^n a_{mk}b_{k2} & \cdots & \sum_{k=1}^n a_{mk}b_{kt} \end{pmatrix} \end{aligned}$$

Definition: (정방행렬) 행렬 A의 크기가 $n \times n$, 즉 행의 수와 열의 수가 같은 행렬 A는 정방행렬(square matrix)이다.

Definition: (대칭행렬) 정방행렬 A에 대하여, $A^T = A$가 성립하면, 행렬 A는 대칭행렬(symmetric matrix)이다.

Definition: (멱등행렬) 정방행렬 A에 대하여, $AA = A$가 성립하면, 행렬 A는 멱등행렬(idempotent matrix)이다.

Definition: (양정치행렬) 정방행렬 A가, $\mathbf{0}$이 아닌 모든 벡터 $\boldsymbol{x}$에 대하여,

$$\boldsymbol{x}^T A \boldsymbol{x} > 0 \tag{1.9}$$

이 항상 성립하면, A는 양정치행렬(positive definite matrix)이다.

Definition: (항등행렬) 정방행렬로서, 대각원소는 1, 비대각원소는 0으로 정의되는 I_n은 항등행렬(identity matrix)이다.

$$I_n = \begin{pmatrix} 1 & 0 & \cdots & 0 \\ 0 & 1 & \cdots & 0 \\ \vdots & \vdots & \ddots & \vdots \\ 0 & 0 & \cdots & 1 \end{pmatrix}_{n \times n} \tag{1.10}$$

Definition: (행렬의 궤적) 정방행렬 $A_{n \times n}$의 궤적(trace)은 대각원소의 합으로 아래와 같이 정의된다.

$$\operatorname{tr}(A) = \sum_{i=1}^{n} a_{ii} \tag{1.11}$$

Definition: (역행렬) 정방행렬 $A_{n \times n}$에 대하여, $AA^{-1} = A^{-1}A = I_n$이 성립하면, A^{-1}은 A의 역행렬(inverse matrix)이다.

Definition: (행렬식-1) 크기가 1×1인 행렬, 곧 스칼라에 대한 행렬식(determinant)은 다음과 같이 정의된다.

$$\det(A) = \det(a) = a \tag{1.12}$$

Definition: (행렬식-2) 크기가 2×2인 행렬 A에 대하여, A의 행렬식(determinant)은 아래와 같이 정의된다.

$$\det(A) = \det \begin{pmatrix} a_{11} & a_{12} \\ a_{21} & a_{22} \end{pmatrix} = a_{11}a_{22} - a_{12}a_{21} \tag{1.13}$$

Definition: (행렬식-3) 크기가 $n \times n \, (n \geq 2)$인 행렬 A에 대하여, i번째 행을 중심으로 한 A의 행렬식(determinant)은 아래와 같이 정의된다.

$$\det(A) = \sum_{j=1}^{n} a_{ij} \, (-1)^{i+j} \, \det(M_{ij}) \tag{1.14}$$

여기서, a_{ij}는 A의 (i,j)번째 원소이고, M_{ij}는 A에서 i번째 행과 j번째 열을 제외한 나머지 $(n-1) \times (n-1)$행렬을 의미하며, 이를 '원소 a_{ij}의 소행렬(minor)'이라고 한다.

Remark 행렬식을 계산할 때 사용된 $(-1)^{i+j}\det(M_{ij})$는 여인수(cofactor)라고 부르며, C_{ij}로 표현한다. 따라서, 행렬식은 여인수를 이용하여,

$$\det(A) = \sum_{j=1}^{n} a_{ij} \, C_{ij} \tag{1.15}$$

라고 쓸 수 있다.

Definition: (행렬의 계수) 행렬의 선형독립인 행의 수(혹은 열의 수)를 그 행렬의 계수(rank)라고 하며, Rank(A) 라고 표시한다.

Remark 동일한 행렬에 대하여, '선형독립인 행의 수'는 '선형독립인 열의 수'와 항상 일치한다.

Theorem 1.2 *정방행렬 $A_{n\times n}$ 에서 $\det(A) = 0$ 의 필요충분조건은 그 행렬의 계수가 n보다 작은 것이다 (증명생략).*

$$\det(A) = 0 \qquad \Longleftrightarrow \qquad \text{Rank}(A) < n \tag{1.16}$$

Definition: (정칙행렬과 비정칙행렬) 정방행렬 $A_{n\times n}$의 계수가 $\mathrm{Rank}(A) < n$인 경우, A는 비정칙행렬(singular matrix)이라고 하고, $\mathrm{Rank}(A) = n$인 행렬을 정칙행렬(nonsingular matrix)이라고 한다.

> **Theorem 1.3 (역행렬의 공식)** *정방행렬 $A_{n\times n}$이 정칙행렬일 경우에, 역행렬 A^{-1}는 아래와 같이 구한다 (증명생략).*
>
> $$A^{-1} = \frac{1}{\det(A)}\,\mathrm{adj}(A) \tag{1.17}$$
>
> *여기서, $\mathrm{adj}(A)$는 A의 수반행렬(adjoint matrix)이라고 하며, 아래와 같이 여인수로 구성된다.*
>
> $$\mathrm{adj}(A) = \{C_{ij}\}^T, \qquad C_{ij} = (-1)^{i+j}\det(M_{ij}) \tag{1.18}$$

Remark 정칙행렬은 역행렬이 존재하나, 비정칙행렬은 역행렬이 존재하지 않는다.

Definition: (직교행렬) 정방행렬 $A_{n\times n}$가 다음 조건을 만족할 때, A는 직교행렬(orthogonal matrix)이다.

$$A\,A^T = A^T A = I_n \tag{1.19}$$

Definition: (고유값과 고유벡터) 정방행렬 $A_{n\times n}$에 대하여, $\mathbf{0}$이 아닌 벡터 $\boldsymbol{x}$에 대하여

$$A\boldsymbol{x} = \lambda\boldsymbol{x}, \qquad (\boldsymbol{x} \neq \mathbf{0}) \tag{1.20}$$

가 성립하면, λ는 행렬 A의 고유값(eigenvalue)이 되고, $\boldsymbol{x}$는 λ에 대한 고유벡터(eigenvector)가 된다[2].

> **Theorem 1.4** *정방행렬 $A_{n\times n}$의 고유값 λ는 아래 특성화방정식(characteristic equation)의 해를 구함으로써 얻을 수 있다 (증명생략).*
>
> $$p(\lambda) = \det(A - \lambda I_n) = 0 \tag{1.21}$$

[2] eigenvalue, eigenvector는 '아이겐벨류', '아이겐벡터'라고 발음한다.

1.3 SAS® 실습문제

[1] 아래는 스칼라, 벡터, 행렬을 SAS® 의 `proc iml` 로 구현한 코드이다.

```
proc iml;
  a = 11;
  x1R = {1 2 0};
  x1 = t(x1R);
  x2 = {2,0,0};
  x3 = {1,0,1};
  X = x1||x2||x3;
  print X;
quit;
```

위 `proc iml` 코드를 활용하여, 다음 값을 구하라 (Hint: `proc iml` 에서 `rank()` 함수는 행렬의 계수를 계산하기 위한 함수가 아님에 주의하고, 계수는 `echelon()` 함수를 이용해 행사다리꼴을 구현하여 계산한다).

(1) $a\boldsymbol{x}_1$ (2) $\boldsymbol{x}_1^T\boldsymbol{x}_2$ (3) $\boldsymbol{x}_1\boldsymbol{x}_2^T$ (4) X^TX

(5) $||\boldsymbol{x}_1||$ (6) $\det(X)$ (7) $\text{Rank}(X)$

(8) $\text{tr}(X)$ (9) X 의 고유값 (10) X^{-1}

[2] 아래 SAS® 의 `proc iml` 코드는 행렬 X 를 생성해서, 원소 값을 수정하는 코드이다. 마지막에 수정된 행렬 X 를 적어라.

```
proc iml;
a = do(1,9,1);
x = shape(a,3,3);
print a, x;

do i=1 to nrow(x);
  do j=1 to ncol(x);
     x[i,j] = i*j;
    end;
end;
print x;
quit;
```

[3] 아래 proc iml 코드의 각 라인이 무슨 의미인지 설명하라. 그리고, 마지막으로 계산된 행렬 A, B, C를 적고, 행렬 A의 고유값과 계수, 궤적을 구하라.

```
proc iml;
A = {1 2 1, 2 0 0, 0 0 1};
r = do(1,nrow(A)-1,1);
print r;
B = A[r,];
q = {1 3};
C = A[q,];
print A, B, C;

Echel_A = echelon(A);
lambda = eigval(A);
tr = trace(A);
norm_a1 = norm(A[1,]);
InvA = inv(A);
print Echel_A, lambda, tr, norm_a1, InvA;
quit;
```

[4] proc iml 에는 행렬식 계산을 위한 함수 det() 와 역행렬을 구하는 함수 inv() 가 저장되어있다. 다음 코드는 역행렬 공식을 proc iml 로 코딩한 것이다. 각 라인이

의미하는 바를 설명해 보고 inv(A) 의 결과와 비교해 보아라.

```
proc iml;
start adj(M);
    C = J (nrow(M),ncol(M),0);
     do i=1 to nrow(M);
        do j=1 to ncol(M);
            if i=1 then row = do(2,nrow(M),1);
                row = do(1,i-1,1)||do(i+1,nrow(M),1);
            if i=j then row = do(2,ncol(M),1);
                col = do(1,j-1,1)||do(j+1,ncol(M),1);
             Mij = M[row,col];
             C[i,j] = ((-1)**(i+j))*det(Mij);
        end;
     end;
rc = t(C);
return(rc);
finish;

A = {1 2 1, 2 0 0, 0 0 1};
Inv_A = adj(A)/det(A);
print A, Inv_A;
quit;
```

1.4 연습문제

[1] 행렬 A, B, C, D가 아래와 같을 때, 다음을 손으로 계산하고 SAS® 의 proc iml을 이용해 답을 확인하라.

$$A = \begin{pmatrix} -2 & 1 & 3 \\ 4 & 0 & -1 \end{pmatrix}, \quad B = \begin{pmatrix} 4 & 1 & -2 \\ 5 & -1 & 3 \end{pmatrix},$$

$$C = \begin{pmatrix} 2 & -1 \\ 0 & 6 \\ -3 & 2 \end{pmatrix}, \quad D = \begin{pmatrix} -4 & 2 \\ 3 & 5 \\ -1 & -3 \end{pmatrix}$$

1. $2A$
2. $0C$
3. $A - B$
4. $(AC)^2$
5. $A^T A$
6. BC
7. CB
8. $C \otimes B$
9. $\mathrm{tr}(AC)$

[2] 아래 행렬의 크기가 알맞게 정의되었다고 가정했을 때, 참이면 T, 거짓이면 F를 적어라.

1. 만일 $A = B$ 이면 $AC = BC$ 이다.
2. 만일 $AC = BC$ 이면 $A = B$ 이다.
3. 만일 $AB = 0$ 이면 $A = 0$ 혹은 $B = 0$ 이다.
4. 만일 $A + C = B + C$ 이면 $A = B$ 이다.
5. $AB = C$ 에서 C 가 열벡터이면 B도 열벡터이다.
6. 정방행렬 A, B 에 대하여 $AB = BA$ 가 항상 성립한다.
7. $(A + B)(A - B) = A^2 - B^2$
8. $(A + B)^2 = A^2 + 2AB + B^2$
9. $\mathrm{tr}(A^T A) \geq 0$
10. $A_{m \times n}$ 에 대해, 만일 $\mathrm{tr}(A^T A) = 0$ 이면 $A = 0_{m \times n}$ 이다.
11. $A_{m \times n}$ 에 대해, 만일 $A = 0_{m \times n}$ 이면 $\mathrm{tr}(A^T A) = 0$ 이다.
12. $(A - B)^T = A^T - B^T$

[3] 정방행렬로서 $A^2 = AA = 0_{2\times 2}$ 되는 $A_{2\times 2}$ 행렬 중 영행렬이 아닌 행렬 하나를 적어라.

[4] 다음 행렬의 역행렬을 식 (1.17)에 의거해 구하라 (과정포함).

$$A = \begin{pmatrix} -2 & 1 \\ 4 & 0 \end{pmatrix}, \quad B = \begin{pmatrix} 1 & 1 & 0 \\ 0 & 1 & 0 \\ 0 & 0 & 1 \end{pmatrix}, \quad C = \begin{pmatrix} 7 & 2 & 1 \\ 0 & 3 & -1 \\ -3 & 4 & -2 \end{pmatrix}$$

[5] 다음 행렬의 고유값과 고유벡터를 손으로 계산해 구하고, `proc iml` 의 `eigval()` 과 `eigvec()` 함수를 이용해 그 답을 확인하라.

$$A = \begin{pmatrix} 4 & -1 \\ 3 & 0 \end{pmatrix}$$

[6] 아래에 정의된 행렬 A와 합벡터(summing vector), $\mathbf{1}_m$, $\mathbf{1}_n$ 에 대하여

$$A = \begin{pmatrix} a_{11} & a_{12} & \cdots & a_{1n} \\ a_{21} & a_{22} & \cdots & a_{2n} \\ \vdots & \vdots & \ddots & \vdots \\ a_{m1} & a_{m2} & \cdots & a_{mn} \end{pmatrix}, \quad \mathbf{1}_m = \begin{pmatrix} 1 \\ 1 \\ \vdots \\ 1 \end{pmatrix}_{m\times 1}, \quad \mathbf{1}_n = \begin{pmatrix} 1 \\ 1 \\ \vdots \\ 1 \end{pmatrix}_{n\times 1} \tag{1.22}$$

$$\frac{J_n}{n} = \frac{1}{n}\mathbf{1}_n\mathbf{1}_n^T = \frac{1}{n}\begin{pmatrix} 1 & 1 & \cdots & 1 \\ 1 & 1 & \cdots & 1 \\ \vdots & \vdots & \ddots & \vdots \\ 1 & 1 & \cdots & 1 \end{pmatrix}_{n\times n} \tag{1.23}$$

1. $A\mathbf{1}_n$ 을 구하라.

2. $\mathbf{1}_m^T A$ 를 구하라.

3. $\mathbf{1}_m^T A\mathbf{1}_n$ 을 구하라.

4. $\frac{J_n}{n}$ 이 멱등행렬임을 증명하라.

Chapter 2

확률벡터와 이변량정규분포

'**확률변수(random variable)**'란 확률분포로부터 발생되는 사건의 결과를 실수로 표현한 것이며, '**확률벡터(random vector)**'란 2개 이상의 확률변수로 표현된 것을 의미한다. 이 단원에서는 확률변수 2개로 구성된 이변량(bivariate) 확률벡터에서 정규분포가 어떻게 정의되는지, 그리고 이러한 '이변량정규분포(bivariate normal distribution)'의 대표적인 성질은 어떤 것인지 살펴보고자 한다.

2.1 확률변수

먼저, 기초통계학 과목에서 등장하는 '사건'과 '확률변수'의 정의부터 알아 보자.

Definition: (표본공간과 사건) '표본공간(sample space)'이란 어떤 실험에 따른 모든 결과들의 집합을 의미하며, '사건(event)'은 표본공간의 부분집합을 의미한다.

Example 의료보험 개혁을 위한 정부의 새로운 정책안에 대하여 시민들의 의견을 묻고 '찬성', '반대', '잘 모르겠다'라는 반응을 조사하였다고 가정하자. 이때, 표본공간 S는

$$S = \{\text{찬성, 반대, 잘 모르겠다}\}$$

가 되며, 부분집합

$$E_1 = \{\text{찬성, 잘 모르겠다}\}$$

는 하나의 사건이다.

Definition: (확률변수) 확률변수(random variable)란 표본공간(S) 안에 있는 사건(E)을 실수값(x)으로 대응시켜주는 함수(X)이다.

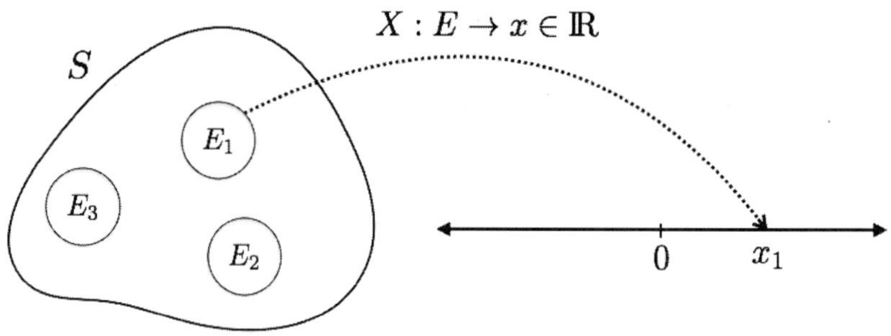

그림 2.1: 확률변수의 정의

Example 동전을 2개 던지는 실험을 가정하자. 앞면을 H, 뒷면을 T 라고 할 때, 표본공간은 $\{(H,H),\ (H,T),\ (T,H), (T,T)\}$ 가 된다. 만일 X 를 '앞면의 개수'라고 정의하면, 확률변수 X 는 다음과 같은 함수가 된다.

$$X(E) = \begin{cases} 2 & \text{if} \quad E = \{(H,H)\} \\ 1 & \text{if} \quad E = \{(H,T) \text{ or } (T,H)\} \\ 0 & \text{if} \quad E = \{(T,T)\} \end{cases} \tag{2.1}$$

만일, 동전의 앞면과 뒷면이 같은 확률로 나온다는 가정을 한다면, 확률변수 X 는 아래와 같은 확률분포를 갖게된다.

$$P(X = x) = \begin{cases} \frac{1}{4} & \text{if} \quad x = 2 \\ \frac{1}{2} & \text{if} \quad x = 1 \\ \frac{1}{4} & \text{if} \quad x = 0 \end{cases} \tag{2.2}$$

Example 두 개의 동전을 던져서 Y ='첫번째 동전이 앞면이 나오는 개수'로 확률변수를 정의하면, 확률변수 Y 의 정의는 다음과 같다.

$$Y(E) = \begin{cases} 1 & \text{if} \quad E = \{(H,H) \text{ or } (H,T)\} \\ 0 & \text{if} \quad E = \{(T,H) \text{ or } (T,T)\} \end{cases} \tag{2.3}$$

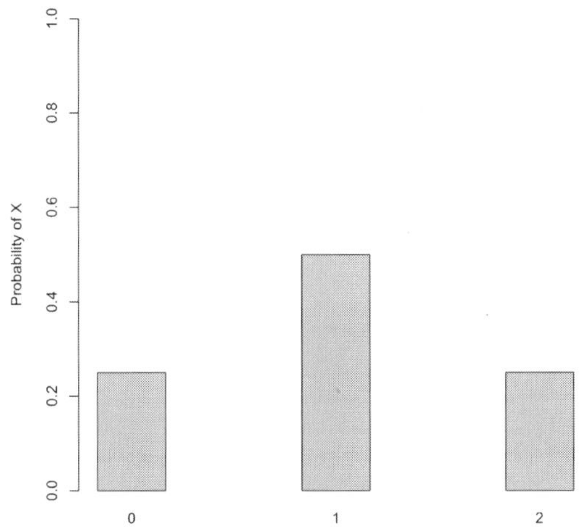

그림 2.2: 두 개의 동전을 던질 때, 확률변수 X='앞면의 개수'에 대한 확률분포

그 때의 확률분포는 아래와 같다.

$$P(Y = y) = \begin{cases} \frac{1}{2} & \text{if} \quad y = 1 \\ \frac{1}{2} & \text{if} \quad y - 0 \end{cases} \tag{2.4}$$

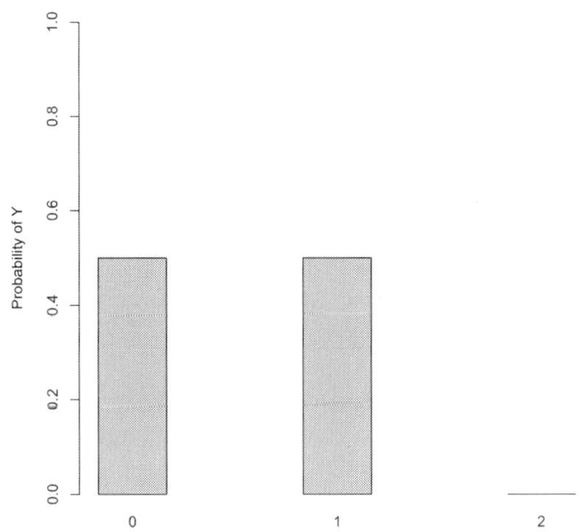

그림 2.3: 두 개의 동전 실험 중, Y='첫번째 동전에서 앞면이 나오는 개수'에 대한 확률분포

Q 윷놀이에서, 한 개의 윷을 던져 배(평평한 면)가 나올 확률이 0.7 이라고 가정하자. 윷놀이에서 윷을 던진 결과, 배의 수를 X 라고 할 때, 확률변수 X 의 확률분포를 구하라.

A 윷놀이에서 4개의 윷이 독립적으로 던져진다고 가정할 때, 확률변수 X는 이항분포 $B(4,\, 0.7)$을 따른다고 볼 수 있다. 따라서 확률분포는 아래와 같다.

$$P(X=x) = \begin{pmatrix} 4 \\ x \end{pmatrix} 0.7^x\, 0.3^{4-x}, \qquad x = 0,\, 1,\, 2,\, 3,\, 4 \tag{2.5}$$

2.2 확률벡터

이제 여러 개의 확률변수를 함께 다루는 확률벡터에 대해 알아보자.

Definition: (확률벡터) 확률벡터(random vector)란 두 개 이상의 확률변수를 사용하여 표본공간의 사건을 각각의 실수값에 대응시키는 함수이다.

Example 두 개의 동전을 던지는 실험에서 $X=$'앞면의 개수', $Y=$'첫번째 동전의 앞면의 개수'로 정의하자. 이때, 확률벡터 $\boldsymbol{z}$를

$$\boldsymbol{z} = \begin{pmatrix} X \\ Y \end{pmatrix}$$

로 구성하면, X는 $\{0,\, 1,\, 2\}$ 중 하나이고 Y는 $\{0,\, 1\}$ 중 하나의 값을 갖게되어 확률벡터 $\boldsymbol{z}$는 아래와 같이 정의된다.

$$\boldsymbol{z}(E) = \begin{cases} \begin{pmatrix} 2 \\ 1 \end{pmatrix} & \text{if} \quad E=(H,H) \\ \begin{pmatrix} 1 \\ 1 \end{pmatrix} & \text{if} \quad E=(H,T) \\ \begin{pmatrix} 1 \\ 0 \end{pmatrix} & \text{if} \quad E=(T,H) \\ \begin{pmatrix} 0 \\ 0 \end{pmatrix} & \text{if} \quad E=(T,T) \end{cases} \tag{2.6}$$

이때, 확률분포를 구하면 다음과 같다.

$$P(\boldsymbol{z}) = \frac{1}{4}, \qquad \boldsymbol{z} = \begin{pmatrix} 0 \\ 0 \end{pmatrix}, \begin{pmatrix} 1 \\ 0 \end{pmatrix}, \begin{pmatrix} 1 \\ 1 \end{pmatrix}, \begin{pmatrix} 2 \\ 1 \end{pmatrix} \tag{2.7}$$

그림 2.4는 이변량 확률벡터 $\boldsymbol{z}$ 의 확률분포를 보여주고 있다.

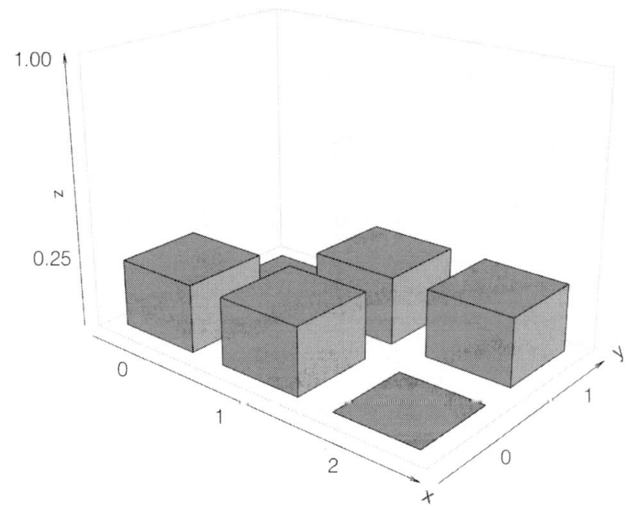

그림 2.4: X=앞면의 개수, Y=첫번째 동전의 앞면의 개수일 때, 확률벡터 $\boldsymbol{z} = (x\ y)^T$ 의 이변량 확률분포

Remark 확률벡터 $\boldsymbol{z}$ 의 확률분포를 '결합확률분포(joint probability distribution)'라고 하며, 이때 X 나 Y 의 확률분포를 '주변확률분포(marginal probability distribution)'라고 한다.

Q 그림 2.4에서 X, Y 의 주변확률분포가 그림 2.2, 그림 2.3과 일치하는지 확인하여라.

A 그림 2.4에서 Y 나 X 방향으로 확률을 더하면 그림 2.2, 그림 2.3과 일치함을 확인할 수 있다.

2.3 이변량정규분포

지금까지 확률변수가 모두 이산형(discrete)인 이변량 확률분포에 대해 살펴보았다. 이 단원에서는 두 개의 확률변수가 모두 연속형(continuous)인 경우, 특히 확률벡터가 이변량정규분포(bivariate normal distribution)를 따르는 경우를 소개한다.

Definition: (정규분포) 확률변수 x가 평균이 μ, 분산이 σ^2인 정규분포를 따른다고 할 때, 이를 $x \sim N(\mu, \sigma^2)$ 라고 표현하며, 아래의 확률밀도함수(probability density function: p.d.f.)를 가진다.

$$f(x) = \frac{1}{\sqrt{2\pi\sigma^2}} \exp\left\{-\frac{(x-\mu)^2}{2\sigma^2}\right\} \tag{2.8}$$

이는 그림 2.5 와 같이 μ를 중심으로 좌우대칭인 모습이다.

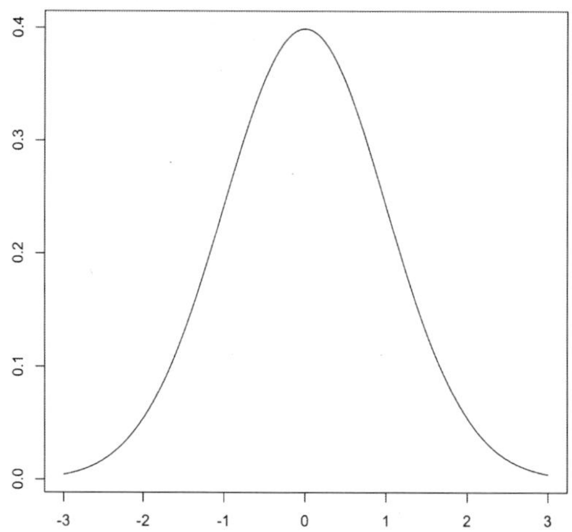

그림 2.5: $\mu = 0$ 이고 $\sigma^2 = 1$인 표준정규분포 $N(0,1)$ 의 확률밀도함수 그래프

그러면 이변량정규분포를 소개하기 전에, 벡터의 기댓값과 분산에 대해 알아보자.

Definition: (벡터의 기댓값과 분산) 확률벡터 $\boldsymbol{x} = (x_1\ x_2)^T$ 에 대한 기댓값과 분산은 다음과 같이 정의한다.

$$\mathrm{E}(\boldsymbol{x}) = \mathrm{E}\begin{pmatrix} x_1 \\ x_2 \end{pmatrix} = \begin{pmatrix} \mathrm{E}(x_1) \\ \mathrm{E}(x_2) \end{pmatrix} = \begin{pmatrix} \mu_1 \\ \mu_2 \end{pmatrix} \overset{let}{=} \boldsymbol{\mu} \tag{2.9}$$

$$\mathrm{V}(\boldsymbol{x}) = \mathrm{V}\begin{pmatrix} x_1 \\ x_2 \end{pmatrix} = \begin{pmatrix} \mathrm{V}(x_1) & \mathrm{Cov}(x_1, x_2) \\ \mathrm{Cov}(x_2, x_1) & \mathrm{V}(x_2) \end{pmatrix} \overset{let}{=} \Sigma \tag{2.10}$$

여기서 Σ를 $\boldsymbol{x}$의 '분산공분산행렬(variance-covariance matrix)'이라고 한다.

Definition: (이변량정규분포) 확률벡터 $\boldsymbol{x} = (x_1\ x_2)^T$가 아래와 같은 결합확률밀도함수(joint p.d.f.)를 가질 때, $\boldsymbol{x}$는 평균이 $\boldsymbol{\mu}$, 분산이 Σ인 이변량정규분포를 따른다고 하고, $\boldsymbol{x} \sim N_2(\boldsymbol{\mu}, \Sigma)$ 라고 표시한다.

$$f(\boldsymbol{x}) = \frac{1}{2\pi|\Sigma|^{1/2}} \exp\{-(\boldsymbol{x}-\boldsymbol{\mu})^T \Sigma^{-1} (\boldsymbol{x}-\boldsymbol{\mu})/2\} \tag{2.11}$$

여기서 $|\cdot|$는 절댓값이 아니라 행렬식(determinant)을 의미한다.

그림 2.6과 그림 2.7은 서로 다른 분산공분산행렬 Σ에 따른 이변량정규분포의 모습을 나타낸다.

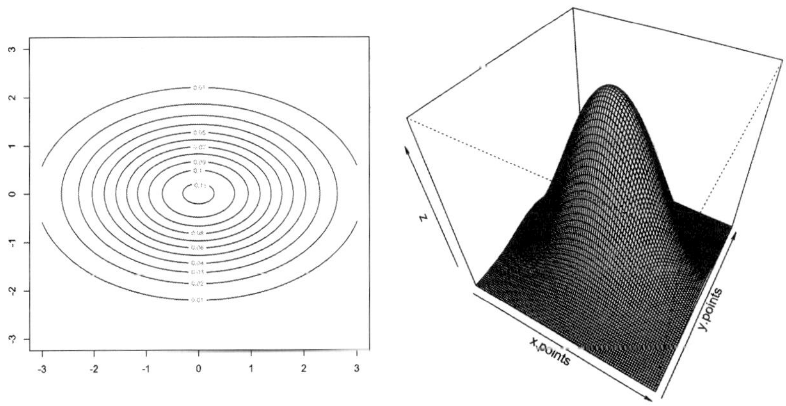

그림 2.6: 공분산이 0인 이변량정규분포의 결합확률밀도함수

Q 확률벡터 $\boldsymbol{x} \sim N_2(\boldsymbol{\mu}, \Sigma)$를 가정하고

$$\boldsymbol{\mu} = \begin{pmatrix} \mu_1 \\ \mu_2 \end{pmatrix}, \qquad \Sigma = \begin{pmatrix} \sigma_1^2 & \sigma_{12} \\ \sigma_{21} & \sigma_2^2 \end{pmatrix} \tag{2.12}$$

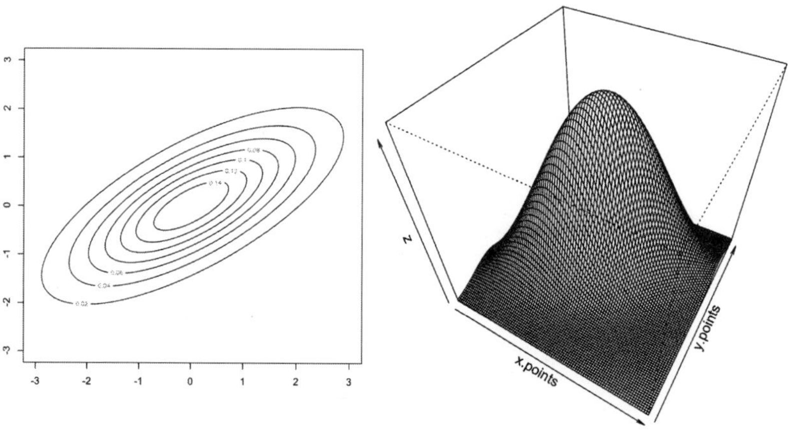

그림 2.7: 공분산이 1인 이변량정규분포의 결합확률밀도함수

라고 할 때, 확률밀도함수가 아래같이 표현될 수 있음을 증명하라.

$$f(x_1, x_2) = \frac{1}{2\pi\sigma_1\sigma_2\sqrt{1-\rho^2}} \exp\left\{-\frac{z}{2(1-\rho^2)}\right\} \tag{2.13}$$

여기서

$$z = \frac{(x_1-\mu_1)^2}{\sigma_1^2} - \frac{2\rho(x_1-\mu_1)(x_2-\mu_2)}{\sigma_1\sigma_2} + \frac{(x_2-\mu_2)^2}{\sigma_2^2} \tag{2.14}$$

이고,

$$\rho = \frac{\sigma_{12}}{\sigma_1\sigma_2} \tag{2.15}$$

이며, 이때 ρ를 x_1과 x_2의 '상관계수(correlation coefficient)'라고 한다.

[A] 연습문제 참조.

Theorem 2.1 *확률벡터 $\boldsymbol{x}$가 이변량정규분포 $\boldsymbol{x} \sim N_2(\boldsymbol{\mu}, \Sigma)$를 따르면, 임의의 벡터 $\boldsymbol{a}$에 대하여, 선형결합 $\boldsymbol{a}^T\boldsymbol{x}$는 아래와 같은 정규분포를 따른다.*

$$\boldsymbol{a}^T\boldsymbol{x} \sim N\left(\boldsymbol{a}^T\boldsymbol{\mu},\, \boldsymbol{a}^T\Sigma\,\boldsymbol{a}\right) \tag{2.16}$$

Proof (증명은 선택) 이에 대한 증명은 서로 다른 두 개의 확률변수/확률벡터에 대해, 서로의 적률생성함수(moment generating function: m.g.f.)가 일치하면, 두 확률변수/확률벡터는 같은 분포를 가진다는 성질을 이용한다. 여기선, $y = \boldsymbol{a}^T\boldsymbol{x}$ 의 적률생성함수가 정규분포의 적률생성함수가 됨을 보이면 된다.

먼저, 확률변수 x가 $x \sim N(\mu,\, \sigma^2)$ 이면, 그 적률생성함수는

$$M_x(t) = \mathrm{E}(e^{tx}) = \exp\left(\mu t + \frac{1}{2}\sigma^2 t^2\right) \tag{2.17}$$

이고, 확률벡터 $\boldsymbol{x}$가 $\boldsymbol{x} \sim N_2(\boldsymbol{\mu},\, \Sigma)$ 이면 적률생성함수는

$$M_{\boldsymbol{x}}(\boldsymbol{t}) = \mathrm{E}\left(e^{\boldsymbol{t}^T\boldsymbol{x}}\right) = \exp\left\{\boldsymbol{t}^T\boldsymbol{\mu} + \frac{1}{2}\boldsymbol{t}^T\Sigma\boldsymbol{t}\right\} \tag{2.18}$$

임을 상기하면서, $y = \boldsymbol{a}^T\boldsymbol{x}$ 의 적률생성함수가

$$M_y(t) = \exp\left\{t(\boldsymbol{a}^T\boldsymbol{\mu}) + \frac{1}{2}t^2\boldsymbol{a}^T\Sigma\boldsymbol{a})\right\}$$

임을 보이면 된다. 그러므로,

$$\begin{aligned} M_y(t) &= \mathrm{E}(e^{ty}) = \mathrm{E}\left\{e^{t(\boldsymbol{a}^T\boldsymbol{x})}\right\} = \mathrm{E}\left\{e^{(t\boldsymbol{a})^T\boldsymbol{x}}\right\} \\ &= \exp\left\{(t\boldsymbol{a})^T\boldsymbol{\mu} + \frac{1}{2}(t\boldsymbol{a})^T\Sigma(t\boldsymbol{a})\right\} \\ &= \exp\left\{t(\boldsymbol{a}^T\boldsymbol{\mu}) + \frac{1}{2}t^2\boldsymbol{a}^T\Sigma\boldsymbol{a})\right\} \\ &= M_{\boldsymbol{x}^*}(t), \qquad x^* \sim N\left(\boldsymbol{a}^T\boldsymbol{\mu},\ \boldsymbol{a}^T\Sigma\boldsymbol{a}\right) \end{aligned} \tag{2.19}$$

가 되어, $y \sim N\left(\boldsymbol{a}^T\boldsymbol{\mu},\, \boldsymbol{a}^T\Sigma\,\boldsymbol{a}\right)$ 임이 증명된다. ∎

Theorem 2.2 *확률벡터* $\boldsymbol{x} = (x_1\ x_2)^T$ *가* $\boldsymbol{x} \sim N_2(\boldsymbol{\mu}, \Sigma)$ *이면,*

$$x_1 \sim N(\mu_1,\, \sigma_1^2), \qquad x_2 \sim N(\mu_2,\, \sigma_2^2)$$

가 된다.

Proof 선형결합 $\boldsymbol{a}^T\boldsymbol{x}$ 에서 $\boldsymbol{a} = (1\ 0)^T$ 를 사용하여 Theorem 2.1을 사용하면,

$$\boldsymbol{a}^T\boldsymbol{\mu} = \mu_1, \quad \boldsymbol{a}^T\Sigma\boldsymbol{a} = \sigma_1^2 \tag{2.20}$$

가 된다. 따라서 $x_1 \sim N(\mu_1,\, \sigma_1^2)$ 가 된다. ∎

한편, x_2 의 분포는 $\boldsymbol{a} = (0\ 1)^T$ 를 사용하면,

$$\boldsymbol{a}^T\boldsymbol{\mu} = \mu_2, \quad \boldsymbol{a}^T\Sigma\boldsymbol{a} = \sigma_2^2 \tag{2.21}$$

가 되어, $x_2 \sim N(\mu_2, \sigma_2^2)$ 가 된다. ∎

Remark Theorem 2.2에 의해 확률벡터 $\boldsymbol{x} = (x_1\ x_2)^T$ 가 이변량정규분포를 따르면, 확률변수 x_1, x_2 는 각각 정규분포를 따른다는 것을 알았지만, 그 역은 항상 성립하지 않는다. 다시 말해서, 서로 다른 두 확률변수가 각각 정규분포를 따른다고 해도, 그 확률벡터가 이변량정규분포를 따른다고는 볼 수 없다(증명생략).

Remark 하지만, **서로 독립**인 확률변수 x_1, x_2 가 각각 정규분포를 따른다면, 확률벡터 $\boldsymbol{x} = (x_1\ x_2)^T$ 는 이변량정규분포를 따르게 된다(연습문제 참조).

Theorem 2.3 *확률벡터 $\boldsymbol{x} = (x_1\ x_2)^T$ 에 대하여 $\boldsymbol{x}$ 의 p.d.f.가 아래와 같을 때,*

$$f(\boldsymbol{x}) = \frac{1}{2\pi|\Sigma|^{1/2}} \exp\{-(\boldsymbol{x}-\boldsymbol{\mu})^T\Sigma^{-1}(\boldsymbol{x}-\boldsymbol{\mu})/2\}$$

$$\boldsymbol{\mu} = \begin{pmatrix} \mu_1 \\ \mu_2 \end{pmatrix}, \qquad \Sigma = \begin{pmatrix} \sigma_1^2 & \sigma_{12} \\ \sigma_{21} & \sigma_2^2 \end{pmatrix}$$

x_1 의 값을 알 때, x_2 의 조건부확률밀도함수(conditional probability density function: conditional p.d.f.)는 아래과 같다.

$$f_{x_2|x_1}(x_2|x_1) = \frac{1}{\sqrt{2\pi\sigma^2_{x_2|x_1}}} \exp\left\{-\frac{(x_2 - \mu_{x_2|x_1})^2}{2\sigma^2_{x_2|x_1}}\right\} \tag{2.22}$$

여기서

$$\mu_{x_2|x_1} = \mu_2 + \rho\frac{\sigma_2}{\sigma_1}(x_1 - \mu_1) \tag{2.23}$$

$$\sigma^2_{x_2|x_1} = \sigma_2^2(1-\rho^2) \tag{2.24}$$

이다 (증명생략).

그림 2.8은 확률벡터 $\boldsymbol{x} = (x_1\ x_2)^T$ 의 이변량정규분포로부터 x_1 값을 알고 있을 경우, 조건부확률밀도함수의 형태를 그려 본 것이다. x_1 의 값이 변함에 따라 x_2 축 방향으로 정규분포 모양의 곡선이 변하고 있음을 볼 수 있으며, 흰색선은 식 (2.23)의 조건부확률분포의 평균값을 연결한 것이다. 그림에서 살펴보듯이 x_1 이 주어질 때, x_2 의 조건부확률분포도 정규분포가 될 것으로 추측된다.

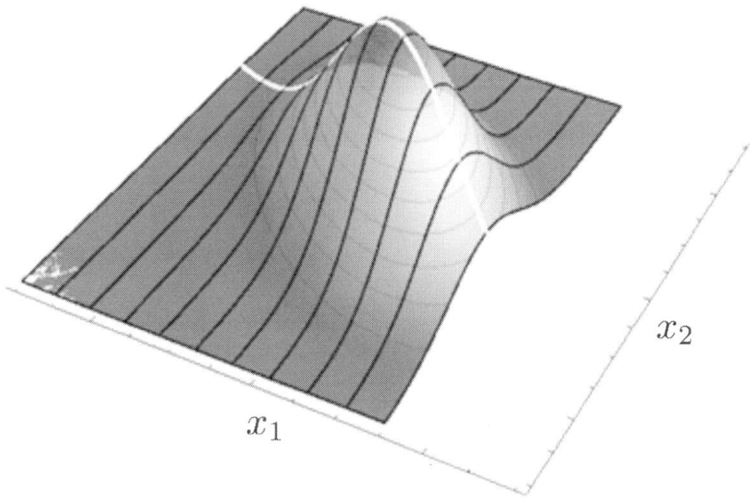

그림 2.8: 이변량정규분포에서 x_1 이 주어졌을 때 x_2 의 조건부확률분포의 모습

Theorem 2.4 *확률벡터 $\boldsymbol{x} = (x_1\ x_2)^T$ 가 식 (2.13)의 이변량정규분포를 따르고, $\rho = 0$ 이면, x_1 과 x_2 는 서로 독립이다.*

Proof 증명은 이론통계학에서 배운

"결합확률밀도함수 $f(x_1, x_2)$ 가 모든 x_1, x_2 값에 대해 $f(x_1, x_2) = f_{x_1}(x_1) \cdot f_{x_2}(x_2)$ 가 성립된다면, 확률변수 x_1 과 x_2 는 서로 독립이다"

라는 이론을 사용한다. 식 (2.13)에 $\rho = 0$ 을 대입하면

$$\begin{aligned} f(x_1, x_2) &= \frac{1}{2\pi\sigma_1\sigma_2} \exp\left\{-\frac{(x_1-\mu_1)^2}{2\sigma_1^2} - \frac{(x_2-\mu_2)^2}{2\sigma_2^2}\right\} \qquad (2.25) \\ &= \frac{1}{\sqrt{2\pi\sigma_1^2}} \exp\left\{-\frac{(x_1-\mu_1)^2}{2\sigma_1^2}\right\} \cdot \frac{1}{\sqrt{2\pi\sigma_2^2}} \exp\left\{-\frac{(x_2-\mu_2)^2}{2\sigma_2^2}\right\} \end{aligned}$$

$$= f_{x_1}(x_1) \cdot f_{x_2}(x_2) \tag{2.26}$$

가 된다. 따라서, x_1 과 x_2 는 서로 독립이다. ∎

2.4 SAS®실습문제

[1] 확률벡터 $\boldsymbol{x} = (x_1 \ x_2)^T$ 에 대해, $\boldsymbol{x} \sim N_2(\boldsymbol{\mu}, \Sigma)$ 일 때,

$$\boldsymbol{\mu} = \begin{pmatrix} 0 \\ 1 \end{pmatrix}, \qquad \Sigma = \begin{pmatrix} 1 & -1 \\ -1 & 2 \end{pmatrix} \tag{2.27}$$

x_1 의 확률밀도함수 그래프는 아래와 같은 SAS® 코드로 작성할 수 있다.

```
proc iml;
    x1 = do(-3,3,0.006);
    y = pdf('normal',x1);
    call series(x1,y);
quit;
```

이를 참고하여 아래 그래프를 proc iml 을 이용해 그림으로 비교하라.

1. x_2 의 확률밀도함수
2. $x_1 = 1$일 때 x_2 의 조건부확률밀도함수

[2] 확률벡터 $\boldsymbol{x} = (x_1 \ x_2)^T$ 에 대해, $\boldsymbol{x} \sim N_2(\boldsymbol{\mu}, \Sigma)$ 일 때,

$$\boldsymbol{\mu} = \begin{pmatrix} 0 \\ 0 \end{pmatrix}, \qquad \Sigma = \begin{pmatrix} 2 & 1 \\ 1 & 1 \end{pmatrix} \tag{2.28}$$

$\boldsymbol{x} = (1 \ 1)^T$ 에서 $f(\boldsymbol{x})$ 값을 아래 proc iml 코드를 이용해 구하라. 참고로 여기서

$$d = \sqrt{(\boldsymbol{x} - \boldsymbol{\mu})^T \Sigma^{-1} (\boldsymbol{x} - \boldsymbol{\mu})} \tag{2.29}$$

의 값은 mahalanobis() 함수로 구하고 있다.

```
proc iml;
* x is a row vector ;
start bvnormalpdf(x,mean,cov);
    const = 2*3.14159*(sqrt(det(cov)));
    d = mahalanobis(x,mean,cov);
    pdf = exp(-0.5*d*d )/const;
    return(pdf);
finish;

mu = {0 0};
sigma = {2 1,1 1};
x = {1 1};
z = bvnormalpdf(x,mu,sigma);
print z;
quit;
```

[3] 확률벡터 $\boldsymbol{x} = (x\ y)^T$ 에 대해$(-3 \le x \le 3,\ -3 \le y \le 3)$,

$$\boldsymbol{x} \sim N_2\left(\begin{pmatrix}0\\0\end{pmatrix}, \begin{pmatrix}2 & 1\\1 & 1\end{pmatrix}\right) \tag{2.30}$$

일 때, 다음 proc iml 코드를 이용하여, 범위 안에서 정의되는 이변량정규분포 확률밀도함숫값(식 (2.11) 참조)으로 이루어진 행렬 $Z_{10\times10}$ 을 구하라.

```
mu = {0 0}; sigma = {2 1,1 1};
x = J(10,10,0); y = J(10,10,0); z = J(10,10,0);
xy = J(1,2,0);
  do i=1 to 10;
    do j=1 to 10;
      x[i,j] = -3 + (i-1)*0.6;
      y[i,j] = -3 + (j-1)*0.6;
      xy[1] = x[i,j]; xy[2] = y[i,j];
      z[i,j] = bvnormalpdf(xy,mu,sigma);
    end;
  end;
```

[4] 위 문제 [2], [3], 그리고 다음 proc iml 코드를 이용해 그림 2.9와 같은 이변량정규분포 결합확률밀도함수의 등고선 그림과 3차원 그림을 작성해 보아라(주의: 무료버전의 경우 proc g3d, proc gcontour 의 사용에 제한을 받을 수 있다. 이 경우 비슷한 기능의 template 를 찾아서 사용해야 한다-[5]번 참조).

```
proc iml;
...
do i=1 to 100;
    do j=1 to 100;
        ...
        z[i,j] = bvnormalpdf(xy,mu,sigma);
    end;
end;

create pdf3d var {x y z}; append;
close pdf3d;
quit;

proc g3d data = pdf3d;
    plot y*x = z;
run;
proc gcontour data = pdf3d;
    plot y*x = z;
run;
```

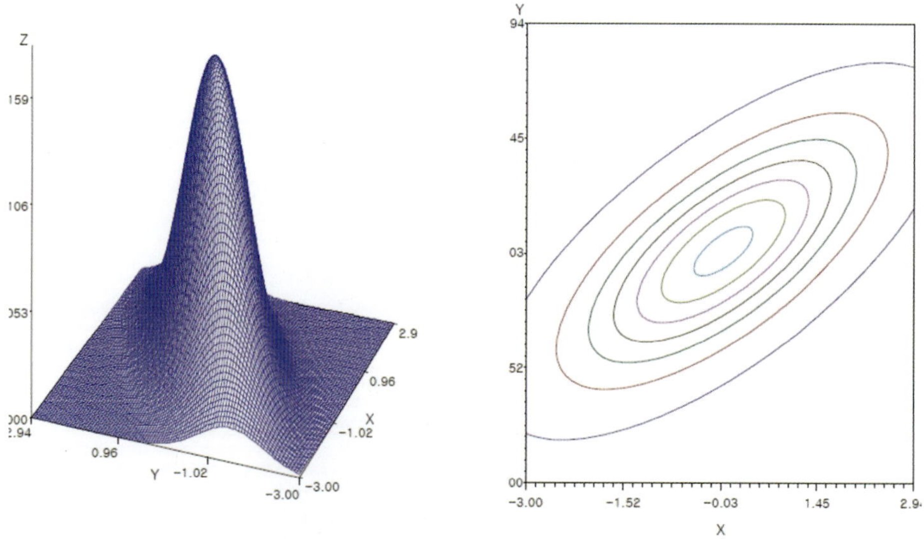

그림 2.9: SAS® 로 작성한 이변량정규분포의 결합확률밀도함수

[5] 다음 proc template를 이용해서 [4]의 이변량정규분포 결합확률밀도함수의 3차원 그림(그림 2.10)을 작성해 보아라.

```
proc template;
  define statgraph SurfaceTmplt;
   dynamic _X _Y _Z _Title;     /* dynamic variables */
    begingraph;
     entrytitle _Title;
      layout overlay3d;
        surfaceplotparm x=_X y=_Y z=_Z /
        name="surface"
        surfacetype=fill
        colormodel=threecolorramp
        colorresponse=_Z;
        continuouslegend "surface";
      endlayout;
    endgraph;
  end;
run;

proc sgrender data=pdf3d template=SurfaceTmplt;
  dynamic _X='X' _Y='Y' _Z='Z' _Title="Bivariate Normal p.d.f.";
run;
```

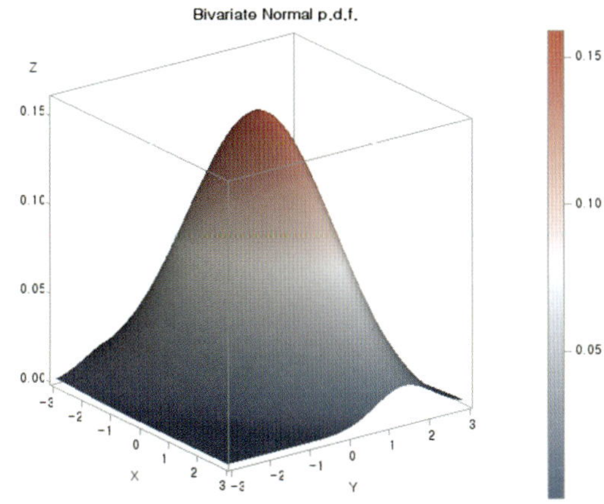

그림 2.10: proc template를 이용한 이변량정규분포의 결합확률밀도함수

2.5 연습문제

[1] 이변량정규분포의 확률밀도함수가 아래와 같음을 증명하기 원한다. 아래 문제들에 대하여 단계별로 답하라.

$$f(\boldsymbol{x}) = \frac{1}{2\pi|\Sigma|^{1/2}} \exp\{-(\boldsymbol{x}-\boldsymbol{\mu})^T\Sigma^{-1}(\boldsymbol{x}-\boldsymbol{\mu})/2\} \tag{2.31}$$

$$= \frac{1}{2\pi\sigma_1\sigma_2\sqrt{1-\rho^2}} \exp\left\{-\frac{z}{2(1-\rho^2)}\right\} \tag{2.32}$$

여기서

$$z = \frac{(x_1-\mu_1)^2}{\sigma_1^2} - \frac{2\rho(x_1-\mu_1)(x_2-\mu_2)}{\sigma_1\sigma_2} + \frac{(x_2-\mu_2)^2}{\sigma_2^2} \tag{2.33}$$

1. $\det(\Sigma)$ 의 값이 아래와 같음을 증명하여라.

$$\det(\Sigma) = \sigma_1^2\sigma_2^2(1-\rho^2) \tag{2.34}$$

2. Σ^{-1} 이 다음과 같음을 증명하여라.

$$\Sigma^{-1} = \frac{1}{\sigma_1^2\sigma_2^2(1-\rho^2)} \begin{pmatrix} \sigma_2^2 & -\sigma_{12} \\ -\sigma_{12} & \sigma_1^2 \end{pmatrix} \tag{2.35}$$

3. $(\boldsymbol{x}-\boldsymbol{\mu})^T\Sigma^{-1}(\boldsymbol{x}-\boldsymbol{\mu})$ 가 아래와 같음을 증명하라.

$$\frac{1}{1-\rho^2}\left\{\frac{(x_1-\mu_1)^2}{\sigma_1^2} - \frac{2\rho(x_1-\mu_1)(x_2-\mu_2)}{\sigma_1\sigma_2} + \frac{(x_2-\mu_2)^2}{\sigma_2^2}\right\} \tag{2.36}$$

4. 위 1-2-3 답을 이용하여, 식 (2.31)과 식 (2.32)가 일치함을 보여라.

[2] 확률벡터 $\boldsymbol{x} = (x_1\ x_2)^T$ 의 결합확률밀도함수가 식 (2.32)와 같다고 하자. 조건부확률밀도함수의 정의

$$f_{Y|X}(y|x) = \frac{f_{XY}(x,y)}{f_X(x)} \tag{2.37}$$

를 이용하여, x_1 이 주어졌을 때, x_2 의 조건부확률밀도함수가 식 (2.22)와 같음을 증명하라.

[3] 확률벡터 $\boldsymbol{z} = (x\ y)^T$ 가 이변량정규분포를 따르고 $\mu_x = -1$, $\mu_y = 1$, $\sigma_x^2 = 4$, $\sigma_y^2 = 1$, 그리고 $\rho = -0.5$ 라고 가정할 때, 아래 값을 계산하여라.

1. $\text{Cov}(X-Y,\, X+Y)$

2. $\text{E}(XY)$

3. $\text{E}(Y|X=1)$

4. $\text{V}(Y|X=1)$

5. $P(X-2Y\le 2)=\int_a^b\int_c^d f_{XY}(x,y)\,dydx$ 에서 알맞은 $a,\, b,\, c,\, d$ 를 적어라.

6. $P(Y\le 1\,|\,X=0)$

[4] 확률벡터 $\boldsymbol{z}=(x\ y)^T$ 가 이변량정규분포를 따르고 $\mu_x=1,\, \mu_y=1,\, \sigma_x^2=2,$ $\sigma_y^2=1$, 그리고 $\rho=0$ 라고 가정할 때 아래 값을 계산하여라.

1. $\text{Cov}(2X-Y,\, X+3Y)$

2. $\text{E}(XY)$

3. $\text{E}(Y|X=1)$

4. $\text{V}(Y|X=1)$

5. $\text{E}(X^2Y^2)$

[5] 어느 해 대학입시 수학능력시험의 결과가 수리영역(x)은 평균이 60, 분산이 $(25)^2$, 언어영역(y)은 평균이 63, 분산이 $(22)^2$ 이고, 두 성적 간의 상관계수(ρ)는 0.3 이라고 발표되었다. 수리영역-언어영역 성적이 이변량정규분포를 따른다고 가정할 때, 아래 질문에 답하라.

1. 임의로 선택된 학생의 언어영역 성적이 80점에서 85점 사이에 있을 확률은 얼마인가?

2. 어떤 학생의 수리영역 성적이 80점이라는 정보를 얻었을 때, 이 학생의 언어영역 성적이 80점에서 85점 사이에 있을 확률은 얼마인가?

[6] <u>**서로 독립**</u>인 확률변수 $x_1,\, x_2$ 가 각각 정규분포를 아래와 같이 따를 때,

$$x_1\sim N(\mu_1,\sigma_1^2),\qquad x_2\sim N(\mu_2,\sigma_2^2)$$

확률벡터 $\boldsymbol{x}$가 $\boldsymbol{x} = (x_1 \ x_2)^T$일 때, $\boldsymbol{x} \sim N_2(\boldsymbol{\mu}, \Sigma)$ 임을 증명려고 한다.

$$\boldsymbol{\mu} = \begin{pmatrix} \mu_1 \\ \mu_2 \end{pmatrix}, \qquad \Sigma = \begin{pmatrix} \sigma_1^2 & 0 \\ 0 & \sigma_2^2 \end{pmatrix} \tag{2.38}$$

아래 단계대로 답하여 증명을 완성하라.

1. 확률벡터 $\boldsymbol{x} = (x_1 \ x_2)^T$ 의 적률생성함수는 $\boldsymbol{t} = (t_1 \ t_2)^T$ 에서

$$M_{\boldsymbol{x}}(\boldsymbol{t}) = E\left(e^{\boldsymbol{t}^T \boldsymbol{x}}\right) = M_{x_1}(t_1) \cdot M_{x_2}(t_2) \tag{2.39}$$

   임을 보여라.

2. 아래 등식이 성립함을 보여라.

$$M_{x_1}(t_1) \cdot M_{x_2}(t_2) = \exp\left\{\boldsymbol{t}^T \boldsymbol{\mu} + \frac{1}{2}\boldsymbol{t}^T \Sigma \boldsymbol{t}\right\} \tag{2.40}$$

3. 위 1번 2번을 종합하여, $\boldsymbol{x} \sim N_2(\boldsymbol{\mu}, \Sigma)$가 됨을 증명하라.

Chapter 3

자료행렬과 다변량정규분포

지난 단원에서는 두 개의 확률변수에 의한 이변량정규분포에 대하여 살펴보았다. 본 단원에서는 자료행렬(data matrix)을 이용한 데이터의 표현방법을 소개하고, 확률변수가 두 개 이상인 경우의 다변량정규분포(multivariate normal distribution)에 대해 알아보기로 한다.

3.1 자료행렬

확률벡터 $\boldsymbol{x} = (x_1\ x_2)^T$ 가 이변량정규분포 $N_2(\boldsymbol{\mu}, \Sigma)$ 를 따른다고 가정하자. 만일 n개의 관측값이 존재한다고 가정하면,

$$\begin{pmatrix} x_{11} \\ x_{12} \end{pmatrix}, \quad \begin{pmatrix} x_{21} \\ x_{22} \end{pmatrix}, \quad \cdots \quad , \begin{pmatrix} x_{n1} \\ x_{n2} \end{pmatrix}$$

라는 확률벡터값이 생성된다. 이를 $n \times 2$ 행렬로

$$\begin{pmatrix} x_{11} & x_{12} \\ x_{21} & x_{22} \\ \vdots & \vdots \\ x_{n1} & x_{n2} \end{pmatrix} \tag{3.1}$$

라고 표현할 수 있는데, 이와 같이 여러 개의 자료를 하나의 행렬로 표현한 것을 '**자료행렬(data matrix)**이라고 한다. 여기서 i 번째 행은 'i 번째 개체(i-th subject)'를 나타내고, j 번째 열은 'j 번째 확률변수의 값'을 의미한다. 그림 3.1은 n 개의 관측치, p개의 변수로 이루어진 자료행렬 $X_{n\times p}$ 를 나타낸다.

$$X = \begin{pmatrix} x_{11} & x_{12} & \cdots & x_{1j} & \cdots & x_{1p} \\ x_{21} & x_{22} & \cdots & x_{2j} & \cdots & x_{2p} \\ \vdots & \vdots & \ddots & \vdots & & \vdots \\ x_{i1} & x_{i2} & \cdots & x_{ij} & \cdots & x_{ip} \\ \vdots & \vdots & & \vdots & \ddots & \vdots \\ x_{n1} & x_{n2} & \cdots & x_{nj} & \cdots & x_{np} \end{pmatrix} \text{ i-subject}$$

j-variable

그림 3.1: 자료행렬 $X_{n\times p}$ 의 구성

Q 어떤 학급에서 임의로 5명의 학생을 선발하여 키(x_1)와 몸무게(x_2)를 측정하였다. 이 데이터를 이용하여, 자료행렬 X 를 구하라.

$$\begin{pmatrix} 156 \\ 52 \end{pmatrix}, \begin{pmatrix} 167 \\ 55 \end{pmatrix}, \begin{pmatrix} 175 \\ 75 \end{pmatrix}, \begin{pmatrix} 180 \\ 77 \end{pmatrix}, \begin{pmatrix} 169 \\ 69 \end{pmatrix}$$

A 이 데이터를 자료행렬 X로 표현하면

$$X = \begin{pmatrix} 156 & 52 \\ 167 & 55 \\ 175 & 75 \\ 180 & 77 \\ 169 & 69 \end{pmatrix} \tag{3.2}$$

가 된다. 여기서, 관측치가 임의표본(random sample)인 경우, 행의 순서는 바뀌어도 무방하다.

3.2 다변량정규분포

학생들의 키(x_1), 몸무게(x_2) 외에 가슴둘레(x_3)까지 측정한다고 가정하면,

$$\boldsymbol{x} = \begin{pmatrix} x_1 \\ x_2 \\ x_3 \end{pmatrix} \tag{3.3}$$

라는 확률벡터 $\boldsymbol{x}$ 는 확률변수 세 개로 구성되었으므로 더 이상 이변량정규분포를 따른다고 할 수 없다. 이제 확률변수가 두 개 이상인 경우에 정의되는 다변량정규분포(multivariate normal distribution)에 대해 알아보자.

Definition: (다변량정규분포) 확률벡터 $\boldsymbol{x} = (x_1\ x_2\ \cdots\ x_p)^T$ 가 아래와 같은 결합확률밀도함수(joint p.d.f.)를 가질 때, $\boldsymbol{x}$ 는 평균이 $\boldsymbol{\mu}_{p\times 1}$, 분산이 $\Sigma_{p\times p}$인 다변량 정규분포를 따른다고 하고, $\boldsymbol{x} \sim N_p(\boldsymbol{\mu}, \Sigma)$ 라고 표시한다.

$$f(\boldsymbol{x}) = \frac{1}{(2\pi)^{p/2}|\Sigma|^{1/2}} \exp\{-(\boldsymbol{x}-\boldsymbol{\mu})^T\Sigma^{-1}(\boldsymbol{x}-\boldsymbol{\mu})/2\} \tag{3.4}$$

여기서 $|\cdot|$는 행렬식(determinant)이다.

Remark 이변량정규분포는 $p = 2$인 다변량정규분포이다.

Remark $p = 3$인 다변량정규분포의 확률밀도함수를 그래프로 나타내고 싶다면, 4차원 그래프가 불가능하므로, j 번째 확률변수의 값을 $x_j = k$로 고정시킨 상태에서 조건부확률분포 모습을 3차원 그래프로 표현하는 방법을 사용할 수 있다.

다변량 자료에서, 확률벡터 $\boldsymbol{x} = (x_1\ x_2\ \cdots\ x_p)^T$ 의 관측값이 n개 존재한다고 가성하면,

$$\begin{pmatrix} x_{11} \\ x_{12} \\ \vdots \\ x_{1p} \end{pmatrix}, \quad \begin{pmatrix} x_{21} \\ x_{22} \\ \vdots \\ x_{2p} \end{pmatrix}, \quad \cdots \quad, \begin{pmatrix} x_{n1} \\ x_{n2} \\ \vdots \\ x_{np} \end{pmatrix}$$

라는 확률벡터값이 생성된다. 이에 대한 자료행렬은

$$X = \begin{pmatrix} x_{11} & x_{12} & \cdots & x_{1p} \\ x_{21} & x_{22} & \cdots & x_{2p} \\ \vdots & \vdots & \ddots & \vdots \\ x_{n1} & x_{n2} & \cdots & x_{np} \end{pmatrix} \tag{3.5}$$

가 된다.

Q Table 3.1은 2014년과 2015년에 SNS에 언급된 여름철 휴가지 언급 빈도수 중 일부를 정리한 것이다. 다변량정규분포를 가정할 때, 자료행렬 X 와 $\boldsymbol{x}$ 의 분포를 쓰시오(자료 출처: Analytics Magazine 2015년 7월).

Table 3.1: SNS에 언급된 여름철 휴가지 빈도(%)

휴가지	2014	2015
태국	0.5	0.9
제주도	6.0	9.9
일본	1.5	2.5
보라카이	1.1	2.8
속초	2.0	2.6
오사카	0.5	0.9

A 다변량정규분포를 위한 자료행렬은 $X_{6\times2}$로 작성되고,

$$x_1 \quad = \quad \text{2014년 SNS에 여름철 휴가지로서 언급된 빈도(\%)}$$
$$x_2 \quad = \quad \text{2015년 SNS에 여름철 휴가지로서 언급된 빈도(\%)}$$

라고 할 때, $\boldsymbol{x}$ 의 분포는

$$\boldsymbol{x} = \begin{pmatrix} x_1 \\ x_2 \end{pmatrix} \sim N_2\left(\boldsymbol{\mu}_{2\times1},\, \Sigma_{2\times2}\right) \tag{3.6}$$

가 된다.

Theorem 3.1 *확률벡터* $\boldsymbol{x} \sim N_p(\boldsymbol{\mu}, \Sigma)$ *일 때, 임의의 상수* $A_{q\times p}$, $\boldsymbol{b}_{q\times1}$ *에 대하여,*

$$A\boldsymbol{x} + \boldsymbol{b} \quad \sim \quad N_q\left(A\boldsymbol{\mu} + \boldsymbol{b}\ ,\ A\Sigma A^T\right) \tag{3.7}$$

가 성립한다.

Proof (증명은 선택) $\boldsymbol{z} = A\boldsymbol{x} + \boldsymbol{b}$ 라면,

$$\begin{aligned}
M_{\boldsymbol{z}}(\boldsymbol{t}) &= \mathrm{E}\left(e^{\boldsymbol{t}^T\boldsymbol{z}}\right) = \mathrm{E}\left(e^{\boldsymbol{t}^T(A\boldsymbol{x}+\boldsymbol{b})}\right) = \mathrm{E}\left(e^{\boldsymbol{t}^T A\boldsymbol{x}+\boldsymbol{t}^T\boldsymbol{b}}\right) \\
&= e^{\boldsymbol{t}^T\boldsymbol{b}} \cdot \mathrm{E}\left(e^{\boldsymbol{t}_*^T\boldsymbol{x}}\right), \quad (\text{where} \quad \boldsymbol{t}_*^T = \boldsymbol{t}^T A) \\
&= e^{\boldsymbol{t}^T\boldsymbol{b}} \cdot e^{\boldsymbol{t}_*^T\boldsymbol{\mu}+\frac{1}{2}\boldsymbol{t}_*^T\Sigma\boldsymbol{t}_*} \\
&= e^{\boldsymbol{t}^T\boldsymbol{b}} \cdot e^{\boldsymbol{t}^T A\boldsymbol{\mu}+\frac{1}{2}\boldsymbol{t}^T A\Sigma A^T\boldsymbol{t}} \\
&= e^{\boldsymbol{t}^T(A\boldsymbol{\mu}+\boldsymbol{b})+\frac{1}{2}\boldsymbol{t}^T(A\Sigma A^T)\boldsymbol{t}}
\end{aligned}$$

그러므로 $\boldsymbol{z} = A\boldsymbol{x} + \boldsymbol{b} \sim N_q\left(A\boldsymbol{\mu} + \boldsymbol{b}\,,\, A\Sigma A^T\right)$. ∎

Corollary 3.2 *확률벡터 $\boldsymbol{x} \sim N_p(\boldsymbol{\mu}, \Sigma)$일 때,*

$$\Sigma^{-1/2}\,(\boldsymbol{x} - \boldsymbol{\mu}) \quad \sim \quad N_p\,(\boldsymbol{0}, I_p) \tag{3.8}$$

가 성립한다.

Proof Theorem 3.1에서 $A = \Sigma^{-1/2}, \quad \boldsymbol{b} = -\Sigma^{-1/2}\boldsymbol{\mu}$를 대입한다. ∎

Corollary 3.3 *확률벡터 $\boldsymbol{x} \sim N_p(\boldsymbol{\mu}, \Sigma)$일 때,*

$$(\boldsymbol{x} - \boldsymbol{\mu})^T\,\Sigma^{-1}\,(\boldsymbol{x} - \boldsymbol{\mu}) \quad \sim \quad \chi^2_p \tag{3.9}$$

가 성립한다.

Proof Corollary 3.2에서 벡터 $\Sigma^{-1/2}(\boldsymbol{x} - \boldsymbol{\mu})$의 각 원소는 서로 독립인 표준정규분포를 따른다. 그런데 서로 독립인 표준정규분포의 제곱합은 카이제곱분포를 따르기 때문에(식 (3.29) 참조), 벡터 $\Sigma^{-1}(\boldsymbol{x} - \boldsymbol{\mu})$의 원소에 대한 제곱합을 구하면,

$$\left[\Sigma^{-1/2}(\boldsymbol{x} - \boldsymbol{\mu})\right]^T\,\Sigma^{-1/2}(\boldsymbol{x} - \boldsymbol{\mu}) = (\boldsymbol{x} - \boldsymbol{\mu})^T\,\Sigma^{-1}\,(\boldsymbol{x} - \boldsymbol{\mu}) \quad \sim \quad \chi^2_p$$

가 된다. ∎

Q 확률벡터 $\boldsymbol{x}$가 $\boldsymbol{x} \sim N_3(\boldsymbol{\mu}, \Sigma)$ 일 때,

$$\boldsymbol{\mu} = \begin{pmatrix} 1 \\ 2 \\ 3 \end{pmatrix}, \qquad \Sigma = \begin{pmatrix} 1 & 0 & 0 \\ 0 & 2 & 1 \\ 0 & 1 & 1 \end{pmatrix} \tag{3.10}$$

아래 형렬과 벡터에 대하여, $A\boldsymbol{x} + \boldsymbol{b}$의 확률분포를 구하라.

$$A = \begin{pmatrix} 1 & -1 & 0 \\ 0 & 1 & -1 \end{pmatrix}, \qquad \boldsymbol{b} = \begin{pmatrix} 1 \\ 1 \end{pmatrix} \tag{3.11}$$

A 연습문제 참조.

> **Theorem 3.4** *확률벡터* $\boldsymbol{x} = (x_1\, x_2 \cdots x_p)^T$ *가* $N_p(\boldsymbol{\mu}, \Sigma)$ *일 때,* $x_i\,(i = 1, 2, \cdots p)$ *가 서로 독립일* **필요충분조건**<u>은</u>
>
> $$\mathrm{Cov}(x_i, x_j) = 0, \qquad (i \neq j) \tag{3.12}$$
>
> *이다.*

Proof 다변량정규분포와 상관없이, 일반적으로 두 확률변수 $x_i,\, x_j\,(i \neq j)$ 가 서로 독립이면,

$$\mathrm{E}(x_i\, x_j) = \mathrm{E}(x_i)\,\mathrm{E}(x_j) \tag{3.13}$$

이므로,

$$\mathrm{Cov}(x_i, x_j) = \mathrm{E}(x_i\, x_j) - \mathrm{E}(x_i)\,\mathrm{E}(x_j) = 0 \tag{3.14}$$

가 됨을 알 수 있다. 따라서 $i \neq j$일 때, $\mathrm{Cov}(x_i,\, x_j) = 0$은 x_i와 x_j가 서로 독립이라는 것에 대한 <u>필요조건</u>이 된다.

<u>충분조건</u>에 대한 증명은 다음과 같다. 다변량정규분포에서 $\mathrm{Cov}(x_i, x_j) = 0,\ (i \neq j)$ 이면, Σ가 대각행렬이 되므로 식 (3.4)에서

$$f(\boldsymbol{x}) = \prod_{i=1}^{n} f_i(x_i) \tag{3.15}$$

가 되어 $x_i\,(i = 1, 2, \cdots p)$는 서로 독립임이 증명된다($p = 3$인 경우의 증명은 연습문제 참조). ▮

Definition: (제곱합교차곱행렬) 자료행렬 $X_{n\times p}$에 대하여 $X^T X$는 제곱합교차곱행렬(sum of squares and cross products matrix: SSCP 행렬)이라고 하며 다음과 같이 정의된다.

$$X^T X = \begin{pmatrix} \sum_{i=1}^n x_{i1}^2 & \sum_{i=1}^n x_{i1}x_{i2} & \cdots & \sum_{i=1}^n x_{i1}x_{ip} \\ & \sum_{i=1}^n x_{i2}^2 & \cdots & \sum_{i=1}^n x_{i2}x_{ip} \\ \text{대칭} & & \ddots & \vdots \\ & & & \sum_{i=1}^n x_{ip}^2 \end{pmatrix} \tag{3.16}$$

Q 다음 행렬 V 의 SSCP 행렬 V^TV 를 구하라.

$$V = \begin{pmatrix} 1 & 1 & 1 \\ 1 & 1 & 1 \\ 1 & 1 & -1 \\ 1 & 1 & -1 \\ 1 & -1 & 1 \\ 1 & -1 & 1 \\ 1 & -1 & -1 \\ 1 & -1 & -1 \end{pmatrix} \tag{3.17}$$

A SSCP 행렬은 $V^TV = \mathrm{diag}(8, 8, 8)$ 이다.

3.3 표본평균벡터와 표본분산공분산행렬

확률벡터 $\boldsymbol{x}_i$ 가 다음과 같이 정의될 때,

$$\boldsymbol{x}_i = \begin{pmatrix} x_{i1} \\ x_{i2} \\ \vdots \\ x_{ip} \end{pmatrix}, \qquad i = 1,\, 2,\, \cdots,\, n \tag{3.18}$$

표본평균벡터 $\bar{\boldsymbol{x}}$ 와 표본분산공분산행렬 S 는 다음과 같이 정의된다.

Definition: (표본평균벡터) 확률벡터 $\boldsymbol{x}_i$ 에 대한 표본평균벡터(sample mean vector)는

$$\bar{\boldsymbol{x}} = \frac{1}{n}\sum_{i=1}^{n} \begin{pmatrix} x_{i1} \\ x_{i2} \\ \vdots \\ x_{ip} \end{pmatrix} = \begin{pmatrix} \frac{1}{n}\sum_{i=1}^{n} x_{i1} \\ \frac{1}{n}\sum_{i=1}^{n} x_{i2} \\ \vdots \\ \frac{1}{n}\sum_{i=1}^{n} x_{ip} \end{pmatrix} = \begin{pmatrix} \bar{x}_1 \\ \bar{x}_2 \\ \vdots \\ \bar{x}_p \end{pmatrix} \tag{3.19}$$

라고 정의된다.

Remark 식 (1.22)에서 정의된 합벡터(summing vector) $\mathbf{1}_n$ 을 이용하면, 자료행렬 X 에 대해 표본평균벡터 $\bar{\boldsymbol{x}}$ 는

$$\bar{\boldsymbol{x}} = \frac{1}{n}X^T\mathbf{1}_n \tag{3.20}$$

이라고 표현할 수 있다.

Definition: (표본분산공분산행렬) 확률벡터 $\boldsymbol{x}_i$ 에 대하여,

만일,

$$\bar{X} \overset{def.}{=} \begin{pmatrix} \bar{\boldsymbol{x}}^T \\ \bar{\boldsymbol{x}}^T \\ \vdots \\ \bar{\boldsymbol{x}}^T \end{pmatrix} = \begin{pmatrix} \bar{x}_1 & \bar{x}_2 & \cdots & \bar{x}_p \\ \bar{x}_1 & \bar{x}_2 & \cdots & \bar{x}_p \\ \vdots & \vdots & \ddots & \vdots \\ \bar{x}_1 & \bar{x}_2 & \cdots & \bar{x}_p \end{pmatrix}_{n\times p} \tag{3.21}$$

라면

$$S \overset{def.}{=} \frac{1}{n-1}\left(X-\bar{X}\right)^T\left(X-\bar{X}\right)$$

$$= \frac{1}{n-1}\sum_{i=1}^{n}\begin{pmatrix} (x_{i1}-\bar{x}_1)^2 & (x_{i1}-\bar{x}_1)(x_{i2}-\bar{x}_2) & \cdots & (x_{i1}-\bar{x}_1)(x_{ip}-\bar{x}_p) \\ & (x_{i2}-\bar{x}_2)^2 & \cdots & (x_{i2}-\bar{x}_2)(x_{ip}-\bar{x}_p) \\ \text{대칭} & & \ddots & \vdots \\ & & & (x_{ip}-\bar{x}_p)^2 \end{pmatrix}$$

$$= \frac{1}{n-1}\sum_{i=1}^{n}(\boldsymbol{x}_i-\bar{\boldsymbol{x}})(\boldsymbol{x}_i-\bar{\boldsymbol{x}})^T \tag{3.22}$$

라고 할 때, 이 S를 **<u>표본분산공분산행렬</u>**(sample variance-covariance matrix)이라고 한다.

Q 표본분산공분산행렬 S는 아래와 같이 표현 가능함을 증명하라.

$$S = \frac{1}{n-1}\left(X-\frac{1}{n}\mathbf{1}_n\mathbf{1}_n^TX\right)^T\left(X-\frac{1}{n}\mathbf{1}_n\mathbf{1}_n^TX\right) \tag{3.23}$$

A 연습문제 참조.

3.4 다변량정규분포의 조건부확률분포

학생들의 키(x_1), 몸무게(x_2), 가슴둘레(x_3)에 대한 자료가 다변량정규분포를 따른다고 하자. 만일 어떤 학생의 가슴둘레 사이즈(x_3)를 알고 있을 경우, 그 학생의 키와 몸무게에 대한 확률분포는 어떻게 표현할 수 있을 것인가?

우리는 이미 식 (2.22)와 그림 2.8에서 이변량정규분포의 경우, 한 개의 확률변수의 값이 알려지면, 나머지 확률변수의 조건부확률분포도 정규분포가 된다는 것을 배웠다. 그와 같은 논리가 $p \geq 3$ 에서도 적용된다면, 다변량정규분포의 조건부확률분포도 다변량정규분포를 이루게 될 것이다.

Theorem 3.5 *확률벡터* $\boldsymbol{x}_{p\times 1}$ *가 확률벡터* $\boldsymbol{x}_{1(r\times 1)}$ *와* $\boldsymbol{x}_{2((p-r)\times 1)}$*로 구성되고, 다음과 같은 다변량정규분포를 따른다고 가정한다.*

$$\boldsymbol{x} = \begin{pmatrix} \boldsymbol{x}_1 \\ \boldsymbol{x}_2 \end{pmatrix} \sim N_p\left(\begin{pmatrix} \boldsymbol{\mu}_1 \\ \boldsymbol{\mu}_2 \end{pmatrix}, \begin{pmatrix} \Sigma_{11} & \Sigma_{12} \\ \Sigma_{21} & \Sigma_{22} \end{pmatrix}\right) \tag{3.24}$$

이때, $\boldsymbol{x}_2 = \boldsymbol{x}_2^0$*라는 조건 하에* $\boldsymbol{x}_1$ *의 조건부확률분포는*

$$\boldsymbol{x}_1|\boldsymbol{x}_2 = \boldsymbol{x}_2^0 \sim N_r\left(\boldsymbol{\mu}_{1|2}, \Sigma_{1|2}\right) \tag{3.25}$$

이며,

$$\begin{aligned} \boldsymbol{\mu}_{1|2} &= \boldsymbol{\mu}_1 + \Sigma_{12}\Sigma_{22}^{-1}\left(\boldsymbol{x}_2^0 - \boldsymbol{\mu}_2\right) \\ \Sigma_{1|2} &= \Sigma_{11} \quad \Sigma_{12}\Sigma_{22}^{-1}\Sigma_{21} \end{aligned} \tag{3.26}$$

이다(증명생략).

Q 학생들의 키(x_1), 몸무게(x_2), 가슴둘레(x_3)에 대한 자료가 아래와 같은 다변량정규분포를 따른다고 가정할 때,

$$\begin{pmatrix} x_1 \\ x_2 \\ x_3 \end{pmatrix} \sim N_3\left(\begin{pmatrix} 160 \\ 60 \\ 80 \end{pmatrix}, \begin{pmatrix} 3 & 2 & 1 \\ 2 & 2 & 1 \\ 1 & 1 & 2 \end{pmatrix}\right) \tag{3.27}$$

가슴둘레가 90인 학생들의 키와 몸무게에 대한 확률분포를 구하라.

A 가슴둘레 $x_3 = 90$인 학생들의 키와 몸무게에 대한 조건부확률분포는

$$\begin{aligned} \boldsymbol{\mu}_{1|2} &= \begin{pmatrix} 160 \\ 60 \end{pmatrix} + \begin{pmatrix} 1 \\ 1 \end{pmatrix} 2^{-1}(90-80) = \begin{pmatrix} 165 \\ 65 \end{pmatrix} \\ \Sigma_{1|2} &= \begin{pmatrix} 3 & 2 \\ 2 & 2 \end{pmatrix} - \begin{pmatrix} 1 \\ 1 \end{pmatrix} 2^{-1} \begin{pmatrix} 1 & 1 \end{pmatrix} = \begin{pmatrix} 2.5 & 1.5 \\ 1.5 & 1.5 \end{pmatrix} \end{aligned}$$

가 되어,

$$\left(\begin{array}{c} x_1 \\ x_2 \end{array} \right) \Bigg| x_3 = 90 \quad \sim \quad N_2 \left(\left(\begin{array}{c} 165 \\ 65 \end{array} \right), \left(\begin{array}{cc} 2.5 & 1.5 \\ 1.5 & 1.5 \end{array} \right) \right) \tag{3.28}$$

가 된다.

3.5 카이제곱분포와 위샤트 분포

단변량에서 정규분포와 카이제곱분포(chi-square distiribution)의 관계는 다변량 정규분포와 위샤트 분포(Wishart distribution)의 관계와 흡사하다.

Definition: (카이제곱분포) 만일, $z_i \sim N(0, 1)$ 이고 $z_i \, (i = 1, 2 \cdots, n)$ 가 서로 독립이라면, $\chi_0^2 = \sum_{i=1}^n z_i^2 = z_1^2 + z_2^2 + \cdots + z_n^2$ 은 '**자유도** n**인 카이제곱분포 (chi-square distribution)**'를 따른다고 하며, 이를

$$\chi_0^2 = \sum_{i=1}^n z_i^2 \quad \sim \quad \chi_n^2 \tag{3.29}$$

라고 표기한다.

Remark 만일 $z \sim \chi_n^2$ 이라면, 적률생성함수는

$$M_z(t) \overset{def.}{=} E\left(e^{tz}\right) = (1 - 2t)^{-n/2}, \quad t < \frac{1}{2} \tag{3.30}$$

가 된다(증명생략).

Theorem 3.6 (카이제곱의 가법성) *서로 독립인 두 확률변수* z_1, z_2 *가 각각 카이제곱*

$$z_1 \sim \chi_{n_1}^2, \qquad z_2 \sim \chi_{n_2}^2 \tag{3.31}$$

을 따르고, $z = z_1 + z_2$*라면,*

$$z \sim \chi_{n_1+n_2}^2 \tag{3.32}$$

을 따른다.

Proof (증명은 선택) 확률변수 $z = z_1 + z_2$ 의 적률생성함수를 구하면,

$$\begin{aligned} M_z(t) &= E\left(e^{tz}\right) = E\left(e^{tz_1+tz_2}\right) \overset{ind.}{=} E\left(e^{tz_1}\right) E\left(e^{tz_2}\right) \\ &= (1-2t)^{-\frac{n_1+n_2}{2}}, \quad t < \frac{1}{2} \end{aligned} \tag{3.33}$$

가 되므로, 이는 자유도가 $n_1 + n_2$인 카이제곱분포의 적률생성함수이다. ∎

Corollary 3.7 *서로 독립인 두 확률변수 z_1, z_2 에 대하여, $z = z_1 + z_2$ 이고, 각각 카이제곱 $z \sim \chi^2_n$, $z_2 \sim \chi^2_{n_2}$ 을 따르면,*

$$z_1 \sim \chi^2_{n-n_2} \tag{3.34}$$

을 따른다.

Proof (증명은 선택) 확률변수 $z = z_1 + z_2$ 의 적률생성함수를 구하면,

$$\begin{aligned} M_z(t) &= E\left(e^{tz}\right) = E\left(e^{tz_1+tz_2}\right) \overset{ind.}{=} E\left(e^{tz_1}\right) E\left(e^{tz_2}\right) \\ &= M_{z_1}(t) \cdot (1-2t)^{-\frac{n_2}{2}} \\ &\overset{let}{=} (1-2t)^{-\frac{n}{2}} \end{aligned} \tag{3.35}$$

기 된다. 그리므로

$$M_{z_1}(t) = (1-2t)^{-\frac{n-n_2}{2}} \tag{3.36}$$

가 되어, z_1 은 자유도 $n - n_2$인 카이제곱분포를 따른다. ∎

Theorem 3.8 *<u>서로 독립인</u> 확률변수 $x_1, x_2, \cdots, x_n$ 에 대하여,*

$$x_i \sim N(\mu, \sigma^2), \quad i = 1, 2, \cdots, n$$

이라면, 아래가 성립한다.

(1) $\sum_{i=1}^{n} \left(\frac{x_i-\mu}{\sigma}\right)^2 \sim \chi^2_n$

(2) $\bar{x}$ *와* s^2 *은 서로 독립이다.*

(3) $\frac{(n-1)s^2}{\sigma^2} = \sum_{i=1}^{n} \left(\frac{x_i-\bar{x}}{\sigma}\right)^2 \sim \chi^2_{n-1}$

Proof (1) 만일 $z_i = \frac{x_i - \mu}{\sigma}$라면, $z_i \sim N(0, 1)$이며 서로 독립이다. 따라서 카이제곱분포의 정의에 따라

$$\chi_0^2 = \sum_{i=1}^{n} z_i^2 = \sum_{i=1}^{n} \left(\frac{x_i - \mu}{\sigma} \right)^2 \sim \chi_n^2 \tag{3.37}$$

가 된다. ∎

(2) 정규분포하에서 표본평균과 표본분산의 독립성은 Basu's Theorem으로 증명된다(증명생략).

(3) 다음과 같은 전개식에서,

$$\sum_{i=1}^{n} \left(\frac{x_i - \mu}{\sigma} \right)^2 = \sum_{i=1}^{n} \left(\frac{x_i - \bar{x} + \bar{x} - \mu}{\sigma} \right)^2 \tag{3.38}$$

$$= \sum_{i=1}^{n} \left(\frac{x_i - \bar{x}}{\sigma} \right)^2 + \left(\frac{\bar{x} - \mu}{\sigma/\sqrt{n}} \right)^2 \tag{3.39}$$

$$= \frac{(n-1)s^2}{\sigma^2} + \left(\frac{\bar{x} - \mu}{\sigma/\sqrt{n}} \right)^2 \tag{3.40}$$

이므로, (1)의 결과에서 좌변은

$$\sum_{i=1}^{n} \left(\frac{x_i - \mu}{\sigma} \right)^2 \sim \chi_n^2 \tag{3.41}$$

이고, 우변의 두 번째 항은

$$\left(\frac{\bar{x} - \mu}{\sigma/\sqrt{n}} \right)^2 \sim \chi_1^2 \tag{3.42}$$

이 된다. 또한, (2)의 결과에서 $\bar{x}$와 s^2는 서로 독립임을 알 수 있기에 Corollary 3.7에서

$$\sum_{i=1}^{n} \left(\frac{x_i - \bar{x}}{\sigma} \right)^2 \sim \chi_{n-1}^2 \tag{3.43}$$

임이 증명된다. ∎

Definition: (위샤트 분포) 만일 확률벡터 $\boldsymbol{x}_i$, $(i = 1, 2, \cdots, n)$가 서로 독립이고 $\boldsymbol{x}_i \sim N_p(\mathbf{0}, \Sigma)$라면, $X = (\boldsymbol{x}_1\, \boldsymbol{x}_2\, \cdots\, \boldsymbol{x}_n)^T$인 자료행렬에 대해, SSCP 행렬인 M은

$$M = X^T X \sim W_p(n, \Sigma) \tag{3.44}$$

라고 하며, 이를 '**자유도 n인 위샤트 분포(Wishart distribution)**'라고 한다. 참고적으로, 위샤트 분포의 확률밀도함수는 아래와 같으며,

$$f(M) = \frac{1}{2^{np/2}\Gamma_p\left(\frac{n}{2}\right)|\Sigma|^{n/2}}|M|^{(n-p-1)/2}\exp\left\{-\frac{1}{2}\operatorname{tr}\left(\Sigma^{-1}M\right)\right\} \tag{3.45}$$

여기서 $\Gamma_p(\cdot)$는 다변량 감마함수(multivariate gamma function)이다. 이에 관한 자세한 설명은 생략하기로 한다.

Remark $p = \Sigma = 1$인 위샤트 분포는 χ_n^2 이다(증명생략).

Remark 만일 $M \sim W_1(n, \sigma^2)$라면, $M/\sigma^2 \sim \chi_n^2$ 이다(증명생략).

Theorem 3.9 *만일 확률벡터 $\boldsymbol{x}_i$, $(i = 1, 2, \cdots, n)$가 서로 독립이고 $\boldsymbol{x}_i \sim N_p(\boldsymbol{\mu}, \Sigma)$라면, $X = (\boldsymbol{x}_1\,\boldsymbol{x}_2\,\cdots\,\boldsymbol{x}_n)^T$인 자료행렬에 대해,*

$$(n-1)S = (X-\bar{X})^T(X-\bar{X}) \sim W_p(n-1, \Sigma) \tag{3.46}$$

가 된다(이에 대한 증명은 생략하고, 카이제곱분포의 다변량 확장이라고 생각하기 바란다).

표본평균벡터 $\bar{\boldsymbol{x}}$와 표본분산공분산행렬 S에 관련된 지금까지의 확률분포 내용을 정리하면 아래와 같다.

Theorem 3.10 *확률벡터 $\boldsymbol{x}_i \sim N_p(\boldsymbol{\mu}, \Sigma)$, $(i = 1, 2, \cdots, n)$이며 서로 독립일 때, 표본평균벡터 $\bar{\boldsymbol{x}}$와 표본분산공분산행렬 S에 내해*

1. $\sqrt{n}\,(\bar{\boldsymbol{x}} - \boldsymbol{\mu}) \sim N_p(\mathbf{0}, \Sigma)$
2. $n\,(\bar{\boldsymbol{x}} - \boldsymbol{\mu})^T\,\Sigma^{-1}\,(\bar{\boldsymbol{x}} - \boldsymbol{\mu}) \sim \chi_p^2$
3. *$\bar{\boldsymbol{x}}$와 S는 서로 독립이다.*
4. $(n-1)S \sim W_p(n-1, \Sigma)$

(3번과 4번은 증명생략)

Proof (1) 확률변수 x_i 가 $N(\mu,\ \sigma^2)$일 때, 표본평균 $\bar{x} = \frac{1}{n}\sum_{i=1}^{n} x_i$ 에 대하여,

$$\bar{x} \sim N\left(\mu,\ \sigma^2/n\right) \tag{3.47}$$

임을 알고 있다. 이는

$$\sqrt{n}(\bar{x} - \mu) \sim N\left(0,\ \sigma^2\right) \tag{3.48}$$

이라고 표현할 수 있다. 한편, 서로 독립인 확률벡터 $\boldsymbol{x}_i$ 에 대해 표본평균벡터의 분포는

$$\bar{\boldsymbol{x}} \sim N_p\left(\boldsymbol{\mu},\ \frac{1}{n}\Sigma\right) \tag{3.49}$$

가 되며(연습문제 참조), 이를

$$\sqrt{n}(\bar{\boldsymbol{x}} - \boldsymbol{\mu}) \sim N_p\left(\mathbf{0},\ \Sigma\right) \tag{3.50}$$

라고도 표현한다. ▮

(2) 식 (3.49)와 Corollary 3.3에서

$$n\left(\bar{\boldsymbol{x}} - \boldsymbol{\mu}\right)^T \Sigma^{-1}\left(\bar{\boldsymbol{x}} - \boldsymbol{\mu}\right) \sim \chi_p^2 \tag{3.51}$$

임을 알 수 있다. ▮

3.6 SAS®실습문제

[1] Table 3.2는 회귀분석에 사용되는 x, y 에 대한 관측값이다.

Table 3.2: 여름철 휴가지 빈도(%)

휴가지	2014 (x)	2015 (y)
태국	0.5	0.9
제주도	6.0	9.9
일본	1.5	2.5
보라카이	1.1	2.8
속초	2.0	2.6
오사카	0.5	0.9

선형회귀식

$$y_i = \beta_0 + \beta_1 x_i + \epsilon_i, \qquad i = 1, 2, \cdots, n \tag{3.52}$$

을 사용하고자 할 때, 물음에 답하라.

1. $\boldsymbol{b} = (\beta_0\ \beta_1)^T$ 에 대해, $X^T X\hat{\boldsymbol{b}} = X^T\boldsymbol{y}$ 에 맞는 행렬 X 와 벡터 $\boldsymbol{y}$ 를 적어라.
2. `proc iml` 을 이용하여, $\hat{\boldsymbol{b}} = (X^T X)^{-1} X^T \boldsymbol{y}$ 를 구하라.
3. $\boldsymbol{z} = (x\ y)^T$ 라고 할 때, $\bar{\boldsymbol{z}}$ 와 S 를 다음 SAS® 코드를 참고해 구하라.

```
data a; input x y; cards;
0.5 0.9
6.0 9.9
⋮
0.5 0.9
;
proc iml;
    use a; read all into Z; close;

    zbar=Z[:,];
    S=cov(Z);
    print Z, zbar, S;
quit;
```

4. 위 3번에서 구한 S 값이

$$S - \frac{1}{n-1}\left(Z - \bar{Z}\right)^T\left(Z - \bar{Z}\right) \tag{3.53}$$

를 이용한 값과 일치하는지 `proc iml` 을 이용해 확인하라.

[2] 우리는 Theorem 3.10에서 소개된

$$\chi_0^2 = n\left(\bar{\boldsymbol{x}} - \boldsymbol{\mu}\right)^T \Sigma^{-1}\left(\bar{\boldsymbol{x}} - \boldsymbol{\mu}\right) \sim \chi_p^2 \tag{3.54}$$

인지를 컴퓨터 시뮬레이션을 통해 확인하길 원한다. 먼저, 다변량정규분포를 따르는 확률난수 $\boldsymbol{x}_i = (x_{i1}\ x_{i2}\ x_{i3})^T$, $(i = 1, 2, \cdots, 50)$ 를 생성하여 χ_0^2 를 얻는

과정을 1000회 반복(iteration) 실시한다(아래 SAS® 코드 참조). 여기서 저장된 1000개의 χ_0^2 값이 카이제곱분포를 따르는지 그래프로 확인하는 과정을 아래 단계대로 실시하라.

$$\begin{pmatrix} x_1 \\ x_2 \\ x_3 \end{pmatrix} \sim N_3\left(\begin{pmatrix} 160 \\ 60 \\ 80 \end{pmatrix}, \begin{pmatrix} 3 & 2 & 1 \\ 2 & 2 & 1 \\ 1 & 1 & 2 \end{pmatrix}\right) \tag{3.55}$$

1. 위의 다변량정규분포를 따르는 확률벡터 $\boldsymbol{x} = (x_{i1}\ x_{i2}\ x_{i3})^T$ 를 `proc iml` 로 생성하여 ($i = 1, 2, \cdots, 50$),

2. $\chi_0^2 = n\,(\bar{\boldsymbol{x}} - \boldsymbol{\mu})^T\,\Sigma^{-1}\,(\bar{\boldsymbol{x}} - \boldsymbol{\mu})$ 을 계산하라.

3. 그리고, [2]-1에서 [2]-2까지 과정을 1000회 반복하여 1000개의 χ_0^2 을 저장한 후에, 1000개의 χ_0^2 에 대한 히스토그램을 SAS의 `proc univariate` 을 사용하여 작성하고, 그림 3.2와 같이 χ_3^2 의 확률밀도함수와 비교하라.

```
proc iml;
    iter=1000; n=50; chi=J(iter,1,0);
    mean={160,60,80};
    cov={3 2 1, 2 2 1, 1 1 2};
    call randseed(1234);
    do i=1 to iter;
        * mean is a column vector;
        x=randnormal(n,mean,cov);
        xbar=x[:,];
        chi[i]=n*t(t(xbar)-mean)*inv(cov)*(t(xbar)-mean);
    end;
    create chidat var chi; append; close chidat;
quit;

proc univariate data=chidat;
    histogram chi/gamma(shape=1.5 scale=2);
run;
```

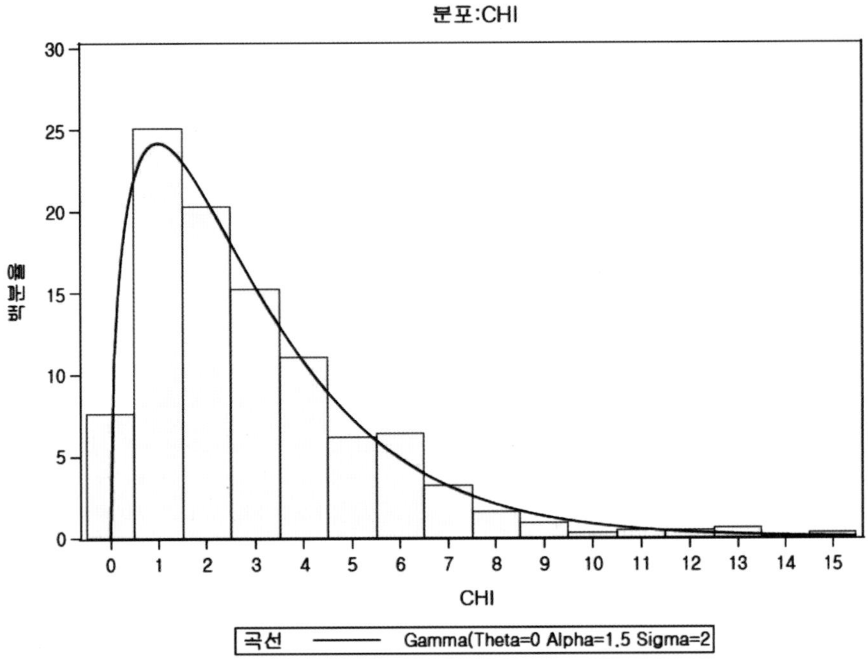

그림 3.2: SAS® `proc univariate`를 이용한 카이제곱분포 적합성 검사

3.7 연습문제

[1] SNS에 언급된 여름철 휴가지 연도별 빈도 자료(Table 3.3)에 대해,

Table 3.3: SNS에 언급된 여름철 휴가지 연도별 빈도(%)

휴가지	2014 (x_1)	2015 (x_2)
태국	0.5	0.9
제주도	6.0	9.9
일본	1.5	2.5
보라카이	1.1	2.8
속초	2.0	2.6
오사카	0.5	0.9

다음 질문에 계산기를 사용해 답하라.

1. 표본평균벡터 $\bar{\boldsymbol{x}}$를 구하라.

2. 표본분산공분산행렬 S를 구하라.

3. $\bar{\boldsymbol{x}} = \frac{1}{6}X^T\mathbf{1}_6$ 의 계산값이 [1]-1의 벡터와 일치하는지 수치로 확인하라.

4. 자료행렬 X 의 SSCP 행렬을 구하라

5. Theorem 3.5를 이용해서 $\boldsymbol{x} \sim N_2(\bar{\boldsymbol{x}}, S)$ 를 가정할 때, 2014년도 SNS 여름 휴가철 언급 빈도가 3.0%인 도시의 2015년도 SNS 여름 휴가철 언급 빈도 (%)에 대한 확률분포를 구하라.

[2] 자료행렬 $X_{n\times p}$ 에 대하여, 표본분산공분산행렬 S 는

$$S = \frac{1}{n-1}\left(X - \bar{X}\right)^T\left(X - \bar{X}\right)$$

이다. 다음 물음에 답하라.

1. $S = \frac{1}{n-1}\left(X - \frac{1}{n}\mathbf{1}_n\mathbf{1}_n^T X\right)^T\left(X - \frac{1}{n}\mathbf{1}_n\mathbf{1}_n^T X\right)$ 임을 증명하라.

2. Table 3.3의 자료행렬 X 에 대해 [2]-1의 공식으로 구한 S값과 [1]-2의 S값이 서로 일치하는지 수치로 확인하라.

3. $S = \frac{1}{n-1}\sum_{i=1}^{n}(\boldsymbol{x}_i - \bar{\boldsymbol{x}})(\boldsymbol{x}_i - \bar{\boldsymbol{x}})^T$ 임을 증명하라.

[3] 확률벡터 $\boldsymbol{x}$ 가 $\boldsymbol{x} \sim N_3(\boldsymbol{\mu}, \Sigma)$일 때,

$$\boldsymbol{\mu} = \begin{pmatrix} 1 \\ 2 \\ 3 \end{pmatrix}, \qquad \Sigma = \begin{pmatrix} 1 & 0 & 0 \\ 0 & 2 & 1 \\ 0 & 1 & 1 \end{pmatrix} \tag{3.56}$$

아래 형렬과 벡터에 대하여, $A\boldsymbol{x} + \boldsymbol{b}$ 의 확률분포를 구하라.

1.

$$A = \begin{pmatrix} 1 & -1 & 0 \\ 0 & 1 & -1 \end{pmatrix}, \qquad \boldsymbol{b} = \begin{pmatrix} 1 \\ 1 \end{pmatrix}$$

2.

$$A = \begin{pmatrix} 1/3 & 1/3 & 1/3 \end{pmatrix}, \qquad \boldsymbol{b} = (0)$$

3.

$$A = \begin{pmatrix} 1 & 0 & 0 \end{pmatrix}, \qquad \boldsymbol{b} = (0)$$

4.

$$A = \begin{pmatrix} 0 & 1 & 0 \end{pmatrix}, \qquad \boldsymbol{b} = (0)$$

5.

$$A = \begin{pmatrix} 0 & 0 & 1 \end{pmatrix}, \qquad \boldsymbol{b} = (0)$$

6.

$$A = \begin{pmatrix} 0 & 0 & 0 \\ 0 & 1 & 0 \\ 0 & 0 & 1 \end{pmatrix}, \qquad \boldsymbol{b} = \begin{pmatrix} 0 \\ 0 \\ 0 \end{pmatrix}$$

[4] 확률벡터 $\boldsymbol{x} = (x_1\ x_2\ x_3)^T$ 가 $N_3(\boldsymbol{\mu}, \Sigma)$ 를 따를 때,

$$\boldsymbol{\mu} = \begin{pmatrix} 1 \\ 2 \\ 3 \end{pmatrix}, \qquad \Sigma = \begin{pmatrix} 1 & 0 & 0 \\ 0 & 2 & 0 \\ 0 & 0 & 3 \end{pmatrix} \tag{3.57}$$

확률변수 x_1, x_2, x_3 가 서로 독립임을

$$f(\boldsymbol{x}) = \prod_{i=1}^{3} f_i(x_i) \tag{3.58}$$

를 보임으로 증명하라.

[5] 확률벡터 $\boldsymbol{x} = (x_1\ x_2\ x_3)^T$ 가 $\boldsymbol{x} \sim N_3(\boldsymbol{\mu}, \Sigma)$ 일 때,

$$\boldsymbol{\mu} = \begin{pmatrix} 1 \\ 2 \\ 3 \end{pmatrix}, \qquad \Sigma - \begin{pmatrix} 1 & 0 & 0 \\ 0 & 2 & 1 \\ 0 & 1 & 1 \end{pmatrix} \tag{3.59}$$

아래 확률분포를 구하라.

1. $x_1 = 0$ 일 때, $\boldsymbol{y}_2 = (x_2\ x_3)^T$ 의 확률분포

2. $x_2 = 2$ 일 때, $\boldsymbol{y}_3 = (x_1\ x_3)^T$ 의 확률분포

3. $x_1 = 0, x_2 = 0$ 일 때, x_3 의 확률분포

4. $\boldsymbol{x}_i$, $(i = 1, 2 \cdots n)$ 가 주어질 때, $\bar{\boldsymbol{x}}$ 의 확률분포

5. $\boldsymbol{x}_i$, $(i = 1, 2 \cdots n)$ 가 주어질 때, S 의 확률분포

[6] 확률벡터 $\boldsymbol{x}_i = (x_{i1}\ x_{i2}\ \cdots\ x_{ip})^T$ 가 서로 독립이면서, $N_p(\boldsymbol{\mu},\ \Sigma)$ 를 따를 때, 표본평균벡터 $\bar{\boldsymbol{x}}$ 에 대하여,

$$\bar{\boldsymbol{x}} \sim N_p\left(\boldsymbol{\mu},\ \frac{1}{n}\Sigma\right) \tag{3.60}$$

임을 증명하려고 한다. 이를 위해 $\bar{\boldsymbol{x}}$ 의 적률생성함수 $M_{\bar{\boldsymbol{x}}}(\boldsymbol{t})$ 가 아래와 같음을 증명하라.

$$M_{\bar{\boldsymbol{x}}}(\boldsymbol{t}) = \exp\left\{\boldsymbol{t}^T\boldsymbol{\mu} + \frac{1}{2}\boldsymbol{t}^T\left(\frac{1}{n}\Sigma\right)\boldsymbol{t}\right\} \tag{3.61}$$

Chapter 4

거리와 촐레스키 분해

4.1 거리

다변량 자료분석에서 두 점 사이의 거리(distance)는 크게 '유클리디안 거리(Euclidean Distance)'와 '마할라노비스 거리(Mahalanobis Distance)'로 구분된다.

4.1.1 유클리디안 거리

Definition: (유클리디안 거리) 유클리드 공간 $\mathbb{R}^n$ 안에 있는 두 점 사이의 직선 거리를 유클리디안 거리(Euclidean Distance)라고 한다. 예를 들어 두 벡터 $\boldsymbol{x}, \boldsymbol{y} \in \mathbb{R}^n$가 있을 때, 두 벡터의 유클리디안 거리는

$$d_{\boldsymbol{xy}} = ||\boldsymbol{x} - \boldsymbol{y}|| = \sqrt{\sum_{i=1}^{n}(x_i - y_i)^2} \tag{4.1}$$

이라고 정의된다.

학생들의 키, 몸무게, 가슴둘레에 대한 자료행렬이 아래와 같을 때,

$$X = \begin{pmatrix} 165 & 63 & 85 \\ 170 & 70 & 90 \\ 180 & 75 & 105 \\ 173 & 70 & 85 \end{pmatrix} \tag{4.2}$$

첫 번째 학생과 세 번째 학생의 개체 벡터(subject vector)는

$$\boldsymbol{x}_1^T = (165 \quad 63 \quad 85)$$
$$\boldsymbol{x}_3^T = (180 \quad 75 \quad 105)$$

이며, 두 학생 간의 거리는

$$d_{13} = \sqrt{(165-180)^2 + (63-75)^2 + (85-105)^2} = 27.731 \tag{4.3}$$

이 된다.

Q 위 자료행렬에서 네 번째 학생의 신체지수는 첫 번째와 세 번째 중 누구와 가까운지 유클리디안 거리를 계산해 답하라.

A 유클리디안 거리를 각각 계산하면,

$$d_{14} = \sqrt{(165-173)^2 + (63-70)^2 + (85-85)^2} = 10.630$$
$$d_{34} = \sqrt{(180-173)^2 + (75-70)^2 + (105-85)^2} = 21.771$$

이 되어, 네 번째 학생은 첫 번째 학생과 더 가깝다.

4.1.2 마할라노비스 거리

유클리디안 거리가 두 점 사이의 직선 길이를 나타내는 '수학적 거리'라면, 마할라노비스 거리란 두 점이 생성되는 확률분포를 고려한 '통계적 거리'라고 할 수 있다. 이는 인도의 통계학자 P.C. Mahalanobis (1893-1972)에 의해 인체측정학(Antropometry)에서 인종이나 사회계층 간 거리의 개념으로 사용되었다.

그림 4.1의 산점도에서 A-B 간의 유클리디안 거리와 A-C 간의 유클리디안 거리는 동일하다. 그러나, 자료들의 확률분포를 살펴보면 주로 A-C 방향으로는 자료의 발생이 넓게 분포되어 있는 반면(X 방향 분산이 크다), A-B 방향의 자료는 매우 좁은 범위에서 발생하고 있다(Y 방향 분산이 작다). 따라서, 비록 유클리디안 거리가 동일하더라도, A와 C 관계는 A와 B의 관계보다 매우 가깝게 느껴진다. 다시 말해서, A-B가 같은 그룹에 속하는 경우보다 A-C가 같은 그룹에 속할 가능성이 높은 것이다. 따라서, 각 방향의 분산을 고려하여 유클리디안 거리 공식을 수정하면

$$d_{AC} = \sqrt{\frac{(5-15)^2}{V(X)} + \frac{(5-5)^2}{V(Y)}} \tag{4.4}$$

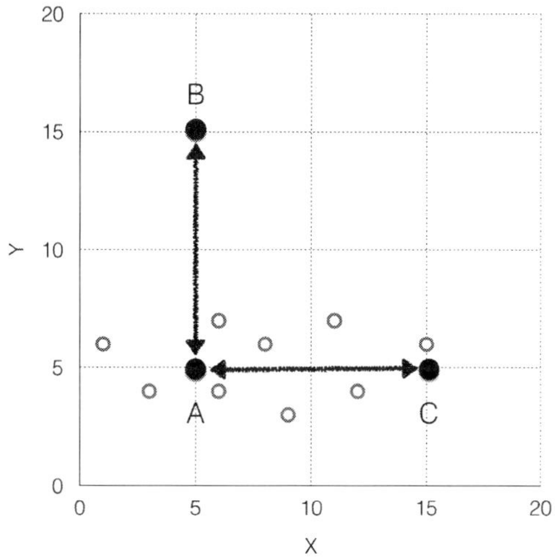

그림 4.1: 공분산이 0일 때, 마할라노비스 거리에 대한 이해

$$d_{AB} = \sqrt{\frac{(5-5)^2}{V(X)} + \frac{(5-15)^2}{V(Y)}} \tag{4.5}$$

과 같고, 점 A, B, C를 벡터 $\boldsymbol{a}$, $\boldsymbol{b}$, $\boldsymbol{c}$로 다시 표현하고 거리의 제곱값을 구하면,

$$D^2_{AC} = (\boldsymbol{a}-\boldsymbol{c})^T \begin{pmatrix} V(X) & 0 \\ 0 & V(Y) \end{pmatrix}^{-1} (\boldsymbol{a}-\boldsymbol{c})$$

$$D^2_{AB} = (\boldsymbol{a}-\boldsymbol{b})^T \begin{pmatrix} V(X) & 0 \\ 0 & V(Y) \end{pmatrix}^{-1} (\boldsymbol{a}-\boldsymbol{b}) \tag{4.6}$$

가 된다. 만일 그림 4.2와 같이 X-Y 간에 공분산 $\mathrm{Cov}(X,Y)$가 존재할 경우에는

$$D^2_{AC} = (\boldsymbol{a}-\boldsymbol{c})^T \begin{pmatrix} V(X) & \mathrm{Cov}(X,Y) \\ \mathrm{Cov}(X,Y) & V(Y) \end{pmatrix}^{-1} (\boldsymbol{a}-\boldsymbol{c})$$

$$D^2_{AB} = (\boldsymbol{a}-\boldsymbol{b})^T \begin{pmatrix} V(X) & \mathrm{Cov}(X,Y) \\ \mathrm{Cov}(X,Y) & V(Y) \end{pmatrix}^{-1} (\boldsymbol{a}-\boldsymbol{b}) \tag{4.7}$$

를 사용하면 된다. 따라서, 마할라노비스 거리는 아래와 같이 정의한다.

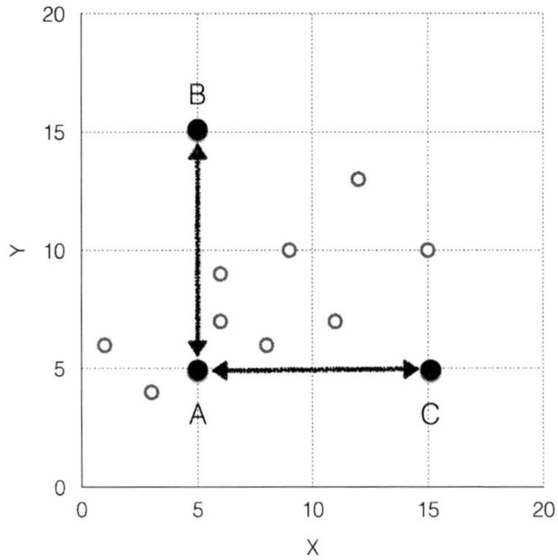

그림 4.2: 공분산이 있을 때, 마할라노비스 거리에 대한 이해

Definition: (마할라노비스 거리) 확률벡터 $\boldsymbol{x}_1,\ \boldsymbol{x}_2 \in \mathbb{R}^n$ 일 때, 두 점 사이의 마할라노비스 거리(Mahalanobis Distance), D 는

$$D_{12} = \sqrt{(\boldsymbol{x}_1 - \boldsymbol{x}_2)^T S^{-1} (\boldsymbol{x}_1 - \boldsymbol{x}_2)} \tag{4.8}$$

이다. 여기서 S 는 $\boldsymbol{x}$ 의 표본분산공분산행렬이다.

Remark 마할라노비스 거리는 유클리디안 거리와 달리 단위(unit)에 따라 값이 변하지 않는다.

Q 유클리디안 거리는 $S = I_n$ 인 마할라노비스 거리임을 증명하라.

A 확률벡터 $\boldsymbol{x}_1,\ \boldsymbol{x}_2 \in \mathbb{R}^n$ 일 때, 두 점 사이의 유클리디안 거리는

$$\begin{aligned} d_{12} &= ||\boldsymbol{x}_1 - \boldsymbol{x}_2|| \\ &= \sqrt{(\boldsymbol{x}_1 - \boldsymbol{x}_2)^T (\boldsymbol{x}_1 - \boldsymbol{x}_2)} \\ &= \sqrt{(\boldsymbol{x}_1 - \boldsymbol{x}_2)^T I_n^{-1} (\boldsymbol{x}_1 - \boldsymbol{x}_2)} = D_{12} \end{aligned} \tag{4.9}$$

가 되어, $S = I_n$ 인 마할라노비스 거리가 된다. ∎

4.2 다변량정규분포와 마할라노비스 거리

앞에서 소개한 마할라노비스 거리는 우리에게 여러모로 익숙한 모습인데, 그 이유는 다변량정규분포 때문이다. 만일 확률벡터 $\boldsymbol{x}$가 $\boldsymbol{x} \sim N_p(\boldsymbol{\mu}, \Sigma)$ 라면, 그 결합확률밀도함수

$$f(\boldsymbol{x}) = \frac{1}{(2\pi)^{p/2}|\Sigma|^{1/2}} \exp\{-(\boldsymbol{x}-\boldsymbol{\mu})^T\Sigma^{-1}(\boldsymbol{x}-\boldsymbol{\mu})/2\} \tag{4.10}$$

에는 이미 관측치 $\boldsymbol{x}$와 평균 $\boldsymbol{\mu}$ 사이의 마할라노비스 거리를 제곱한 수치, $D^2 = (\boldsymbol{x}-\boldsymbol{\mu})^T\Sigma^{-1}(\boldsymbol{x}-\boldsymbol{\mu})$가 포함되어 있는 것을 알 수 있다.

또한, 확률벡터 $\boldsymbol{x}$가 $\boldsymbol{x} \sim N_p(\boldsymbol{\mu}, \Sigma)$일 때, Corollary 3.3은

$$(\boldsymbol{x}-\boldsymbol{\mu})^T\,\Sigma^{-1}\,(\boldsymbol{x}-\boldsymbol{\mu}) \quad \sim \quad \chi^2_p \tag{4.11}$$

임을 보여줬는데, 이는 확률벡터가 다변량정규분포를 따른다면, 관측값과 평균값 사이의 마할라노비스 거리의 제곱값, D^2은 카이제곱분포를 따른다는 의미이다. 그림 4.3은 이변량정규분포에서 평균값으로부터 마할라노비스 거리가 같은 관측값들을 등고선을 사용해 보여주고 있다.

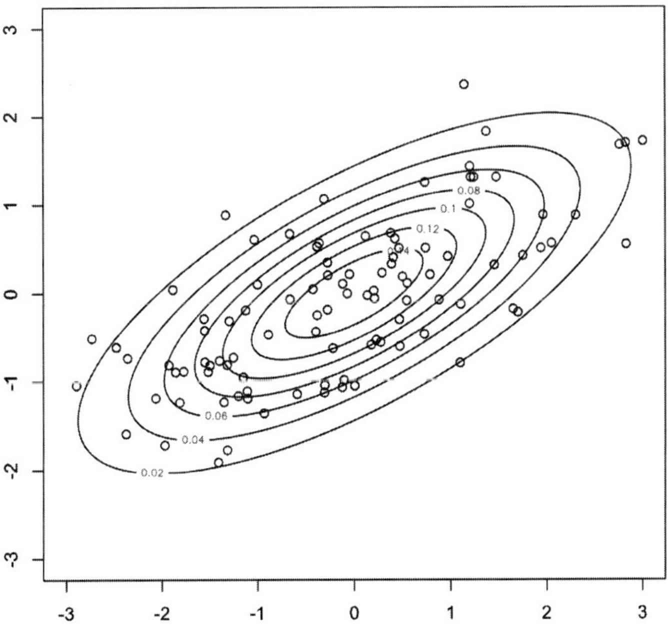

그림 4.3: 이변량정규분포의 산점도와 결합확률밀도함수의 등고선 그림

Remark 표본평균벡터 $\bar{\boldsymbol{x}}$의 분포가 Theorem 3.10에서

$$n\left(\bar{\boldsymbol{x}}-\boldsymbol{\mu}\right)^T \Sigma^{-1}\left(\bar{\boldsymbol{x}}-\boldsymbol{\mu}\right) \sim \chi_p^2 \tag{4.12}$$

라고 했으므로, 표본평균벡터($\bar{\boldsymbol{x}}$)와 모평균벡터($\boldsymbol{\mu}$) 간 '마할라노비스 거리의 제곱값'도 카이제곱분포를 따른다. 지난 번에 우리는 이 사실을 SAS® 시뮬레이션을 통해 확인하였다(그림 3.2).

4.3 촐레스키 분해

S는 각 변수의 분산과 변수와 변수 간 공분산 정보를 포함하고 있기 때문에 변수 간의 관계나 분산구조를 조사함에 있어서 없어서는 안 될 중요한 요소이다. 또한 우리가 잘 알고있는대로 S는 확률분포의 분산공분산행렬 Σ에 대한 불편추정량(unbiased estimator)이다. 모든 분산공분산행렬 Σ에 대해서는 다음과 같은 정리가 존재한다.

Theorem 4.1 *확률벡터 $\boldsymbol{x}$의 분산공분산행렬이 Σ일 때, 임의의 벡터 $\mathbf{t} \neq \mathbf{0}$에 대하여,*

$$\boldsymbol{t}^T \Sigma \, \boldsymbol{t} \geq 0 \tag{4.13}$$

가 항상 성립한다. 따라서 정의에 의하여 Σ는 항상 '반양정치행렬(positive semi-definite matrix)'이다.

Proof 행렬 $\mathrm{V}(\boldsymbol{x}) = \Sigma$라고 했으므로, 분산의 성질에 의해, 임의의 벡터 $\boldsymbol{t}(\neq \mathbf{0})$에 대하여

$$\boldsymbol{t}^T \Sigma \, \boldsymbol{t} = \mathrm{V}(\boldsymbol{t}^T \boldsymbol{x}) \geq 0 \tag{4.14}$$

가 된다. 따라서 모든 분산공분산행렬은 반양정치행렬이다. ∎

Remark 정방행렬 $A_{n\times n}$이 양정치행렬이라는 사실은 행렬 $A_{n\times n}$의 고유값 (eigenvalue)이 모두 양수($\lambda_i > 0,\ i = 1,\ 2,\ \cdots,\ n$)라는 사실과 동치이다.

Remark 분산공분산행렬 Σ가 이론상으로는 항상 양정치행렬이지만, 표본분산공분산행렬 S은 때에 따라 양정치행렬이 안 될 수도 있다. 하지만, 이 책에서는 S도 '편의상' 양정치행렬로 가정하도록 한다.

Theorem 4.2 (촐레스키 분해) *정방행렬 Σ 가 대칭이고, 양정치행렬이면,*

$$\begin{aligned}\Sigma &= \begin{pmatrix} a_{11} & 0 & 0 & \cdots & 0 \\ a_{21} & a_{22} & 0 & \cdots & 0 \\ \vdots & \vdots & \ddots & & \vdots \\ \vdots & \vdots & \cdots & \ddots & 0 \\ a_{n1} & a_{n2} & \cdots & \cdots & a_{nn} \end{pmatrix} \begin{pmatrix} a_{11} & a_{21} & \cdots & \cdots & a_{n1} \\ 0 & a_{22} & \cdots & \cdots & a_{n2} \\ 0 & 0 & \ddots & & \vdots \\ \vdots & \vdots & \cdots & \ddots & \vdots \\ 0 & 0 & \cdots & 0 & a_{nn} \end{pmatrix} \\ &= LL^T \end{aligned}$$

가 되는 하삼각행렬 L 이 반드시 존재한다. 이를 촐레스키 분해(Cholesky Decomposition)라고 한다(증명생략).

Q 아래 행렬 A가 대칭행렬이며, 또한 양정치행렬임을 확인하고, 촐레스키 분해를 하라.

$$A = \begin{pmatrix} 1 & 0 & 0 \\ 0 & 2 & 1 \\ 0 & 1 & 1 \end{pmatrix} \tag{4.15}$$

A $A^T = A$ 이므로 대칭행렬이고, 고유값을 구하면,

$$p(\lambda) = (1-\lambda)(\lambda^2 - 3\lambda + 1) = 0 \tag{4.16}$$

에서 $\lambda = 1,\ \frac{3\pm\sqrt{5}}{2}\,(>0)$ 가 되므로 양정치행렬이다. 이제 하삼각행렬[1] L 을

$$L = \begin{pmatrix} a & 0 & 0 \\ b & c & 0 \\ d & e & f \end{pmatrix} \tag{4.17}$$

라고 하면, $A = LL^T$ 에 의해 $a = 1,\ b = d = 0,\ c = \sqrt{2},\ e = f = \frac{1}{\sqrt{2}}$ 이 되어,

$$\begin{pmatrix} 1 & 0 & 0 \\ 0 & 2 & 1 \\ 0 & 1 & 1 \end{pmatrix} = \begin{pmatrix} 1 & 0 & 0 \\ 0 & \sqrt{2} & 0 \\ 0 & \frac{1}{\sqrt{2}} & \frac{1}{\sqrt{2}} \end{pmatrix} \begin{pmatrix} 1 & 0 & 0 \\ 0 & \sqrt{2} & \frac{1}{\sqrt{2}} \\ 0 & 0 & \frac{1}{\sqrt{2}} \end{pmatrix} \tag{4.18}$$

로 분해된다.

[1] lower triangular matrix: 대각원소의 윗부분이 모두 0으로 이루어진 정방행렬

4.4 촐레스키 분해에 의한 선형변환

행렬은 여러 변수와 관측값을 담아두는 역할 뿐 아니라, 벡터를 확대/축소, 이동/회전시키는 데 사용되기도 한다. 이와 같은 것을 '벡터의 선형변환(linear transformation)'이라고 한다.

Definition: (벡터의 선형변환) 벡터 $\boldsymbol{x}_{n\times 1}$ 과 $\boldsymbol{y}_{m\times 1}$, 행렬 $A_{m\times n}$ 에 대하여,

$$\boldsymbol{y} = A\boldsymbol{x} \tag{4.19}$$

가 성립할 때, 이를 '**행렬 A 에 의한 선형변환(linear transformation)**'이라고 한다.

Q 아래 그림 4.4의 정사각형 꼭지점들(왼쪽 그림)이 하삼각행렬 L 로 인해 평행사변형의 꼭지점들(오른쪽 그림)로 선형변환됨을 확인하여라. 그리고, 반대로 그 역행렬 L^{-1} 에 의해 반대방향으로 선형변환됨을 확인하라.

$$L = \begin{pmatrix} 1 & 0 \\ 1 & 1 \end{pmatrix}, \qquad L^{-1} = \begin{pmatrix} 1 & 0 \\ -1 & 1 \end{pmatrix} \tag{4.20}$$

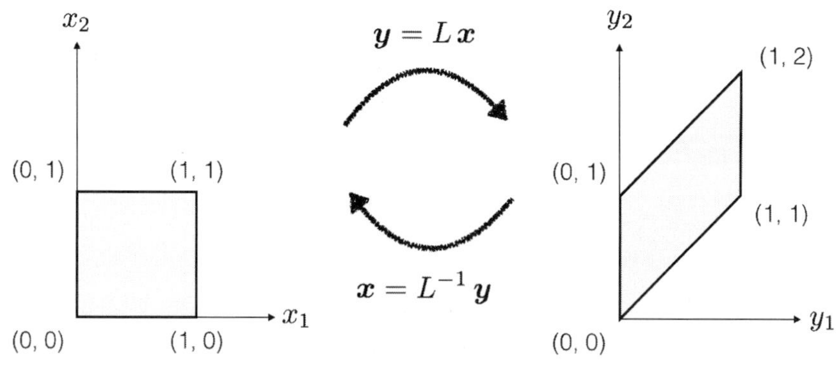

그림 4.4: 하삼각행렬 L 에 의한 선형변환

A 꼭지점 (1, 1) 에 대하여,

$$L\boldsymbol{x} = \begin{pmatrix} 1 & 0 \\ 1 & 1 \end{pmatrix}\begin{pmatrix} 1 \\ 1 \end{pmatrix} = \begin{pmatrix} 1 \\ 2 \end{pmatrix} \tag{4.21}$$

가 되고, 나머지 꼭지점에 대해서 확인하면 각각 (0, 0), (1, 1), (0, 1) 이 된다.

반대방향으로는 꼭지점 (1, 2) 에 대해

$$L^{-1}\boldsymbol{x} = \begin{pmatrix} 1 & 0 \\ -1 & 1 \end{pmatrix} \begin{pmatrix} 1 \\ 2 \end{pmatrix} = \begin{pmatrix} 1 \\ 1 \end{pmatrix} \tag{4.22}$$

이 성립한다. 다른 꼭지점도 같은 방법으로 확인된다.

벡터의 선형변환에 사용된 행렬은 행렬의 선형변환에도 적용될 수 있다.

Definition: (행렬의 선형변환) 행렬 $\boldsymbol{X}_{n\times p}$ 와 $\boldsymbol{Y}_{m\times p}$, 행렬 $A_{m\times n}$ 에 대하여,

$$\boldsymbol{Y} = A\boldsymbol{X} \tag{4.23}$$

가 성립할 때, 이를 행렬 A 에 의한 선형변환(linear transformation)이라고 한다.

Q 다음 행렬 X 를 행렬 L 로 변환시키면 어떤 행렬이 되는지 계산하라.

$$L = \begin{pmatrix} 1 & 0 \\ 1 & 1 \end{pmatrix}, \qquad X = \begin{pmatrix} 0 & 0 & 1 & 1 \\ 0 & 1 & 0 & 1 \end{pmatrix} \tag{4.24}$$

A 행렬을 선형변환시키면

$$\begin{aligned} LX &= \begin{pmatrix} 1 & 0 \\ 1 & 1 \end{pmatrix} \begin{pmatrix} 0 & 0 & 1 & 1 \\ 0 & 1 & 0 & 1 \end{pmatrix} \\ &= \begin{pmatrix} 0 & 0 & 1 & 1 \\ 0 & 1 & 1 & 2 \end{pmatrix} \end{aligned}$$

가 성립한다.

이제 촐레스키 변환에서 사용된 행렬을 선형변환에 사용해 보자.

Theorem 4.3 *확률벡터* $\boldsymbol{x}_{p\times 1}$ *에 대하여,* $\boldsymbol{x}$ *의 분산공분산행렬이*

$$V(\boldsymbol{x}) = \Sigma = LL^T \tag{4.25}$$

일 때, $\boldsymbol{y} = L^{-1}\,\boldsymbol{x}$ *라는 선형변환에 의해,* $\boldsymbol{y}$ *의 분산공분산행렬은*

$$V(\boldsymbol{y}) = I_p \tag{4.26}$$

가 된다.

Proof 촐레스키 분해와 분산의 성질에 의해

$$\begin{aligned} \mathrm{V}(\boldsymbol{y}) &= \mathrm{V}(L^{-1}\,\boldsymbol{x}) = L^{-1}\,\mathrm{V}(\boldsymbol{x})\,\left(L^{-1}\right)^T \\ &= L^{-1}LL^T\left(L^T\right)^{-1} = I_p \end{aligned} \tag{4.27}$$

가 된다. ∎

Theorem 4.4 *확률벡터* $\boldsymbol{x}_{p\times 1}$ *이* $\boldsymbol{x} \sim N_p(\boldsymbol{\mu}, \Sigma)$ *라면 Corollary 3.3에 의해,*

$$(\boldsymbol{x}-\boldsymbol{\mu})^T\,\Sigma^{-1}\,(\boldsymbol{x}-\boldsymbol{\mu}) \quad \sim \quad \chi^2_p \tag{4.28}$$

임을 알 수 있는데, 만일 촐레스키 분해로 $\Sigma = LL^T$ *이고* $\boldsymbol{y} = L^{-1}\boldsymbol{x}$*라면*

$$(\boldsymbol{y}-\boldsymbol{\mu}^*)^T\,(\boldsymbol{y}-\boldsymbol{\mu}^*) \quad \sim \quad \chi^2_p \tag{4.29}$$

가 된다. 여기서 $\boldsymbol{\mu}^* = L^{-1}\,\boldsymbol{\mu}$ *이다.*

Proof 확률벡터 $\boldsymbol{x}_{p\times 1}$ 이 $\boldsymbol{x} \sim N_p(\boldsymbol{\mu}, \Sigma)$ 라면, $\boldsymbol{y} = L^{-1}\,\boldsymbol{x}$ 는

$$\boldsymbol{y} \sim N_p(L^{-1}\,\boldsymbol{\mu},\, L^{-1}\,\Sigma\,L^{-T}) \tag{4.30}$$

가 된다. 따라서

$$\left(\boldsymbol{y}-L^{-1}\,\boldsymbol{\mu}\right)^T(L^{-1}\,\Sigma\,L^{-T})^{-1}\left(\boldsymbol{y}-L^{-1}\,\boldsymbol{\mu}\right) \quad \sim \quad \chi^2_p \tag{4.31}$$

가 되고, $\Sigma = LL^T$ 를 대입하면,

$$\left(\boldsymbol{y}-L^{-1}\,\boldsymbol{\mu}\right)^T I_p^{-1}\left(\boldsymbol{y}-L^{-1}\,\boldsymbol{\mu}\right) \quad \sim \quad \chi^2_p \tag{4.32}$$

가 된다. ∎

Example 서로 상관관계가 존재하는 이변량정규분포의 확률벡터를 서로 독립인 이변량정규분포의 확률벡터로 변환시켜 보자. 확률벡터 $\boldsymbol{x}$가 $\boldsymbol{x} \sim N_2(\mathbf{0}, \Sigma)$이고,

$$\Sigma = \begin{pmatrix} 2 & 1 \\ 1 & 1 \end{pmatrix}$$

일 때, SAS®코드를 사용하면(SAS®실습문제 참고) 그림 4.5 의 왼쪽 그림과 같은 결합확률밀도함수의 등고선을 표시할 수 있다. 여기서

$$\Sigma = \begin{pmatrix} 2 & 1 \\ 1 & 1 \end{pmatrix} = \begin{pmatrix} \sqrt{2} & 0 \\ \frac{1}{\sqrt{2}} & \frac{1}{\sqrt{2}} \end{pmatrix} \begin{pmatrix} \sqrt{2} & \frac{1}{\sqrt{2}} \\ 0 & \frac{1}{\sqrt{2}} \end{pmatrix} = LL^T$$

이므로, $\boldsymbol{y} = L^{-1}\boldsymbol{x}$라는 선형변환을 하면,

$$\boldsymbol{y} = L^{-1}\boldsymbol{x} = \begin{pmatrix} \frac{1}{\sqrt{2}} & 0 \\ -\frac{1}{\sqrt{2}} & \sqrt{2} \end{pmatrix} \boldsymbol{x} \sim N_2\left(\begin{pmatrix} 0 \\ 0 \end{pmatrix}, \begin{pmatrix} 1 & 0 \\ 0 & 1 \end{pmatrix} \right)$$

이 되어(연습문제 참조), 그림 4.5의 오른쪽 그림과 같이 독립인 이변량정규분포로 변환된다.

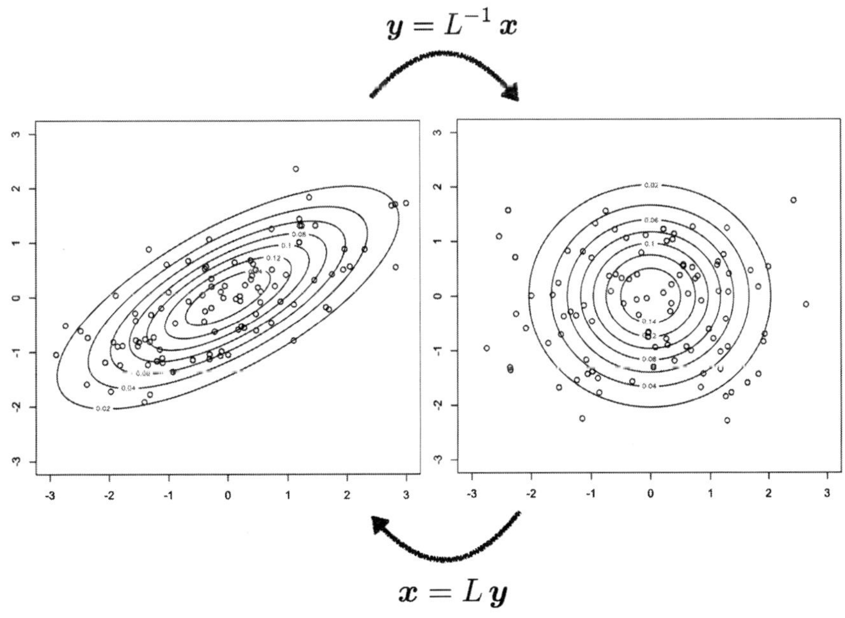

그림 4.5: 촐레스키 분해와 선형변환

4.5 SAS® 실습문제

[1] 다음의 자료행렬에 대해

$$X = \begin{pmatrix} 165 & 63 & 85 \\ 170 & 70 & 90 \\ 180 & 75 & 105 \\ 173 & 70 & 85 \end{pmatrix} \tag{4.33}$$

아래 SAS® 코드는 개체 간 유클리디안 거리와 마할라노비스 거리를 계산한다.

```
proc iml;
  x={165 63 85, 170 70 90, 180 75 105, 173 70 85};
  MD=J(4,4,0); ED=MD;
  do i=1 to 4;
        do j=1 to 4;
            MD[i,j]=mahalanobis(x[i,],x[j,],cov(x));
        end;
  end;
  ED=distance(x,"L2");
  print MD, ED;
quit;
```

1. 첫 번째 학생과 네 번째 학생의 유클리디안 거리가 10.630임을 확인하라.
2. 세 번째 학생과 네 번째 학생의 유클리디안 거리가 21.771임을 확인하라.
3. 첫 번째 학생과 네 번째 학생의 마할라노비스 거리가 2.449임을 확인하라.
4. 세 번째 학생과 네 번째 학생의 마할라노비스 거리가 2.449임을 확인하라.

[2] 다음은 $\boldsymbol{x}_3^T$ 와 $\boldsymbol{x}_4^T$ 의 마할라노비스 거리를 계산하는 `proc iml` 코드 일부이다. `mahalanobis()` 함수를 쓰지말고, 아래 `x34`가 행벡터일 때 `x34`와 `cov(X)`를 이용해서 괄호 안을 완성하라.

```
x34=t(x3)-t(x4);
md34=sqrt(                              );
```

[3] 그림 2.9에서 이변량정규분포의 난수를 생성하고, 결합확률밀도함수의 등고선과 3차원 투시도(perspective plot)를 그리는 코드를 소개하였다. 이제, 그림 4.5에서 등장한 선형변환 전과 후의 등고선과 투시도를 이 SAS® 코드를 활용하여 각각 작성해 보아라.

[4] 분산공분산행렬 Σ가 아래와 같을 때, 다음의 `proc iml` 함수를 이용하여 물음에 답하라.

$$\Sigma = \begin{pmatrix} 2 & 1 \\ 1 & 1 \end{pmatrix} \tag{4.34}$$

- `eigval()`
- `half()`

1. Σ가 양정치행렬인지 고유값으로 확인하라.
2. Σ의 촐레스키 분해를 실시하라.

[5] 확률벡터 $\boldsymbol{x}$가 $\boldsymbol{x} \sim N_3(\boldsymbol{\mu}, \Sigma)$이고,

$$\boldsymbol{\mu} = \begin{pmatrix} 1 \\ 1 \\ 1 \end{pmatrix}, \qquad \Sigma = \begin{pmatrix} 2 & -1 & -1 \\ -1 & 3 & -1 \\ -1 & -1 & 2 \end{pmatrix}$$

인 확률난수벡터 $\boldsymbol{x}_i\,(i = 1, 2, \cdots, 100)$를 생성하여 <u>자료행렬 $X_{100\times 3}$을 생성</u>하려고 한다. 아래를 참고하여 `proc iml` 코드를 작성하라.

- 그림 3.2에서 다변량정규분포 확률난수를 쉽게 생성했던 `randnormal()` 함수를 사용하지 말 것.
- 단변량 표준정규분포, $N(0, 1)$,의 확률난수를 생성하는 `rannor()` 함수를 사용할 것.
- $\Sigma = LL^T$의 촐레스키 분해를 사용할 것.

4.6 연습문제

[1] 확률벡터 $\boldsymbol{x}$가 $\boldsymbol{x} \sim N_2(\mathbf{0}, \Sigma)$ 이며,

$$\Sigma = \begin{pmatrix} 2 & 1 \\ 1 & 1 \end{pmatrix}$$

일 때, 다음 물음에 답하라.

1. 촐레스키 분해 $\Sigma = LL^T$ 를 만족하는 L을 구하는 과정을 적어라.

2. L^{-1} 을 구하라.

3. $L^{-1}\,\Sigma\,L^{-T} = I_2$ 임을 직접 손으로 계산해 보여라.

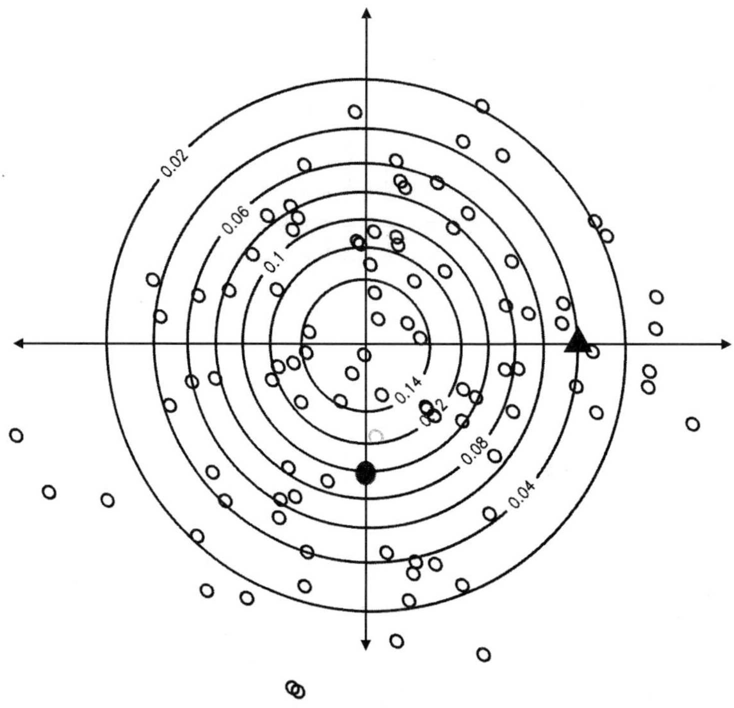

그림 4.6: 이변량정규분포의 결합확률밀도함수에 대한 등고선 그림

[2] 그림 4.6은 이변량정규분포 $\boldsymbol{x} \sim N_2(\boldsymbol{\mu}, \Sigma)$

$$\boldsymbol{\mu} = \begin{pmatrix} 0 \\ 0 \end{pmatrix}, \qquad \Sigma = \begin{pmatrix} 1 & 0 \\ 0 & 1 \end{pmatrix} \tag{4.35}$$

의 **산점도 및 결합확률밀도함수의 등고선** 그림이다. 검은색 둥근점이 중심인 평균 벡터로부터 얼마나 떨어져 있는지 마할라노비스 거리를 사용해 계산하여라.

[3] 문제 [2]에서 검은색 둥근점의 등고선 값은 0.1 이고, 검은색 삼각점의 등고선 값은 0.04 이다. 두 점 사이의 마할라노비스 거리를 계산하라.

[4] 확률벡터 $\boldsymbol{x}_1,\ \boldsymbol{x}_2 \in \mathbb{R}^2$ 에 대하여, $\boldsymbol{y}_i = 100\,\boldsymbol{x}_i,\ (i = 1,\, 2)$ 의 변환으로 변환 후 두 벡터 간 유클리디안 거리는 변환 전의 100배가 됨을 증명하라.

[5] 확률벡터 $\boldsymbol{x}_1,\ \boldsymbol{x}_2 \in \mathbb{R}^2$ 에 대하여, $\boldsymbol{y}_i = 100\,\boldsymbol{x}_i,\ (i = 1,\, 2)$ 의 변환에도 두 벡터 간 마할라노비스 거리는 변하지 않음을 증명하라.

Chapter 5

상관계수

여러 개의 변수로 이루어진 다변량 분석에서 변수와 변수 사이의 상관관계에 대한 조사는 반드시 필요한 분석과정 중 하나이다. 본 단원에서는 다변량 자료에서 사용되는 상관계수의 종류와 그 용도를 살펴보고, 그 차이점을 살펴보고자 한다.

5.1 상관계수

Definition: (피어슨의 상관계수와 표본상관계수) 확률변수 x 와 y 에 대하여,

$$\rho_{xy} = \frac{\mathrm{Cov}(x, y)}{\sqrt{\mathrm{V}(x)}\sqrt{\mathrm{V}(y)}} \tag{5.1}$$

를 '피어슨의 상관계수(Pearson's correlation coefficient)'라 한다.

그리고, 피어슨의 상관계수의 추정량인 '표본상관계수(sample correlation coefficient)'는 $(x_i,\ y_i),\ i = 1,\ 2,\ \cdots\ n$ 에 대하여,

$$r_{xy} = \frac{\sum_{i=1}^{n}(x_i - x)(y_i - y)}{\sqrt{\sum_{i=1}^{n}(x_i - \bar{x})^2}\sqrt{\sum_{i=1}^{n}(y_i - \bar{y})^2}} \tag{5.2}$$

라고 정의된다.

Remark 피어슨의 상관계수는 두 변수 x 와 y 간에 아래와 같은 가정을 한다.

1. x 와 y 는 모두 정규분포를 갖는다[1].

2. x 와 y 는 선형관계가 기대된다.

[1] 연속성만을 가정할 수도 있으나, 안전한 사용을 위해선 heavy tail이 없는 정규분포를 가정한다

Remark 피어슨의 상관계수 ρ_{xy} 에 대하여, $-1 \leq \rho_{xy} \leq 1$ 가 항상 성립한다.

Proof 연습문제 참조. ∎

Remark 표본상관계수 r_{xy} 에 대하여, $-1 \leq r_{xy} \leq 1$ 가 항상 성립한다.

Proof 연습문제 참조. ∎

Remark $\rho_{xy} > 0$ 일 때, x 와 y 는 '양의 상관관계를 갖는다'라고 하며, $\rho_{xy} < 0$ 일 때는 '음의 상관관계를 갖는다'라고 한다. 만일, $\rho_{xy} = 0$ 일 때는 '상관관계는 존재하지 않는다'라고 한다.

Remark 공분산(covariance)과 달리 피어슨의 상관계수(혹은 표본상관계수)는 변수의 단위(unit)에 관계없이 일정하다.

Example 피어슨의 상관계수는 다음과 같은 변수 사이에 사용된다.

- 일일 평균기온(°C) 과 아이스크림 판매량(천원)
- 근로자 연봉(천원)과 교육수준(years)
- 학생들의 키(cm)와 몸무게(kg)

Q 확률벡터 $\boldsymbol{x}$ 와 $\boldsymbol{y}$ 가 아래와 같을 때,

$$\boldsymbol{x} = \begin{pmatrix} x_1 \\ x_2 \\ \vdots \\ x_n \end{pmatrix}, \qquad \boldsymbol{y} = \begin{pmatrix} y_1 \\ y_2 \\ \vdots \\ y_n \end{pmatrix}$$

표본상관계수가 아래와 같이 표현될 수 있음을 증명하라.

$$r_{xy} = \frac{(\boldsymbol{x} - \bar{x}\mathbf{1}_n)^T(\boldsymbol{y} - \bar{y}\mathbf{1}_n)}{||\boldsymbol{x} - \bar{x}\mathbf{1}_n||\,||\boldsymbol{y} - \bar{y}\mathbf{1}_n||} \tag{5.3}$$

A 벡터의 노옴(norm)의 정의를 이용해서 우변을 전개하면 좌변이 된다. ∎

Q 단순선형회귀에서 반응변수 y 와 독립변수 x 의 모형식이

$$y_i = \beta_0 + \beta_1 x_i + \epsilon_i, \quad i = 1, 2, \cdots, n \tag{5.4}$$

일 때, 결정계수 R^2 와 표본상관계수 r_{xy} 의 관계는

$$r_{xy} = \sqrt{R^2} \tag{5.5}$$

임을 증명하라.

A 회귀분석에서 결정계수의 공식은 아래와 같이 전개 가능하다.

$$R^2 = \frac{SSR}{SST} = \frac{\sum_{i=1}^{n}(\hat{y}_i - \bar{y})^2}{\sum_{i=1}^{n}(y_i - \bar{y})^2} = \frac{\sum_{i=1}^{n}(\hat{\beta}_0 + \hat{\beta}_1 x_i - \bar{y})^2}{\sum_{i=1}^{n}(y_i - \bar{y})^2}$$

$$= \hat{\beta}_1^2 \frac{\sum_{i=1}^{n}(x_i - \bar{x})^2}{\sum_{i=1}^{n}(y_i - \bar{y})^2} = \frac{\left\{\sum_{i=1}^{n}(x_i - \bar{x})(y_i - \bar{y})\right\}^2}{\sum_{i=1}^{n}(x_i - \bar{x})^2 \sum_{i=1}^{n}(y_i - \bar{y})^2}$$

$$= \left(r_{xy}\right)^2 \tag{5.6}$$

그러므로 $r_{xy} = \sqrt{R^2}$ 이다. ∎

5.2 상관계수의 유의성검정

우리는 표본에서 구한 표본상관계수(r_{xy}) 값에 따라 두 변수의 양의 상관관계, 혹은 음의 상관관계를 추측할 수 있게 된다. 그러나, 표본상관계수의 값은 표본이 바뀌면서 변할 수 있는 값이므로, 때로는 상관계수(ρ_{xy})에 대한 객관적인 유의성 검정(significance test)을 통해 두 변수 간 상관관계 유무를 판단할 필요가 있다. 물론 이 유의성검정을 위해선 '**표본의 독립성과 정규성 가정**이 필요하다.

Theorem 5.1 *두 확률변수 x, y 에 대하여, 만일*

1. $(x_i,\, y_i) \quad (i = 1,\, 2,\, \cdots\, n)$ *가 서로 독립이고,*

2. $(x_i \;\; y_i)^T \sim N_2(\boldsymbol{\mu},\, \Sigma)$ *라면,*

귀무가설

$$H_0 : \rho_{xy} \quad = \quad 0 \tag{5.7}$$

이 참일 때,

$$T = \frac{r_{xy}\sqrt{n-2}}{\sqrt{1-r_{xy}^2}} \sim t_{n-2} \tag{5.8}$$

를 따른다(증명생략).

Q 키와 몸무게의 상관관계를 조사하기 위해 10명의 학생들의 표본상관계수를 계산해보니 0.2가 나왔다. 키와 몸무게 사이에 양의 상관관계가 존재한다고 할 수 있는지 유의수준 0.05로 유의성검정을 실시하라.

A 식 (5.8)의 통계량 값을 계산하면,

$$T = \frac{0.2 \times \sqrt{10-2}}{\sqrt{1-0.2^2}} = 0.577 \tag{5.9}$$

이 되어 $0.577 < 1.859 = t_{0.05,8}$ 에서 귀무가설을 기각하지 못한다. 따라서, 비록 $r_{xy} = 0.2$ 이지만, 키와 몸무게 사이에 양의 상관관계는 존재하지 않는다.

이와 같이, 피어슨의 상관계수(ρ_{xy})는 연속형 확률변수 간 상관관계 유무를 판단하는데 유용한 도구이다. 하지만, 피어슨의 상관계수를 사용함에 주의가 필요한데, 그림 5.1은 피어슨의 상관계수가 모두 0 으로 같지만 서로 다른 x 와 y 의 관계를 보여준다.

그림 5.1에서, 두 산점도 모두 피어슨의 상관계수가 0일지라도, 왼쪽 그림은 상관관계가 없는 반면, 오른쪽 그림은 x 와 y 의 관계가 2차 곡선으로 뚜렷하다. 결국, 피어슨의 상관계수는 선형관계를 설명해주는데 유용하지만, 2차, 3차 곡선관계를

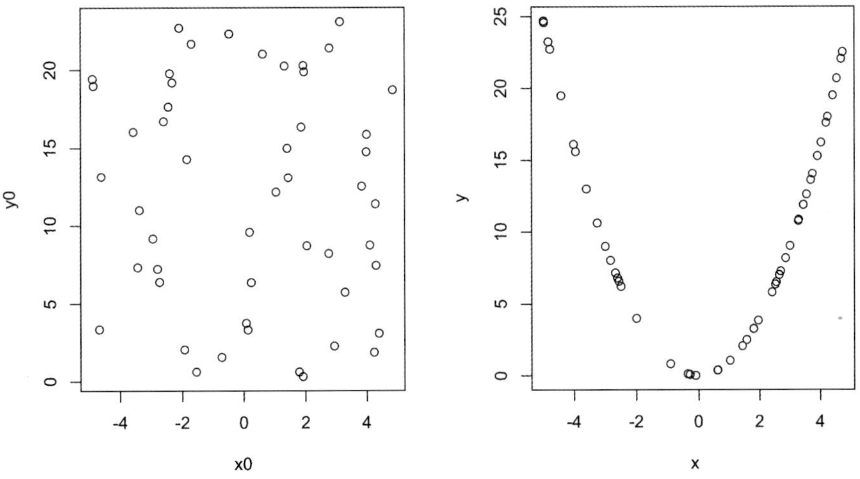

그림 5.1: 피어슨의 상관계수가 0인 두 가지 다른 관계

설명해 주지 못하는 단점이 있다. 따라서, 피어슨의 상관계수만으로 두 변수 간의 관계를 설명하려는 오류는 범하지 말아야 할 것이다.

비슷한 오류는 다른 경우에도 발생하는데, 그림 5.2는 이와 같은 예를 잘 보여주고 있다. 그림 5.2에서 나타난 보는 산점도에서, 피어슨의 상관계수는 모두 0.7 일지라도, 두 변수의 관계는 서로 다르게 해석된다(Chambers and *et. el.*, 1983)[2].

5.3 스피어만의 순위상관계수

앞서 언급한대로, 피어슨의 상관계수는 두 변수가 이변량정규분포를 따른다고 가정하고 있다. 이 분포에서 얼마나 벗어났는가에 따라 그 유용성이 달라지겠지만, 변수가 순서형 명목변수(ordinal variable)일 경우에 피어슨의 상관계수는 그 효용이 떨어질 수 있다. 예를 들어, 달리기 경주에서 1등, 2등, 3등을 기록하였다면 (x = 1, 2, 3), 1등과 2등의 차이와 2등과 3등의 차이가 같다고 할 수는 없을 것이다. 이런 경우, 피어슨의 상관계수보다는 순위(rank)를 이용한 상관관계 분석이 필요하다.

Definition: (스피어만의 순위상관계수) x, y가 확률변수 X, Y의 각각의 순위(rank)를 나타내고, $d_i = x_i - y_i$일 때,

[2]Chambers and *et. el.* (1983) Graphical Methods and Data Analysis, pp 78-79.

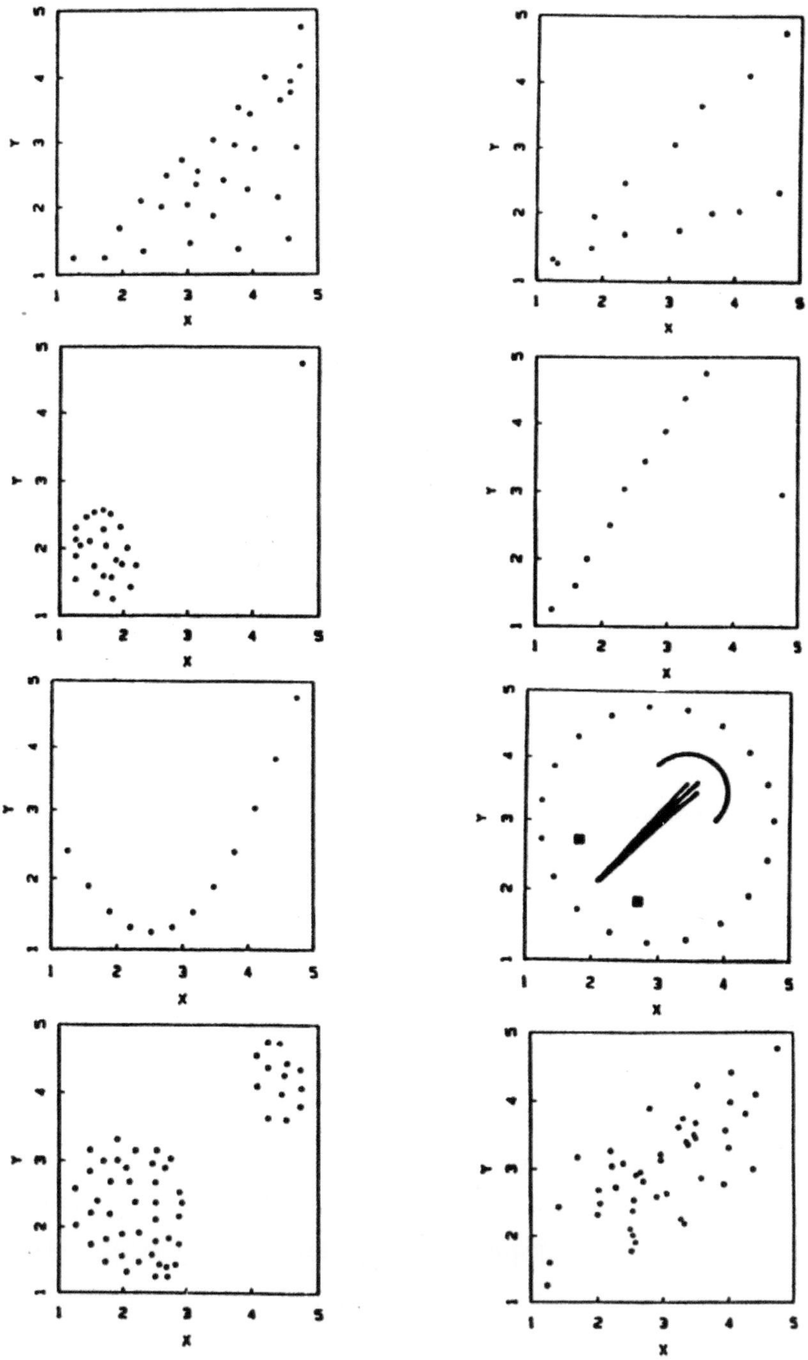

그림 5.2: 피어슨의 상관계수가 0.7인 여러 가지 예 (Chambers and *et. el.*, 1983)

$$\rho = 1 - \frac{6\sum_{i=1}^{n} d_i^2}{n(n^2-1)} \tag{5.10}$$

을 '스피어만의 순위상관계수(Spearman's rank correlation coefficient)' 혹은 '스피어만의 로(Spearman's rho)'라고 한다.

Remark 두 변수 중 하나라도 정규분포에서 벗어나 특이값을 갖는다든지 혹은 좌우대칭이 아닌 '기운 분포(skewed distribution)'를 가진다면 피어슨의 상관계수보다는 스피어만의 순위상관계수를 추천한다.

Remark 피어슨의 상관계수 ρ_{xy}가 선형관계(linear relationship)의 척도라면, 스피어만의 순위상관계수 ρ는 단조로운 관계(monotonic relationship)를 측정하는 척도이다. 그림 5.3에서 왼쪽 그림은 단조현상도 선형관계도 아닌 상태($\rho_{xy} = \rho = 0$)이지만 오른쪽 그림은 선형관계가 완전하지는 아닐지라도 완벽한 단조증가관계($\rho_{xy} = 0.88$, $\rho = 1$)를 나타내고 있다.

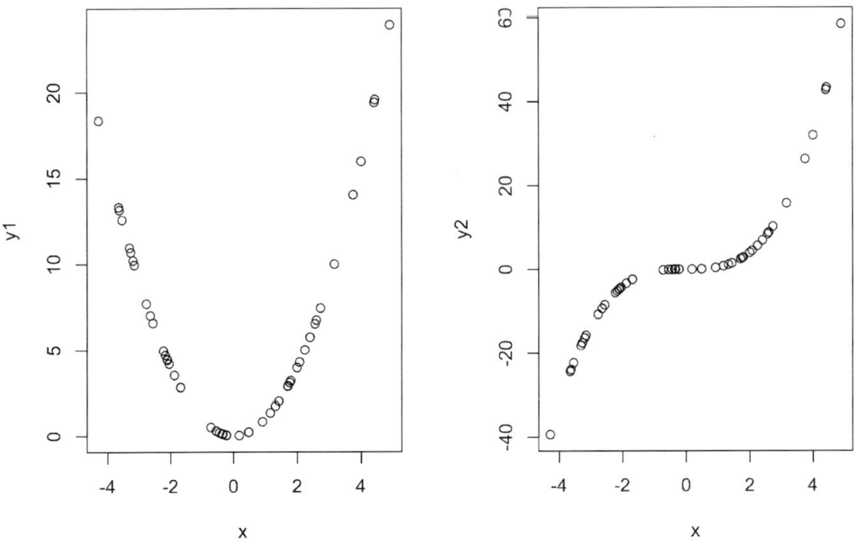

그림 5.3: 왼쪽 그림: $\rho_{xy} = \rho = 0$, 오른쪽 그림: $\rho_{xy} = 0.88$, $\rho = 1$

Example 스피어만의 순위상관계수는 다음과 같은 변수 사이에 사용된다.

- 산모의 학력(초등학교, 중학교, 고등학교, 대학교)과 신생아 체중(kg)

- 정부의 대북정책에 대한 의견(리커트 척도[3])과 설문 응답자 나이(age)
- 체형(저체중, 정상체중, 과체중)과 혈압(저혈압, 정상혈압, 고혈압)

Q 다음 자료를 이용하여, x와 y 사이의 피어슨의 상관계수와 스피어만의 순위상관계수를 각각 구하라.

Table 5.1: 여름철 휴가지 빈도(%)

휴가지	2014 (x)	2015 (y)
태국	0.5	0.9
제주도	6.0	9.9
일본	1.5	2.5
보라카이	1.1	2.8
속초	2.0	2.6
오사카	0.5	0.9

A 피어슨의 상관계수를 계산하면,

$$\sum_{i=1}^{6}(x_i - \bar{x})(y - \bar{y}) = 34.436$$

$$\sum_{i=1}^{6}(x_i - \bar{x})^2 = 21.533$$

$$\sum_{i=1}^{6}(y_i - \bar{y})^2 = 56.453$$

으로부터 피어슨의 상관계수는

$$\rho_{xy} = \frac{34.436}{\sqrt{21.533}\sqrt{56.453}} = 0.987 \tag{5.11}$$

이 된다. 한편 스피어만의 순위상관계수를 계산하기 위해 순위를 먼저 부여하면 표 5.2가 되므로,

$$\rho = 1 - \frac{6\sum_{i=1}^{n} d_i^2}{n(n^2-1)} = 1 - \frac{6(0^2+0^2+1^2+(-2)^2+1^2+0^2)}{6(36-1)} = 0.828 \tag{5.12}$$

[3]Likert Scale: 설문조사에 사용되는 응답 척도의 하나로 '매우 만족', '만족', '불만', '매우 불만' 등을 표시한다.

Table 5.2: 여름철 휴가지 빈도(%)

휴가지	2014 (x)	x순위	2015 (y)	y순위	d= x순위-y순위
태국	0.5	1.5	0.9	1.5	0
제주도	6.0	6	9.9	6	0
일본	1.5	4	2.5	3	1
보라카이	1.1	3	2.8	5	-2
속초	2.0	5	2.6	4	1
오사카	0.5	1.5	0.9	1.5	0

이 된다.

5.4 상관행렬

확률변수 x_i 와 x_j 의 공분산 $\text{Cov}(x_i, x_j) = \sigma_{ij}$ 에 대해, 분산공분산행렬이

$$\Sigma = \begin{pmatrix} \sigma_1^2 & \sigma_{12} & \sigma_{13} & \cdots & \sigma_{1p} \\ & \sigma_2^2 & \sigma_{23} & \cdots & \sigma_{2p} \\ & & \sigma_3^2 & \cdots & \sigma_{3p} \\ \text{대칭} & & & \ddots & \vdots \\ & & & & \sigma_p^2 \end{pmatrix} \tag{5.13}$$

와 같을 때, 피어슨의 상관계수

$$\rho_{ij} = \frac{\sigma_{ij}}{\sigma_i \sigma_j} \tag{5.14}$$

를 이용한 상관행렬(correlation matrix)은

$$R = \begin{pmatrix} 1 & \rho_{12} & \rho_{13} & \cdots & \rho_{1p} \\ & 1 & \rho_{23} & \cdots & \rho_{2p} \\ & & 1 & \cdots & \rho_{3p} \\ \text{대칭} & & & \ddots & \vdots \\ & & & & 1 \end{pmatrix} \tag{5.15}$$

이 된다.

이에 대한 표본상관행렬은 아래와 같이 정의된다.

Definition: (표본상관행렬) 표본상관계수 r_{ij} (식 (5.2))를 이용한 상관행렬

$$R_n = \begin{pmatrix} 1 & r_{12} & r_{13} & \cdots & r_{1p} \\ & 1 & r_{23} & \cdots & r_{2p} \\ & & 1 & \cdots & r_{3p} \\ \text{대칭} & & & \ddots & \vdots \\ & & & & 1 \end{pmatrix} \tag{5.16}$$

을 '표본상관행렬(sample correlation matrix)'이라고 한다.

Remark 사용자에 따라서 표본분산공분산행렬의 '표본'이라는 단어를 생략하고 '분산공분산행렬' 혹은, 줄여서 '공분산행렬'이라고도 하고, 표본상관행렬을 그냥 '상관행렬'이라고 하기도 한다. 따라서, '상관행렬'이라고 할 때, 식 (5.15)의 상관행렬을 의미하는지, 아니면 식 (5.16)의 표본상관행렬을 의미하는지는 문맥에 따라 구분할 필요가 있다.

Theorem 5.2 *행렬 Σ가 분산공분산행렬이고, $D = diag(\sigma_1^2,\ \sigma_2^2,\ \cdots\ \sigma_p^2)$ 라고 할 때, 상관행렬 R은*

$$R = D^{-1/2}\ \Sigma\ D^{-1/2} \tag{5.17}$$

라고 표현된다. 여기서 $D^{-1/2} = diag(\sigma_1^{-1},\ \sigma_2^{-1},\ \cdots\ \sigma_p^{-1})$ 이다.

Proof 식 (5.17)의 우변을 전개하면 좌변과 일치함을 확인할 수 있다. ∎

Corollary 5.3 *표본분산공분산행렬 S에 대하여, $D_n = diag(s_1^2,\ s_2^2,\ \cdots\ s_p^2)$[4]라고 할 때 ($s_j^2 = \frac{1}{n-1}\sum_{i=1}^{n}(x_{ij} - \bar{x}_j)^2$), 표본상관행렬 R_n은*

$$R_n = D_n^{-1/2}\ S\ D_n^{-1/2} \tag{5.18}$$

라고 표현된다 (증명은 연습문제 참조).

[4]diag(·)함수는 입력값이 벡터면 대각행렬을, 입력값이 행렬이면 대각원소를 출력한다.

5.5 다중상관계수

두 변수 간 상관관계를 나타내는 척도가 상관계수라면, 두 개 이상의 독립변수가 하나의 반응변수에 얼마나 영향을 미치는지의 측정은 다중상관계수를 통해 이루어진다.

Definition: (다중상관계수) 확률변수 y와 $x_1, x_2, \cdots, x_q$의 중회귀분석에 대하여,

$$\boldsymbol{y} = \begin{pmatrix} y_1 \\ y_2 \\ \vdots \\ y_n \end{pmatrix} \qquad X = \begin{pmatrix} 1 & x_{11} & x_{12} & \cdots & x_{1q} \\ 1 & x_{21} & x_{22} & \cdots & x_{2q} \\ \vdots & \vdots & \vdots & \ddots & \vdots \\ 1 & x_{n1} & x_{n2} & \cdots & x_{nq} \end{pmatrix} \tag{5.19}$$

에서 회귀모형 $\boldsymbol{y} = X\boldsymbol{\beta} + \boldsymbol{\epsilon}$에 대해, 추정된 회귀선이

$$\hat{\boldsymbol{y}} = X\hat{\boldsymbol{\beta}} = X\left(X^T X\right)^{-1} X^T \boldsymbol{y} \tag{5.20}$$

라고 할 때,

$$R - \text{Corr}\,(y,\, \hat{y}) \tag{5.21}$$

를 '**다중상관계수(multiple correlation coefficient)**'라 한다($0 \leq R \leq 1$).

Q 중회귀분석을 위한 자료 Table 5.3에서 $\hat{\boldsymbol{y}}$를 구하여, 다중상관계수를 계산하라.

Table 5.3:

y	x_1	x_2
4	-2	3
5	-1	1
6	0	0
6	1	-1
8	2	-3

[A] Table 5.3의 자료를 중회귀분석을 위한 벡터와 행렬로 표시하면,

$$\boldsymbol{y} = \begin{pmatrix} 4 \\ 5 \\ 6 \\ 6 \\ 8 \end{pmatrix} \qquad X = \begin{pmatrix} 1 & -2 & 3 \\ 1 & -1 & 1 \\ 1 & 0 & 0 \\ 1 & 1 & -1 \\ 1 & 2 & -3 \end{pmatrix} \tag{5.22}$$

에서

$$\begin{aligned} \hat{\boldsymbol{y}} &= X\hat{\boldsymbol{\beta}} \\ &= X\left(X^TX\right)^{-1}X^T\boldsymbol{y} \\ &= \begin{pmatrix} 3.8 \\ 5.3 \\ 5.8 \\ 6.3 \\ 7.8 \end{pmatrix} \end{aligned}$$

이 되어, $\bar{\hat{y}} = \bar{y}$ 임(연습문제 참조)을 고려할 때,

$$R = \frac{\sum_{i=1}^{5}(y_i - \bar{y})(\hat{y}_i - \bar{y})}{\sqrt{\sum_{i=1}^{5}(y_i - \bar{y})^2}\sqrt{\sum_{i=1}^{5}(\hat{y}_i - \bar{y})^2}} = 0.982 \tag{5.23}$$

가 된다.

Theorem 5.4 *회귀분석에서 반응변수* y *와 독립변수* $x_1, x_2, \cdots, x_q$ *의 모형식이*

$$y_i = \beta_0 + \beta_1 x_{i1} + \beta_2 x_{i2} + \cdots + \beta_q x_{iq} + \epsilon_i, \quad i = 1, 2, \cdots, n \tag{5.24}$$

일 때, 다중상관계수 R *과 결정계수* R^2 *의 관계는*

$$R = \sqrt{R^2} \tag{5.25}$$

이다.

Proof (증명은 선택) 확률벡터 $\boldsymbol{y}$ 와 자료행렬 X 가 다음과 같이 정의되면

$$\boldsymbol{y} = \begin{pmatrix} y_1 \\ y_2 \\ \vdots \\ y_n \end{pmatrix} \qquad X = \begin{pmatrix} 1 & x_{11} & x_{12} & \cdots & x_{1q} \\ 1 & x_{21} & x_{22} & \cdots & x_{2q} \\ \vdots & \vdots & \vdots & \ddots & \vdots \\ 1 & x_{n1} & x_{n2} & \cdots & x_{nq} \end{pmatrix}_{n\times p} \tag{5.26}$$

최소제곱추정량은

$$\hat{\boldsymbol{\beta}} = \left(X^T X\right)^{-1} X^T \boldsymbol{y} \tag{5.27}$$

가 되고

$$\hat{\boldsymbol{y}} = X\hat{\boldsymbol{\beta}} = X\left(X^T X\right)^{-1} X^T \boldsymbol{y} \tag{5.28}$$

가 되어, 회귀분석의 분산분석(Analysis of Variance: ANOVA)에서는

$$\begin{aligned} SST &= \sum_{i=1}^{n} (y_i - \bar{y})^2 \\ &= (\boldsymbol{y} - \bar{y}\mathbf{1}_n)^T (\boldsymbol{y} - \bar{y}\mathbf{1}_n) \\ &= ||\boldsymbol{y} - \bar{y}\mathbf{1}_n||^2 \end{aligned} \tag{5.29}$$

$$\begin{aligned} SSR &= \sum_{i=1}^{n} (\hat{y}_i - \bar{y})^2 \\ &= (\hat{\boldsymbol{y}} - \bar{y}\mathbf{1}_n)^T (\hat{\boldsymbol{y}} - \bar{y}\mathbf{1}_n) \\ &= ||\hat{\boldsymbol{y}} - \bar{y}\mathbf{1}_n||^2 \end{aligned} \tag{5.30}$$

이라고 한다. 이때,

$$\frac{1}{n}\sum_{i=1}^{n} \hat{y}_i = \bar{y} \tag{5.31}$$

라는 사실(연습문제 참조)과 표본상관계수 공식(식 (5.3))을 이용해서 다중상관계수 R을 계산하면,

$$R = \operatorname{Corr}(y,\, \hat{y}) = \frac{(\boldsymbol{y} - \bar{y}\mathbf{1}_n)^T (\hat{\boldsymbol{y}} - \bar{y}\mathbf{1}_n)}{||\boldsymbol{y} - \bar{y}\mathbf{1}_n||\,||\hat{\boldsymbol{y}} - \bar{y}\mathbf{1}_n||} \tag{5.32}$$

가 되는데, 이는 벡터의 내적의 성질[5]을 이용하면, 그림 5.4에 나타난 $\cos\theta$와 일치하여,

[5] $\boldsymbol{a}^T\boldsymbol{b} = ||\boldsymbol{a}|| \cdot ||\boldsymbol{b}|| \cos\theta$

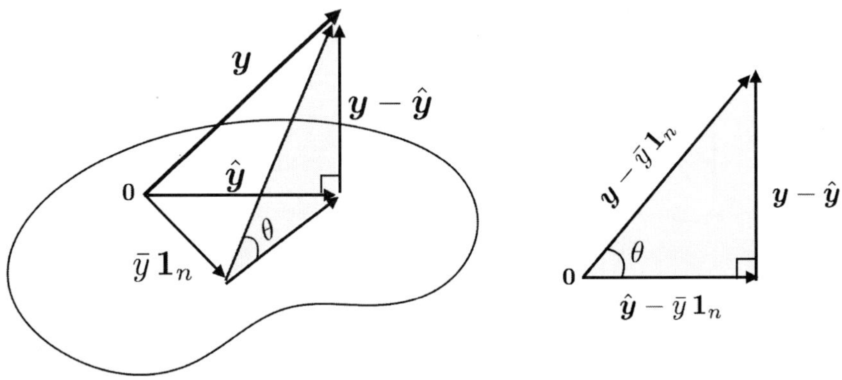

그림 5.4: 회귀분석에서 결정계수와 다중상관계수의 관계

$$R = \frac{(\boldsymbol{y}-\bar{y}\mathbf{1}_n)^T(\hat{\boldsymbol{y}}-\bar{y}\mathbf{1}_n)}{||\boldsymbol{y}-\bar{y}\mathbf{1}_n||\,||\hat{\boldsymbol{y}}-\bar{y}\mathbf{1}_n||} = \cos\theta = \frac{||\hat{\boldsymbol{y}}-\bar{y}\,\mathbf{1}_n||}{||\boldsymbol{y}-\bar{y}\,\mathbf{1}_n||} = \sqrt{\frac{SSR}{SST}} = \sqrt{R^2}$$

이 된다. ∎

5.6 부분상관계수

지금까지 우리는 두 변수의 상관관계나 한 변수와 다른 여러 변수들의 다중상관관계를 살펴봤다. 이 단원에서는 부분상관계수에 대해 알아보자.

Definition: (부분상관계수) 다른 변수들의 영향을 고려한 상태에서, 두 변수의 상관관계를 나타내는 상관계수를 '부분상관계수(partial correlation coefficient)'라고 한다. 예를 들어, 반응변수 y와 독립변수 x_1, x_2, x_3가 있다고 할 때, 다른 독립변수 x_2, x_3가 y에 끼치는 영향력을 고려한 상태에서 x_1과 y 간의 상관계수를 의미하며, 이를 $\phi_{yx_1 . x_2x_3}$라고 표현한다.

Example 최근 어느 조사에 의하면, 국가의 경제적 성장이 그 국가의 사회적 갈등을 감소시킬 수 있다는 주장이 있다. 이는 경제적 성장이 더 많은 일자리를 제공하여 이로 인해 사회적 갈등이 감소된다는 이론이다. 그러나, 두 요인의 상관관계를 조사해 보니 상관계수가 거의 0에 가깝게 나타났다. 원인을 조사한 결과, 그 동안 경제발전으로 일자리는 늘어났지만, 국민들의 교육수준의 증가와 해외여행을 통한 사회적 기대치의 증가로 인하여 현실에 대한 불만족도가 높아져서 결국 사회적 갈등은 심각해졌기 때문이다. 따라서, 경제적 성장과 사회적 갈등의 상관관계를 조사하려면, 교육수준의 증가와 늘어난 해외여행자 수를 고려하여 분석해야 한다.

Example TV 폭력물을 많이 볼 수록 학교에서 폭력을 사용하는 경향이 증가한다 ($r = 0.21$)는 주장이 있다. 그러나, 자세히 살펴보니 TV 폭력물을 시청하는 아이는 가정폭력에 노출되는 빈도수가 많았고($r = 0.4$), 가정폭력에 많이 노출될수록 학교에서 폭력을 많이 사용하는 경향($r = 0.5$)이 있었다. 이를 다이어그램으로 그리면 그림 5.5와 같다.

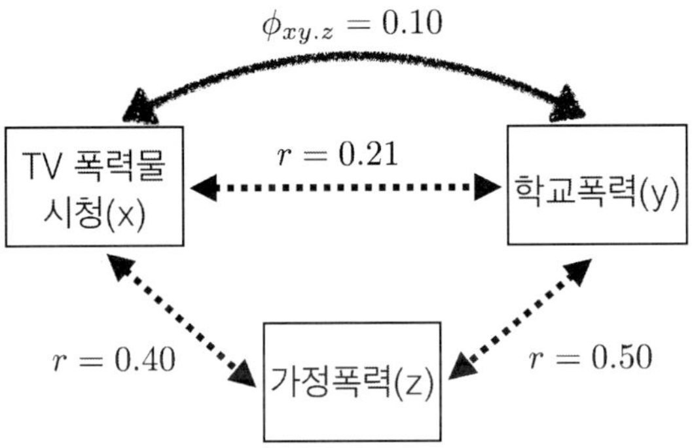

그림 5.5: TV 폭력물 시청과 학교폭력의 부분상관계수

따라서, TV 폭력물 시청과 학교폭력만을 고려할 때는 상관계수가 0.21이었으나, 그 학생이 가정폭력에 노출되었는지에 대한 정보를 활용하면 TV 폭력물 시청과 학교폭력의 상관계수는 0.1로 낮아짐을 알 수 있다.

그러면, 부분상관계수는 어떻게 계산되는지 살펴보자. 먼지 우리는 다변량정규분포에서 조건부확률분포의 모습이 아래와 같음을 보았다(Theorem 3.5 참조).

$$\boldsymbol{x}_1|\boldsymbol{x}_2 = \boldsymbol{x}_2^0 \quad \sim \quad N_r\left(\boldsymbol{\mu}_{1|2}, \Sigma_{1|2}\right) \tag{5.33}$$

여기서

$$\begin{aligned} \boldsymbol{\mu}_{1|2} &= \boldsymbol{\mu}_1 + \Sigma_{12}\Sigma_{22}^{-1}\left(\boldsymbol{x}_2^0 - \boldsymbol{\mu}_2\right) \\ \Sigma_{1|2} &= \Sigma_{11} - \Sigma_{12}\Sigma_{22}^{-1}\Sigma_{21} \end{aligned} \tag{5.34}$$

이다.

부분상관계수는 조건부 분산공분산행렬 $\Sigma_{1|2}$ 에서 구해진다. 다시 말해서, z 값을 고려한 상태에서 x 와 y 의 상관관계는, 확률변수 z 값이 주어진 상황에서 확률변수 x 와 y 의 조건부 분산공분산행렬(아래 식 참조)에서 상관계수를 구하는 것이며, 이를 부분상관계수라고 한다.

$$\Sigma_{xy|z} = \Sigma_{xy} - \Sigma_{(xy)\,z}\Sigma_z^{-1}\Sigma_{z\,(xy)} \tag{5.35}$$

Theorem 5.5 *반응변수 y 와 독립변수 x_1, x_2, x_3 에 대해 표본분산공분산행렬이*

$$\begin{aligned} S &= \left(\begin{array}{cc|cc} V(y) & Cov(y,x_3) & Cov(y,x_1) & Cov(y,x_2) \\ Cov(x_3,y) & V(x_3) & Cov(x_3,x_1) & Cov(x_3,x_2) \\ \hline Cov(x_1,y) & Cov(x_1,x_3) & V(x_1) & Cov(x_1,x_2) \\ Cov(x_2,y) & Cov(x_2,x_3) & Cov(x_2,x_1) & V(x_2) \end{array}\right) \\ &= \left(\begin{array}{c|c} S_{11} & S_{12} \\ \hline S_{21} & S_{22} \end{array}\right) \end{aligned} \tag{5.36}$$

일 경우, 조건부 분산공분산행렬인 $S_{11} - S_{12}S_{22}^{-1}S_{21}$ 에서 구한 상관행렬

$$R_{2\times 2} = D^{-\frac{1}{2}}(S_{11} - S_{12}S_{22}^{-1}S_{21})D^{-\frac{1}{2}} \tag{5.37}$$

의 비대각원소는 y 과 x_3 간의 부분상관계수이다. 여기서

$$D = diag(diag(S_{11} - S_{12}S_{22}^{-1}S_{21})) \tag{5.38}$$

이다(증명생략).

Q Table 5.3에서 부분상관계수 $\phi_{yx_1.x_2}$ 를 구하라.

A 부분상관계수 계산을 위해 우선 분산공분산행렬의 분할행렬을 구하면

$$\begin{aligned} S &= \left(\begin{array}{cc|c} V(y) & Cov(y,x_1) & Cov(y,x_2) \\ Cov(x_1,y) & V(x_1) & Cov(x_1,x_2) \\ \hline Cov(x_2,y) & Cov(x_2,x_1) & V(x_2) \end{array}\right) \\ &= \left(\begin{array}{cc|c} 2.20 & 2.25 & -3.25 \\ 2.25 & 2.50 & -3.50 \\ \hline -3.25 & -3.50 & 5.00 \end{array}\right) \end{aligned}$$

$$= \left(\begin{array}{c|c} S_{11} & S_{12} \\ \hline S_{21} & S_{22} \end{array}\right) \tag{5.39}$$

이고

$$\begin{aligned} S_{11} - S_{12}S_{22}^{-1}S_{21} &= \begin{pmatrix} 2.20 & 2.25 \\ 2.25 & 2.50 \end{pmatrix} - \frac{1}{5}\begin{pmatrix} -3.25 \\ -3.50 \end{pmatrix}\begin{pmatrix} -3.25 & -3.50 \end{pmatrix} \\ &= \begin{pmatrix} 0.0875 & -0.025 \\ -0.025 & 0.05 \end{pmatrix} \end{aligned}$$

가 되어

$$D = \begin{pmatrix} 0.0875 & 0 \\ 0 & 0.05 \end{pmatrix}$$

이므로

$$\begin{aligned} R_{2\times 2} &= D^{-\frac{1}{2}}(S_{11} - S_{12}S_{22}^{-1}S_{21})D^{-\frac{1}{2}} \\ &= \begin{pmatrix} 1 & -0.378 \\ -0.378 & 1 \end{pmatrix} \end{aligned}$$

이 되어, 비대각원소는 $\phi_{yx_1.x_2} = -0.378$ 이다.

5.7 SAS®실습문제

[1] 여름철 휴가지 자료(Table 5.2)에 대하여 다음 물음에 답하라.

1. 아래 SAS®코드를 이용해 피어슨의 상관계수 유의성검정을 실시하라.

```
proc corr data=a pearson;
    var x y ;
run;
```

2. 아래 SAS®코드를 이용해 스피어만의 순위상관계수 유의성검정을 실시하라.

```
proc corr data=a spearman;
    var x y ;
run;
```

[2] 아이리스/붓꽃 자료(Appendix 참조)에 대하여 다음 물음에 답하라. iris 자료는 SAS®의 sashelp 라이브러리에 내장되어 있다.

1. 아래 SAS®코드를 이용하여 Iris versicolor 의 꽃잎 길이(PetalLength)와 너비(PetalWidth)에 대한 산점도를 그리고, 그 상관계수를 구하라.

```
proc corr data=sashelp.iris
    plots=scatter(ellipse=prediction);
    where Species='Versicolor';
    var PetalLength PetalWidth ;
run;
```

2. 위 문제에서 (ellipse=prediction alpha=0.32) 을 이용하고, 이전 그래프 와의 차이점을 기술하라.

3. 아래 SAS®코드는 3종류의 붓꽃에 대한 꽃잎 길이(PetalLength)와 꽃잎 너비(PetalWidth)를 한 산점도에 표시하고, 예측 영역을 타원으로 표시하는 과정이다.

```
data tmp1 ; set sashelp.iris;
if Species='Setosa' then do;
    L_Set = PetalLength ; W_Set=PetalWidth ; end;
if Species='Versicolor' then do;
    L_Vers = PetalLength ; W_Vers=PetalWidth ; end;
if Species='Virginica' then do;
    L_Virg = PetalLength ; W_Virg=PetalWidth ; end;
run;
```

```
 proc sgplot data=tmp1;
    scatter x=L_Set y=W_Set;
    scatter x=L_Vers y=W_Vers;
    scatter x=L_Virg y=W_Virg;
    ellipse x=L_Set y=W_Set /lineattrs=GraphData1;
    ellipse x=L_Vers y=W_Vers /lineattrs=GraphData2;
    ellipse x=L_Virg y=W_Virg /lineattrs=GraphData3;
run;
```

그 결과, 그림 5.6과 같은 그래프가 나오는지 직접 확인하라. 그림 5.6을 보고, 꽃잎 길이와 너비에 대한 상관계수가 가장 큰 붓꽃 종류를 추측해 보아라. 그리고 [2]-1에서 사용한 `proc corr` 문장을 사용하여 붓꽃 종류별로 꽃잎 길이와 너비에 대한 상관계수를 각각 구해 보아라.

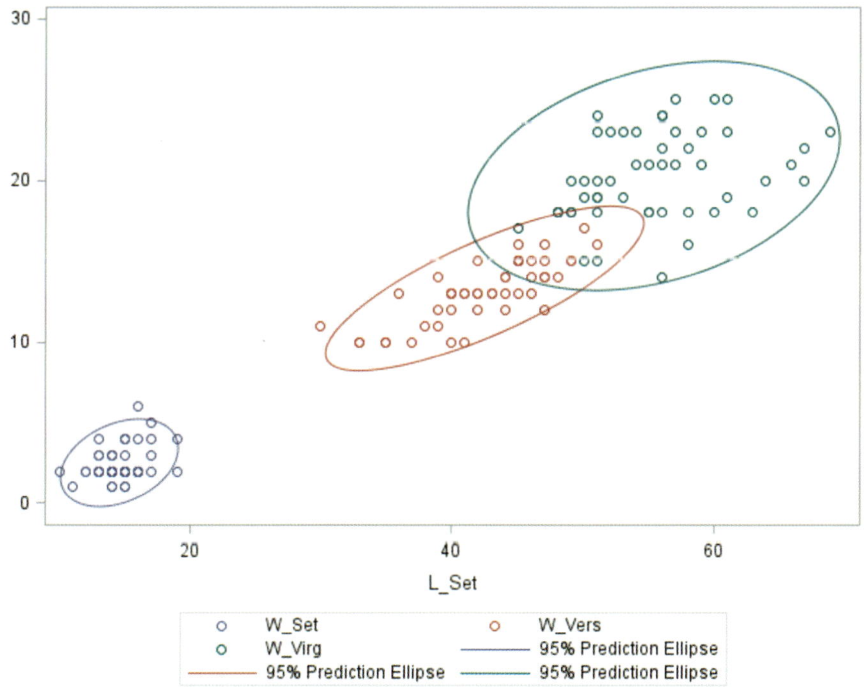

그림 5.6: `sashelp.iris` 의 3종류 붓꽃에 대한 꽃잎(Petal)크기 비교

이번엔, 3종류의 붓꽃의 꽃받침 길이(SepalLength)와 꽃받침 너비(SepalWidth)에 대한 산점도를 같은 그래프 위에 지금과 같은 방식으로 작성하라.

[3] 비료의 양(x_1)과 강우량(x_2)에 따른 수확량(y)의 자료가 Table 5.4와 같을 때,

Table 5.4: 비료와 강우량에 따른 수확량

	수확량(y)	비료의 양(x_1)	강우량(x_2)
지역1	40	100	10
지역2	50	200	20
지역3	50	300	10
지역4	60	400	30
지역5	80	600	30

1. 아래 SAS®코드를 참고해서, 최소제곱추정량 $\hat{\boldsymbol{\beta}}$를 구하라.

```
proc reg data=a ;
    model y = x1 x2 ;
    output out=b p=yhat;
run;
```

2. 확률벡터 $\boldsymbol{y}$와 $\hat{\boldsymbol{y}}$를 각각 구하라.

3. y와 x_1의 산점도를 그리고 r_{yx_1}을 구하라.

4. y와 x_2의 산점도를 그리고 r_{yx_2}를 구하라.

5. y와 $\hat{y}$의 산점도를 그리고 다중상관계수 R을 구하라.

6. 다중상관계수 R의 제곱값과 [3]-1의 회귀선에서 구한 결정계수 R^2 값을 비교하라.

[4] 비료와 강우량에 따른 수확량 자료 Table 5.4에서 부분상관계수는 $\phi_{yx_1 \cdot x_2} = 0.942$이며, 이를 계산하기위한 SAS®코드는 아래와 같다. 이를 참고하여 표본상관계수 r_{yx_2}와 부분상관계수 $\phi_{yx_2 \cdot x_1}$의 값을 SAS®를 이용해 계산하라.

```
proc corr data=a ;
    var y x1;
    partial x2;
run;
```

5.8 연습문제

[1] 표본상관행렬 R_n 과 표본분산공분산행렬 S 가 아래와 같을 때,

$$R_n = \begin{pmatrix} 1 & r_{12} & r_{13} \\ r_{21} & 1 & r_{23} \\ r_{31} & r_{32} & 1 \end{pmatrix}, \quad S = \begin{pmatrix} s_1^2 & s_{12} & s_{13} \\ s_{21} & s_2^2 & s_{23} \\ s_{31} & s_{32} & s_3^2 \end{pmatrix}, \quad D_n = \begin{pmatrix} s_1^2 & 0 & 0 \\ 0 & s_2^2 & 0 \\ 0 & 0 & s_3^2 \end{pmatrix}$$

아래 식이 성립함을 보여라.

$$R_n = D_n^{-1/2}\ S\ D_n^{-1/2} \tag{5.40}$$

[2] 아래 Table 5.5는 리조트 빌라(villa)의 판매가격(y)과 나이(age), 그리고 면적 (area)을 나타내고 있다.

$$y_i = \beta_0 + \beta_1\, AGE_i + \beta_2\, AREA_i + \epsilon_i, \quad i = 1, 2, \cdots, 5 \tag{5.41}$$

라는 모형식을 이용해서 최소제곱추정치를 이용한 판매추정가격(predy)을 얻었다고 가정한다.

Table 5.5: 리조트 빌라의 판매가격과 나이, 면적과의 관계

판매가격(y)	나이(age)	면적($area$)	판매추정가격($predy$)
745	36	66	699.25
895	37	68	729.66
442	47	64	577.51
440	32	53	482.56
1598	1	101	1631.00

1. 판매추정가격(predy)과 실제 판매가격(y) 사이의 피어슨의 상관계수를 계산하라.

2. 이 회귀선이 판매가격(y)의 몇 퍼센트를 설명해 주고 있는지 1번에서 계산한 피어슨의 상관계수를 이용해 답하라.

3. $\phi_{y\,age.area}$ 와 $\phi_{y\,area.age}$ 의 값을 Theorem 5.5의 행렬을 이용해 구하는 `proc iml` 코드를 각각 작성하라.

4. 부분상관계수 $\phi_{y\,age.area}$ 와 $\phi_{y\,area.age}$ 의 값을 SAS® 의 `proc corr` 를 이용해 각각 구하라.

[3] 다음은 코쉬-슈바르츠 부등식(Cauchy-Schwartz Inequality)이다.

$$\{\mathrm{E}(\xi\,\eta)\}^2 \le \mathrm{E}\left(\xi^2\right)\cdot\mathrm{E}\left(\eta^2\right) \tag{5.42}$$

이를 이용하여, $-1 \le \rho_{xy} \le 1$ 을 증명하라.

[4] 두 벡터 $\boldsymbol{v}$, $\boldsymbol{w}$ 간 내적이 아래와 같을 때,

$$\boldsymbol{v}^T\boldsymbol{w} = ||\boldsymbol{v}||\,||\boldsymbol{w}||\,\cos\theta \tag{5.43}$$

이를 이용하여, $-1 \le r_{xy} \le 1$ 을 증명하라.

[5] 회귀모형 $y_i = \beta_0 + \beta_1 x_i + \epsilon_i, \quad i = 1, 2, \cdots, n$ 에 대하여, 최소제곱추정치를 이용한 회귀선

$$\hat{y}_i = \hat{\beta}_0 + \hat{\beta}_1 x_i, \quad i = 1, 2, \cdots, n \tag{5.44}$$

을 구했다고 가정하자. 다음을 증명하라.

$$\frac{1}{n}\sum_{i=1}^{n}\hat{y}_i = \bar{y} \tag{5.45}$$

[6] 확률벡터 $\boldsymbol{y}$ 와 자료행렬 X 가 아래와 같을 때,

$$\boldsymbol{y} = \begin{pmatrix} y_1 \\ y_2 \\ \vdots \\ y_n \end{pmatrix} \qquad X = \begin{pmatrix} 1 & x_{11} & x_{12} & \cdots & x_{1q} \\ 1 & x_{21} & x_{22} & \cdots & x_{2q} \\ \vdots & \vdots & \vdots & \ddots & \vdots \\ 1 & x_{n1} & x_{n2} & \cdots & x_{nq} \end{pmatrix}_{n\times p} \tag{5.46}$$

최소제곱추정량

$$\hat{\boldsymbol{\beta}} = \left(X^T X\right)^{-1} X^T \boldsymbol{y} \tag{5.47}$$

에 대하여, 다음을 증명하라.

1. $X(X^T X)^{-1} X^T X = X$
2. $X(X^T X)^{-1} X^T \mathbf{1}_n = \mathbf{1}_n$
3. $\mathbf{1}_n^T \hat{\boldsymbol{y}} = \mathbf{1}_n^T \boldsymbol{y}$
4. $\frac{1}{n}\sum_{i=1}^{n}\hat{y}_i = \frac{1}{n}\sum_{i=1}^{n} y_i = \bar{y}$

Chapter 6

다변량 그래프

다변량 자료를 분석할 때, 사회에서 가장 많이 요구되는 기능은 '그림를 통한 이해'이다. "보는 것이 믿는 것이다(Seeing is Believing)"라는 표현같이 자료의 시각화(visualization)는 다변량의 복잡한 관계와 구조를 몇 개의 그림으로 효과적으로 전달할 수 있는 수단이며, 다변량 자료분석의 필수적 요소로 여겨지고 있다. 본 단원에서는 다변량 자료분석에 사용되는 여러 가지 그래프를 소개하고, SAS®를 이용하여 직접 그려보고자 한다. 참고로, 여기서 소개되는 SAS®자료(Appendix 자료)는 편의상 `/home/hspark1/mvar` **이라는 폴더**에 저장되어 있다고 가정한다.

6.1 상자그림

기초통계학에서 다루는 대표적인 그래프는 산점도(scatter plot)와 히스토그램 (histogram) 그리고 상자그림(box plot)이다. 그 중 상자그림은 그림 6.1과 같이 자료의 최솟값, 최댓값, 평균과 중위수 뿐 아니라, 제1사분위수(the first quartile)와 제3사분위수(the third quartile)를 표시하는 그래프이다. 다변량 분석에서는 여러 변수의 분포를 한꺼번에 관찰할 수 있다는 점에서 유용한 도구이다.

그림 6.2는 Appendix에 있는 428개 자동차 차종 자료(`mcars`)에 대한 차량 Type별 연비 분포를 아래 SAS®코드를 이용해 구한 것이다.

```
libname mvar "/home/hspark1/mvar"; run;
proc sgplot data=mvar.mcars;
    hbox MPG_city / category=type;
run;
```

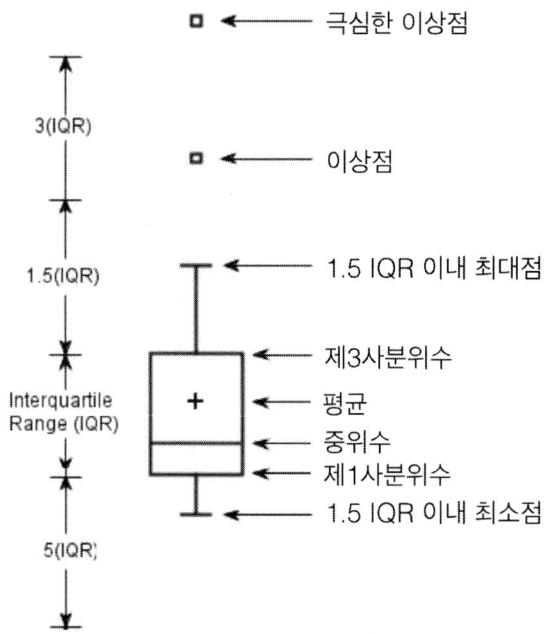

그림 6.1: 대표적인 상자그림의 예

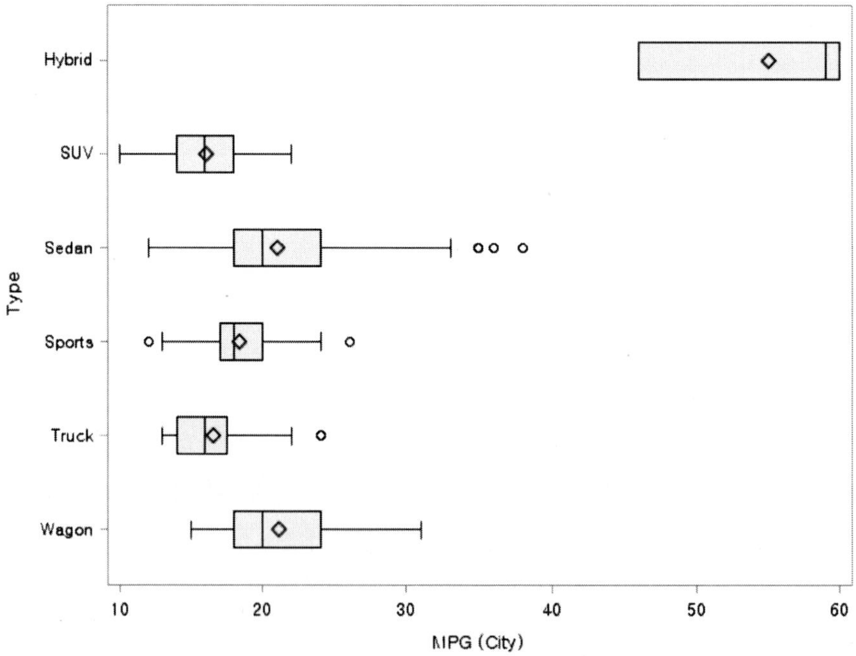

그림 6.2: 자동차 Type에 따른 연비에 대한 상자그림

6.2 산점도행렬

산점도행렬(scatter plot matrix)이란 여러 변수의 산점도를 동시에 살펴봄으로써 변수 간 관계를 한눈에 살펴볼 수 있는 그림이다. `sashelp` 라이브러리에 있는 붓꽃 자료(iris)에 대해 아래 SAS®코드로 그림 6.3과 같은 산점도행렬을 만들었다. 꽃받침(Sepal)의 길이와 너비, 그리고 꽃잎(Petal)의 길이와 너비 간에는 양의 상관관계를 보이고 있지만, 꽃받침과 꽃잎 간 크기에 관해서는 더 많은 조사가 필요해 보인다.

```
proc corr data=sashelp.iris
    plots = matrix(histogram) ;
    var SepalLength SepalWidth PetalLength PetalWidth ;
run;
```

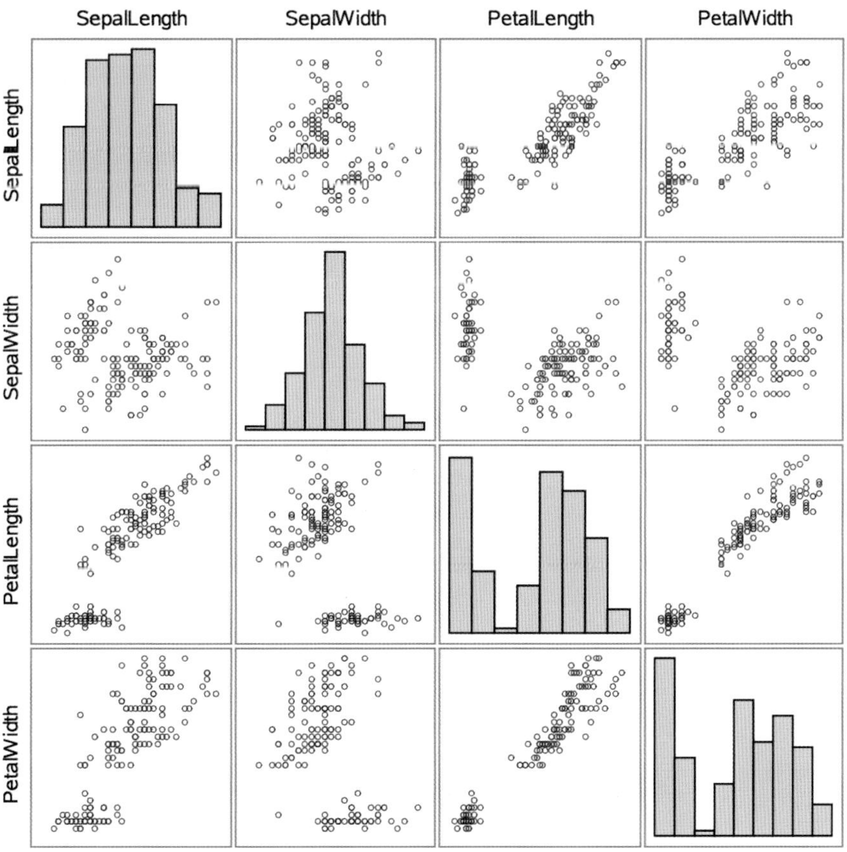

그림 6.3: Iris의 꽃받침(Sepal)과 꽃잎(Petal) 크기의 상관관계

그림 6.4는 `sashelp.iris` 자료에서 세 종류의 붓꽃을 색상을 달리하여 산점도행렬을 만들어 본 것이다. 그 결과, Setosa를 제외하곤 꽃받침의 길이와 너비도 꽃잎의 길이와 너비와 양의 상관관계를 보여준다.

```
data a; set sashelp.iris ;
ods graphics / attrpriority=none;
proc sgscatter data=a;
    matrix SepalLength SepalWidth PetalLength PetalWidth
    /group=Species diagonal=(kernel histogram);
run;
```

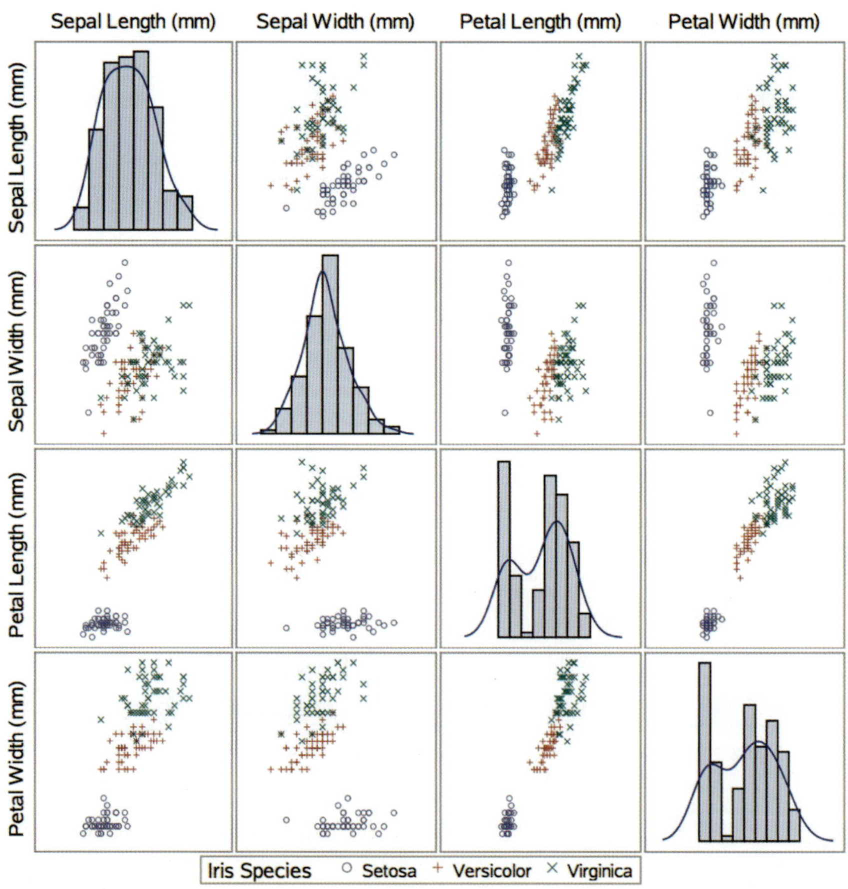

그림 6.4: Iris 종류에 따른 꽃받침(Sepal)과 꽃잎(Petal) 크기의 상관관계

6.3 별그림

상자그림이나 산점도행렬은 변수의 분포나 변수 간의 관계를 설명해주고 있지만, 개체(subject) 간 비슷한 성향이라든지, 특정 개체에서 어느 변수값이 상대적으로 크게(혹은 작게) 나타나는지에 대한 정보는 얻을 수 없다. 별그림(star plot)은 그림 6.5 와 같이 한 개의 별이 한 개의 개체를 나타내는데, 한 점에서 출발한 여러 개의 축(axis)들은 각각의 변수를 의미하며, 축의 길이는 상대적인 변숫값을 의미한다. 사용분야에 따라, 별그림을 '레이더 도표(Radar Chart)' 혹은 '거미 도표(Spider Chart)'라고 부르고 있다.

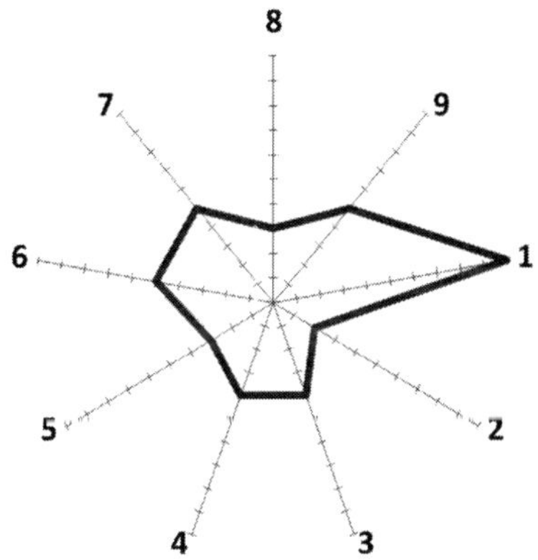

그림 6.5: 9개 변수의 별그림 예 (출처: https://en.wikipedia.org/wiki/Radar_chart)

별그림을 이용하면, 아래와 같은 질문에 유용하게 사용된다.

- 특정 개체에 어떤 변수가 상대적으로 우세한가(dominant variable)?
- 어느 개체가 같은 성향이 있는가? 혹은 같은 그룹(group)에 속하는가?
- 이상점(outlier)으로 간주될 수 있는 개체는 어느 것인가 ?

Appendix 에 있는 `mcars` 자료는 `sashelp.cars` 중 일부 수치변수만을 모은 428 개의 자료이다(그림 16.3 참조). 아래 SAS® 코드는 이 중 처음 25개의 관측치만을 모아 `mcars25` 라는 SAS® 데이터 파일로 저장하여 별그림을 그리는 내용이다.

```
libname mvar "/home/hspark1/mvar"; run;
data mcars25; set mvar.mcars (obs=25); run;

%include "/home/hspark1/mvar/stars.sas";
%stars( data=mcars25,
     var=MSRP EngineSize Cylinders Horsepower
          MPG_City Weight Length,
     id=car, across=5, down=5, color=clr );
```

여기서 사용된 %stars()라는 SAS®매크로 프로그램은 인터넷[1]에서 다운받은 후 /home/hspark1/mvar 폴더에 stars.sas 라는 이름으로 저장한다. 그림 6.6-6.7은 $5 \times 5 = 25$개의 차량에 대한 별그림이다.

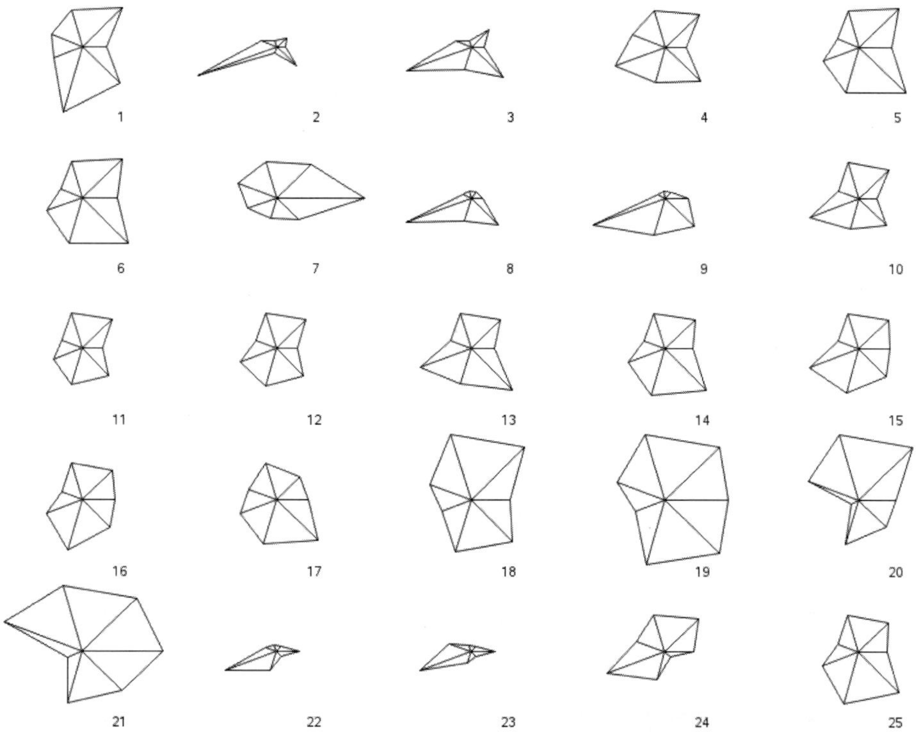

그림 6.6: 자동차 자료(mcars25)에 대한 별그림

별그림에 대한 분석은 주관적인 부분이 많이 작용할 수 있어서, 각자의 의견이 조금씩 다를 수 있겠으나, 대체로 차종 2, 3, 8, 9, 22, 23은 차체는 작지만 연비가 뛰어난 차량이라고 할 수 있고, 차종 24는 비록 크기는 작으나 엔진의 크기와 마

[1] http://www.datavis.ca/sasmac/stars.html

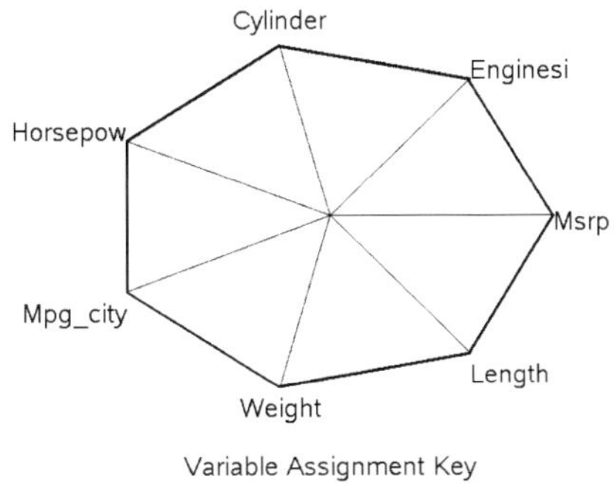

그림 6.7: SAS 매크로 `stars`로 출력된 별그림 축 설명

력이 뛰어난 차량이다(Audi TT convertible). 흥미로운 것은 차종 7으로서 전체 성능에 비해 가격이 지나치게 비싸게 책정되었다(Acura NSX coupe).

6.4 체르노프 얼굴그림

인간의 얼굴은 그저 윤곽 뿐 아니라, 눈, 코, 귀의 모양과 위치, 그리고 방향성까지 포함하는 수 많은 특성들로 구성된다. 미국의 수학자이자 통계학자, 그리고 물리학자인 Herman Chernoff (1973)는 다변량 자료를 인간의 얼굴표정으로 시각화시킴으로써 다변량의 정보를 인간의 얼굴이라는 2차원 그림으로 표현하였다. 이를 '**체르노프 얼굴그림(Chernoff face plot)**'이라고 한다.

지난 단원에서 별그림을 통해 다변량 자료를 시각화시켰지만, 만일 변수의 개수가 많아진다면 별을 구성하는 축의 수도 자연히 증가되고, 따라서 별과 별의 패턴을 구분하기 쉽지 않게 된다. 이런 면에서 체르노프 얼굴그림은 별그림의 대안이 될 수 있다. 체르노프 얼굴그림을 통해 수 많은 개체들을 비슷한 얼굴끼리 군집화(clustering)시키는데 도움을 줄 수 있으며, 각 변수값의 변화를 잘 이용한다면, '화난 얼굴'에서 '행복한 얼굴'에 이르는 순차적인 감정표현을 통하여 소비자 만족도나 시중은행들의 재정건정성 등을 쉽게 볼 수 있을 것이다.

아래 코드는 우리가 별그림에 사용했던 `mcars25` 자료의 25개 자동차 차종에 대해, SAS® 매크로 프로그램 `%faces()` 함수[2]를 통한 분석과정을 보여준다.

[2] http://www.datavis.ca/sasmac/faces.html 에서 `faces.sas`를 다운로드 가능.

```
proc standard data=mcars25 mean=0 std=1 out=std_mcars25;
    var MSRP EngineSize Cylinders Horsepower MPG_City
        Weight Length;
run;

%include "/home/hspark1/mvar/faces.sas";
%faces(data=std_mcars25, id=car, rows=5, cols=5,
  r1=EngineSize, r2=Cylinders, r3=Horsepower, r4=MPG_City,
  r5=Weight, r6=Length, r8=MSRP, l1=EngineSize, l2=Cylinders,
  l3=Horsepower, l4=MPG_City, l5=Weight, l6=Length,
  l8=MSRP);
```

그림 6.8: 자동차 자료(mcars25)에 대한 체르노프 얼굴그림.

그림 6.8에서 보듯이, 차종 2-3, 8-17, 22-25는 같은 그룹이지만, 차종 7, 18, 19, 20, 21 번은 나머지 차종과 다른 이상점에 해당될 수 있다(예: 비싸고 차체가 큰 스포츠카).

6.5 버블그림(Bubble Plot)

산점도가 두 변수 간의 상관관계를 나타낸 그림이라면, 버블그림(bubble plot)은 세 변수의 관계를 시각화시킨 그림이라고 할 수 있다. 최근에는 동영상의 기능을 활용하여 시간 흐름에 따라 움직이는 버블그림을 보여주는 소프트웨어(JMP®[3])도 개발되었다. 버블그림은 3개의 변수를 하나는 수평축, 다른 하나는 수직축, 그리고 나머지 변수는 '**버블의 반지름 크기**'로 상대변환시켜서 표현한다. 그림 6.9는 자동차의 엔진크기에 따른 연비를 나타낸 버블그림인데, 여기서 버블의 반지름은 자동차의 마력(horsepower)을 의미한다. 자동차의 엔진크기가 커질수록 연비는 떨어지고, 자동차의 마력은 증가하고 있다.

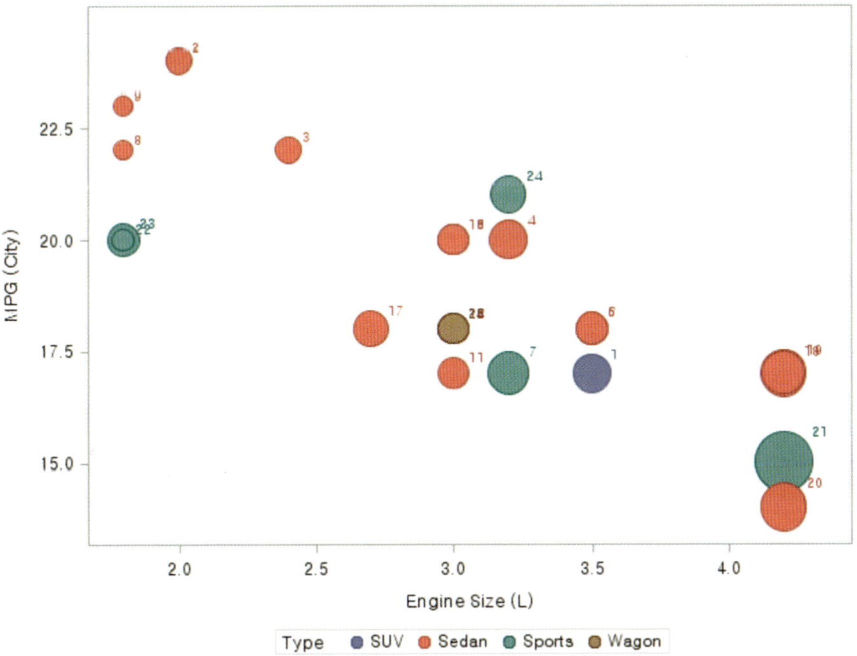

그림 6.9: 자동차 엔진크기와 연비에 따른 마력비교

[3]SAS에서 개발한 과학자나 엔지니어를 위한 대화식 통계분석 소프트웨어로서 그래픽 기능이 뛰어남.

```
proc sgplot data=mcars25;
    bubble x=EngineSize y=MPG_city size=Horsepower
           /group=type datalabel=car;
run;
```

6.6 열지도(Heat Map)

자료행렬은 다변량 자료를 행(개체)과 열(변수)로 표현함으로써 '개체 간 거리'나 '변수 간 상관관계'를 측정할 수 있게 한다. 그러나, 행과 열의 수가 많아지면 측정치의 개수도 많아져서 서로 비교하기 힘들 수 있다. 열지도(heat map)는 이와 같은 상황에서 2차원 상의 데이터 시각화를 통해 전체 자료의 '군집(cluster)상황'이나 '변수 간 상관관계' 등을 보여준다.

6.6.1 변수 간 상관관계

변수와 변수 사이 상관관계는 상관계수를 통해 가늠할 수 있다. 다음 SAS® 코드는 mcars25 자료에서 MSRP, EngineSize, Cylinders, Horsepower, MPG_City, Weight, Length 간 상관계수를 HeatmapCont() 함수를 이용해서 2차원 그래프로 시각화시키는 내용이다.

```
proc iml;
     names={'MSRP' 'EngineSize' 'Cylinders' 'Horsepower'
            'MPG_City' 'Weight' 'Length'};
    use mcars25;
        read all var names into M [colname=names];
    close mcars25;

    corr=corr(M);
    call HeatmapCont(corr) xvalues=names yvalues=names
                    range={-1.1 1.1};
quit;
```

그림 6.10의 열지도에서 각 셀에 해당되는 색깔이 짙을수록 양의 상관관계를 나타내고, 엷어질수록 음의 상관관계를 나타낸다. 자동차 가격(MSRP)이 증가할수록 EngineSize, Cylinders, Horsepower가 증가하지만 시내 연비를 나타내는 MPG_City와는 음의 상관관계임을 나타낸다. 이와 같이 열지도를 이용해서 각 변수 간 양/음의 상관관계를 시각적으로 살펴볼 수 있다.

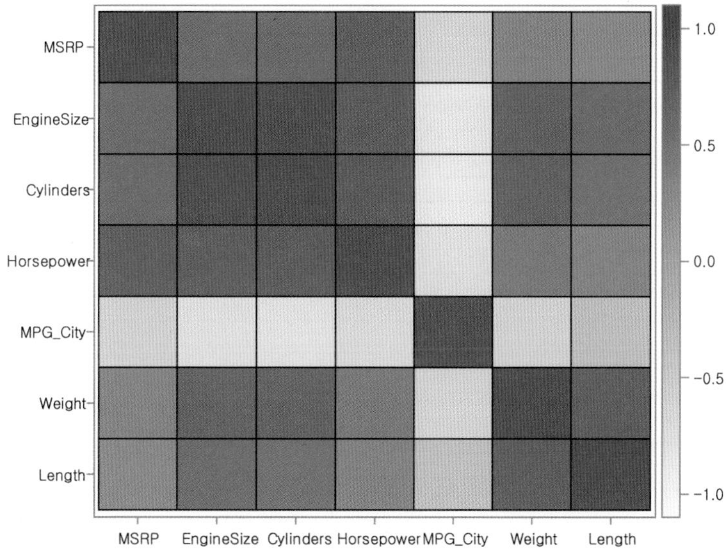

그림 6.10: 열지도를 통한 mtcars25자료의 상관관계에 대한 시각화

6.6.2 개체 간 거리

열지도의 다른 용도는 자료행렬(data matrix)에서 개체(subject) 간 거리를 시각적으로 나타내는 데 있다. 일반적으로 개체 간 거리는 작을수록 가깝다고 할 수 있으며, 열지도는 변수의 값이 비슷할수록 비슷한 색깔을 갖게 함으로써 어느 개체가 비슷한 유형인지를 시각적으로 구별해 주고 있다. 군집에 대한 자세한 소개는 추후 군집분석(Cluster Analysis)에서 자세히 다루게 된다.

아래 `proc iml` 코드를 사용하면 `mcars25` 자료를 이루는 25개 자동차 차종이 서로 어떻게 그룹화(군집화)될 수 있는지를 살펴볼 수 있다.

```
call HeatmapCont(M) scale="col" xvalues=names;
```

이 결과, 그림 6.11과 같은 열지도가 생성된다. 그림을 살펴보면, `scale="col"`을 통해, 열방향 변수들에 대하여 자동차 18, 19, 20, 21 이 비슷한 군집을 형성하되, 21번 모델은 마력(`Horsepower`)과 판매가격(`MSRP`)에서 다른 모델보다 훨씬 높은 값을 갖고 있다. 그리고 자동차 10-17 모델은 색의 패턴이 거의 비슷해서 비슷한 사양(배기량 3,000 cc 정도에 6기통 세단)을 갖고 있음을 알 수 있다.

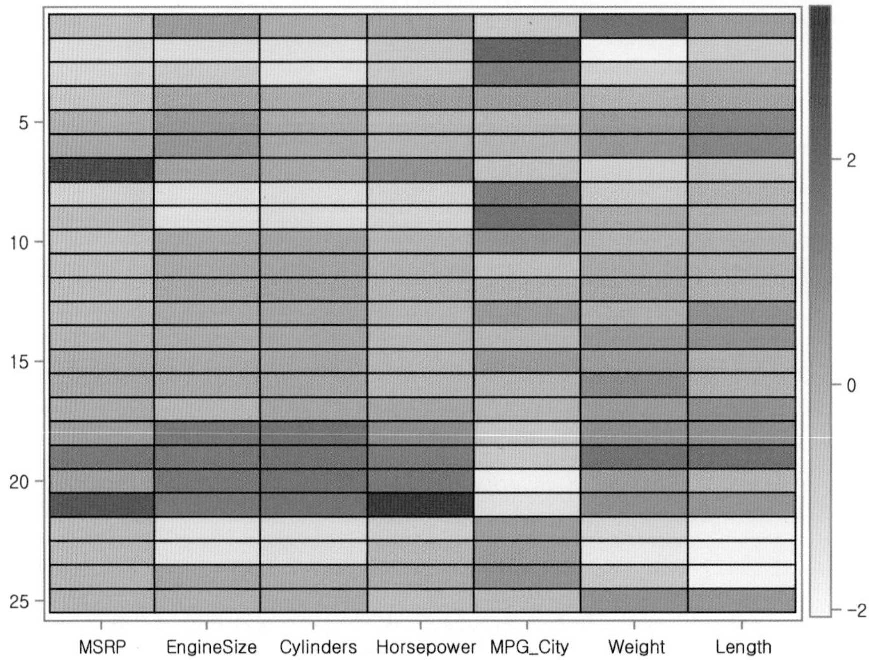

그림 6.11: 열지도를 통한 `mtcars25` 자료에서 25개 자동차 차종에 대한 군집화

6.7 평행좌표그림

산점도(scatter plot)나 그림 6.3-6.4의 산점도행렬(scatter plot matrix)은 다변량 자료를 2개의 변수를 축으로 하는 좌표평면 상의 상관관계를 보여준다. 그러나 2개의 변수만을 축으로 하는 좌표로는 모든 변수 간 전체적인 관계(overall relationship)를 시각화할 수 없다. 본 단원에서는 이를 위한 '**평행좌표그림(parallel coordinates plot)**'을 소개한다. 평행좌표그림에서는 각 변수의 축(axis)이 직각이 아닌 평행으로 나열됨으로써 변수값을 잇는 직선들의 패턴을 통해 전체변수 간의 관계를 추정하게 된다. SAS® 매크로 프로그램인 `%ParallelPlot()` 을 이용해서 평행좌표그림을 그릴 수 있다[4]. 다음 SAS® 코드는 `%parallelplot()` 을 실행시키기 위해 필요한 매크로 `%LetPut()` , `%VarExist()` , `%AxisOrder()` 를 포함하고 있다.

[4]https://github.com/srosanba/sas-parallel-coordinates-plot.git

```
%include macros(LetPut);
%include macros(VarExist);
%include macros(AxisOrder);
%include macros(ParallelPlot);

%ParallelPlot(data=sashelp.iris, var=PetalLength PetalWidth
        SepalLength SepalWidth, group=Species,
        axistype=datavalues);
```

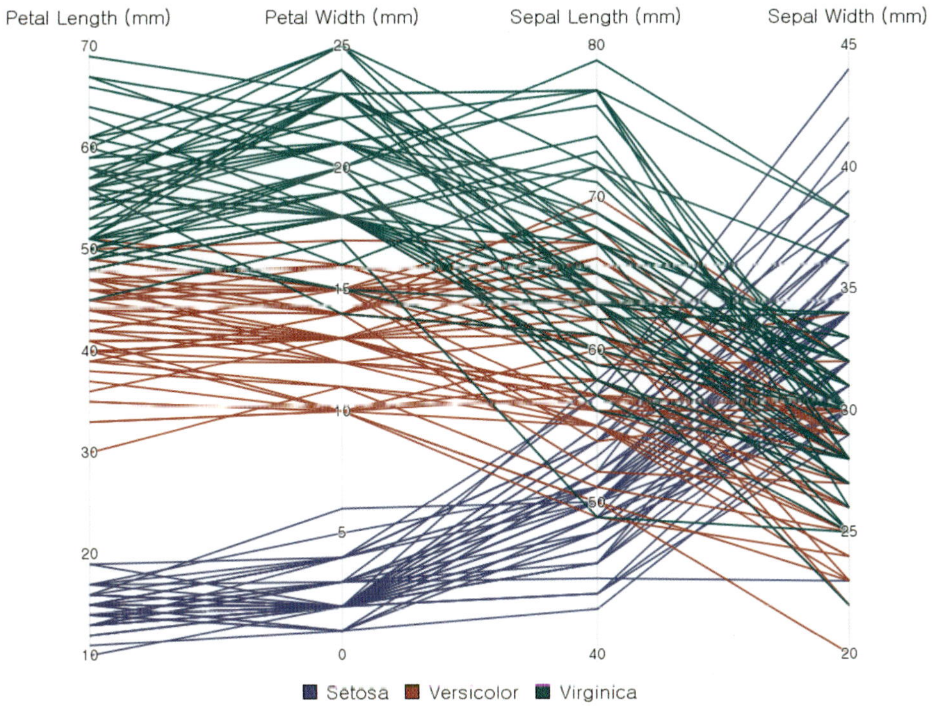

그림 6.12: SAS® 의 `ParallelPlot()`함수를 통한 `iris` 자료의 평행좌표그림

그림 6.12를 보면, 모든 변수에서 세 종류의 붓꽃이 크기 차이를 보이고 있는데 `Setosa`라는 붓꽃은 다른 부위는 작지만, 꽃받침의 너비(`SepalWidth`)가 다른 부위에 비해 상대적으로 큰 성향이 보인다.

6.8 SAS®실습문제

[1] iris 자료에서, 3종류(Species)의 붓꽃에 대하여, 측정된 4개의 변수들의 '**평균값**'을 가지고 SAS® 매크로 %stars()함수를 이용해 별그림을 그려서 아래 그래프가 생성됨을 확인하라. 그리고 이를 근거로 각 붓꽃 종류의 크기에 대한 특징을 적어 보아라.

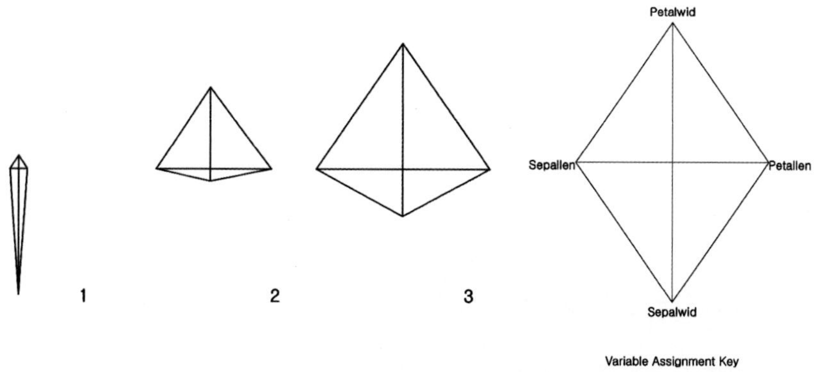

그림 6.13: 붓꽃자료(iris)에 각 변수의 평균값으로 살펴본 붓꽃 종류별 별그림(1=Setosa, 2=Versicolor, 3=Virginica)

[2] 체르노프 얼굴그림을 이용해 자동차 자료(mcars25) 중 차의 종류가 세단(Sedan)인 경우만 골라서 그려 보아라. 이 그림을 이용하여 18개의 세단형 자동차를 세 그룹으로 나눠보고 각 그룹이 어떤 특성이 있는지 서술하라. 그리고, 만일 그 가운데 이상점이 존재한다면 어느 것인지 적어 보아라.

[3] 그림 6.14는 자동차 자료(mcars25)에서 수평축은 차의 마력, 수직축은 연비, 그리고 버블의 반지름은 '차의 가격(MSRP)'을 나타낸다. 다음에 답하라.

1. 차의 마력이 클수록 연비는 감소한다고 할 수 있는가?
2. 차의 마력이 클수록 차의 가격이 올라간다고 할 수 있는가?
3. 매장을 찾은 손님이 연비가 높으면서도 상대적으로 힘이 좋은 차를 찾고있다. 몇 번 차종을 추천하겠는가?
4. 철수는 7번과 21번 중에 21번을 사고 싶어한다. 그 이유가 무엇일지 버블그림을 보고 적어 보아라.

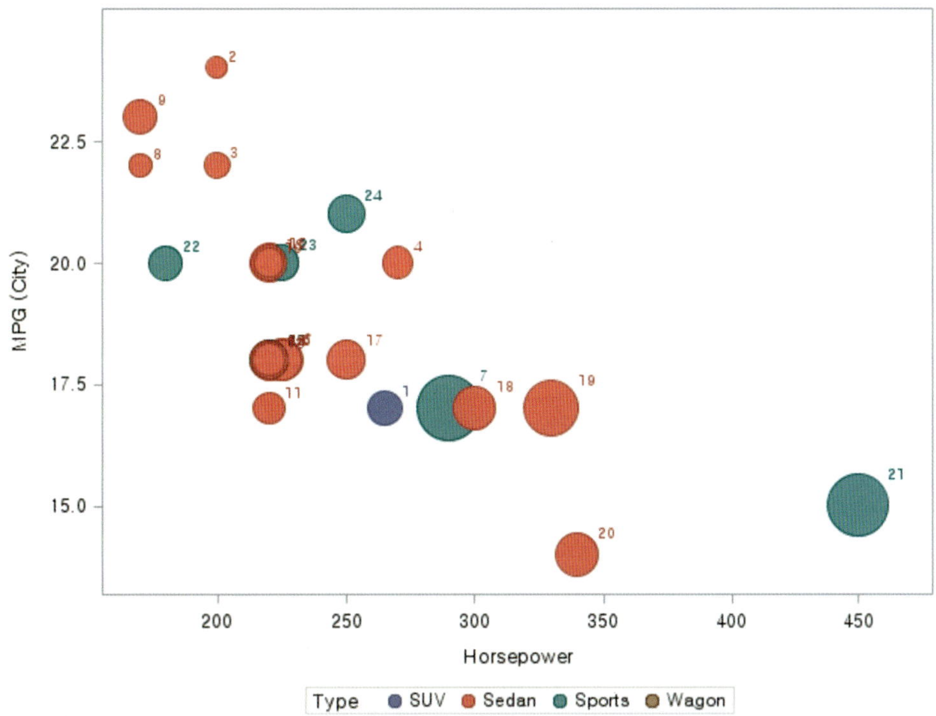

그림 6.14: 자동차 마력-연비에 따른 가격

[4] sashelp.cars에서 얻은 mcars에는 2004년도 428 종류의 자동차 정보가 있다. 다음은 mcars 자료를 생성하는 과정이다. 이렇게 얻은 426개 차량(2개 결측치 제외)의 평행좌표그림을 SAS® 의 ParallelPlot()함수를 이용하여 그림 6.15와 같이 그려보아라.

```
data mcars; set sashelp.cars;
  car=_n_;
  keep Type MSRP EngineSize Cylinders Horsepower
       MGP_City Weight Length Car;
run;
```

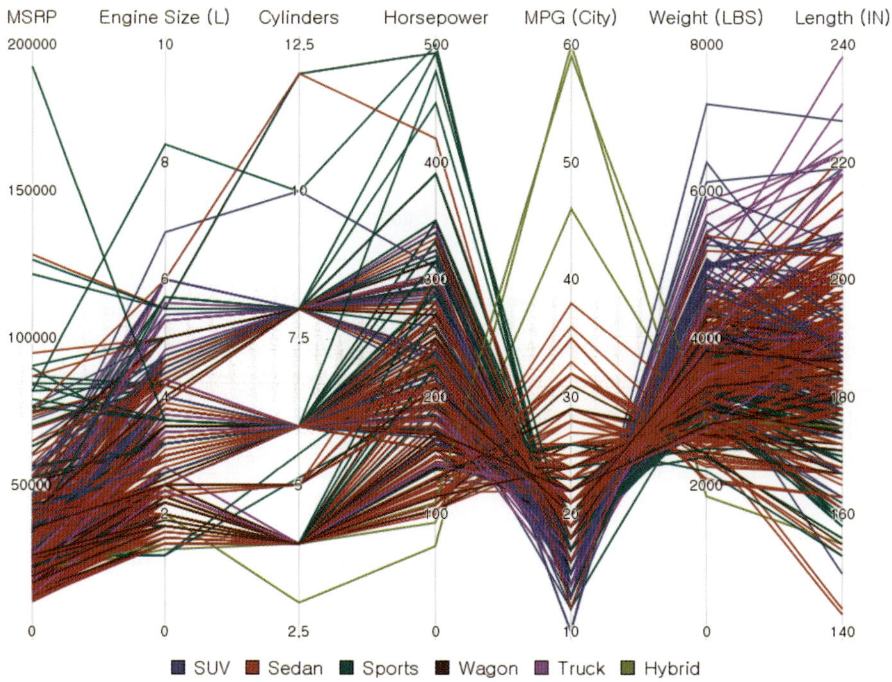

그림 6.15: `mcars`를 이용한 차량의 `Type`에 따른 평행좌표그림

Chapter 7

분위수-분위수 그림

다변량 자료분석의 기본적 이론은 다변량 자료가 다변량정규분포(multivariate normal distribution)를 따른다는 가정에서 출발한다. 물론 대표본이론(large sample theory)에 의해 자료가 많을 경우 대부분 통계량이 다변량정규분포 가정에 민감하게 반응하지 않을 수도 있지만, 다변량정규분포의 가정을 점검하는 과정은 통계적 추론에 중요한 단계이다. 이 장에서는 '**분위수-분위수 그림(Quantile-Quantile plot: 흔히 Q-Q plot)**'을 소개하고, 다변량 자료가 다변량정규분포를 따르는지를 분위수-분위수 그림을 통해 점검하는 과정을 소개하고자 한다.

7.1 누적분포함수와 분위수

확률변수 x 가 확률밀도함수 $f(x)$ 를 가질 때, 다음을 정의할 수 있다.

Definition: (누적분포함수) 확률밀도함수 $f(x)$ 에 대해,

$$F(x) = \int_{-\infty}^{x} f(t)\,dt \tag{7.1}$$

이면 $F(x)$ 를 확률변수 x 의 누적분포함수(cumulative distribution function: c.d.f.) 라고 한다.

Definition: (표준정규분포의 누적분포함수) 확률변수 x 가 $x \sim N(0, 1)$ 이고 확률밀도함수가 $\phi(x)$일 때,

$$F(z) = \int_{-\infty}^{z} \phi(t)\,dt \tag{7.2}$$

$$= \int_{-\infty}^{z} \frac{1}{\sqrt{2\pi}} e^{-\frac{t^2}{2}}\, dt \tag{7.3}$$

$$\overset{let}{=} \Phi(z) \tag{7.4}$$

이면 $\Phi(z)$를 '표준정규분포의 누적분포함수(standard normal c.d.f.)'라고 한다. 그림 7.1은 표준정규분포의 p.d.f.인 $\phi(z)$와 c.d.f.인 $\Phi(z)$를 비교하고 있다.

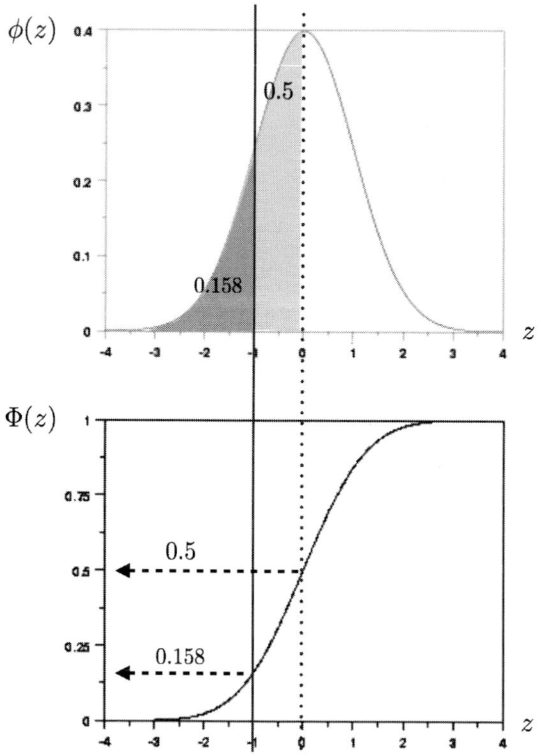

그림 7.1: 표준정규분포의 확률밀도함수 $\phi(z)$와 누적분포함수 $\Phi(z)$의 관계

Theorem 7.1 *확률변수 x의 누적분포함수가 $F(x)$이고, 확률변수 y의 누적분포함수가 $G(y)$일 때, 만일*

$$F(x) = G(x)\,, \qquad \forall a.e.\ x \in X \tag{7.5}$$

이면, x와 y는 같은 확률분포를 갖는다. (증명생략)

Definition: (제q분위수) 확률변수 x 의 누적분포함수가 $F(x)$ 이고, 그 역함수가 $F^{-1}(\cdot)$일 때,

$$F(x) = q\,, \quad 0 \le q \le 1 \tag{7.6}$$

를 만족시키는 x, 다시 말하면

$$x = F^{-1}(q)\,, \quad 0 \le q \le 1 \tag{7.7}$$

되는 x를 '**제q분위수(the qth quantile)**'라고 한다.

[Q] 다음 확률밀도함수 $f(x)$ 에 대하여, 누적확률밀도함수 $F(x)$ 를 구하고, 제0.5 분위수를 구하라.

$$f(x) = \begin{cases} 2x\,, & \text{for } 0 \le x \le 1 \\ 0\,, & \text{elsewhere} \end{cases} \tag{7.8}$$

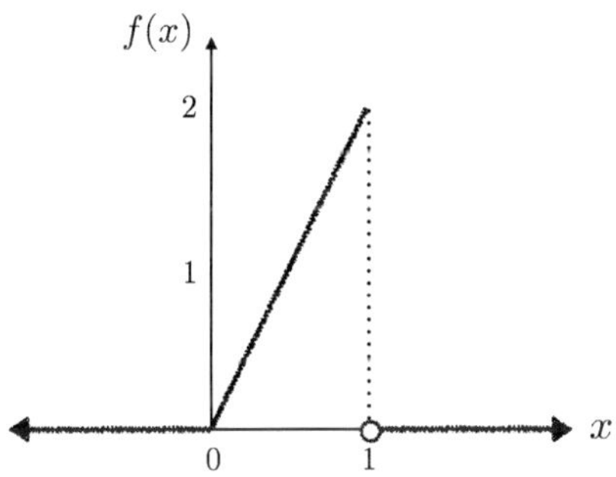

그림 7.2: 확률밀도함수 $f(x)$ 의 그래프

[A] 누적분포함수의 정의에 의해,

$$F(x) = \int_{-\infty}^{x} f(t)\,dt = \int_{0}^{x} 2t\,dt$$

$$= x^2 \tag{7.9}$$

이 되어 누적분포함수는

$$F(x) = \begin{cases} 0\,, & \text{for } x < 0 \\ x^2\,, & \text{for } 0 \le x \le 1 \\ 1\,, & \text{for } x > 1 \end{cases} \tag{7.10}$$

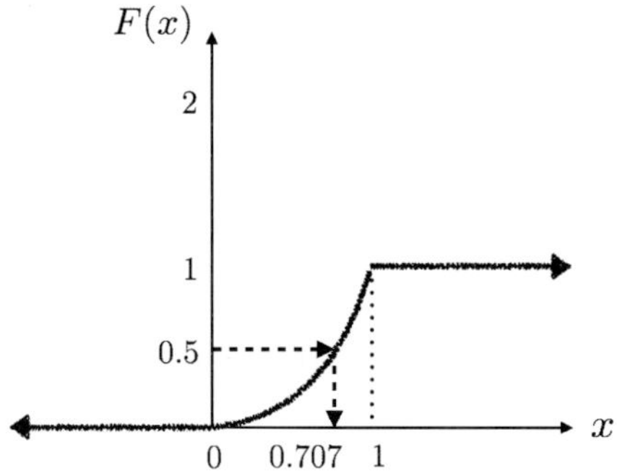

그림 7.3: 확률밀도함수 $F(x)$ 의 그래프

라고 할 수 있다. 누적분포함수 $F(x)$ 의 모습은 그림 7.3과 같다. 따라서, 제0.5 분위수는

$$x = F^{-1}(0.5) = \sqrt{0.5} = 0.707 \tag{7.11}$$

이 된다.

7.2 경험적 누적분포함수와 경험적 분위수

앞에서 소개한 분위수는 누적분포함수 $F(x)$ 를 알고 있을 때에 얻을 수 있다. 만일 $F(x)$ 를 모르고 있다면 어떻게 분위수를 구할 것인가? 이 단원에서는 표본을 기반으로 한 '경험적 누적분포함수(empirical c.d.f.)'와 이를 이용한 '경험적 분위수(empirical quantile)'를 구하는 법을 소개한다.

Definition: (경험적 누적분포함수) 표본 $x_1, x_2, \cdots, x_n$ 이 독립이면서 동일한 누적분포함수 $F(x)$ 를 갖는다고 할 때,

$$F_n(x) = \frac{x\text{보다 작거나 같은 표본의 개수}}{n} = \frac{1}{n}\sum_{i=1}^{n} \mathbf{1}(x_i \le x) \tag{7.12}$$

라고 하면, $F_n(x)$ 는 x 의 '경험적 누적분포함수(empirical c.d.f.)'라고 한다. 여기서 $\mathbf{1}(A)$ 는 지시함수(indicator function)로서 A 가 참이면 '1', 거짓이면 '0'을 갖는다.

Q 확률변수 x 가 식 (7.8)의 확률분포를 가질 때, 다음과 같은 5개의 표본을 얻었

다고 가정하자.

$$0.2, \quad 0.5, \quad 0.8, \quad 0.9, \quad 1.0 \tag{7.13}$$

경험적 누적분포함수 $F_n(x)$ 를 구하고 그래프를 그려라.

A 경험적 누적분포함수 $F_n(x)$ 의 정의에 따라,

$$F_n(x) = \begin{cases} 0\,, & \text{for } -\infty \le x < 0.2 \\ \frac{1}{5}\,, & \text{for } 0.2 \le x < 0.5 \\ \frac{2}{5}\,, & \text{for } 0.5 \le x < 0.8 \\ \frac{3}{5}\,, & \text{for } 0.8 \le x < 0.9 \\ \frac{4}{5}\,, & \text{for } 0.9 \le x < 1.0 \\ 1\,, & \text{for } x \ge 1.0 \end{cases} \tag{7.14}$$

가 되고, 이를 그래프로 표현하면 그림 7.4가 된다. 이는 계단의 높이가 $\frac{1}{n}$(여기서는 $\frac{1}{5}$)인 '계단식 그래프(step plot)'가 되며, `proc univariate`의 `cdfplot`을 사용하면 그림 7.5와 같은 계단식 그래프를 그릴 수 있다(SAS®실습문제 참고).

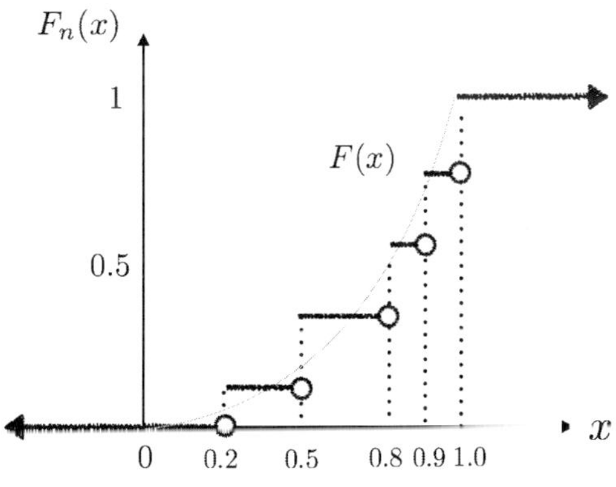

그림 7.4: 누적분포함수(가는 실선) $F(x)$ 와 경험적 누적분포함수 $F_n(x)$

그렇다면, 이제 경험적 분위수에 대해 알아보자. 식 (7.7)에서, 우리는 분위수가 누적분포함수의 역함수를 이용해 계산된 사실을 알 수 있다. 따라서, 경험적 분위수도 경험적 누적분포함수의 역함수를 이용하면 구할 수 있게 된다. 그러나 계단식 함수(step function)는 일대일함수가 아니므로, 아래와 같은 경험적 분위수의 정의를 사용한다.

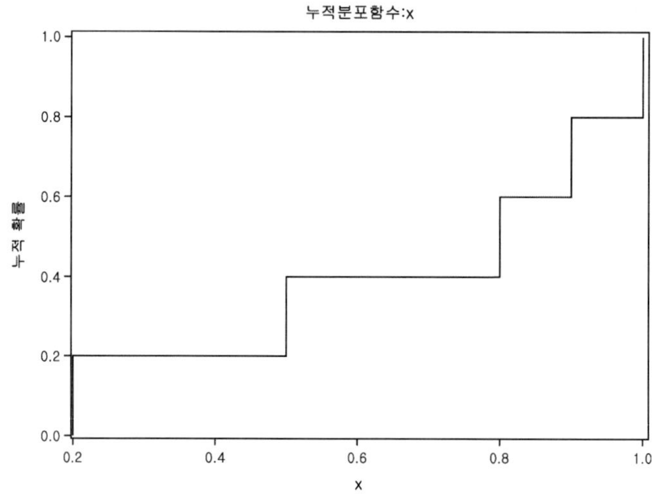

그림 7.5: SAS® 의 `proc univariate`를 이용한 경험적 누적분포함수 $F_n(x)$

Definition: (제q경험적 분위수) 서로 독립이고 같은 분포(i.i.d.[1])인 $x_1,\ x_2,\ \cdots,\ x_n$ 의 경험적 누적분포함수를 $F_n(x)$라 할 때, 임의의 $q\,(0 \le q \le 1)$ 에 대해

$$x_0 = \min\{x|\, F_n(x) \ge q,\ 0 \le q \le 1\} \tag{7.15}$$

로 정의되는 x_0 를 확률변수 x 의 '제q경험적 분위수(the qth empirical quantile)' 라고 한다.

Q 그림 7.5의 경험적 누적분포함수 $F_n(x)$ 에서, 제0.5경험적 분위수와 제0.2경험적 분위수를 각각 구하라.

A 경험적 분위수의 정의로부터

$$x_0 = \min\{x|\, F_n(x) \ge 0.5\} = 0.8 \tag{7.16}$$

이 되어, x 의 제0.5경험적 분위수는 0.8이다. 또한

$$x_0 = \min\{x|\, F_n(x) \ge 0.2\} = 0.2 \tag{7.17}$$

가 되어 x 의 제0.2경험적 분위수는 0.2이다.

[1] independent and identically distributed의 약자

Remark 어떤 분위수는 백분위수(percentile), 사분위수(quartile), 중위수(median) 라고 표현되기도 하는데, 아래와 같이 구분된다.

- 백분위수(percentile): '제0.9분위수'는 '제90백분위수'와 동일하다.
- 사분위수(quartile): '제1사분위수'는 '제25백분위수'와 동일하고, '제3사분위수'는 '제75백분위수'와 동일하다.
- 중위수(median): 중위수는 '제0.5분위수'이며, 동시에 '제50백분위수'이고, 또한 '제2사분위수'이다.

7.3 분위수-분위수 그림(Q-Q Plot)

Theorem 7.1은 두 개의 누적분포함수가 일치하면, 이는 같은 분포라고 말하고 있다. 이 정리를 이용하면, 만일 자료에서 얻은 경험적 누적분포함수 $F_n(x)$가 우리가 가정한 이론적 누적분포함수 $F(x)$와 일치하면, 우리의 분포가정이 옳다는 결론을 내릴 수 있게 된다.

Definition: (분위수-분위수 그림) 분위수-분위수 그림(Quantile-Quantile Plot: Q-Q Plot)은 서로 다른 두 개의 데이터가 같은 분포를 따르는지 점검하기 위한 그래프이다. 각 자료의 분위수를 수평축, 수직축에 직각으로 배열함으로써, 만일 두 자료가 같은 분포라면, 점들이 45도 식선을 이루게 되는 원리를 이용하고 있다.

예를 들어, 아래와 같이 각각 10개의 표본이 순서대로 나열되었다면,

group x : $-0.52, -0.42, -0.30, -0.28, -0.04, 0.27, 0.46, 0.61, 0.69, 1.18$

group y : $-1.21, -0.59, -0.36, -0.18, -0.17, 0.39, 0.54, 0.57, 0.95, 1.12$

각 숫자는 이미 각 자료의 $0.1 \sim 1.0$-분위수가 되므로, x값을 수평축, y축을 수직축으로 배열하면 그림 7.6과 같게 된다. 여기서 자료의 개수가 10개인 점을 감안하면 x와 y의 분포는 동일하다고 할 수 있다. 이와 같이 **두 종류의 분위수를 수평축-수직축에 배열함으로써 동일 분포 여부를 판독하는 방법**을 '분위수-분위수 그림(Q-Q Plot)'이라고 한다.

Remark 두 자료가 같은 분포를 따르는지 여부를 그림 7.6과 같은 분위수-분위수 그림을 통해 확인할 수도 있지만, `proc univariate`의 `cdfplot`을 사용해서 경험적 누적분포함수를 비교할 수 있다.

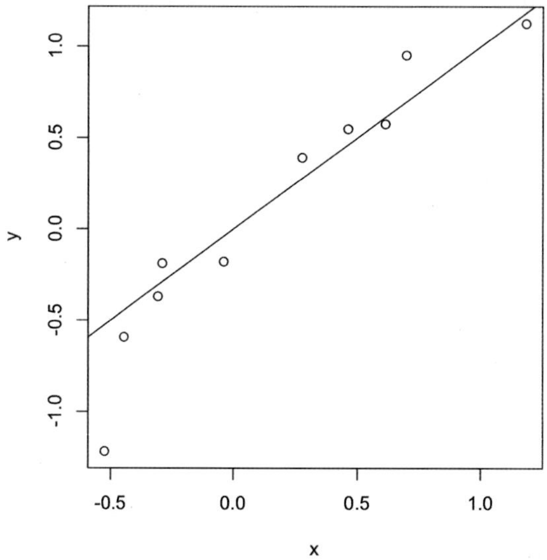

그림 7.6: (x의 분위수, y의 분위수)의 산점도. 실선은 $y = x$를 나타낸다.

```
 proc univariate data=a;
    class group;
    cdfplot z / vscale=proportion overlay ;
run;
```

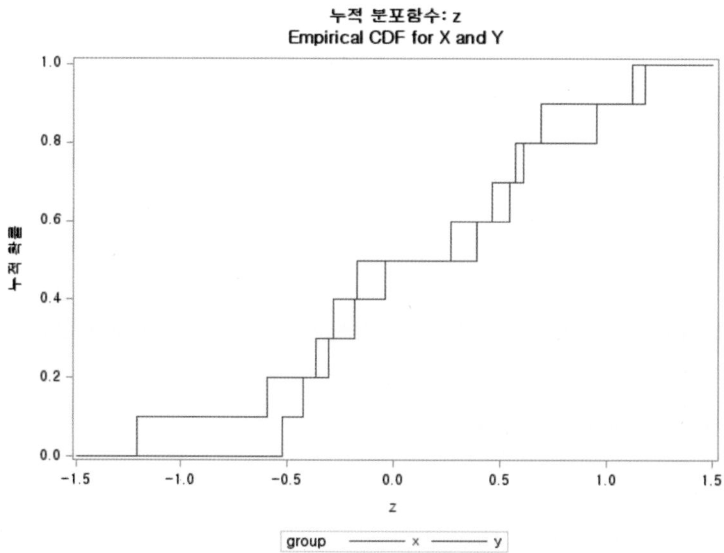

그림 7.7: `proc univariate`를 이용한 group x와 group y의 경험적 누적분포함수 비교

Q 다음과 같은 5개 표본이

$$0.2, \quad 0.5, \quad 0.8, \quad 0.9, \quad 1.0$$

아래와 같은 확률밀도함수를 갖는 확률분포를 따르는지 조사하여라.

$$f(x) = \begin{cases} 2x\,, & \text{for } 0 \le x \le 1 \\ 0\,, & \text{elsewhere} \end{cases} \tag{7.18}$$

A 이미 앞서 다루었던 자료이지만, 확률밀도함수와 표본을 함께 도시하면 그림 7.8이 된다.

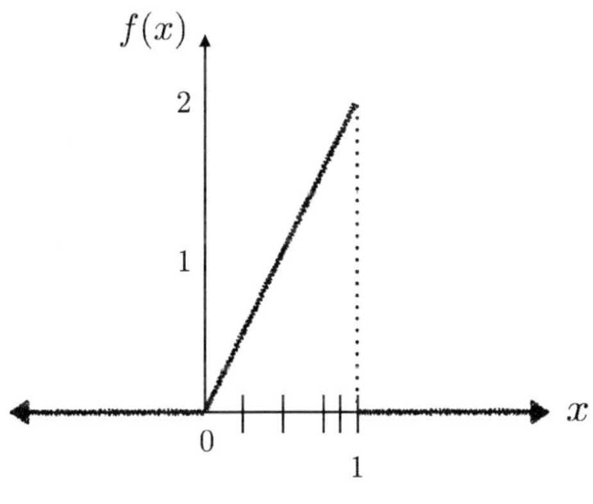

그림 7.8: 표본자료와 확률밀도함수의 비교. 가는 실선이 관측값이다.

여기서 5개 표본의 경험적 분위수를 계산하면

$$\text{제}q\text{경험적 분위수} = \begin{cases} 0.2\,, & \text{if } q = 0.2 \\ 0.5\,, & \text{if } q = 0.4 \\ 0.8\,, & \text{if } q = 0.6 \\ 0.9\,, & \text{if } q = 0.8 \\ 1.0\,, & \text{if } q = 1.0 \end{cases} \tag{7.19}$$

이 되고, 식 (7.18)의 누적분포함수는 $F(x) = x^2$ 이 되므로, $F^{-1}(q) = \sqrt{q}$ 에 의해

$$
\text{이론적 제}q\text{분위수} = \begin{cases} \sqrt{0.2} = 0.447\,, & \text{if } \ q = 0.2 \\ \sqrt{0.5} = 0.707\,, & \text{if } \ q = 0.4 \\ \sqrt{0.8} = 0.894\,, & \text{if } \ q = 0.6 \\ \sqrt{0.9} = 0.948\,, & \text{if } \ q = 0.8 \\ \sqrt{1.0} = 1.000\,, & \text{if } \ q = 1.0 \end{cases} \tag{7.20}
$$

이 되어, 이를 바탕으로 '이론적 분위수'를 수평축으로, '경험적 분위수'를 수직 축으로한 그래프를 그리면 그림 7.9가 된다. 이 그림에서 보면, 자료 개수가 5개 뿐이라서 확실하진 않지만 이 자료가 식 (7.18)의 분포를 따른다고 보긴 어렵다.

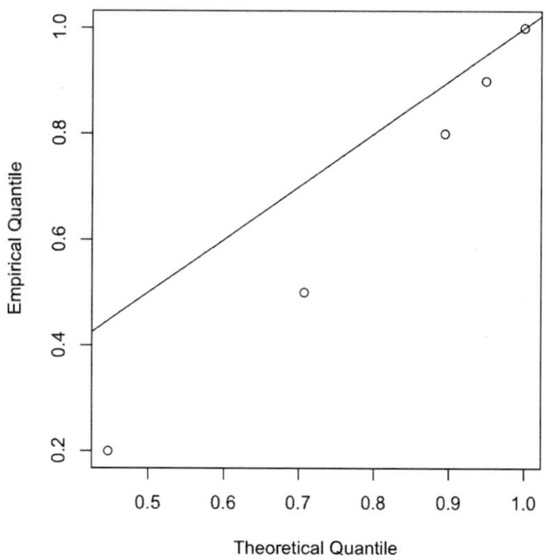

그림 7.9: 5개 관측값이 분포 (7.18)을 따르는지 알아보는 분위수-분위수 그림

7.4 정규 분위수 그림(Normal Quantile Plot)

분위수-분위수 그림은 두 자료의 분포가 일치하는지를 알려주기도 하지만, 우리 자료가 특정 분포를 따르는지를 판단하는데 사용될 수 있었다. 이 단원에서는 주어진 자료가 정규분포 $x \sim N(0,\,1)$ 을 따르는지 조사하는 방법을 소개하고자 한다.

이 과정을 단계적으로 설명하면 다음과 같다.

(1) 관측값 $x_1,\, x_2,\, \cdots,\, x_n$ 의 제q경험적 분위수를 구한 후,

(2) 각 q값에 대해 $x = \Phi^{-1}(q)$를 이용해 표준정규분포의 이론적 분위수, x를 구하면,

(3) 이론적 분위수를 수평축에, 그리고 경험적 분위수를 수직축으로 하는 산점도를 도시한다.

(4) 점들이 45도 준거선(reference line)을 따르는지 여부를 살펴본다.

이와 같은 산점도를 '**정규 분위수 그림(normal quantile plot)**'이라 한다. 다행히 이와 같은 모든 과정은 `proc univariate`의 `qqplot` 문장으로 아래와 같이 구할 수 있다(SAS®실습문제의 그림 7.15 참조).

```
proc univariate data=a;
    qqplot x / normal(mu=0 sigma=1) square;
run;
```

그러나, 만일 자료가 $N(0, 1)$이 아닌 $N(\mu, \sigma^2)$에 대한 적합성을 조사하기 원한다면(μ, σ^2는 미지의 모수), 위에서 사용한 `normal(mu=0 sigma=1)` 대신 추정된 값(`est`)을 사용하는 코드를 사용한다.

```
proc univariate data=a;
    qqplot x / normal(mu=est sigma=est) square;
run;
```

Example `mcars25` 자료 속에 `MPG_City`(시내연비)라는 변수가 정규분포를 따르는지 조사해 보자. 그림 7.10은 `MPG_City`에 대한 히스토그램이며, 완벽한 좌우대칭은 아니지만 전체적으로 자료가 정규분포의 가정을 하는데 큰 무리는 없어 보인다. 그렇다면 정규 분위수 그림은 어떻게 나올지 살펴보도록 하자.

`proc univariate`의 `qqplot`을 사용한 결과, 그림 7.11과 같은 정규 분위수 그림이 생성되며, 이 그림을 살펴보면 `MPG_City`는 정규분포를 따른다고 할 수 있다.

7.5 카이제곱 분위수 그림

이변량정규분포에서 살펴봤듯이(Theorem 2.2 참조), 확률벡터 $\boldsymbol{x} = (x_1\, x_2\, \cdots\, x_p)^T$가 다변량정규분포를 따르면, 각각의 변수는 정규분포를 따르게 된다. 다시 말해서

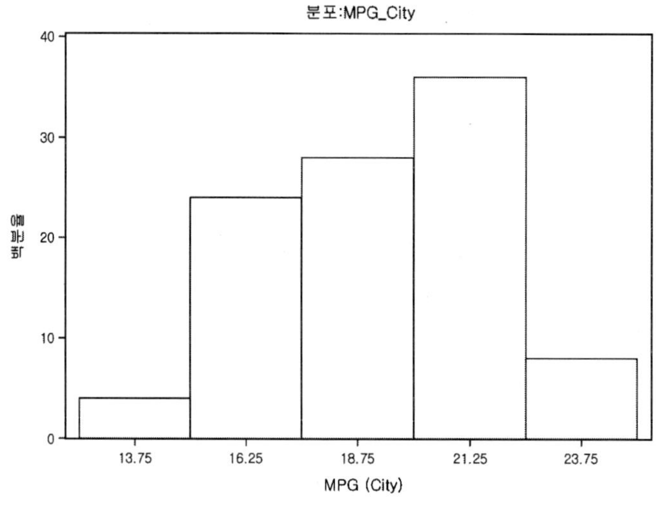

그림 7.10: 히스토그램을 이용한 mcars25 자료에 MPG_City의 분포

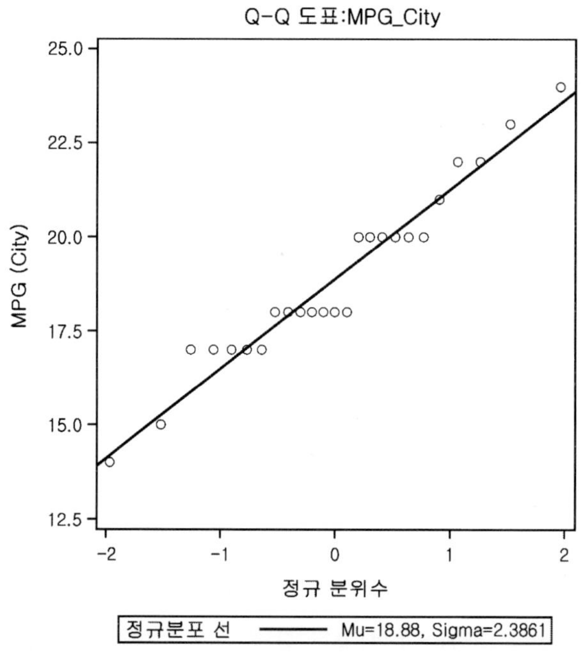

그림 7.11: MPG_City의 정규분포 분위수-분위수 그림

μ_i가 $\boldsymbol{\mu}$의 i번째 원소이고, σ_i^2가 Σ의 i번째 대각원소를 나타낼 때,

$$\boldsymbol{x} \sim N_p(\boldsymbol{\mu}, \Sigma) \quad \Longrightarrow \quad x_i \sim N(\mu_i, \sigma_i^2), \quad i = 1, 2, \cdots, p \tag{7.21}$$

가 된다(연습문제 참조).

여기서, 식 (7.21)에 대한 대우명제는 항상 성립하므로, 적어도 한 개의 x_i가 정규분포를 따르지 않는다면 전체 확률벡터 $\boldsymbol{x}$는 다변량정규분포를 따르지 않게 된다. 즉, 적어도 한개의 변수에 대한 정규 분위수 그림에서 정규성이 모두 의심되면, 자연스럽게 확률벡터 $\boldsymbol{x}$도 다변량정규분포를 따르지 않는다고 할 수 있다.

또한, 정규 분위수 그림 외에, **카이제곱 분위수 그림(chi-square quantile plot)**을 이용해서 다변량정규분포를 점검하는 방법이 있다. 아래는 카이제곱 분위수 그림을 작성하는 과정이다.

1. 확률벡터 $\boldsymbol{x}$가 $\boldsymbol{x} \sim N_p(\boldsymbol{\mu}, \Sigma)$이면, 확률벡터 $\boldsymbol{x}$가 평균 $\boldsymbol{\mu}$로부터의 마할라노비스 거리의 제곱이

$$D^2 = (\boldsymbol{x} - \boldsymbol{\mu})^T \Sigma^{-1} (\boldsymbol{x} - \boldsymbol{\mu}) \quad \sim \quad \chi_p^2 \tag{7.22}$$

   임을 이용하여,

2. $\boldsymbol{\mu}, \Sigma$ 대신 $\hat{\boldsymbol{\mu}} = \bar{\boldsymbol{x}},\ \hat{\Sigma} = S$를 대입하면,

3. $i = 1, 2, \cdots, n$에 대하여, 아래 성질을 만족함을 이용하여,

$$\chi_i^2 = (\boldsymbol{x}_i - \bar{\boldsymbol{x}})^T S^{-1} (\boldsymbol{x}_i - \bar{\boldsymbol{x}}) \quad \dot{\sim} \quad \chi_p^2 \tag{7.23}$$

4. χ_i^2값들에 대한 경험적 분위수를 수직축에, 카이제곱분포의 이론적 분위수를 수평축으로 하는 산점도를 도시하여, 45도 직선을 이루는지 살펴본다.

아래 코드는 `X`라는 자료행렬이 다변량정규분포를 따른다는 가정 아래, 카이제곱값에 대한 이론적 분위수와 자료의 경험적 분위수를 `qqdat`라는 데이터 세트에 저장해 주고, 이를 이용해 `proc sgplot`으로 카이제곱 분위수 그림을 그려주는 내용이다 .

```
proc iml;
  start chisq(M,n,p);
    chi=J(n,1,0);
    xbar=M[:,];
    S=inv(cov(M));
    do i=1 to n;
      chi[i]=(M[i,]-xbar)*S*t(M[i,]-xbar);
    end;
    call sort(chi,1);
    return(chi);
  finish;

  X={ --- matrix ---};
  n=nrow(X); p=ncol(X);
  index=(1:n)/(n+1);
  q=quantile("chisquare", index, p);
  theory_q=t(q);
  emp_q=chisq(X,n,p);
  QQ=theory_q || emp_q;

  vname={"Theory_Q" "Empiri_Q" };
  create qqdat from QQ[colname=vname];
  append from QQ;
quit;
```

```
proc sgplot data=qqdat aspect=1 nolegend;
  scatter x=Theory_Q y=Empiri_Q ;
  lineparm x=1.0 y=1.0 slope=1.0;
run;
```

Example mcars25 자료(Appendix 참조)에는 25개의 자동차 차종에 대한 정보가 있다. 이 가운데

- MPG_City : 시내연비 (miles per gallon)
- Weight: 차의 무게 (lb)
- Length: 차의 길이 (inches)
- MSRP: 차의 가격 (U.S. dollars)

으로 이루어진 확률벡터 $\boldsymbol{x}_{4\times1}$ 이 다변량정규분포를 따르는지 **카이제곱 분위수 그림**을 이용해 조사해 보자. 앞에서 소개한 SAS® 코드를 활용하면 그림 7.12를 얻게 되는데, 여기서 우리는 자료가 다변량정규분포를 따른다고 말 할 수 있게 된다.

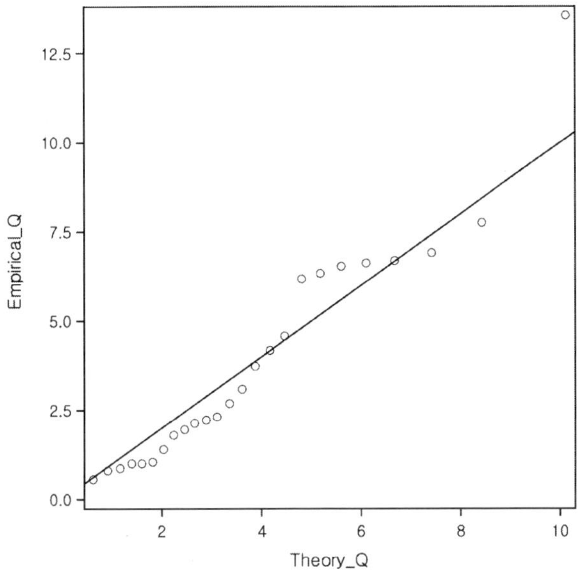

그림 7.12: mcars25 자료 중 일부 변수의 카이제곱 분위수를 이용한 다변량정규분포 조사

7.6 SAS®실습문제

[1] 다음과 같은 5개의 표본을 얻었다고 가정했을 때, 아래 질문에 답하라.

$$0.2, \quad 0.5, \quad 0.8, \quad 0.9, \quad 1.0 \tag{7.24}$$

1. 위 자료에 대한 경험적 누적분포함수 $F_n(x)$를 SAS® 코드를 이용해 구하려 한다. 아래 SAS® 코드로 구현한 결과가 그림 7.5와 동일한지 확인하라.

```
proc univariate data=a;
  cdfplot x / vscale=proportion ;
run;
```

2. 그림 7.5에서 제1사분위수, 중위수, 제3사분위수를 계산하라

3. `proc sgplot` 의 `vbox` 라는 명령을 사용하여 위 자료에 대한 상자그림을 완성하고, 2번에서 구한 제1사분위수, 중위수, 제3사분위수와 그림이 일치하는지 확인하라.

```
proc sgplot data=a;
  vbox x ;
run;
```

4. 위 표본 (7.24) 대신 아래와 같은 표본을 얻었다고 가정하자.

$$0.2, \quad 0.5, \quad 0.5, \quad 0.9, \quad 1.0 \tag{7.25}$$

경험적 누적분포함수 $F_n(x)$ 에 어떤 변화가 일어나는지 서술하라.

5. 위 표본 (7.25)에 대하여 제1사분위수, 중위수, 제3사분위수를 각각 구하고 `vbox` 를 이용한 상자그림과 비교하라.

[2] 그림 7.13는 표준정규분포로부터 10개의 확률난수를 생성하여, 이에 대한 경험적 누적분포함수를 그려본 것이다. 이를 위해 다음과 같은 SAS® 코드를 사용하였

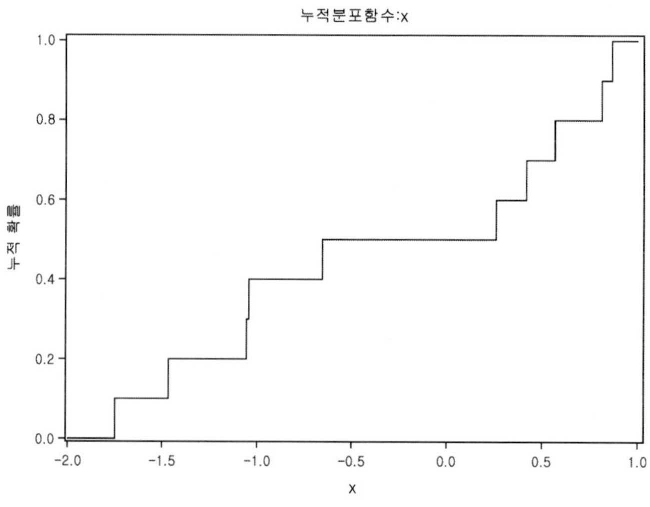

그림 7.13: 표본정규분포 확률난수 10개를 이용한 경험적 누적분포함수 $F_n(x)$

다. 아래 질문에 답하라.

```
data a;
    call streaminit(1234);
    do i=1 to 10;
        x=rand("normal"); output;
    end;

proc univariate data=a;
    cdfplot x / vscale=proportion;
run;
```

1. 확률난수 100개를 이용한 경험적 누적분포함수 $F_n(x)$를 그려라.

2. 확률난수 500개를 이용한 경험적 누적분포함수 $F_n(x)$를 그려라.

[3] 문제 [2]에서 구한 10개, 100개, 500개 확률난수에 대해 아래 SAS® 코드를 참조하여 표준정규분포의 분위수-분위수 그림을 각각 그려라.

```
proc univariate data=a;
    qqplot x / normal(mu=0 sigma=1) square;
run;
```

[4] `mcars25` 자료의 변수 `MSRP`는 자동차의 권장소비자가격(dollars)을 나타낸다.

1. 아래 SAS® 코드를 이용해 히스토그램과 정규분포의 분위수-분위수 그림이 그림 7.14, 그림 7.15와 같게 됨을 확인하라.

```
proc univariate data=mvar.mcars25;
    var MSRP;
    histogram MSRP;
    qqplot MSRP / normal(mu=est sigma=est) square;
run;
```

2. `MSRP`에 로그변환(log transformation)을 한 다음 히스토그램과 정규분포의 분위수-분위수 그림을 작성하고 앞에서 구한 것과 비교하라.

[5] Appendix의 Table 16.7에는 총 28개의 나무(cork oak tree)에 대해 일정높이에서 동-서-남-북의 코르크 보링의 무게(센티그램)를 측정한 값이 있다(C.R. Rao,

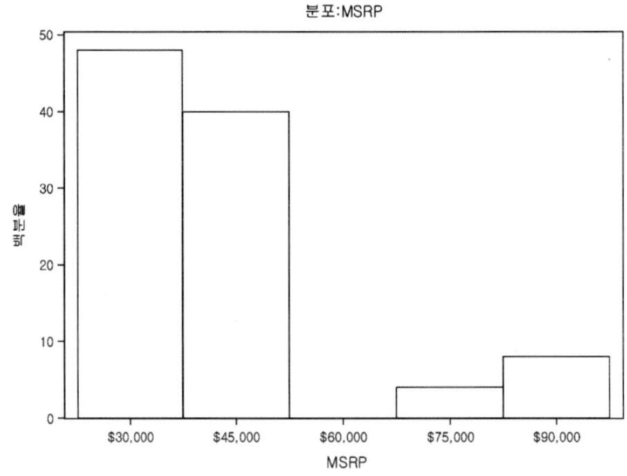

그림 7.14: mcars25 자료의 MSRP 에 대한 히스토그램

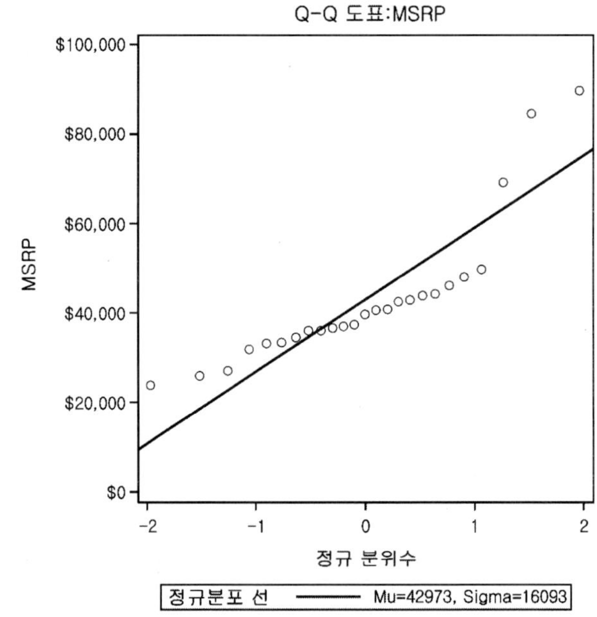

그림 7.15: mcars25 자료의 MSRP 에 대한 정규분포 분위수-분위수 그림

1948)[2]. 코르크 자료를 구성하는 4개 변수가 다변량정규분포를 따르는지 알기 위한 카이제곱 분위수 그림을 SAS® 로 작성하라.

[2] "Test of Significance in Multivariate Analysis", Biometrika, 35:58-79.

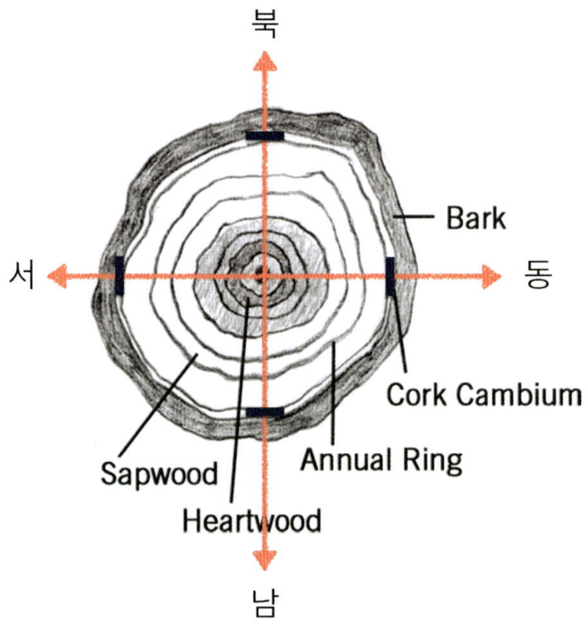

그림 7.16: 나무의 코르크(cork) 구조와 동-서-남-북 코르크 무게 측정

7.7 연습문제

[1] 확률벡터 $\boldsymbol{x} = (x_1\, x_2\, \cdots\, x_p)^T$ 에 대하여

$$\boldsymbol{x} \sim N_p(\boldsymbol{\mu}, \Sigma) \quad \Longrightarrow \quad x_i \sim N(\mu_i, \sigma_i^2), \quad i = 1,\, 2,\, \cdots,\, p \tag{7.26}$$

임을 식 (3.7)을 이용하여 증명하라.

[2] 제q경험적 분위수(the qth empirical quantile)는

$$x_0 = \min\{x | \, F_n(x) \geq q,\; 0 \leq q \leq 1\} \tag{7.27}$$

로 정의했다. 이를

$$x_0 = \max\{x | \, F_n(x) \leq q,\; 0 \leq q \leq 1\} \tag{7.28}$$

라고 정의할 수 없는 이유를 서술하라.

Chapter 8

호텔링의 T^2와 가능도비 검정

확률벡터에 대한 다변량정규분포 가정은 우리로 하여금 다양한 검정통계량을 사용할 수 있게 해 준다. 이 단원에서는 다변량 분석에서 많이 사용하는 호텔링의 T^2(Hotelling's T^2)[1]와 가능도비(Likelihood Ratio)를 이용한 가설검정에 대해 살펴보고자 한다.

8.1 일반선형가설

일반선형가설(General Linear Hypothesis)이라 함은 귀무가설이 모수(parameter)의 선형결합 혹은 선형변환의 형태로 이루어져 있는 경우를 말하며, 대표적으로 다음과 같은 예가 있다.

Definition: (일반선형가설-1) 확률벡터 $\boldsymbol{x}$가 $\boldsymbol{x} \sim N_p(\boldsymbol{\mu}, \Sigma)$일 때,

$$H_0 : A\boldsymbol{\mu} = \boldsymbol{b} \tag{8.1}$$

의 형태를 일반선형가설이라고 하며, 이때 $A_{q\times p}$와 $\boldsymbol{b}_{q\times 1}$은 임의의 상수행렬과 상수벡터이다.

Q 확률벡터 $\boldsymbol{x}$가 $\boldsymbol{x} \sim N_3(\boldsymbol{\mu}, \Sigma)$일 때,

$$H_0 : \mu_1 = \mu_2 = \mu_3$$

가 일반선형가설임을 보여라.

[1] '호텔링의 T 스퀘어'라고 읽는다.

A 위 가설을 다시 쓰면

$$H_0: \begin{pmatrix} \mu_1 - \mu_2 \\ \mu_2 - \mu_3 \end{pmatrix} = \begin{pmatrix} 0 \\ 0 \end{pmatrix}$$

이 되고, 식 (8.1)의 꼴로 만들면

$$H_0: \begin{pmatrix} 1 & -1 & 0 \\ 0 & 1 & -1 \end{pmatrix} \begin{pmatrix} \mu_1 \\ \mu_2 \\ \mu_3 \end{pmatrix} = \begin{pmatrix} 0 \\ 0 \end{pmatrix}$$

이 되므로, 이는 일반선형가설이라고 할 수 있다. ∎

Definition: (일반선형가설-2) 회귀모형 $\boldsymbol{y} = X\boldsymbol{\beta} + \boldsymbol{\epsilon}$ 에서

$$H_0 : L\boldsymbol{\beta} = \boldsymbol{c} \tag{8.2}$$

는 일반선형가설이며, 이때 $L_{l\times q}$ 와 $\boldsymbol{c}_{l\times 1}$ 은 임의의 상수 행렬과 상수 벡터이다.

Q 회귀분석을 위한 모형식이 다음과 같을 때,

$$y_i = \beta_0 + \beta_1 x_i + \epsilon_i, \quad i = 1, 2, \cdots, n$$

다음의 가설이 일반선형가설임을 보여라.

$$H_0 : \beta_1 = 2\beta_0$$

A 위 가설은 다음과 같이 표현 가능하다.

$$H_0 : \begin{pmatrix} \beta_1 - 2\beta_0 \end{pmatrix} = 0$$

따라서,

$$H_0 : \begin{pmatrix} -2 & 1 \end{pmatrix} \begin{pmatrix} \beta_0 \\ \beta_1 \end{pmatrix} = 0$$

이 되어, $L = (-2\ 1)$, $\boldsymbol{c} = 0$ 인 일반선형가설이다. ∎

8.2 호텔링의 T^2 검정

확률변수 x 에 대하여, $x_i \sim N(\mu, \sigma^2)$ 을 따른다면(σ^2 를 모르는 경우)

$$H_0 : \mu = \mu_0$$

라는 가설에 대해 그동안 우리는 스튜던트의 t-통계량

$$t_0 = \frac{\sqrt{n}(\bar{x} - \mu_0)}{s} \sim t_{n-1} \tag{8.3}$$

을 사용해 왔다. 그렇다면 $\boldsymbol{x}_i \sim N(\boldsymbol{\mu},\ \Sigma)$ 라는 다변량정규분포에서

$$H_0 : \boldsymbol{\mu} = \boldsymbol{\mu}_0$$

라는 가설을 검정하기 위해 어떤 검정통계량을 사용할 것인가?

이를 위해 호텔링[2]은 단변량의 스튜던트의 t-분포(Student's t-distribution)를 다변량으로 확장시키는데 성공했다.

Theorem 8.1 (호텔링의 T^2 검정) *확률벡터 $\boldsymbol{x}$ 가 $\boldsymbol{x} \sim N_p(\boldsymbol{\mu}, \Sigma)$ 일 때, $A_{q\times p}$ 인 행렬에 대해*

$$H_0 : A\,\boldsymbol{\mu} = \boldsymbol{b}$$

라는 가설이 참이면,

$$T_0^2 = n(A\bar{\boldsymbol{x}} - \boldsymbol{b})^T \left(ASA^T\right)^{-1}(A\boldsymbol{x} - \boldsymbol{b}) \tag{8.4}$$

에 대하여,

$$\frac{n-q}{q(n-1)}\, T_0^2 \sim F_{q,\,n-q}$$

가 된다(Annals of Mathematical Statistics, 1931).

Remark 식 (8.3)의 스튜던트의 t-통계량을 제곱하면

$$t_0^2 = n(\bar{x} - \mu_0)\,(s^2)^{-1}(\bar{x} - \mu_0) \tag{8.5}$$

가 되어, 식 (8.4)에 있는 호텔링의 T_0^2 의 형태가 된다.

Example Appendix 의 `cork` 자료는 28개의 나무에 대한 동-서-남-북 방향의 코르크 무게를 담고있다(Table 16.7). 코르크 자료의 4개 변수가 다변량정규분포를 따른다는 가정하에, 아래 가설을 검정해 보자.

[2]Harold Hotelling (1985-1973) 미국 통계학자. 경제학자. 다변량 자료분석 분야에 많은 공헌을 함. Columbia 대학과 North Carolina 대학의 통계학과를 설립. 호텔링의 T^2 통계량으로 많이 알려짐.

$$H_0 : \begin{pmatrix} \mu_1 - \mu_2 \\ \mu_2 - \mu_3 \\ \mu_3 - \mu_4 \end{pmatrix} = \begin{pmatrix} 0 \\ 0 \\ 0 \end{pmatrix}$$

이를 $H_0 : A\boldsymbol{\mu} = \boldsymbol{b}$로 표현하면

$$H_0 : \begin{pmatrix} 1 & -1 & 0 & 0 \\ 0 & 1 & -1 & 0 \\ 0 & 0 & 1 & -1 \end{pmatrix} \begin{pmatrix} \mu_1 \\ \mu_2 \\ \mu_3 \\ \mu_4 \end{pmatrix} = \begin{pmatrix} 0 \\ 0 \\ 0 \end{pmatrix}$$

이 되고,

$$\bar{\boldsymbol{x}} = \begin{pmatrix} 50.537 \\ 46.178 \\ 49.678 \\ 45.178 \end{pmatrix}, \qquad S = \begin{pmatrix} 290.40 & 223.75 & 288.43 & 226.27 \\ 223.75 & 219.92 & 229.05 & 171.37 \\ 288.43 & 229.05 & 350.00 & 259.54 \\ 226.27 & 171.37 & 259.54 & 226.00 \end{pmatrix}$$

이므로

$$T_0^2 = n(A\bar{\boldsymbol{x}} - \boldsymbol{b})^T \, (ASA^T)^{-1}(A\bar{\boldsymbol{x}} - \boldsymbol{b}) = 20.742$$

가 되어

$$\frac{n-q}{q(n-1)} T_0^2 = \frac{28-3}{3(28-1)} \times 20.742 = 6.40$$

이 된다. 그러므로 $6.40 > 2.991 = F_{0.05,3,25}$ 이므로 귀무가설을 기각한다. 따라서, 동-서-남-북 방향의 코르크 무게는 같다고 할 수 없다.

Q 코르크 자료에서 다음 가설을 호텔링의 T^2 통계량을 이용해 검정하라(유의수준 0.05).

$$H_0 : \begin{pmatrix} \mu_1 \\ \mu_2 \\ \mu_3 \\ \mu_4 \end{pmatrix} = \begin{pmatrix} 50 \\ 45 \\ 50 \\ 45 \end{pmatrix}$$

A 먼저 $A = I_4$ 이고 $\boldsymbol{b} = (50\ 45\ 50\ 45)^T$ 임을 이용하여 T_0^2 를 계산하면,

$$T_0^2 = n(\bar{\boldsymbol{x}} - \boldsymbol{b})^T S^{-1} (\bar{\boldsymbol{x}} - \boldsymbol{b}) = 0.905$$

가 되어

$$\frac{n-q}{q(n-1)} T_0^2 = \frac{28-4}{4(28-1)} \times 0.905 = 0.201 \tag{8.6}$$

이 되는데, 이는 $0.201 < 2.776 = F_{0.05,4,24}$ 이므로 귀무가설을 기각할 수 없다. 따라서, 코르크 보링의 평균무게는 북쪽이 50, 동쪽이 45, 남쪽은 50, 그리고 서쪽은 45 라고 할 수 있다.

8.3 가능도비 검정(LRT)

확률분포를 알면, 확률밀도함수를 사용해 자료에 대한 가능도(likelihood)[3]를 구할 수 있는데, 이 가능도의 비율을 통해 검정하는 방법을 '**가능도비 검정(Likelihood Ratio Test: LRT)**'이라고 한다. 아래는 가능도함수와 가능도비 검정에 대한 정의이다.

Definition: (가능도함수) 서로 독립인 관측벡터 $\boldsymbol{x}_1, \boldsymbol{x}_1, \cdots, \boldsymbol{x}_n$ 의 결합확률밀도함수가 $f(\boldsymbol{x}, \boldsymbol{\theta})$일 때, 가능도함수(likelihood function)는

$$L(\boldsymbol{\theta}) = \prod_{i=1}^{n} f(\boldsymbol{x}_i, \boldsymbol{\theta})$$

로 정의하고, 로그변환에 의한 로그가능도함수(log likelihood function)는

$$l(\boldsymbol{\theta}) = \log L(\boldsymbol{\theta}) = \sum_{i=1}^{n} \log f(\boldsymbol{x}_i, \boldsymbol{\theta})$$

로 정의한다.

Q 서로 독립인 관측값 $\boldsymbol{x}_i$ 가 $N(\boldsymbol{\mu}, \Sigma)$ 를 따를 때, $\boldsymbol{x}_1, \boldsymbol{x}_1, \cdots, \boldsymbol{x}_n$ 의 로그가능도함수를 구하라.

A 다변량정규분포의 확률밀도함수가

$$f(\boldsymbol{x}) = \frac{1}{(2\pi)^{p/2}|\Sigma|^{1/2}} \exp\{-(\boldsymbol{x}-\boldsymbol{\mu})^T \Sigma^{-1} (\boldsymbol{x}-\boldsymbol{\mu})/2\}$$

[3]'가능도'는 '우도'라고 일컫기도 한다. 통계학회 용어집에는 두 개 모두 수록되어 있다.

이므로, $\boldsymbol{x}_1, \boldsymbol{x}_1, \cdots, \boldsymbol{x}_n$ 의 가능도함수는

$$\begin{aligned} L(\boldsymbol{\mu}, \Sigma) &= \prod_{i=1}^{n} \frac{1}{(2\pi)^{p/2}|\Sigma|^{1/2}} \exp\{-(\boldsymbol{x}_i - \boldsymbol{\mu})^T \Sigma^{-1} (\boldsymbol{x}_i - \boldsymbol{\mu})/2\} \\ &= (2\pi)^{-\frac{np}{2}} |\Sigma|^{-\frac{n}{2}} \exp\left\{ -\frac{1}{2} \sum_{i=1}^{n} (\boldsymbol{x}_i - \boldsymbol{\mu})^T \Sigma^{-1} (\boldsymbol{x}_i - \boldsymbol{\mu}) \right\} \end{aligned}$$

이다. 그러므로 로그가능도함수는

$$l(\boldsymbol{\mu}, \Sigma) = -\frac{np}{2} \log 2\pi - \frac{n}{2} \log |\Sigma| - \frac{1}{2} \sum_{i=1}^{n} (\boldsymbol{x}_i - \boldsymbol{\mu})^T \Sigma^{-1} (\boldsymbol{x}_i - \boldsymbol{\mu})$$

가 된다.

Definition: (최대가능도추정량) 서로 독립인 관측값 $\boldsymbol{x}_1, \boldsymbol{x}_1, \cdots, \boldsymbol{x}_n$ 의 가능도함수가 $L(\boldsymbol{\mu}, \Sigma)$ 이고, 로그가능도함수가 $l(\boldsymbol{\mu}, \Sigma)$일 때, 이를 최대로 하는

$$\begin{aligned} \hat{\boldsymbol{\mu}} &= \underset{\boldsymbol{\mu}}{\operatorname{argmax}}\, L(\boldsymbol{\mu}, \Sigma) = \underset{\boldsymbol{\mu}}{\operatorname{argmax}}\, l(\boldsymbol{\mu}, \Sigma) \\ \hat{\Sigma} &= \underset{\boldsymbol{\Sigma}}{\operatorname{argmax}}\, L(\boldsymbol{\mu}, \Sigma) = \underset{\boldsymbol{\Sigma}}{\operatorname{argmax}}\, l(\boldsymbol{\mu}, \Sigma) \end{aligned}$$

를 최대가능도추정량(Maximum Likelihood Estimator: MLE)이라고 한다.

아래는 다변량정규분포 가정 하에서, 최대가능도추정량(MLE)을 구하기 위해 필요한 정리들이다.

Theorem 8.2 (이차형식의 벡터미분) *이차형식* $Q(\boldsymbol{x}) = \boldsymbol{x}^T A \boldsymbol{x}$ *에 대하여*

$$\frac{\partial Q(\boldsymbol{x})}{\partial \boldsymbol{x}} = (A + A^T)\boldsymbol{x} \tag{8.7}$$

가 성립한다.

Proof 연습문제 참조.

Theorem 8.3 벡터 $\boldsymbol{x}_{p\times 1}$ 과 정방행렬 $A_{p\times p}$, $B_{p\times p}$ 에 대하여,

(1) $\mathrm{tr}(AB) = \mathrm{tr}(BA)$

(2) $\frac{\partial}{\partial A}\mathrm{tr}(BA) = B^T$

(3) $\frac{\partial}{\partial A}\log|A| = A^{-T}$

가 성립한다. 여기서 A^{-T} *는* $\left(A^{-1}\right)^T$ *또는* $\left(A^T\right)^{-1}$ *를 의미한다.*

Proof (1) 연습문제 참조

(2) $\mathrm{tr}(BA)$를 A의 원소인 a_{ij}로 미분하면,

$$\frac{\partial}{\partial\, a_{ij}}\mathrm{tr}(BA) = \frac{\partial}{\partial\, a_{ij}}\sum_{k=1}^{p}\sum_{l=1}^{p} b_{kl}a_{lk} = b_{ji}$$

이므로, 이를 모든 A의 원소에 대해 미분하면

$$\frac{\partial}{\partial A}\mathrm{tr}(BA) = B^T \tag{8.8}$$

가 된다. ∎

(3) $\log|A|$를 a_{ij}로 미분하고 식 (1.15)의 행렬식의 공식을 이용하면

$$\frac{\partial}{\partial\, a_{ij}}\log|A| = \frac{1}{|A|}\left(\frac{\partial}{\partial\, a_{ij}}|A|\right) = \frac{1}{|A|}C_{ij}$$

가 된다. 여기서, 식 (1.17)에서 A의 역행렬이 $A^{-1} = \frac{1}{|A|}\left\{C_{ij}\right\}^T$임을 이용하면,

$$\frac{\partial}{\partial A}\log|A| = \frac{1}{|A|}\left\{C_{ij}\right\} = \left(A^{-1}\right)^T = A^{-T} \tag{8.9}$$

가 된다. ∎

Theorem 8.4 (다변량정규분포의 최대가능도추정량) *서로 독립인 확률벡터 $\boldsymbol{x}_1, \boldsymbol{x}_1, \cdots, \boldsymbol{x}_n$ 이 다변량정규분포 $N_p(\boldsymbol{\mu}, \Sigma)$ 를 따를 때, $\boldsymbol{\mu}$ 와 Σ 에 대한 최대가능도추정량(MLE)은*

$$\begin{aligned} \hat{\boldsymbol{\mu}} &= \frac{1}{n}\sum_{i=1}^{n}\boldsymbol{x}_i = \bar{\boldsymbol{x}} \\ \hat{\Sigma} &= \frac{1}{n}\sum_{i=1}^{n}(\boldsymbol{x}_i - \bar{\boldsymbol{x}})(\boldsymbol{x}_i - \bar{\boldsymbol{x}})^T = S_n \end{aligned}$$

이 된다.

Proof 다변량정규분포의 로그가능도함수는

$$l(\boldsymbol{\mu}, \Sigma) = \text{const.} - \frac{n}{2}\log|\Sigma| - \frac{1}{2}\sum_{i=1}^{n}(\boldsymbol{x}_i - \boldsymbol{\mu})^T\Sigma^{-1}(\boldsymbol{x}_i - \boldsymbol{\mu})$$

가 되어, 이를 최대로하는 $\boldsymbol{\mu}$ 를 구하기 위해 $\boldsymbol{\mu}$ 로 미분하면, 식 (8.7)에 의해

$$\frac{\partial}{\partial\boldsymbol{\mu}}l(\boldsymbol{\mu}, \Sigma) = \Sigma^{-1}\sum_{i=1}^{n}(\boldsymbol{x}_i - \boldsymbol{\mu}) = \mathbf{0}_{p\times 1}$$

이 되어, $\hat{\boldsymbol{\mu}} = \bar{\boldsymbol{x}}$ 를 얻는다. 한편, 이 값을 로그가능도함수에 넣으면, 식 (8.30)에 의해

$$\begin{aligned} l(\Sigma) &= \text{const.} - \frac{n}{2}\log|\Sigma| - \frac{1}{2}\sum_{i=1}^{n}(\boldsymbol{x}_i - \bar{\boldsymbol{x}})^T\Sigma^{-1}(\boldsymbol{x}_i - \bar{\boldsymbol{x}}) \\ &= \text{const.} + \frac{n}{2}\log|\Psi| - \frac{1}{2}\sum_{i=1}^{n}(\boldsymbol{x}_i - \bar{\boldsymbol{x}})^T\Psi(\boldsymbol{x}_i - \bar{\boldsymbol{x}}) \\ &= l(\Psi), \quad (\Psi = \Sigma^{-1}) \end{aligned}$$

라고 할 수 있다. 이제, 앞서 증명한 정리에서 식 (8.9), (8.8), (8.29)에 의해

$$\begin{aligned} \frac{\partial}{\partial\Psi}l(\Psi) &= \frac{n}{2}\Psi^{-1} - \frac{1}{2}\frac{\partial}{\partial\Psi}\sum_{i=1}^{n}\text{tr}\left[(\boldsymbol{x}_i - \bar{\boldsymbol{x}})^T\Psi(\boldsymbol{x}_i - \bar{\boldsymbol{x}})\right] \\ &= \frac{n}{2}\Psi^{-1} - \frac{1}{2}\sum_{i=1}^{n}\frac{\partial}{\partial\Psi}\text{tr}\left[(\boldsymbol{x}_i - \bar{\boldsymbol{x}})(\boldsymbol{x}_i - \bar{\boldsymbol{x}})^T\Psi\right] \\ &= \frac{n}{2}\Sigma - \frac{1}{2}\sum_{i=1}^{n}(\boldsymbol{x}_i - \bar{\boldsymbol{x}})(\boldsymbol{x}_i - \bar{\boldsymbol{x}})^T = O_{p\times p} \end{aligned}$$

로부터 $\hat{\Sigma} = S_n$ 가 된다. 따라서, $\boldsymbol{\mu}$ 와 Σ 에 대한 최대가능도추정량은

$$\hat{\boldsymbol{\mu}} = \frac{1}{n}\sum_{i=1}^{n}\boldsymbol{x}_i = \bar{\boldsymbol{x}}$$

$$\hat{\Sigma} = \frac{1}{n}\sum_{i=1}^{n}(\boldsymbol{x}_i - \bar{\boldsymbol{x}})(\boldsymbol{x}_i - \bar{\boldsymbol{x}})^T = S_n$$

이 된다. ▮

Remark 최대가능도추정량 S_n 과 표본분산공분산행렬 S 의 관계는

$$S_n = \frac{n-1}{n}S \tag{8.10}$$

임을 식 (3.22)를 통해 알 수 있다. 만일, 자료의 수가 많은 대표본인 경우, n 이 커지므로 $S_n \simeq S$ 가 된다.

이렇게 얻은 최대가능도추정량, $\bar{\boldsymbol{x}}$ 와 S_n 은 다음에 소개되는 '가능도비 검정(LRT)' 에도 활용되고 있다.

Theorem 8.5 (가능도비 검정: LRT) *관측값 $\boldsymbol{x}_1, \boldsymbol{x}_2, \cdots, \boldsymbol{x}_n$ 의 가능도함수가 $L(\boldsymbol{\theta})$ 이면,*

$$H_0 : \boldsymbol{\theta} \in \Omega_0 \qquad H_1 : \boldsymbol{\theta} \in \Omega_1$$

이라는 가설에 대하여, 가능도비(Likelihood Ratio: LR)는

$$LR = \frac{\max_{\boldsymbol{\theta}\in\Omega_0} L(\boldsymbol{\theta})}{\max_{\boldsymbol{\theta}\in\Omega_0\cup\Omega_1} L(\boldsymbol{\theta})}$$

라고 정의되며, 대표본(large sample)에서, 만일 H_0 가 참이면,

$$-2\log LR \dot{\sim} \chi^2_\nu$$

가 된다($\nu = dim(\Omega_0 \cup \Omega_1) \quad dim(\Omega_0)$). 그러므로, 만일

$$-2\log LR > \chi^2_{\alpha,\nu}$$

라면 유의수준 α 에서 H_0 를 기각한다. 이를 '가능도비 검정(Likelihood Ratio Test: LRT)'이라고 한다(The Annals of Mathematical Statistics, 1938).

Wilks[4]는 '귀무가설의 제한이 있는 상태'와 '제한이 없는 상태'의 최대가능도를

[4]Samuel S. Wilks (1938) "The Large Sample Distribution of the Likelihood Ratio for Testing Composite Hypotheses", *The Annals of Mathematical Statistics* 9: 60-62

각각 계산하여, 이 두 가능도의 비율, 즉 가능도비(Likelihood Ratio)를 사용한 가설검정 방법을 제안하였다(Wilk, 1938). 이 경우, 가능도비의 분자는 'H_0 가 참일 때 가능도함수의 최댓값'이며, 가능도비의 분모는 '가능도함수의 최댓값'이 된다.

특히 Wilks는 관측치의 개수가 많은 대표본(large sample)인 경우, $-2\log LR$ 값이 카이제곱 분포에 근사한다는 대표본이론을 제시하였다(증명은 이 책의 범위를 벗어나므로 생략하기로 한다). 여기서 카이제곱분포의 자유도는 H_0 를 가정함으로써 생기는 모수공간 차원의 차이라고 볼 수 있는데, 일반선형가설 $H_0 : A\boldsymbol{\mu} = \boldsymbol{b}$인 경우, 행렬 A 의 행의 수에 해당된다.

Theorem 8.6 (다변량정규분포의 가능도비 검정) *관측값* $\boldsymbol{x}_1, \boldsymbol{x}_2, \cdots, \boldsymbol{x}_n$ *이 독립이며* $N_p(\boldsymbol{\mu}, \Sigma)$ *를 따를 때,* $A_{q\times p}$, $\boldsymbol{b}_{q\times 1}$ *에 대하여*

$$H_0 : A\boldsymbol{\mu} = \boldsymbol{b} \tag{8.11}$$

를 검정함에 있어서, 가능도비(Likelihood Ratio)는

$$LR = \left(\frac{|S_n^*|}{|S_0^*|}\right)^{\frac{n}{2}} \overset{let}{=} \Lambda \tag{8.12}$$

가 된다. 여기서,

$$S_n^* = \frac{1}{n}\sum_{i=1}^{n}(A\boldsymbol{x}_i - A\bar{\boldsymbol{x}})(A\boldsymbol{x}_i - A\bar{\boldsymbol{x}})^T \tag{8.13}$$

$$S_0^* = \frac{1}{n}\sum_{i=1}^{n}(A\boldsymbol{x}_i - \boldsymbol{b})(A\boldsymbol{x}_i - \boldsymbol{b})^T \tag{8.14}$$

이다.

그리고, n *이 클 때, 만약* H_0 *가 참이면,*

$$-2\log\Lambda = n\log\frac{|S_0^*|}{|S_n^*|} \dot{\sim} \chi_q^2 \tag{8.15}$$

가 된다. 따라서, 만일 $-2\log\Lambda > \chi^2_{\alpha,q}$ *이면,* H_0 *를 기각하게 된다.*

Proof (증명은 옵션) $\boldsymbol{z}_i = A\boldsymbol{x}_i$ 라고 한다면, $\boldsymbol{z}_i \sim N_q(A\boldsymbol{\mu}, A\Sigma A^T)$ 이므로 로그 가능도함수는

$$l(\boldsymbol{\mu}, \Sigma) = \text{const.} - \frac{n}{2}\log|A\Sigma A^T| - \frac{1}{2}\sum_{i=1}^{n}(\boldsymbol{x}_i - \boldsymbol{\mu})^T A^T (A\Sigma A^T)^{-1} A(\boldsymbol{x}_i - \boldsymbol{\mu})$$

가 되고, 이를 최대화시키는 $\boldsymbol{\mu}$를 구하면

$$\left[A^T(A\Sigma A^T)^{-1}A\right]^{-1}\sum_{i=1}^{n}(\boldsymbol{x}_i-\boldsymbol{\mu})=\mathbf{0}_{p\times 1}$$

에서 $\hat{\boldsymbol{\mu}}=\bar{\boldsymbol{x}}$가 되고, 이제 다시

$$l(\Sigma)=\text{const.}-\frac{n}{2}\log|A\Sigma A^T|-\frac{1}{2}\sum_{i=1}^{n}(\boldsymbol{x}_i-\bar{\boldsymbol{x}})^TA^T(A\Sigma A^T)^{-1}A(\boldsymbol{x}_i-\bar{\boldsymbol{x}})$$

를 $(A\Sigma A^T)^{-1}$로 미분하면,

$$\frac{n}{2}A\Sigma A^T-\frac{1}{2}\sum_{i=1}^{n}A(\boldsymbol{x}_i-\bar{\boldsymbol{x}})(\boldsymbol{x}_i-\bar{\boldsymbol{x}})^TA^T=O_{q\times q}$$

로부터,

$$\widehat{A\Sigma A^T}=\frac{1}{n}\sum_{i=1}^{n}(A\boldsymbol{x}_i-A\bar{\boldsymbol{x}})(A\boldsymbol{x}_i-A\bar{\boldsymbol{x}})^T\ \stackrel{let}{=}\ S_n^* \tag{8.16}$$

가 된다. 그러므로, LR의 분모값은

$$\begin{aligned}\max_{\boldsymbol{\theta}\in\Omega_0\cup\Omega_1}L(\boldsymbol{\theta}) &= C\cdot|S_n^*|^{-\frac{n}{2}}\\ &\times\ \exp\left\{-\frac{1}{2}\sum_{i=1}^{n}(A\boldsymbol{x}_i-A\boldsymbol{x})^T(S_n^*)^{-1}(A\boldsymbol{x}_i-A\boldsymbol{x})\right\}\\ &= C\cdot|S_n^*|^{-\frac{n}{2}}\\ &\times\exp\left\{-\frac{n}{2}\,\text{tr}\left[\left(\frac{1}{n}\sum_{i=1}^{n}(A\boldsymbol{x}_i-A\bar{\boldsymbol{x}})(A\boldsymbol{x}_i-A\bar{\boldsymbol{x}})^T\right)(S_n^*)^{-1}\right]\right\}\\ &= C\cdot|S_n^*|^{-\frac{n}{2}}\ e^{-\frac{nq}{2}} \end{aligned}\tag{8.17}$$

가 된다.

한편, 귀무가설 하에서는

$$l(\Sigma)=\text{const.}-\frac{n}{2}\log|A\Sigma A^T|-\frac{1}{2}\sum_{i=1}^{n}(\boldsymbol{x}_i-\boldsymbol{\mu})^TA^T(A\Sigma A^T)^{-1}A(\boldsymbol{x}_i-\boldsymbol{\mu})$$

를 $(A\Sigma A^T)^{-1}$로 미분하면

$$\frac{n}{2}A\Sigma A^T-\frac{1}{2}\sum_{i=1}^{n}A(\boldsymbol{x}_i-\boldsymbol{\mu})(\boldsymbol{x}_i-\boldsymbol{\mu})^TA^T=O_{q\times q}$$

에서 $H_0: A\,\boldsymbol{\mu}=\boldsymbol{b}$임을 적용시키면

$$\widehat{A\Sigma A^T}=\frac{1}{n}\sum_{i=1}^{n}(A\boldsymbol{x}_i-\boldsymbol{b})(A\boldsymbol{x}_i-\boldsymbol{b})^T\ \stackrel{let}{=}\ S_0^* \tag{8.18}$$

가 최대가능도추정량이다. 따라서, 분자값은

$$\begin{aligned}
\max_{\boldsymbol{\theta}\in\Omega_0} L(\boldsymbol{\theta}) &= C\cdot|S_0^*|^{-\frac{n}{2}} \\
&\quad\times\exp\left\{-\frac{1}{2}\sum_{i=1}^{n}(A\boldsymbol{x}_i-\boldsymbol{b})^T(S_0^*)^{-1}(A\boldsymbol{x}_i-\boldsymbol{b})\right\} \\
&= C\cdot|S_0^*|^{-\frac{n}{2}} \\
&\quad\times\exp\left\{-\frac{n}{2}\,\mathrm{tr}\left[\left(\frac{1}{n}\sum_{i=1}^{n}(A\boldsymbol{x}_i-\boldsymbol{b})(A\boldsymbol{x}_i-\boldsymbol{b})^T\right)(S_0^*)^{-1}\right]\right\} \\
&= C\cdot|S_0^*|^{-\frac{n}{2}}\,e^{-\frac{nq}{2}} \qquad (8.19)
\end{aligned}$$

가 되어 식 (8.17)과 식 (8.19)를 이용한 가능도비는

$$LR = \frac{C\cdot|S_0^*|^{-\frac{n}{2}}\,e^{-\frac{nq}{2}}}{C\cdot|S_n^*|^{-\frac{n}{2}}\,e^{-\frac{nq}{2}}} = \left(\frac{|S_n^*|}{|S_0^*|}\right)^{\frac{n}{2}} \overset{let}{=} \Lambda \qquad (8.20)$$

가 되고,

$$-2\log\Lambda = n\,\log\frac{|S_0^*|}{|S_n^*|} \qquad (8.21)$$

가 된다. 여기서 $-2\log\Lambda \sim \chi_q^2$ 의 증명은 책의 범위를 넘어서므로 생략하기로 한다. ■

Definition: (Wilks' Lambda) 서로 독립인 다변량정규분포로부터 관측값 $\boldsymbol{x}_1, \boldsymbol{x}_1, \cdots, \boldsymbol{x}_n$ 의 가능도비가 Λ일 때,

$$\text{Wilks' Lambda} = \Lambda^{\frac{2}{n}} = \frac{|S_n^*|}{|S_0^*|} \overset{let}{=} \Lambda^* \qquad (8.22)$$

라고 한다.

Theorem 8.7 (Wilks' Lambda와 호텔링의 T^2 의 관계) *호텔링의 T^2 통계량(T_0^2)과 Wilks' Lambda (Λ^*)의 관계는*

$$T_0^2 = (n-1)\left(\frac{1-\Lambda^*}{\Lambda^*}\right), \qquad \Lambda^* = \Lambda^{\frac{2}{n}} = \frac{|S_n^*|}{|S_0^*|} \qquad (8.23)$$

가 된다(증명생략).

Q Appendix 의 `cork` 자료에서 아래 가설에 대하여, 유의수준 0.05를 사용한 가능도비 검정(LRT)을 하라.

$$H_0 : \begin{pmatrix} \mu_1 \\ \mu_2 \\ \mu_3 \\ \mu_4 \end{pmatrix} = \begin{pmatrix} 50 \\ 45 \\ 50 \\ 45 \end{pmatrix}$$

A 위 가설에서

$$A = I_4 , \qquad \boldsymbol{b} = \begin{pmatrix} 50 \\ 45 \\ 50 \\ 45 \end{pmatrix},$$

$$S_n^* = \frac{1}{n} \sum_{i=1}^{n} (\boldsymbol{x}_i - \bar{\boldsymbol{x}}) (\boldsymbol{x}_i - \bar{\boldsymbol{x}})^T = \frac{n-1}{n} S,$$

$$S_0^* = \frac{1}{n} \sum_{i=1}^{n} (\boldsymbol{x}_i - \boldsymbol{b}) (\boldsymbol{x}_i - \boldsymbol{b})^T$$

가 되이 식 (8.20)에 대입하면, 가능도비는 $\Lambda = 0.6301$ 이 되어서(SAS® 실습문제 참조),

$$-2 \log \Lambda = 0.9237 < \chi^2_{0.05,4} = 9.49$$

이므로, H_0 를 기각할 수 없다. 이는 식 (8.6)에서 구한 호텔링의 T^2 검정 결과와 일치한다.

8.4 SAS® 실습문제

[1] 코르크(`cork`) 자료(Appendix 참조)에서, 아래의 가설을 호텔링의 T^2 통계량으로 검정하려고 한다.

$$H_0 : \begin{pmatrix} \mu_1 - \mu_2 \\ \mu_2 - \mu_3 \\ \mu_3 - \mu_4 \end{pmatrix} = \begin{pmatrix} 0 \\ 0 \\ 0 \end{pmatrix}$$

아래 두 값, T_0^2 와 F_0 을 `proc iml` 코드를 이용해 확인하라(`proc reg` 나 `proc glm` 을 이용한 확인은 다음 장에서 다루도록 한다).

$$T_0^2 = n(A\bar{\boldsymbol{x}} - \boldsymbol{b})^T\,(ASA^T)^{-1}(A\bar{\boldsymbol{x}} - \boldsymbol{b}) = 20.7420$$
$$F_0 = \frac{n-q}{q(n-1)} T_0^2 = 6.4018 \tag{8.24}$$

[2] 코르크 자료에 대한 아래 가설을 '**호텔링의 T^2 통계량**'으로 검정하려고 한다.

$$H_0 : \begin{pmatrix} \mu_1 \\ \mu_2 \\ \mu_3 \\ \mu_4 \end{pmatrix} = \begin{pmatrix} 50 \\ 45 \\ 50 \\ 45 \end{pmatrix}$$

아래 두 값을 `proc iml` 코드를 이용해 확인하라(`proc reg`나 `proc glm`을 이용한 확인은 다음 장에서 다루도록 한다).

$$T_0^2 = n(A\bar{\boldsymbol{x}} - \boldsymbol{b})^T\,(ASA^T)^{-1}(A\bar{\boldsymbol{x}} - \boldsymbol{b}) = 0.9053$$
$$F_0 = \frac{n-q}{q(n-1)} T_0^2 = 0.2011$$

[3] 코르크 자료에 대한 일반선형가설

$$H_0 :\ A\,\boldsymbol{\mu} = \boldsymbol{b}$$

에 대한 가능도비 검정통계량(LRT)은

$$-2\log\Lambda = n\log\frac{|S_0^*|}{|S_n^*|} = n\log|S_0^*| - n\log|S_n^*|$$

가 되어 `Chisq1-Chisq2`로 이루어지는데

$$\texttt{Chisq1} \;=\; n\log\left|\frac{1}{n}\sum_{i=1}^{n}(A\boldsymbol{x}_i - \boldsymbol{b})(A\boldsymbol{x}_i - \boldsymbol{b})^T\right|$$
$$\texttt{Chisq2} \;=\; n\log\left|\frac{1}{n}\sum_{i=1}^{n}(A\boldsymbol{x}_i - A\bar{\boldsymbol{x}})(A\boldsymbol{x}_i - A\bar{\boldsymbol{x}})^T\right|$$

이를 위해 `Chisq1-Chisq2`를 계산하는 SAS® 코드는 아래와 같다.

```
proc iml;
  start chisq12(Ab,q,n);
    C=J(q,q,0);
    do i=1 to n;
      C=C+Ab[,i]*t(Ab[,i]);
    end;
    ch_12=n#log(det(C/n));
    return(ch_12);
  finish;

use cork;
  read all var { N E S W} into X;
close;

A={1 -1 0 0, 0 1 -1 0, 0 0 1 -1};
b={0,0,0};
n=nrow(X); p=ncol(X); q=nrow(b);
bb=repeat(b,1,n);
Ab=A*t(X)-bb;
chisq1=chisq12(Ab,q,n);

xbar=repeat(t(X[:,]),1,n);
Axbar=A*t(X)-A*xbar;
chisq2=chisq12(Axbar,q,n);

LRT=chisq1-chisq2;
pvalue=1-probchi(LRT,q);
print LRT, pvalue;
quit;
```

1. 아래 귀무가설에 대해 가능도비 검정(LRT)을 하려고 한다.

$$H_0 : \begin{pmatrix} \mu_1 - \mu_2 \\ \mu_2 - \mu_3 \\ \mu_3 - \mu_4 \end{pmatrix} = \begin{pmatrix} 0 \\ 0 \\ 0 \end{pmatrix}$$

아래 두 값을 `proc iml` 을 이용해 확인하라(Λ^*= Wilks' Lambda).

$$\begin{aligned} \chi_0^2 &= -2\log\Lambda = 15.9593 \\ T_0^2 &= (n-1)\left(\frac{1-\Lambda^*}{\Lambda^*}\right) = 20.7420 \end{aligned} \tag{8.25}$$

2. 아래 귀무가설에 대해 가능도비 검정(LRT)을 하려고 한다.

$$H_0 : \begin{pmatrix} \mu_1 \\ \mu_2 \\ \mu_3 \\ \mu_4 \end{pmatrix} = \begin{pmatrix} 50 \\ 45 \\ 50 \\ 45 \end{pmatrix}$$

아래 두 값을 `proc iml` 을 이용해 확인하라(Λ^*= Wilks' Lambda).

$$\begin{aligned} \chi_0^2 &= -2\log\Lambda = 0.9234 \\ T_0^2 &= (n-1)\left(\frac{1-\Lambda^*}{\Lambda^*}\right) = 0.9053 \end{aligned} \tag{8.26}$$

임을 확인하라.

[4] 아들이 두 명 이상 있는 25가정을 선택하여, 첫째 아들과 둘째 아들의 머리 크기를 측정한 `headsize` 자료(Appendix Table 16.11 참조)에서

$$\begin{aligned} x_1 &= \text{첫째 아들의 머리길이} \\ x_2 &= \text{첫째 아들의 머리너비} \\ x_3 &= \text{둘째 아들의 머리길이} \\ x_4 &= \text{둘째 아들의 머리너비} \end{aligned}$$

라고 할 때, $\boldsymbol{x} = (x_1\ x_2\ x_3\ x_4)^T$ 가 다변량정규분포 $N_4(\boldsymbol{\mu},\ \Sigma)$를 따른다고 가정하자. 아래 가설에 대한 유의성검정을 유의수준 0.05로 하기 원한다.

$$H_0 : \begin{pmatrix} \mu_1 \\ \mu_2 \end{pmatrix} = \begin{pmatrix} \mu_3 \\ \mu_4 \end{pmatrix}$$

1. proc iml 코드를 이용해 $T_0^2 = 3.6123$ 임을 보이고, 호텔링의 T^2 검정통계량을 사용하여 검정하라.

2. proc iml 코드를 이용한 가능도비 검정통계량(LRT)을 사용하여 검정하라.

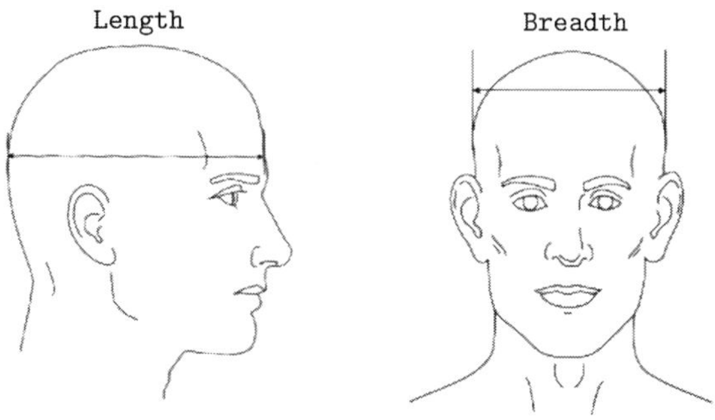

그림 8.1: 머리길이(Length)와 머리너비(Breadth)

8.5 연습문제

[1] 서로 독립인 자료 $y_1, y_2, \cdots, y_n$ 이 다음 분포를 가질 때, 로그가능도함수를 구하라.

$$y_i \sim N\left(\beta_0 + \beta_1 x_i, \sigma^2\right), \qquad i = 1, 2, \cdots, n$$

[2] 코르크 자료에 대하여, 다음이 일반선형가설인지를 A, $\boldsymbol{b}$를 써서 확인하라.

1.

$$H_0 : \frac{\mu_1 + \mu_3}{2} - \frac{\mu_2 + \mu_4}{2}$$

2.

$$H_0 : \begin{cases} \mu_1 = \mu_2 + 5 \\ \mu_3 = \mu_4 + 5 \end{cases}$$

3.

$$H_0 : \begin{cases} \mu_1 = 2\,\mu_2 \\ \mu_3 = 2\,\mu_4 \end{cases}$$

4.

$$H_0 : \mu_1 \mu_3 = \mu_2 \mu_4$$

[3] 행렬 $A_{p\times p}$ 와 벡터 $\boldsymbol{x}_{p\times 1}$ 의 이차형식 $Q(\boldsymbol{x}) = \boldsymbol{x}^T A \boldsymbol{x}$ 에 대하여

$$\frac{\partial Q(\boldsymbol{x})}{\partial \boldsymbol{x}} = (A + A^T)\boldsymbol{x} \tag{8.27}$$

임을 증명하기 위하여, 다음 물음에 답하라.

1. 다음을 증명하라.
$$Q(\boldsymbol{x}) = \boldsymbol{x}^T A \boldsymbol{x} = \sum_{i=1}^{p}\sum_{j=1}^{p} a_{ij}x_i x_j$$
2. 다음을 증명하라.
$$\frac{\partial Q(\boldsymbol{x})}{\partial x_1} = \sum_{j=1}^{p} a_{1j}x_j + \sum_{k=1}^{p} a_{k1}x_k$$
3. 아래와 같은 벡터미분의 정의를 이용해 식 (8.27)의 증명을 완성하라.
$$\frac{\partial Q(\boldsymbol{x})}{\partial \boldsymbol{x}} = \begin{pmatrix} \frac{\partial Q(\boldsymbol{x})}{x_1} \\ \frac{\partial Q(\boldsymbol{x})}{x_2} \\ \vdots \\ \frac{\partial Q(\boldsymbol{x})}{x_p} \end{pmatrix}$$

[4] 다음을 증명하라.

1. 행렬 $A_{a\times b}$, $B_{b\times a}$ 에 대하여,
$$\mathrm{tr}(AB) = \mathrm{tr}(BA) \tag{8.28}$$
2. 행렬 $A_{a\times b}$, $B_{b\times c}$, $C_{c\times a}$ 에 대하여,
$$\mathrm{tr}(ABC) = \mathrm{tr}(CAB) = \mathrm{tr}(BCA) \tag{8.29}$$
3. 정방행렬 A가 역행렬 A^{-1} 을 갖는다면, 행렬식 $|\cdot|$에 대하여,
$$|A^{-1}| = \frac{1}{|A|} \tag{8.30}$$

Chapter 9

다변량 회귀모형과 MANOVA 검정통계량

다변량 자료분석에서 사용되는 검정통계량은 앞서 소개한 호텔링의 T^2 통계량이나 가능도비 검정통계량(LRT) 외에, 아래와 같은 검정통계량이 있다.

- Wilks' Lambda
- Pillai's Trace
- Hotelling-Lawley Trace
- Roy's Maximum(Greatest) Root

이들은 다변량 자료를 반응변수들(Y)와 독립변수들(X)로 구분시킨 후(독립변수가 없을 경우는 절편(INTERCEPT)이 독립변수), Y 의 제곱합교차곱행렬(SSCP)의 분할을 통해 얻어지고 있다. 이와 같은 검정통계량을 '**MANOVA 검정통계량**[1]'이라고 한다. 이에 대한 이해를 돕기 위해 우선 단변량의 분산분석(ANOVA) 개념을 살펴보자.

9.1 단변량 회귀모형과 ANOVA

반응변수가 한 개인 단변량 회귀모형의 모형식은

$$y_i = \beta_0 + \beta_1 x_{i1} + \cdots + \beta_{q-1} x_{iq-1} + \epsilon_i, \quad i = 1, 2, \cdots, n \tag{9.1}$$

[1]'매노-바'라고 읽는다.

이며, 이를 행렬로 표시하면

$$\underbrace{\begin{pmatrix} y_1 \\ y_2 \\ \vdots \\ y_n \end{pmatrix}}_{\boldsymbol{y}} = \underbrace{\begin{pmatrix} 1 & x_{11} & \cdots & x_{1,q-1} \\ 1 & x_{21} & \cdots & x_{2,q-1} \\ \vdots & \vdots & \vdots & \vdots \\ 1 & x_{n1} & \cdots & x_{n,q-1} \end{pmatrix}}_{X} \underbrace{\begin{pmatrix} \beta_0 \\ \beta_1 \\ \vdots \\ \beta_{q-1} \end{pmatrix}}_{\boldsymbol{b}} + \underbrace{\begin{pmatrix} \epsilon_1 \\ \epsilon_2 \\ \vdots \\ \epsilon_n \end{pmatrix}}_{\boldsymbol{\epsilon}}$$

인

$$\boldsymbol{y} = X\boldsymbol{b} + \boldsymbol{\epsilon} \tag{9.2}$$

이 되고, 이에 대한 분산분석표(ANOVA table)는 Table 9.1과 같으며[2], 만일 $F_0 > F_{0.05,q-1,n-q}$ 이면 귀무가설 $\underline{H_0 : \beta_1 = \beta_2 = \cdots = \beta_{q-1} = 0}$을 기각하여, '**회귀선이 유의하다**'고 말한다. 즉, 적어도 한 개의 독립변수는 반응변수에 영향을 유의하게 미치고 있다는 의미이다.

Table 9.1: 단변량 회귀분석의 분산분석표(ANOVA table)

Source	d.f.	S.S.	F_0
Regression	$q-1$	$SSR = \boldsymbol{y}^T \left(P_X - \frac{J_n}{n}\right) \boldsymbol{y}$	$\left(\frac{n-q}{q-1}\right) \cdot \frac{SSR}{SSE}$
Error	$n-q$	$SSE = \boldsymbol{y}^T \left(I_n - P_X\right) \boldsymbol{y}$	
Total	$n-1$	$SST = \boldsymbol{y}^T \left(I_n - \frac{J_n}{n}\right) \boldsymbol{y}$	

9.2 다변량 회귀모형과 최소제곱추정량

다변량 회귀분석에서는 식 (9.2)의 확률벡터 $\boldsymbol{y}$가 $\boldsymbol{y}_j$, $(j = 1, 2, \cdots, p)$로 표현된다. 따라서 모형식은

$$\underbrace{\begin{pmatrix} y_{1j} \\ y_{2j} \\ \vdots \\ y_{nj} \end{pmatrix}}_{\boldsymbol{y}_j} = \underbrace{\begin{pmatrix} 1 & x_{11} & \cdots & x_{1q-1} \\ 1 & x_{21} & \cdots & x_{2q-1} \\ \vdots & \vdots & \vdots & \vdots \\ 1 & x_{n1} & \cdots & x_{nq-1} \end{pmatrix}}_{X} \underbrace{\begin{pmatrix} \beta_{0j} \\ \beta_{1j} \\ \vdots \\ \beta_{(q-1)j} \end{pmatrix}}_{\boldsymbol{b}_j} + \underbrace{\begin{pmatrix} \epsilon_{1j} \\ \epsilon_{2j} \\ \vdots \\ \epsilon_{nj} \end{pmatrix}}_{\boldsymbol{\epsilon}_j}$$

[2] $P_X = X(X^TX)^{-1}X^T, \quad \frac{J_n}{n} = \frac{1}{n}\mathbf{1}_n\mathbf{1}_n^T$

즉,

$$\boldsymbol{y}_j = X\boldsymbol{b}_j + \boldsymbol{\epsilon}_j, \qquad j = 1, 2, \cdots, p \tag{9.3}$$

가 되어, p개의 $\boldsymbol{y}$를 한꺼번에 행렬로 표시하면

$$\begin{aligned}
Y &= \begin{pmatrix} \boldsymbol{y}_1 & \boldsymbol{y}_2 & \cdots & \boldsymbol{y}_p \end{pmatrix} \\
&= \begin{pmatrix} y_{11} & y_{12} & \cdots & y_{1p} \\ y_{21} & y_{22} & \cdots & y_{2p} \\ \vdots & \vdots & \vdots & \vdots \\ y_{n1} & y_{n2} & \cdots & y_{np} \end{pmatrix} \\
&= \underbrace{\begin{pmatrix} 1 & x_{11} & \cdots & x_{1q-1} \\ 1 & x_{21} & \cdots & x_{2q-1} \\ \vdots & \vdots & \vdots & \vdots \\ 1 & x_{n1} & \cdots & x_{nq-1} \end{pmatrix}}_{X} \underbrace{\begin{pmatrix} \beta_{01} & \beta_{02} & \cdots & \beta_{0p} \\ \beta_{11} & \beta_{12} & \cdots & \beta_{1p} \\ \vdots & \vdots & \vdots & \vdots \\ \beta_{(q-1)1} & \beta_{(q-1)2} & & \beta_{(q-1)p} \end{pmatrix}}_{B} \\
&\quad + \underbrace{\begin{pmatrix} \epsilon_{11} & \epsilon_{12} & \cdots & \epsilon_{1p} \\ \epsilon_{21} & \epsilon_{22} & \cdots & \epsilon_{2p} \\ \vdots & \vdots & \vdots & \vdots \\ \epsilon_{n1} & \epsilon_{n2} & \cdots & \epsilon_{np} \end{pmatrix}}_{E} \\
&= X\,B + E
\end{aligned} \tag{9.4}$$

로 표현되고, 최소제곱추정량 $\hat{B}$은

$$\hat{B} = (X^T X)^{-1} X^T Y \tag{9.5}$$

가 되며, 이는 오차제곱합 행렬의 궤적

$$\mathrm{tr}(E^T E) = \mathrm{tr}\left[(Y - XB)^T (Y - XB)\right] \tag{9.6}$$

를 최소화시키고 있다(연습문제 참조).

Example SAS®의 `sashelp` 라이브러리 안의 `class`라는 데이터에는 19명의 학생들의 나이(Age)에 따른 키(Height)와 몸무게(Weight)에 대한 정보가 있다(Appendix Table 16.8 참조). 여기서 나이(Age)를 독립변수로 하고 키(Height)와 몸무게(Weight)를 반응변수로 하는 다변량 회귀모형은

$$\underbrace{\begin{pmatrix} 69.0 & 112.5 \\ 56.5 & 84.0 \\ \vdots & \vdots \\ 66.5 & 112.0 \end{pmatrix}}_{Y} = \underbrace{\begin{pmatrix} 1 & 14 \\ 1 & 13 \\ \vdots & \vdots \\ 1 & 15 \end{pmatrix}}_{X} \underbrace{\begin{pmatrix} \beta_{01} & \beta_{02} \\ \beta_{11} & \beta_{12} \end{pmatrix}}_{B} + \underbrace{\begin{pmatrix} \epsilon_{11} & \epsilon_{12} \\ \epsilon_{21} & \epsilon_{22} \\ \vdots & \vdots \\ \epsilon_{(19)1} & \epsilon_{(19)2} \end{pmatrix}}_{E}$$

$$Y = XB + E \tag{9.7}$$

라고 표현되며, 최소제곱추정치는

$$\begin{aligned} \begin{pmatrix} \hat{\beta}_{01} & \hat{\beta}_{02} \\ \hat{\beta}_{11} & \hat{\beta}_{12} \end{pmatrix} &= (X^T X)^{-1} X^T Y \\ &= \begin{pmatrix} 25.223 & -50.492 \\ 2.787 & 11.303 \end{pmatrix} \end{aligned} \tag{9.8}$$

이 된다. 이는 학생들의 나이가 한 살 증가할 때, 키는 2.787 인치 증가하고, 몸무게는 11.303 파운드 증가함을 나타낸다.

9.3 다변량 회귀모형의 유의성검정

단변량 회귀분석의 분산분석표(Table 9.1)에서는 총변동 SST가

$$\underbrace{\boldsymbol{y}^T \left(I_n - \frac{J_n}{n}\right) \boldsymbol{y}}_{SST} = \underbrace{\boldsymbol{y}^T \left(P_X - \frac{J_n}{n}\right) \boldsymbol{y}}_{SSR} + \underbrace{\boldsymbol{y}^T (I_n - P_X) \boldsymbol{y}}_{SSE}$$

$$SST = SSR + SSE \tag{9.9}$$

로 분할되어

$$F_0 = \left(\frac{n-q}{q-1}\right) \cdot \frac{SSR}{SSE} \overset{let}{=} \frac{MSR}{MSE} \tag{9.10}$$

의 값이 클수록 '회귀선은 유의하다'고 하였다.

그러나, 다변량 회귀분석에서는 회귀모형식이

$$Y = XB + E \tag{9.11}$$

라고 표현되므로, 전체제곱합교차곱행렬(Total SSCP matrix)은

$$T = Y^T \left(I_n - \frac{J_n}{n} \right) Y \tag{9.12}$$

로 표현되고, 여기서 $P_X = X(X^T X)^{-1} X^T$ 라고 하면,

$$\begin{aligned} T &= \underbrace{Y^T \left(P_X - \frac{J_n}{n} \right) Y}_{R} + \underbrace{Y^T \left(I_n - P_X \right) Y}_{E} \\ T &= R + E \end{aligned} \tag{9.13}$$

로 분할된다(증명은 연습문제 참조). 이 관계식에서, 단변량 회귀분석의 ANOVA에서 SSR과 SSE를 비교한 것과 같이, 다변량에서는 행렬 R과 행렬 E의 상대적 비교를 통한 가설검정이 가능하게 되는데, 이와 같은 분산분석 방법을 '**다변량 분산분석(Multivariate ANOVA: MANOVA)**'이라고 한다. 여기서 RE^{-1}행렬의 고유값을 λ_i $(i = 1, 2, \cdots, p)$라고 하면, Table 9.2같은 '**MANOVA 검정통계량**'이 사용되며, MANOVA 검정통계량이 클수록 회귀선은 유의하다고 판단된다.

Table 9.2: MANOVA에서 사용되는 검정통계량 (λ_i 는 행렬 RE^{-1} 의 고유값)

이름	정의	고유값과의 관계
Wilks' Lambda	$\frac{\lvert E \rvert}{\lvert R+E \rvert}$	$\prod_{i=1}^{p} \frac{1}{1+\lambda_i}$
Pillai's Trace	$\mathrm{tr}[R(R+E)^{-1}]$	$\sum_{i=1}^{p} \frac{\lambda_i}{1+\lambda_i}$
Hotelling-Lawley's Trace	$\mathrm{tr}(RE^{-1})$	$\sum_{i=1}^{p} \lambda_i$
Roy's Greatest Root	$\max_i(\lambda_i)$	$\max_i(\lambda_i)$

Example `sashelp.class` 자료에서 학생들의 나이에 따른 키와 몸무게의 변화에 대해 다변량 회귀분석을 수행한 후, 식 (9.7)에서 **'회귀선의 유의성'**에 대한 귀무가설

$$H_0 : \beta_{11} = \beta_{12} = 0 \tag{9.14}$$

을 아래와 같은 `proc glm` 의 `MANOVA` 문을 이용해 검정할 수 있다.

```
proc glm data=sashelp.class;
    model Height Weight = Age;
    MANOVA h=Age;
run;
```

그 결과, 그림 9.1과 같은 출력이 나오는데, RE^{-1} 에 대한 가장 큰 고유값은 1.9585 이고, MANOVA table에 의한 4개의 검정통계량을 전체적으로 살펴볼 때, 식 (9.7) 의 다변량 회귀모형은 유의하다고 볼 수 있다.

The GLM Procedure
Multivariate Analysis of Variance

Characteristic Roots and Vectors of: E Inverse * H, where
H = Type III SSCP Matrix for Age
E = Error SSCP Matrix

Characteristic Root	Percent	Characteristic Vector V'EV=1 Height	Weight
1.95853601	100.00	0.06822135	0.00272862
0.00000000	0.00	-0.08738420	0.02154601

MANOVA Test Criteria and Exact F Statistics for the Hypothesis of No Overall Age Effect
H = Type III SSCP Matrix for Age
E = Error SSCP Matrix

S=1 M=0 N=7

Statistic	Value	F Value	Num DF	Den DF	Pr > F
Wilks' Lambda	0.33800501	15.67	2	16	0.0002
Pillai's Trace	0.66199499	15.67	2	16	0.0002
Hotelling-Lawley Trace	1.95853601	15.67	2	16	0.0002
Roy's Greatest Root	1.95853601	15.67	2	16	0.0002

그림 9.1: `sashelp.class` 자료에서 키(`Height`)와 몸무게(`Weight`)에 대한 나이(`Age`)의 다변량 회귀모형의 유의성검정(MANOVA table)

9.4 다변량 일반선형가설과 MANOVA 검정통계량

우리는 식 (8.1)의 일반선형가설 $H_0 : A\boldsymbol{\mu} = \boldsymbol{b}$ 에 대한 호텔링의 T^2 검정통계량은 F-분포를 따르고, 가능도비 검정통계량(LRT)은 카이제곱분포에 근사하는 사실을 배웠다.

이제, 일반선형가설을 다변량으로 확대해 보자. 이는 모수 벡터 $\boldsymbol{\mu}$ 대신, 모수 행렬 M 을 사용하는 '**다변량 일반선형가설(Multivariate General Linear Hypothesis)**'이 된다.

Definition: (다변량 일반선형가설) 다변량 회귀모형, $Y = XB + E$ 에 대한 가설이

$$H_0 : LBM = C \tag{9.15}$$

로 표현될 때, 이를 '다변량 일반선형가설(Multivariate General Linear Hypothesis)'이라고 한다. 여기서, L 은 $l \times q$ 행렬, B 는 $q \times p$ 행렬, M 은 $p \times m$ 행렬, C 는 $l \times m$ 행렬이다.

Example `sashelp.class` 자료에서, 나이(`Age`)를 독립변수로 하는 키(`Height`)와 몸무게(`Weight`)에 대한 다변량 회귀모형

$$Y = XB + E\,, \qquad B = \begin{pmatrix} \beta_{01} & \beta_{02} \\ \beta_{11} & \beta_{12} \end{pmatrix} \tag{9.16}$$

에서 <u>**'회귀선의 유의성'**</u> 여부를 검정하기 위한 가설

$$H_0 : \beta_{11} = \beta_{12} = 0 \tag{9.17}$$

은

$$H_0 : \begin{pmatrix} 0 & 1 \end{pmatrix} \begin{pmatrix} \beta_{01} & \beta_{02} \\ \beta_{11} & \beta_{12} \end{pmatrix} \begin{pmatrix} 1 & 0 \\ 0 & 1 \end{pmatrix} = \begin{pmatrix} 0 & 0 \end{pmatrix}$$

이라고 표현할 수 있으므로, 다변량 일반선형가설 $H_0 : LBM = C$ 에 해당된다.

Example 나이(`Age`)에 대한 키(`Height`)와 몸무게(`Weight`)의 다변량 회귀모형에서, '나이 증가에 따른 키의 증가량'이 '나이 증가에 따른 몸무게의 증가량'과 같은지 여부를 조사하려고 한다(물론, 키와 몸무게의 단위가 다르기 때문에 직접적인 기울기의 비교는 실질적 의미가 없을 수도 있다). 귀무가설은

$$H_0 : \beta_{11} = \beta_{12} \tag{9.18}$$

라고 표현되며, 이는

$$H_0 : \begin{pmatrix} 0 & 1 \end{pmatrix} \begin{pmatrix} \beta_{01} & \beta_{02} \\ \beta_{11} & \beta_{12} \end{pmatrix} \begin{pmatrix} 1 \\ -1 \end{pmatrix} = 0 \tag{9.19}$$

이 되어, 이것도 다변량 일반선형가설 $H_0 : LBM = C$ 에 해당된다(이에 대한 SAS® 코드는 SAS® 실습문제에서 다루도록 한다).

이와 같이, 다변량 일반선형가설

$$H_0 : LBM = C \tag{9.20}$$

는 호텔링의 T^2 나 가능도비 검정(LRT)에서 사용했던 일반선형가설

$$H_0 : A\boldsymbol{\mu} = \boldsymbol{b} \tag{9.21}$$

를 포함할 뿐 아니라, 더 폭넓은 형태의 가설을 다룰 수 있다. 아래 정리는 다변량 일반선형가설을 **MANOVA 검정통계량**을 사용하여 검정하는 방법을 설명한다.

Theorem 9.1 (다변량 일반선형가설에 대한 Wilks' Lambda) *다변량 회귀모형 $Y = XB + E$ 에서, 모수행렬 $B_{q\times p}$ 와 임의의 행렬 $L_{l\times q}$ 와 $M_{p\times m}$ 에 대하여, 다변량 일반선형가설*

$$H_0 : LBM = C_{l\times m} \tag{9.22}$$

을 검정할 때, $\hat{B}^{-1} = (X^TX)^{-1}X^TY$ 에 대하여

$$\begin{aligned} H &= \left(M^T\hat{B}^TL^T - C^T\right)\left[L(X^TX)^{-1}L^T\right]^{-1}\left(L\hat{B}M - C\right) \\ E &= M^TY^T(I_n - P_X)YM \\ P_X &= X(X^TX)^{-1}X^T \end{aligned} \tag{9.23}$$

라 하자. 이때 $k = \min(l, m)$ 이고, λ_i 가 HE^{-1} 의 고유값이라고 하면,

$$\Lambda^* = \frac{|E|}{|H+E|} = \prod_{i=1}^{k}\left(\frac{1}{1+\lambda_i}\right) \tag{9.24}$$

을 Wilks' Lambda 라고 하며, H_0 가 참일 때, Λ^* 의 함수는 **근사 F-분포**를 *따른다(증명생략. 자유도는 SAS®Help Center 참조).*

Remark 다변량 일반선형가설 $H_0 : LBM = C_{l\times m}$ 에 대한, Wilks' Lambda 를 포함한 다른 MANOVA 검정통계량은 Table 9.3과 같이 정리되며, 각각 F-분포 혹은 근사 F-분포를 따르게 된다.

Table 9.3: 다변량 일반선형가설에 사용되는 MANOVA 검정통계량

이름	정의	고유값과의 관계
Wilks' Lambda	$\frac{\lvert E\rvert}{\lvert H+E\rvert}$	$\prod_{i=1}^{k} \frac{1}{1+\lambda_i}$
Pillai's Trace	$\mathrm{tr}[H(H+E)^{-1}]$	$\sum_{i=1}^{k} \frac{\lambda_i}{1+\lambda_i}$
Hotelling-Lawley's Trace	$\mathrm{tr}(HE^{-1})$	$\sum_{i=1}^{k} \lambda_i$
Roy's Greatest Root	$\max_i(\lambda_i)$	$\max_i(\lambda_i)$

Remark: (MANOVA의 기본 가정) 다변량 일반선형가설의 MANOVA 검정통계량은 아래와 같은 기본 가정들을 가지고 있다. 이 가정들이 제대로 지켜지지 않는다면, MANOVA 검정통계량의 신뢰성은 떨어지게 될 것이다.

- Y 와 X 사이에 $Y = XB + E$ 라는 관계가 성립한다.
- E가 다변량정규분포를 따른다.
- n 개의 관측치는 서로 독립이다(변수 간 상관관계는 존재할 수 있다).
- p 개 반응변수 간의 분산공분산행렬 $\Sigma_{p\times p}$ 는 개체에 관계없이 항상 동일하다.

Remark MANOVA 검정통계량 중에 Pillai's Trace 가 가장 로버스트[3]하다.

Remark Roy's Greatest Root의 F 값은 상한값(upper bound)에 해당되므로, 다른 검정통계량이 모두 유의하지 않을 때는 Roy's Greatest Root 가 유의하더라도, 전체적으로 유의하다고 볼 수 없다.

Remark $k = \min(l, m) = 1$ 이면, 고유값의 개수는 한 개뿐이므로 4개의 검정통계량의 F 값은 동일하다.

Q 학생들의 나이(`Age`)에 따른 키(`Height`)와 몸무게(`Weight`)에 대한 다변량 회귀선($Y = X\,B + E$)이 유의한지 여부를 검정하는

$$H_0 : \beta_{11} = \beta_{12} = 0$$

[3]Robustness: 이상점(outlier)이나 분포가정(assumption)에 덜 민감한 성질

혹은

$$H_0 : \begin{pmatrix} 0 & 1 \end{pmatrix} \begin{pmatrix} \beta_{01} & \beta_{02} \\ \beta_{11} & \beta_{12} \end{pmatrix} \begin{pmatrix} 1 & 0 \\ 0 & 1 \end{pmatrix} = \begin{pmatrix} 0 & 0 \end{pmatrix}$$

이라는 가설을 이용하여 식 (9.23)의 행렬 H와 E를 각각 계산하고, 이에 따른 Wilks' Lambda를 계산하여, 그림 9.1의 SAS® 출력과 일치하는지를 확인하라.

[A] 다변량 일반선형가설에 의해

$$L = \begin{pmatrix} 0 & 1 \end{pmatrix}, \quad M = \begin{pmatrix} 1 & 0 \\ 0 & 1 \end{pmatrix}, \quad C = \begin{pmatrix} 0 & 0 \end{pmatrix}$$

이 되어, 식 (9.23)에 삽입하면(SAS® 실습문제 참조)

$$H = \begin{pmatrix} 311.5434 & 1263.5275 \\ 1263.5275 & 5124.4911 \end{pmatrix}$$
$$E = \begin{pmatrix} 161.6207 & 581.3540 \\ 581.3540 & 4211.2457 \end{pmatrix}$$

이 된다. 따라서, HE^{-1}의 고유값을 구하면(SAS® 실습문제 참조)

$$\lambda_1 = 1.9585$$

가 되어서, Wilks' Lambda는

$$\frac{1}{1+\lambda_1} = 0.3380$$

이며, 이는 `sashelp.class` 자료의 MANOVA table(그림 9.1)과 일치한다.

9.5 SAS® 실습문제

[1] `sashelp.class`에는 19명의 학생들에 대한 나이(Age), 키(Height), 몸무게(Weight)의 정보가 있다. 나이(Age)를 독립변수로 하는 다변량 회귀분석을 실시할 때, 회귀선의 유의성을 검정하는 귀무가설

$$H_0 : \beta_{11} = \beta_{12} = 0 \tag{9.25}$$

에 대하여, 다변량 일반선형가설의 MANOVA 검정통계량을 계산하려고 한다. 다음에 답하라.

1. 아래 `proc iml` 코드를 이용하여 식 (9.23)의 행렬 H를 계산하라.

2. 같은 방법으로 행렬 E를 계산하라

3. 행렬 HE^{-1}의 고유값이 SAS® 출력(그림 9.1)과 일치함을 확인하라.

```
proc iml;
  use sashelp.class;
  read all var {Height Weight Age} into YX;
  close;

  Y=YX[,1:2];
  n=nrow(Y);
  X=J(n,1,1) || YX[,3];

  S=inv(t(X)*X);
  Bhat=S*t(X)*Y;
  Px=X*S*t(X);

  L={ . . . . };
  M={ . . . . };
  C={ . . . . };

H=(t(M)*t(Bhat)*t(L)-t(C))*inv(L*S*t(L))*(L*Bhat*M-C);
E=t(M)*t(Y)*(I(n)-Px)*Y*M;
lambda=eigval(H*inv(E));

  print H, E, lambda;
quit;
```

4. 아래에 있는 SAS® 의 `proc reg` 프로시저를 이용하여도 그림 9.1과 같은 결과를 산출하는지 확인하라. 그리고, 유의수준 0.05로 식 (9.25)를 검정하라.

```
proc reg data=sashelp.class;
    model Height Weight = Age;
    mtest Age;
run;
```

[2] 학생들의 나이에 따른 키, 몸무게를 기록한 `sashelp.class` 자료에서 키에 대한 나이의 기울기가 몸무게에 대한 나이의 기울기와 동일한지 알아보려고 한다.

$$H_0 : \beta_{11} = \beta_{12}$$

다음 물음에 답하라.

1. 앞에서 주어진 `proc iml` 코드를 활용하여 행렬 H, E를 각각 계산하라.

2. 앞에서 주어진 `proc iml` 코드를 활용하여 행렬 HE^{-1}의 고유값을 구하라.

3. Wilks' Lambda 값이 0.5246 임을 확인하라.

4. 아래 SAS® 코드로 동일한 Wilks' Lambda 값이 나오는지 확인하라.

```
proc reg data=sashelp.class;
    model Height Weight = Age;
    mtest Height-Weight, Age;
run;
```

5. 위 4번의 MANOVA 검정통계량을 통해 두 개의 기울기가 동일한지 여부를 판단하라.

6. 나이(Age), 키(Height), 몸무게(Weight)의 표준화된 변수를 zAge, zHeight, zWeight라고 할 때, 아래 산점도를 관찰함으로써 '기울기 동일성 여부'를 판단하라.

```
data zclass; set sashelp.class;
    zAge=Age; zHeight=Height; zWeight=Weight;
run;
proc standard data=zclass mean=0 std=1 out=zclass;
    var zAge zHeight zWeight;
run;
proc sgplot data=zclass;
    scatter y=zHeight x=zAge;
    scatter y=zWeight x=zAge;
run;
```

7. 위 4번에서 소개한 `proc reg` 코드를 이용하되, 표준화된 변수를 이용하여 '기울기 동일성 여부'를 유의수준 0.05로 검정하라.

8. 표준화시킨 변수에 대하여, 키와 몸무게에 대한 나이의 기울기가 동일하다고 가정할 때, 키와 몸무게에 대한 나이의 회귀선을 각각 구하라.

[3] 코르크(`cork`) 자료는 북-동-남-서 방향의 코르크 보링의 무게를 측정한 값이다. 각 방향 평균 무게가 일정한지를 가설

$$H_0 : \mu_1 = \mu_2 = \mu_3 = \mu_4 \tag{9.26}$$

혹은

$$H_0 : \begin{pmatrix} \mu_1 - \mu_2 \\ \mu_2 - \mu_3 \\ \mu_3 - \mu_4 \end{pmatrix} = \begin{pmatrix} 0 \\ 0 \\ 0 \end{pmatrix} \tag{9.27}$$

을 이용해 검정하려고 한다. 우리는 식 (8.24)-(8.25)에서, 다변량정규분포 가정 하에 $H_0 : A\boldsymbol{\mu} = \boldsymbol{b}$를 이용해 호텔링의 T^2 통계량과 LRT 검정통계량을 사용했었다. 하지만, 만일 다변량 회귀모형 $Y = XB + E$ 를 이용해 동일한 가설을 검정하길 원한다면, 절편(Intercept)만 존재하는 회귀모형을 적합시킴으로써 MANOVA 검정통계량을 구할 수 있다.

$$Y = \begin{pmatrix} \boldsymbol{y}_1 & \boldsymbol{y}_2 & \boldsymbol{y}_3 & \boldsymbol{y}_4 \end{pmatrix}$$

$$
= \begin{pmatrix} y_{11} & y_{12} & \cdots & y_{14} \\ y_{21} & y_{22} & \cdots & y_{24} \\ \vdots & \vdots & \vdots & \vdots \\ y_{(28)1} & y_{(28)2} & \cdots & y_{(28)4} \end{pmatrix}
$$

$$
= \underbrace{\begin{pmatrix} 1 \\ 1 \\ \vdots \\ 1 \end{pmatrix}}_{X} \underbrace{\begin{pmatrix} \mu_1 & \mu_2 & \mu_3 & \mu_4 \end{pmatrix}}_{B} + \underbrace{\begin{pmatrix} \epsilon_{11} & \epsilon_{12} & \cdots & \epsilon_{14} \\ \epsilon_{21} & \epsilon_{22} & \cdots & \epsilon_{24} \\ \vdots & \vdots & \vdots & \vdots \\ \epsilon_{(28)1} & \epsilon_{(28)2} & \cdots & \epsilon_{(28)4} \end{pmatrix}}_{E}
$$

$$
= \quad XB \quad + \quad E \tag{9.28}
$$

다음 물음에 답하라.

1. 식 (9.27)의 귀무가설을 다변량 일반선형가설 $H_0 : LBM = C$ 로 변환하고, 해당되는 행렬 L, M, C 를 적어라.

2. 아래 SAS의 `proc reg` 프로시져를 이용해 위 귀무가설을 검정하는데, 그림 9.2와 같은 MANOVA table이 생성되는지 확인하라.

```
proc reg data=cork;
    model north east south west = ;
    mtest north-east, east-south, south-west, Intercept;
run;
```

3. 아래 SAS®코드는 `proc glm` 을 사용해 $H_0 : \mu_1 = \mu_2 = \mu_3 = \mu_4$ 를 검정하는 과정이다. 그림 9.3와 같은 출력이 나오는지 확인하고, 결론을 적어라.

The REG Procedure
Model: MODEL1
Multivariate Test 1

Multivariate Statistics and Exact F Statistics					
S=1 M=0.5 N=11.5					
Statistic	Value	F Value	Num DF	Den DF	Pr > F
Wilks' Lambda	0.56553956	6.40	3	25	0.0023
Pillai's Trace	0.43446044	6.40	3	25	0.0023
Hotelling-Lawley Trace	0.76822288	6.40	3	25	0.0023
Roy's Greatest Root	0.76822288	6.40	3	25	0.0023

그림 9.2: cork 자료에 대한 proc reg의 MANOVA table

```
data cork; set cork;
v1=north-east;
v2=east-south;
v3=south-west;
run;
proc glm data=cork;
    model v1 v2 v3 = /nouni;
    manova h=Intercept;
run;
```

4. 그림 9.3의 MANOVA table에서 Wilks' Lambda를 사용해서

$$T_0^2 = (n-1)\left(\frac{1-\Lambda^*}{\Lambda^*}\right) = 20.742 \tag{9.29}$$

$$F_0 = \frac{n \quad q}{q(n-1)} T_0^2 = 6.40 \tag{9.30}$$

이 성립함을 보여라.

[4] 코르크(cork) 자료에 대한 아래 귀무가설에 대해

$$H_0 : \begin{pmatrix} \mu_1 \\ \mu_2 \\ \mu_3 \\ \mu_4 \end{pmatrix} = \begin{pmatrix} 50 \\ 45 \\ 50 \\ 45 \end{pmatrix}$$

The GLM Procedure
Multivariate Analysis of Variance

Characteristic Roots and Vectors of: E Inverse * H, where
H = Type III SSCP Matrix for Intercept
E = Error SSCP Matrix

Characteristic Root	Percent	Characteristic Vector V'EV=1 v1	v2	v3
0.76822288	100.00	0.02413674	0.01157087	0.02243791
0.00000000	0.00	0.02008309	0.02386410	-0.00088456
0.00000000	0.00	-0.01270243	0.00823669	0.01870549

MANOVA Test Criteria and Exact F Statistics for the Hypothesis of No Overall Intercept Effect
H = Type III SSCP Matrix for Intercept
E = Error SSCP Matrix

S=1 M=0.5 N=11.5

Statistic	Value	F Value	Num DF	Den DF	Pr > F
Wilks' Lambda	0.56553956	6.40	3	25	0.0023
Pillai's Trace	0.43446044	6.40	3	25	0.0023
Hotelling-Lawley Trace	0.76822288	6.40	3	25	0.0023
Roy's Greatest Root	0.76822288	6.40	3	25	0.0023

그림 9.3: `cork` 자료에 대한 `proc glm`의 MANOVA table

MANOVA 검정통계량을 출력하려고 한다.

1. SAS의 `proc reg`를 이용하여 MANOVA 검정통계량을 구하라.

2. SAS의 `proc glm`을 이용하여 MANOVA 검정통계량을 구하라.

3. 위 [1]번 문제에서 주어진 `proc iml` 코드를 활용하여, MANOVA 검정통계량을 구하라. 그리고 위 1, 2의 결과와 동일한지 확인하라.

9.6 연습문제

[1] 다음을 증명하라.

1. $P_X = X(X^TX)^{-1}X^T$가 대칭이며 멱등행렬이다.

2. $P_X X = X$임을 증명하라.

3. $P_X \mathbf{1}_n = \mathbf{1}_n$임을 증명하라.

4. $\frac{J_n}{n}$이 대칭이며 멱등행렬임을 증명하라.

[2] 다음의 Table 9.4는

$$H_0 : LBM = C_{2\times 2}$$

에 대한 MANOVA 검정통계량이다. 다음 물음에 답하라.

Table 9.4: MANOVA table

검정통계량	value	F 값	p-value
Wilks' Lambda		1.64	0.16
Pillai's Trace		1.53	0.19
Hotelling-Lawley's Trace	0.897	1.73	0.14
Roy's Greatest Root	0.891	3.7	0.02

1. Wilks' Lambda 값을 계산하라.

2. Pillai's Trace 값을 계산하라.

3. 귀무가설을 기각할 것인가? 아니면 채택할 것인가? 그 이유를 적어 보아라.

[3] 어린이들의 영양섭취량을 철분(Iron), 단백질(Protein), 칼슘(Calcium)으로 구분하여 조사하고, 해당 어린이들의 가정에 대한 사회경제적 특성(x_1=소득, x_2=부모의 힉력, x_3=한부모 가징 여부)에 따라 영양소 십취량(y_I, y_P, y_C)이 달라시는지를 다변량 회귀분석인

$$Y = XB + E, \qquad B = \begin{pmatrix} \beta_{0I} & \beta_{0P} & \beta_{0C} \\ \beta_{1I} & \beta_{1P} & \beta_{1C} \\ \beta_{2I} & \beta_{2P} & \beta_{2C} \\ \beta_{3I} & \beta_{3P} & \beta_{3C} \end{pmatrix}$$

를 사용하여 분석했다. 아래는 관련 SAS® 코드이다.

```
data a; input yI yP yC x1 x2 x3; cards;
56 63 75 85 3 0
85 73 69 65 2 1
...
;
proc reg data=a;
    model yI yP yC = x1 x2 x3;
    mtest x1 x2 x3;
run;
```

위 SAS®코드의 `mtest`는 어떤 가설을 검정하는 것인지 다변량 일반선형가설

$$H_0 : LBM = C$$

에 알맞는 행렬 L, M, C를 적어라.

[4] 다변량 회귀모형

$$Y = \begin{pmatrix} \boldsymbol{y}_1 & \boldsymbol{y}_2 & \cdots & \boldsymbol{y}_p \end{pmatrix} = \begin{pmatrix} y_{11} & y_{12} & \cdots & y_{1p} \\ y_{21} & y_{22} & \cdots & y_{2p} \\ \vdots & \vdots & \vdots & \vdots \\ y_{n1} & y_{n2} & \cdots & y_{np} \end{pmatrix}$$

$$= \underbrace{\begin{pmatrix} 1 & x_{11} & \cdots & x_{1q-1} \\ 1 & x_{21} & \cdots & x_{2q-1} \\ \vdots & \vdots & \vdots & \vdots \\ 1 & x_{n1} & \cdots & x_{nq-1} \end{pmatrix}}_{X} \underbrace{\begin{pmatrix} \beta_{01} & \beta_{02} & \cdots & \beta_{0p} \\ \beta_{11} & \beta_{12} & \cdots & \beta_{1p} \\ \vdots & \vdots & \vdots & \vdots \\ \beta_{(q-1)1} & \beta_{(q-1)2} & \cdots & \beta_{(q-1)p} \end{pmatrix}}_{B}$$

$$+ \underbrace{\begin{pmatrix} \epsilon_{11} & \epsilon_{12} & \cdots & \epsilon_{1p} \\ \epsilon_{21} & \epsilon_{22} & \cdots & \epsilon_{2p} \\ \vdots & \vdots & \vdots & \vdots \\ \epsilon_{n1} & \epsilon_{n2} & \cdots & \epsilon_{np} \end{pmatrix}}_{E}$$

$$= XB + E \tag{9.31}$$

는

$$\boldsymbol{y}_j = X\boldsymbol{b}_j + \boldsymbol{\epsilon}_j, \qquad j = 1, 2, \cdots, p \tag{9.32}$$

라고 표현할 수 있다.

1. 각 $\boldsymbol{y}_j$ 에 대하여 오차제곱합

$$(\boldsymbol{y}_j - X\boldsymbol{b}_j)^T(\boldsymbol{y}_j - X\boldsymbol{b}_j) \tag{9.33}$$

   를 최소화시키는 최소제곱추정량은 $\hat{\boldsymbol{b}}_j = (X^TX)^{-1}X^T\boldsymbol{y}_j$ 임을 증명하라.

2. 아래 식을 증명하라.

$$\mathrm{tr}(E^TE) = \sum_{j=1}^{p}(\boldsymbol{y}_j - X\boldsymbol{b}_j)^T(\boldsymbol{y}_j - X\boldsymbol{b}_j) \tag{9.34}$$

3. $\hat{B} = \begin{pmatrix}\hat{\boldsymbol{b}}_1 & \hat{\boldsymbol{b}}_2 & \cdots & \hat{\boldsymbol{b}}_p\end{pmatrix}$ 라고 할 때, $\hat{B} = (X^TX)^{-1}X^TY$ 를 증명하라.

Chapter 10

주성분분석

현대 사회는 정보의 증가와 급속한 사회변화로 인해, 수 많은 변수를 다루는 고차원 자료(high dimensional data)의 분석을 요구하고 있다. 단순히 변수가 증가할수록 더 많은 정보를 이용하는 것이 장점이라고 생각할 수 있지만, 차원이 증가할수록 요구되는 자료의 수는 기하급수적으로 늘어나기 때문에 '차원의 저주[1](curse of dimensionality)'를 피해갈 수 없게 된다.

이러한 고차원 자료는 여러 분야에서 발생하는데, 첫 번째 예를 든다면 영상처리나 패턴인식과 같은 분야이다. 만일 스크린 위에 한 개의 픽셀(pixel)을 하나의 변수로 간주한다면, 1024×768 의 픽셀 화면은 786,432개의 변수가 되어, 하나의 스크린 영상은 786,432개 변숫값들로 완성된다. 이런 방식으로 촬영이 시간의 흐름에 따라 n번 이루어지면, 이는 $X_{n \times 786,432}$ 의 자료행렬이 된다.

두 번째로 많이 알려진 고차원 자료는 마이크로어레이(Microarray) 자료이다. 인간 게놈 연구(Human Genome Project: HGP)가 완성되면서 인간이 가진 유전자가 2만3천여 개라고 밝혀졌는데, 이와 같은 유전자가 어떤 환경이나 조건별로 발현(expression)되는 정도를 형광색으로 표현한 것이 마이크로어레이 자료라고 한다. 마이크로어레이 자료는 대략 1만여 개의 유전자 변수에 대한 500여 개의 표본에 대한 정보를 마이크로칩에 담고 있다.

이러한 고차원 자료의 경우, 변수의 개수(p)가 표본의 개수(n)보다 훨씬 많은 경우

[1] R.E. Bellman (1920-1984) 에 의해 주장된 개념으로 한 차원이 증가함에 따라 필요한 표본의 개수가 기하급수적으로 늘어나야 된다는 이론.

가 발생하여($p >> n$), 기존의 회귀분석 방법이 적용될 수 없을 뿐 아니라, 차원의 저주로 인해 검정력이 약해지는 결과를 가져온다. 이 과에서 소개되는 주성분분석은 '차원축소(dimension reduction)'를 위한 대표적 통계기법이다.

10.1 주성분

주성분분석(Principal Component Analysis: PCA)은 전체 자료의 변동(variability)을 가장 잘 설명하는 '변수들의 선형결합'을 구함으로써, 고차원 자료의 변동을 저차원 변수로 설명하는 기법을 말한다. 아래는 주성분의 정의이다.

Definition: (제1주성분) 확률벡터 $\boldsymbol{x} = (x_1\, x_2\, \cdots\, x_p)^T$ 의 분산공분산행렬이 Σ 일 때, $\boldsymbol{x}$ 의 변동(variability)을 제일 잘 설명해주는 선형결합

$$PC_1 = a_{11}\,x_1 + a_{12}\,x_2 + \cdots + a_{1p}\,x_p = \sum_{i=1}^{p} a_{1i}\,x_i \tag{10.1}$$

를 **'제1주성분(The 1st Principal Component)'**이라고 한다.

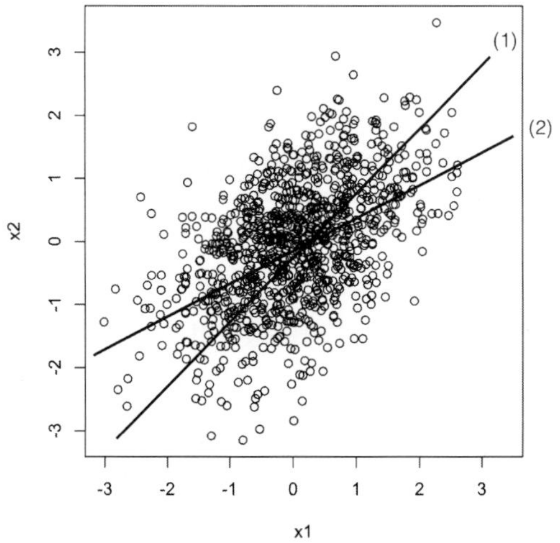

그림 10.1: 이변량 자료에서 제1주성분 찾기-1

Q 확률벡터 $\boldsymbol{x} = (x_1\ x_2)^T$ 에 대한 산점도가 그림 10.1과 같다고 할 때, 제1주성분인 직선 $a_{11}\,x_1 + a_{12}\,x_2 = c$ 의 그래프는 (1)과 (2) 중에 어느 것일지 선택해 보아라.

A 제1주성분은 자료의 전체 변동을 가장 잘 표현하는 직선이다. 그림 10.2와

그림 10.3은 같은 점들을 서로 다른 직선에 직각으로 투영시킨 결과인데, 같은 점들이라도 직선 (2)보단 직선 (1)에 투영될 때 자료의 변동(variability)이 큰 것으로 판단된다. 따라서, 둘 중 하나를 고른다면 (1)번 직선이 제1주성분이다.

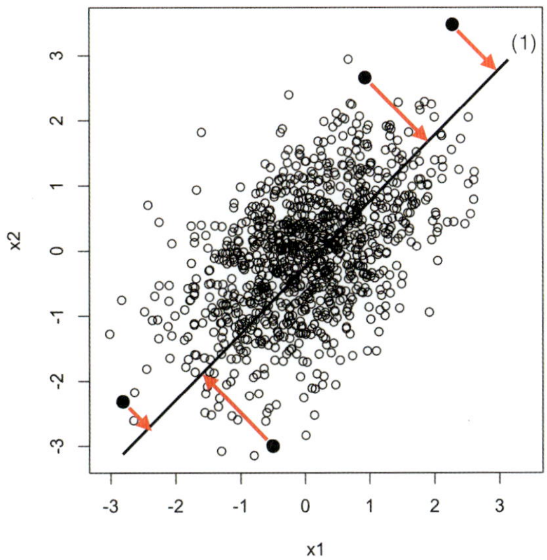

그림 10.2: 이변량 자료에서 제1주성분 찾기-2

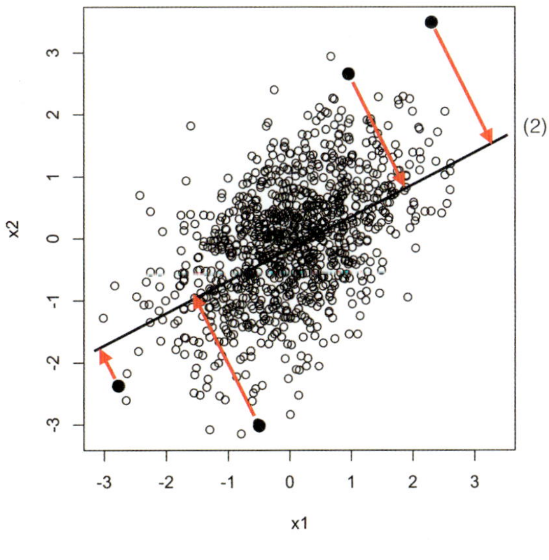

그림 10.3: 이변량 자료에서 제1주성분 찾기-3

Definition: (제2주성분) 확률벡터 $\boldsymbol{x} = (x_1\, x_2\, \cdots\, x_p)^T$ 의 분산공분산행렬이 Σ 일 때, 그리고

$$PC_1 = a_{11}\, x_1 + a_{12}\, x_2 + \cdots + a_{1p}\, x_p = \sum_{i=1}^{p} a_{1i}\, x_i \tag{10.2}$$

가 '제1주성분'이라고 할 때, PC_1 과 **직교**하면서 $\boldsymbol{x}$ 의 변동(variability)을 그 다음으로 잘 설명해주는 선형결합

$$PC_2 = a_{21}\, x_1 + a_{22}\, x_2 + \cdots + a_{2p}\, x_p = \sum_{i=1}^{p} a_{2i}\, x_i \tag{10.3}$$

를 **'제2주성분(The 2nd Principal Component)'**이라고 한다.

Remark 확률벡터 $\boldsymbol{x} = (x_1\, x_2\, \cdots\, x_p)^T$ 가 p개의 확률변수로 구성되면, 주성분의 개수도 p가 되어, 제1주성분, 제2주성분, $\cdots$, 제p주성분이 존재한다.

Q 그림 10.2가 제1주성분을 나타낸다면, 제2주성분은 어떤 모습일지 그려보아라.

A 제1주성분과 직교함을 감안하면 제2주성분은 PC_2 가 된다(그림 10.4).

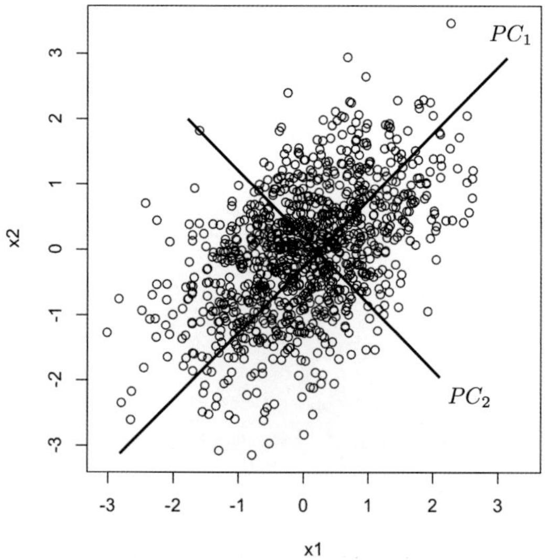

그림 10.4: 이변량 자료에서 제2주성분 찾기

그렇다면 수학적 공식으로 제1주성분, 제2주성분을 어떻게 표현할지 알아보자.

Theorem 10.1 (주성분 공식) *확률벡터* $\boldsymbol{x} = (x_1\, x_2\, \cdots\, x_p)^T$ *의 분산공분산 행렬이* Σ*라고 가정하자. 만일 행렬* Σ *의* **고유값***이*

$$\lambda_1 \geq \lambda_2 \geq \cdots \geq \lambda_p \geq 0 \tag{10.4}$$

이고, **고유벡터***가* $\boldsymbol{a}_1, \boldsymbol{a}_2, \cdots, \boldsymbol{a}_p$ *일 때,* $\boldsymbol{a}_i^T = (a_{i1}\ a_{i2}\ \cdots\ a_{ip})$*라면, 제*$i$*주성분은*

$$PC_i = \boldsymbol{a}_i^T \boldsymbol{x} = a_{i1}\, x_1 + a_{i2}\, x_2 + \cdots + a_{ip}\, x_p \tag{10.5}$$

이며, 제i*주성분의 분산은*

$$\mathrm{V}(PC_i) = \lambda_i \tag{10.6}$$

가 된다. 여기서, $\boldsymbol{a}_i\, (i = 1, 2, \cdots, p)$ *는 서로 직교한다.*

Proof 주성분은 정의상 $\boldsymbol{x}$ 의 선형결합이므로, $\boldsymbol{u}^T\boldsymbol{x}$ 라고 표시할 수 있고, 이는

$$PC = \boldsymbol{u}^T \boldsymbol{x} = u_1\, x_1 + u_2\, x_2 + \cdots + u_p\, x_p \tag{10.7}$$

로 표현된다. 이 선형결합의 분산은

$$\mathrm{V}(\boldsymbol{u}^T\boldsymbol{x}) = \boldsymbol{u}^T\, \mathrm{V}(\boldsymbol{x})\boldsymbol{u} = \boldsymbol{u}^T \Sigma \boldsymbol{u} \tag{10.8}$$

가 되어, 주성분을 구하려는 방법은 일반성을 잃지 않고(without loss of generality), $\boldsymbol{u}^T\boldsymbol{u} = 1$ 인 조건 하에서 $\boldsymbol{u}^T\Sigma\boldsymbol{u}$를 최대로 하는 $\boldsymbol{u}$를 구하는 문제로 전환될 수 있다. 이를 위해 라그랑지 승수법(Lagrange's multiplier)[2]을 이용하면,

$$Q = \boldsymbol{u}^T\Sigma\boldsymbol{u} - \lambda\,(\boldsymbol{u}^T\boldsymbol{u} - 1) \tag{10.9}$$

이라 두고, Q를 $\boldsymbol{u}$로 미분하면

$$\frac{\partial Q}{\partial \boldsymbol{u}} = 2\Sigma\boldsymbol{u} - 2\lambda\boldsymbol{u} = \boldsymbol{0} \tag{10.10}$$

이 된다. 이는

$$\Sigma\boldsymbol{u} = \lambda\boldsymbol{u}\,, \quad (\boldsymbol{u} \neq \boldsymbol{0}) \tag{10.11}$$

를 의미하므로, λ는 Σ 의 고유값(eigenvalue)이고, $\boldsymbol{u}$는 Σ 의 고유벡터(eigenvector)가 된다($\boldsymbol{u} = \boldsymbol{a}$).

[2]제한된 조건 하에서 최댓값/최솟값을 구하는 방법.

따라서, 분산 $\mathrm{V}(\boldsymbol{u}^T\boldsymbol{x})$를 최대로 하는 선형결합, 곧 주성분(Principal Component)은 고유벡터를 사용하여

$$PC = \boldsymbol{a}^T\boldsymbol{x} \tag{10.12}$$

라고 할 수 있다. 이때, 주성분의 분산을 구하면 $\boldsymbol{a}^T\boldsymbol{a} = 1$ 이므로

$$\mathrm{V}(PC) = \boldsymbol{a}^T\Sigma\boldsymbol{a} = \boldsymbol{a}^T(\lambda\boldsymbol{a}) = \lambda \tag{10.13}$$

가 된다. 그러므로, 제i주성분은

$$PC_i = \boldsymbol{a}_i^T\boldsymbol{x} \tag{10.14}$$

가 되며, 그 분산은 $\mathrm{V}(PC_i) = \lambda_i$ 가 된다. 이때, 분산공분산행렬이 대칭행렬이므로, 모든 고유벡터들은 서로 직교한다(연습문제 참조). ∎

Remark 확률벡터가 $\boldsymbol{x} \in \mathbb{R}^3$ 이고, 자료의 분포가 그림 10.5와 같이 달걀모양의 타원구를 이룬다고 가정하자. 이때, 타원구 안의 직교하는 세 축은 각각 제1주성분, 제2주성분, 제3주성분을 나타낸다.

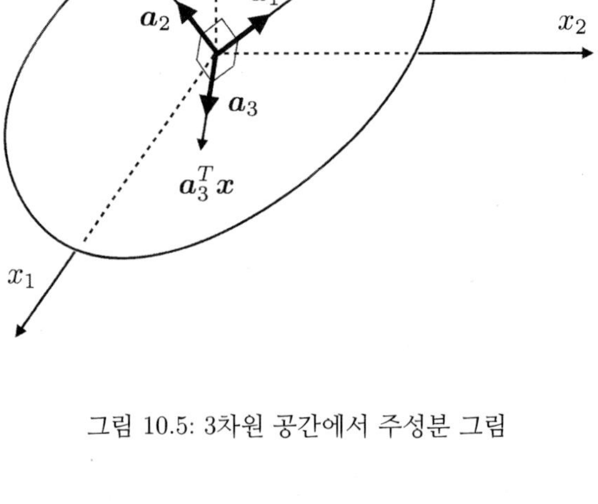

그림 10.5: 3차원 공간에서 주성분 그림

여기서 주성분의 방향은 Σ 의 고유벡터 $\boldsymbol{a}_i$ 가 되고, 주성분으로 구성된 새로운 축의 좌표값은 고유벡터 $\boldsymbol{a}_i$ 와 $\boldsymbol{x}$ 의 내적인 $\boldsymbol{a}_i^T\boldsymbol{x}$ 가 된다(연습문제 참조).

Remark 지금까지 소개한 주성분에 대한 성질을 정리하면 다음과 같다. 분산공분산행렬 Σ의 고유값이 $\lambda_1, \lambda_2, \cdots, \lambda_p$이고, 고유벡터가 $\boldsymbol{a}_1, \boldsymbol{a}_2, \cdots, \boldsymbol{a}_p$일 때, 주성분을 $PC_1, PC_2, \cdots, PC_p$ 라고 한다면, 다음과 같은 성질이 존재한다.

1. $PC_i = \boldsymbol{a}_i^T \boldsymbol{x}, \quad i = 1, 2, \cdots, p.$
2. $\mathrm{V}(PC_i) = \lambda_i, \quad i = 1, 2, \cdots, p.$
3. $\boldsymbol{a}_i^T \boldsymbol{a}_i = 1, \quad i = 1, 2, \cdots, p.$
4. $\boldsymbol{a}_i^T \boldsymbol{a}_j = 0, \quad i, j = 1, 2, \cdots, p. \quad (i \neq j)$

지금까지는 분산공분산행렬 Σ를 이용해 주성분을 구했는데, 만일 Σ를 모른다면 Σ대신 S를 사용하면 된다. 아래는 그 절차를 요약한 것이다.

자료행렬 $X_{n \times p}$가 주어질 때, X에 대한 주성분은 아래의 절차를 따라 구한다.

1. 평균벡터 $\bar{\boldsymbol{x}}$로 이루어진 행렬

$$\bar{X}_{n \times p} = \begin{pmatrix} \bar{\boldsymbol{x}}^T \\ \bar{\boldsymbol{x}}^T \\ \vdots \\ \bar{\boldsymbol{x}}^T \end{pmatrix} \tag{10.15}$$

   를 구한 후,

$$X_c = X - \bar{X} \tag{10.16}$$

   와 같이, 평균을 빼준 자료행렬을 구한다(X_c = centered X).

2. X_c의 표본분산공분산행렬 S를 구한다.
3. S의 고유값(λ), 고유벡터($\boldsymbol{a}$)를 구한다.
4. $\boldsymbol{x}_c = \boldsymbol{x} - \bar{\boldsymbol{x}}$에 대하여, 주성분 $PC_i = \boldsymbol{a}_i^T \boldsymbol{x}_c$ 를 구한다($i = 1, 2, \cdots, p$).

Q 다음 자료행렬 X에 대해, 제1주성분과 제2주성분을 각각 구하라.

$$X = \begin{pmatrix} 1 & 2 \\ 2 & 3 \end{pmatrix} \tag{10.17}$$

A X_c 를 구하면,

$$X_c = \begin{pmatrix} -0.5 & -0.5 \\ 0.5 & 0.5 \end{pmatrix} \tag{10.18}$$

가 되고, 표본분산공분산행렬은

$$S = \begin{pmatrix} 0.5 & 0.5 \\ 0.5 & 0.5 \end{pmatrix} \tag{10.19}$$

가 되어, 고유값은 1과 0, 그리고 길이가 1인 고유벡터는

$$\boldsymbol{a}_1 = \begin{pmatrix} \frac{1}{\sqrt{2}} \\ \frac{1}{\sqrt{2}} \end{pmatrix}, \quad \boldsymbol{a}_2 = \begin{pmatrix} -\frac{1}{\sqrt{2}} \\ \frac{1}{\sqrt{2}} \end{pmatrix} \tag{10.20}$$

이 된다. 따라서 제1주성분과 제2주성분은 각각

$$\begin{aligned} PC_1 &= \boldsymbol{a}_1^T \boldsymbol{x}_c = \frac{1}{\sqrt{2}}(x_1 - 1.5) + \frac{1}{\sqrt{2}}(x_2 - 2.5) \\ PC_2 &= \boldsymbol{a}_2^T \boldsymbol{x}_c = -\frac{1}{\sqrt{2}}(x_1 - 1.5) + \frac{1}{\sqrt{2}}(x_2 - 2.5) \end{aligned}$$

가 되며, 이를 그래프로 표시하면 그림 10.6이 된다.

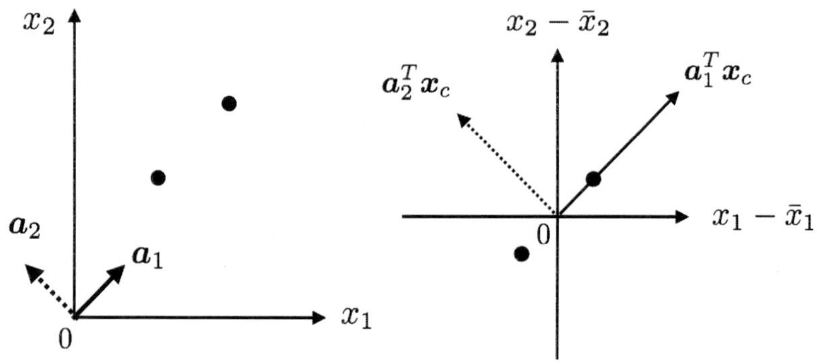

그림 10.6: 두 점에 대한 주성분 그림

10.2 주성분점수

자료의 변동을 잘 설명하는 제1주성분과 제2주성분을 구한다는 것은 주성분으로 구성되는 새로운 직교좌표축을 구한다는 의미이다. 그렇다면 기존의 자료들은 새

로운 직교좌표축에 어떤 좌표값을 가지게 될 것인가? 이를 '**주성분점수(Principal Component Score: PC Score)**'라고 한다.

Definition: (주성분점수) 확률벡터 $\boldsymbol{x} = (x_1\, x_2\, \cdots\, x_p)^T$ 의 분산공분산행렬이 Σ 이고,

$$PC_k = a_{k1}\, x_1 + a_{k2}\, x_2 + \cdots + a_{kp}\, x_p = \sum_{i=1}^{p} a_{ki}\, x_i \tag{10.21}$$

가 제k주성분이라고 할 때($1 \le k \le p$), 이 값들로 이루어지는 주성분 축의 좌표값

$$(PC_1,\, PC_2,\, \cdots,\, PC_k,\, \cdots,\, PC_p) \tag{10.22}$$

를 확률벡터 $\boldsymbol{x}$ 의 주성분점수(PC Score)라고 한다.

Q 다음 자료행렬 X 에 대해, 각 주성분점수를 구하라.

$$X = \begin{pmatrix} 1 & 2 \\ 2 & 3 \end{pmatrix} \tag{10.23}$$

A 앞 문제에서 X 의 주성분이

$$\begin{aligned} PC_1 &= \boldsymbol{a}_1^T \boldsymbol{x}_c = \frac{1}{\sqrt{2}}(x_1 - 1.5) + \frac{1}{\sqrt{2}}(x_2 - 2.5) \\ PC_2 &= \boldsymbol{a}_2^T \boldsymbol{x}_c = -\frac{1}{\sqrt{2}}(x_1 - 1.5) + \frac{1}{\sqrt{2}}(x_2 - 2.5) \end{aligned}$$

였으므로, $\boldsymbol{x}$값이 $(1\ 2)^T$, $(2\ 3)^T$일 때의 주성분점수를 각각 구하면,

Table 10.1: 주성분점수 계산

x_1	x_2	PC_1	PC_2
1	2	$-\frac{1}{\sqrt{2}}$	0
2	3	$\frac{1}{\sqrt{2}}$	0

이 되어서, 주성분점수는 $\left(-\frac{1}{\sqrt{2}},\, 0\right)$ 과 $\left(\frac{1}{\sqrt{2}},\, 0\right)$ 이 된다. 이를 도시하면 그림 10.7 이 된다.

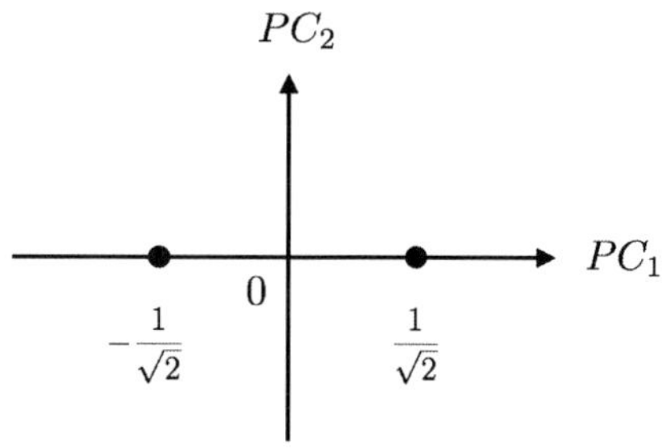

그림 10.7: 주성분점수를 좌표값으로 사용한 그래프

Remark 자료행렬 X 에 대한 주성분이 $\boldsymbol{a}_1^T\boldsymbol{x}_c$, $\boldsymbol{a}_2^T\boldsymbol{x}_c$, $\cdots$, $\boldsymbol{a}_p^T\boldsymbol{x}_c$라고 할 때,

$$A = \begin{pmatrix} \boldsymbol{a}_1^T \\ \boldsymbol{a}_2^T \\ \vdots \\ \boldsymbol{a}_p^T \end{pmatrix}$$

라고 정의하면, $\boldsymbol{x}_c$ 에 대한 주성분점수(PC Score)는

$$\begin{pmatrix} PC_1 \\ PC_2 \\ \vdots \\ PC_p \end{pmatrix} = \begin{pmatrix} \boldsymbol{a}_1^T\boldsymbol{x}_c \\ \boldsymbol{a}_2^T\boldsymbol{x}_c \\ \vdots \\ \boldsymbol{a}_p^T\boldsymbol{x}_c \end{pmatrix} = A\,\boldsymbol{x}_c \tag{10.24}$$

라고 표현할 수 있다.

10.3 산비탈그림

변수가 p개인 자료의 주성분 개수도 p개 이지만, 중요한 몇 개만의 주성분을 선택하여 사용한다면, 비록 약간의 정보누락은 불가피할지라도 '차원의 저주'는 피할 수 있다. 여기서는 산비탈그림(Scree Plot)을 통해 주성분의 개수를 결정하는 방법을 소개한다.

Definition: (산비탈그림) 확률벡터 $\boldsymbol{x} = (x_1\, x_2\, \cdots\, x_p)^T$ 의 분산공분산행렬이 Σ

이고, Σ에 대한 고유값이

$$\lambda_1 \geq \lambda_2 \geq \cdots \geq \lambda_p \geq 0 \tag{10.25}$$

이라고 할 때, 수평축을 i, 수직축을 λ_i로 하는($i = 1,\ 2\ \cdots,\ p$) 그래프를 '산비탈그림(Scree Plot)'이라고 한다.

그림 10.8은 주성분이 8개인 자료의 산비탈그림의 예다.

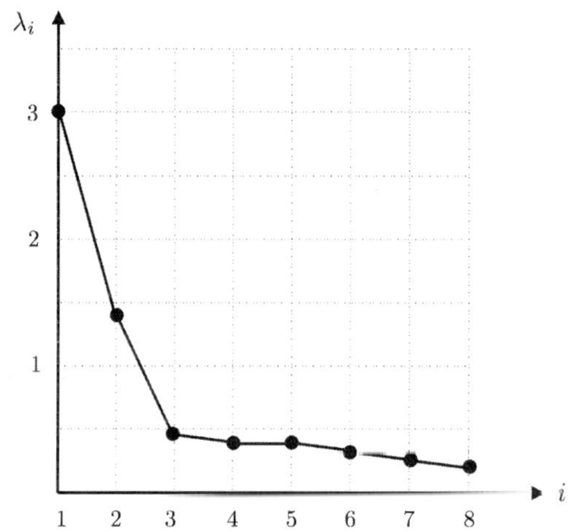

그림 10.8: 산비탈그림(Scree Plot)의 예

주성분의 적정 개수에 대한 판단은 자료의 성격과 분석 목적에 따라 매우 주관적이다. 그럼에도 불구하고, 편의상 아래와 같은 방법들의 일부가 사용되고 있다.

- 고유값이 1 이상인 주성분만 선택한다.
- 산비탈그림의 팔꿈치(elbow)를 찾아서 팔꿈치가 시작되기 바로 전의 주성분까지 선택한다.
- 산비탈의 암석조각(debris)이 쌓이는 부분까지 주성분을 포함시킨다.
- 주성분의 분산합이 전체분산의 80-90% 이상이 되는 주성분까지 포함시킨다. 예를 들어, 전체분산에 대한 제1주성분과 제2주성분의 분산합의 비율은

$$\frac{\lambda_1 + \lambda_2}{\lambda_1 + \lambda_2 + \cdots + \lambda_p} \times 100\ (\%) \tag{10.26}$$

가 된다.

Remark 주성분분석에서 사용되는 변수들 사이에 '단위 차이'가 크면, 주성분은 변수의 상관관계에 관계없이 단위가 큰 변수를 대변하게 된다. 이러한 현상을 방지하려면, 주성분분석을 실시하기 전에 변수의 표준화(standardization)작업을 실시하게 되는데, 이는 변수 x대신

$$z = \frac{x - \bar{x}}{SD(x)} \tag{10.27}$$

를 사용하는 것을 말한다.[3] 표준화작업을 실시한 후의 분산공분산행렬은 원자료(raw data)의 상관행렬과 일치하기 때문에(연습문제 참조), 결국 변수의 단위가 많이 다를 경우에는 분산공분산행렬 Σ 대신 '상관행렬 R에 대한 고유값/고유벡터'를 구해서 주성분분석을 실시하고 있다.

Example 2004년 미국에 시판된 428 종류 자동차에 대한 정보(2개 결측치 포함)인 `mcars.sas7dbat`를 가지고(Appendix 참조) 분산공분산행렬을 사용하여 다음의 SAS®코드로 주성분분석을 실시하였다.

```
proc princomp data=mcars cov outstat=lambda;
    var MSRP EngineSize Cylinders Horsepower
        MPG_City Weight Length;
run;
```

Eigenvalues of the Covariance Matrix				
	Eigenvalue	Difference	Proportion	Cumulative
1	379296314	378834384	0.9988	0.9988
2	461930	460735	0.0012	1.0000
3	1196	1094	0.0000	1.0000
4	102	92	0.0000	1.0000
5	10	10	0.0000	1.0000
6	1	1	0.0000	1.0000
7	0		0.0000	1.0000

그림 10.9: `mcars` 자료의 공분산행렬을 이용한 `proc princomp` 의 결과물-1

그 결과, 그림 10.9-10.10의 결과를 얻었는데, 제1주성분이 전체 분산의 거의 99.88%

[3] $SD(x)$는 x의 표준편차(standard deviation)이다.

		Eigenvectors						
		Prin1	Prin2	Prin3	Prin4	Prin5	Prin6	Prin7
MSRP		0.999842	-.017587	-.002508	0.000224	-.000041	-.000003	0.000007
EngineSize	Engine Size (L)	0.000033	0.001003	0.009245	0.013766	-.008279	0.438292	0.898641
Cylinders		0.000052	0.001157	0.011804	0.014742	-.014392	0.898352	-.438632
Horsepower		0.003059	0.030967	0.998031	-.038774	0.035708	-.013347	-.002870
MPG_City	MPG (City)	-.000128	-.004555	-.035289	0.002274	0.999218	0.017039	0.001228
Weight	Weight (LBS)	0.017500	0.999249	-.031709	-.013297	0.003480	-.000701	-.000212
Length	Length (IN)	0.000126	0.014486	0.038095	0.998953	-.000516	-.019863	-.006028

그림 10.10: mcars 자료의 공분산행렬을 이용한 proc princomp 의 결과물-2

The PRINCOMP Procedure

Observations	426
Variables	7

				Simple Statistics			
	MSRP	EngineSize	Cylinders	Horsepower	MPG_City	Weight	Length
Mean	32804.54930	3.205633803	5.807511737	215.8779343	20.07042254	3580.474178	186.4201878
StD	19472.46082	1.103520014	1.558442633	71.9910395	5.24861602	759.870073	14.3666105

그림 10.11: mcars 자료의 공분산행렬을 이용한 proc princomp 의 결과물-3

를 설명하고 있으며, 제1주성분은

$$PC1 \approx 0.999 \times \texttt{MSRP} + 0.003 \times \texttt{Horsepower} + 0.017 \times \texttt{Weight} \quad (10.28)$$

가 되어, 사실상 제1주성분은 MSRP 만을 대변하고 있다. 그 이유는 그림 10.11과 같이 MSRP 의 단위가 너무 커서 다른 변수가 전체 분산에 끼치는 영향을 무력화시키고 있기 때문이다. 그러나 분산공분산행렬대신 상관행렬을 사용하면(아래 SAS® 코드 참조), 그림 10.12-10.13과 같은 결과가 출력된다. 이 코드에서 out=scoreout 라는 옵션은 자료값에 대한 주성분점수를 scoreout 이라는 SAS®데이터 파일에 저장시키고 있다.

```
proc princomp data=mcars outstat=lambda out=scoreout ;
    var MSRP EngineSize Cylinders Horsepower
        MPG_City Weight Length;
run;
```

여기서 두 개의 주성분이 전체의 80% 이상을 차지하고, 이는 아래와 같게 된다.

$$PC1 = 0.320 \times \texttt{MSRP} + 0.424 \times \texttt{EngineSize} + 0.417 \times \texttt{Cylinders}$$

$$+0.399 \times \texttt{Horsepower} - 0.373 \times \texttt{MPG\_City} + 0.392 \times \texttt{Weight}$$
$$+0.298 \times \texttt{Length}$$
$$PC2 = 0.611 \times \texttt{MSRP} - 0.075 \times \texttt{EngineSize} + 0.063 \times \texttt{Cylinders}$$
$$+0.365 \times \texttt{Horsepower} + 0.094 \times \texttt{MPG\_City} - 0.292 \times \texttt{Weight}$$
$$-0.622 \times \texttt{Length}$$

여기서 MSRP, EngineSize, ... , Length는 표준화된 변수이다.

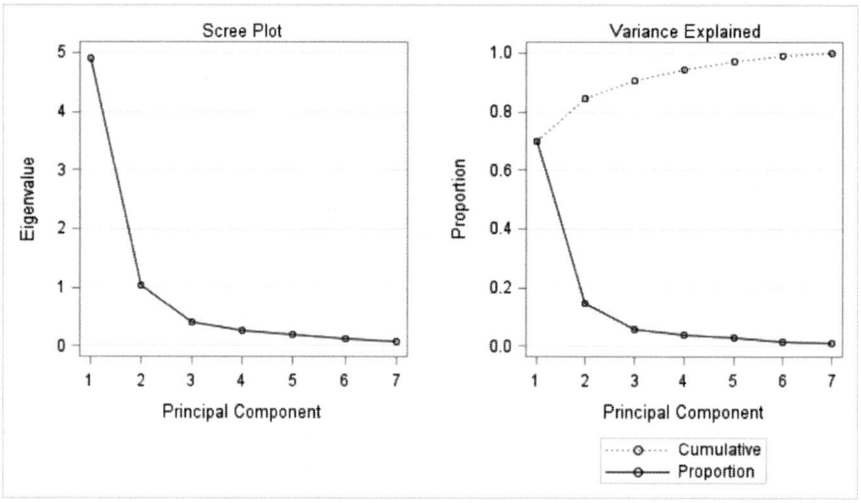

그림 10.12: mcars 자료의 상관행렬을 이용한 proc princomp 의 결과물-1

Eigenvectors								
		Prin1	Prin2	Prin3	Prin4	Prin5	Prin6	Prin7
MSRP		0.320617	0.611687	0.217513	-.483085	0.174950	-.389075	-.245714
EngineSize	Engine Size (L)	0.424683	-.075720	0.139946	0.462315	-.061474	0.174324	-.739205
Cylinders		0.417682	0.063673	0.190194	0.532550	-.131739	-.485034	0.499089
Horsepower		0.399121	0.365469	0.059050	-.085899	-.219824	0.729762	0.339697
MPG_City	MPG (City)	-.373292	0.094672	0.818671	0.182252	0.332757	0.184012	0.060538
Weight	Weight (LBS)	0.392910	-.292307	-.153184	-.049305	0.834653	0.117736	0.154191
Length	Length (IN)	0.298946	-.622959	0.446940	-.475667	-.304241	-.051951	0.035732

그림 10.13: mcars 자료의 상관행렬을 이용한 proc princomp 의 결과물-2

10.4 행렬도

주성분분석(PCA)에서 주성분은 변수들의 선형결합으로 표현되고, 각 개체의 변수값(자료행렬 X 의 행에 해당되는)은 이러한 주성분점수로 변환된다. 따라서, 모든 자료는 주성분을 수평-수직축으로 하고 자신의 주성분점수를 좌표값으로 하는 좌표평면에 그려진다. 그림 10.14에서, 수평축과 수직축은 각각 제1주성분(PC_1), 제2

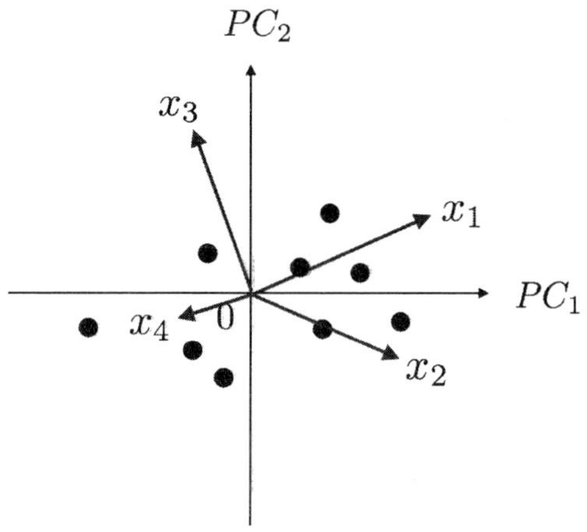

그림 10.14: 주성분분석의 행렬도의 예

주성분(PC_2)을 나타내고 있고, 화살모양의 벡터 표시는 기존의 변수축이 제1주성분과 제2주성분으로 생성되는 평면에 '투영된 그림자'를 의미한다. 따라서, 변수와 주성분의 상관관계가 높을수록, 사잇각은 작고 벡터의 길이는 길게 표현된다. 예를 들어, 그림 10.14에서 변수 x_1 과 x_2 는 제1주성분과 양의 상관관계를 나타내고 있고, x_3 는 제2주성분과 양의 상관관계를 가지지만, x_2 는 제2주성분과 음의 상관관계를 나타낸다. 한편, x_4 는 제1주성분과 음의 상관관계가 클 것 같지만, 벡터의 길이가 상대적으로 많이 짧기 때문에, 실제로 2차원이상의 그래프에서는 제1주성분과 x_4 의 사잇각이 직각에 가까울 수 있다. 따라서, x_4 가 제1주성분에 끼치는 영향력은 적을 수도 있기에 해석의 주의가 필요하다.

이와 같이 자료의 주성분점수를 좌표축으로 하는 산점도를 작성하고, 그 안에 변수와 주성분과의 관계를 벡터로 표시함으로써, 변수와 변수간의 관계, 변수와 주성분과의 관계, 그리고 관측값 간 상대적 위치를 한눈에 파악하는 그래프를 '**행렬도(Biplot)**'라고 한다[4].

[4]K.R. Gabriel (1971)이 처음으로 소개해서 '가브리엘 행렬도'라고도 한다.

Example 앞서 구한 자동차 정보(mcars 자료)의 제1주성분, 제2주성분을 사용하여 행렬도를 그려보자. 아래 SAS® 코드는 각 '변수와 주성분의 상관관계(그림 10.15)'와 '주성분점수에 의한 산점도(그림 10.16)'를 그려준다.

```
proc princomp data=mcars
    plots(ncomp=2)=(pattern score(ellipse));
    var MSRP EngineSize Cylinders Horsepower
        MPG_City Weight Length;
run;
```

그림 10.15는 제1주성분, 제2주성분과 각 변수와의 관계를 나타내는 Component Pattern 그래프로서, **좌표는 각 변수와 주성분과의 상관계수**를 의미한다.

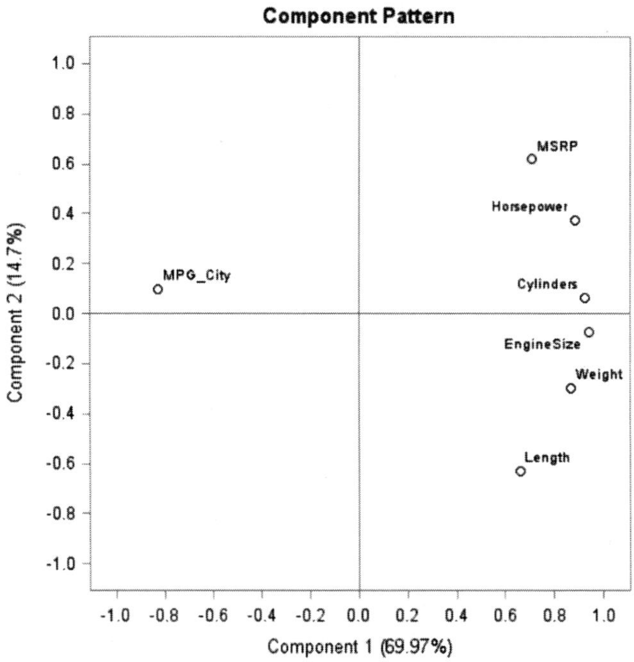

그림 10.15: mcars에 대한 Component Pattern 그래프

그래프를 보면, 자동차가 크고 엔진 힘이 좋을수록 제1주성분점수가 높게 나타나고, 연비가 높을수록 제1주성분점수는 낮게 나온다. 또한, 값이 비싸거나 엔진 힘이 좋은 자동차는 제2주성분점수가 높고, 외관이 큰 자동차는 제2주성분점수가 낮게 나온다.

그렇다면, 428개의 자동차는 주성분의 어떤 위치에 표시되는지 그림 10.16을 살펴보자. 원자료를 확인한 결과, 그림에서 151번 차종은 하이브리드 차량으로 연비가 비교할 수 없을 정도로 높은 차종이며, 335번 차종은 가격이 제일 높은 스포츠카임이 확인되었다.

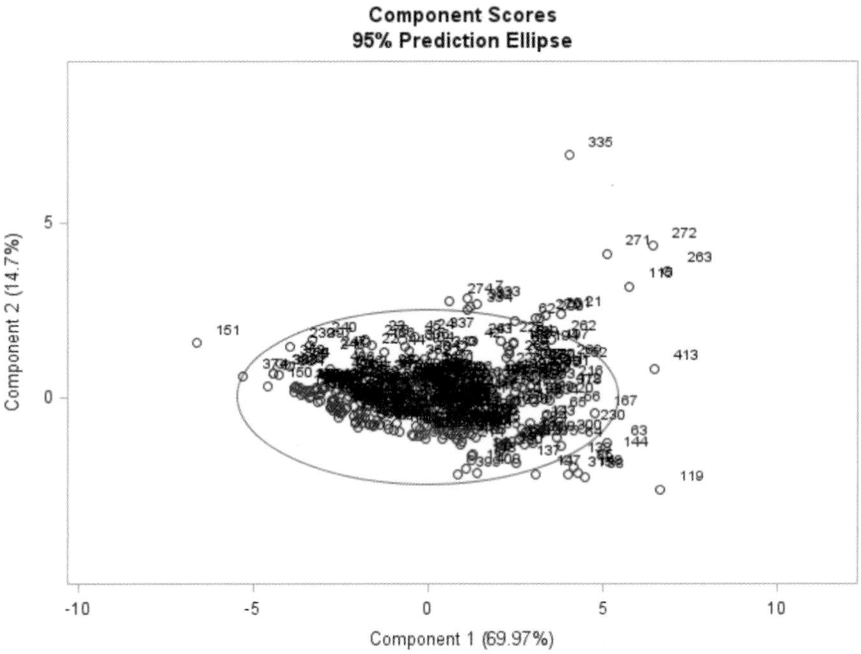

그림 10.16: mcars 에 대한 Component Score 그래프

만일, 그림 10.15와 그림 10.16의 정보를 한 개의 그래프 위에 도시한다면, 그것이 바로 '**행렬도(Biplot)**'가 될 것이며(그림 10.17), 이는 아래 proc prinqual 코드로 생성된다. 여기서 mdpref= 옵션은 자료에 따라 자표축의 길이를 조정할 수 있게 해 준다.

```
proc prinqual data=mcars plot=all mdpref=6 ;
transform identity(MSRP EngineSize Cylinders Horsepower
                MPG_City Weight Length);
id car;
ods select MDPrefPlot;
run;
```

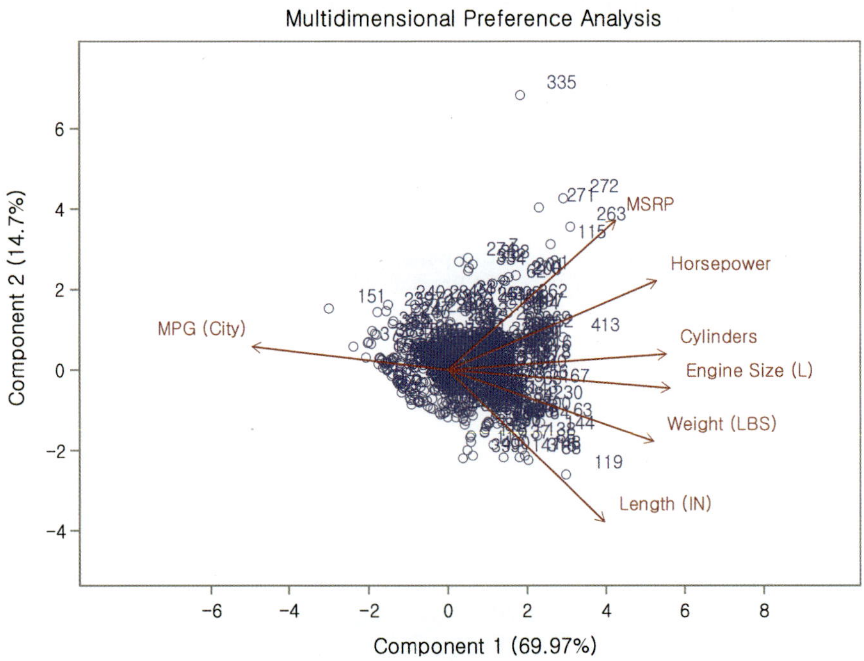

그림 10.17: mcars 에 대한 행렬도

Remark **<u>자료행렬 $X_{n\times p}$ 에 대한 행렬도</u>**를 통해 다음과 같은 정보를 얻을 수 있다.

- n개 개체 간의 상대적 위치정보
- p개 변수 간 상관관계
- 변수축과 주성분의 사잇각이 θ라 할 때 $|\cos\theta|$의 값이 크고 벡터의 길이가 길수록, 주성분에 대한 해당 변수의 기여도가 높다는 것을 나타낸다. 여기서 주의할 점은, 비록 주성분과 비슷한 방향으로 표시될지라도 벡터의 길이가 짧다면, 2차원 평면과 멀리 떨어진 벡터로서, 주성분과의 사잇각은 직각에 가까울 가능성이 높다. 그림 10.17에서 제1주성분에 제일 많이 기여한 변수는 EngineSize, Cylinders, MPG_City 이고, 제2주성분에 제일 많이 기여한 변수는 MSRP, Length 이다.
- 두 벡터의 사잇각 θ 에 대해, $\cos\theta$ 는 두 변수 간의 상관계수이며, 전혀 상관이 없는 변수는 서로 직각인 벡터로 표현된다. 그림 10.17에서 판매가격(MSRP)과 가장 상관계수가 작은 변수는 차의 길이(Length)이다

- 두 개체 간의 거리가 가까우면 두 개체 간의 유사성(similarity)이 높으며, 같은 그룹에 속할 확률이 높아진다(추후 군집분석이나 판별분석에 활용됨).

10.5 SAS® 실습문제

[1] Appendix의 track_m 자료에는 1984년까지 55개국의 남자 육상기록을 담고 있다(Table 16.13-16.14). 아래 물음에 답하라.

1. 분산공분산행렬을 이용해 proc princomp 를 통한 주성분을 구하라.

2. 상관행렬을 이용해 proc princomp 를 통한 주성분을 구하라.

3. 분산공분산행렬이 아닌 상관행렬을 사용해야 하는 이유를 설명하라.

4. 상관행렬을 사용한 주성분분석에서 주성분 개수를 2개 선택하였다. 그 근거를 찾아 설명하라.

5. 위 2번 에서 구한 제1주성분과 제2주성분이 아래와 같이 나옴을 확인하고, 각 주성분점수가 클수록 어떤 의미가 되는지 서술하라.

$$
\begin{aligned}
PC_1 &= 0.317 \times \texttt{100m} + 0.336 \times \texttt{200m} + 0.355 \times \texttt{400m} + 0.368 \times \texttt{800m} \\
&\quad + 0.372 \times \texttt{1500m} + 0.364 \times \texttt{5km} + 0.366 \times \texttt{10km} + 0.341 \times \texttt{Marathon} \\
PC_2 &= 0.566 \times \texttt{100m} + 0.461 \times \texttt{200m} + 0.248 \times \texttt{400m} + 0.012 \times \texttt{800m} \\
&\quad - 0.139 \times \texttt{1500m} - 0.312 \times \texttt{5km} - 0.306 \times \texttt{10km} - 0.438 \times \texttt{Marathon}
\end{aligned}
$$

6. proc prinqual 을 이용한 행렬도가 그림 10.18과 같게 나옴을 확인하고, 대한민국(korea_s)과 북한(korea_n)의 남자 육상기록에 대한 당신의 견해를 서술하라.

[2] Appendix의 track_w 자료에는 1984년까지 55개국의 여자 육상기록을 담고 있다(Table 16.15-16.16). 다음 물음에 답하라.

1. 상관행렬을 이용한 제1주성분과 제2주성분, 그리고 제3주성분을 구하고, 각 주성분점수가 클수록 어떤 의미를 갖는지 서술하라.

2. 3개의 주성분에 대한 행렬도가 그림 10.19-10.20과 같음을 확인하고, 북한 여자 육상기록(korea_n)에 대한 당신의 견해를 서술하라.

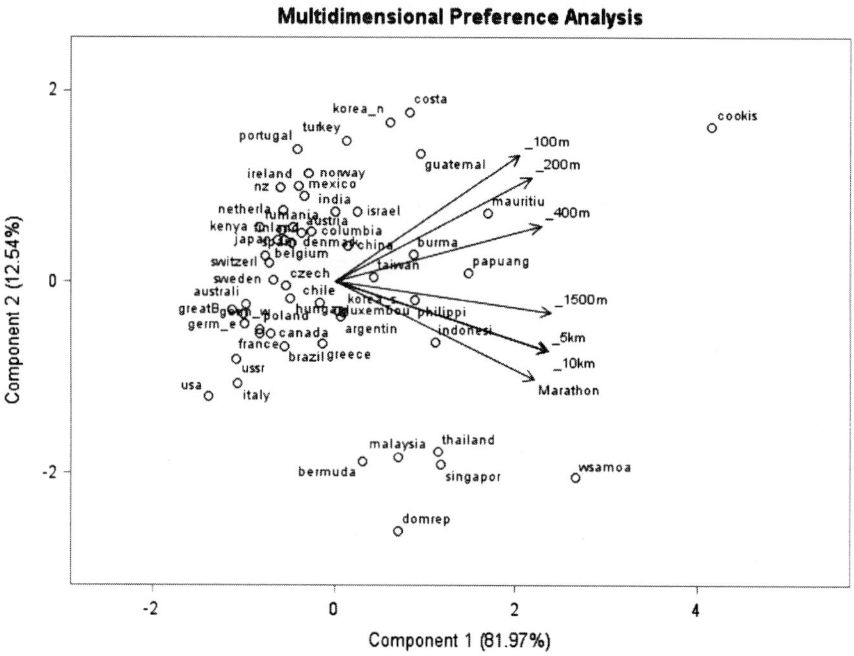

그림 10.18: `track_m` 자료에 대한 행렬도(Biplot)

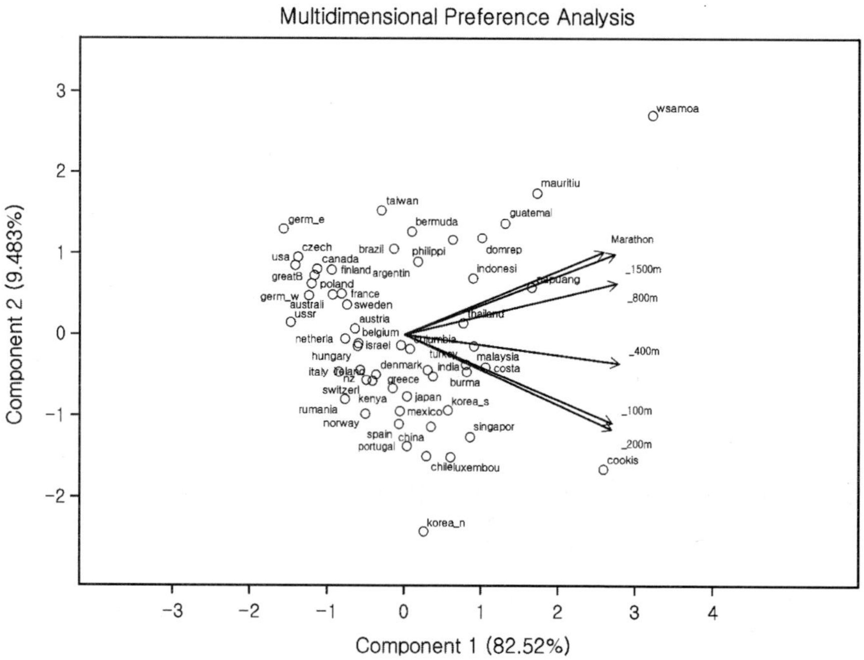

그림 10.19: `track_w` 자료에 대한 행렬도-1

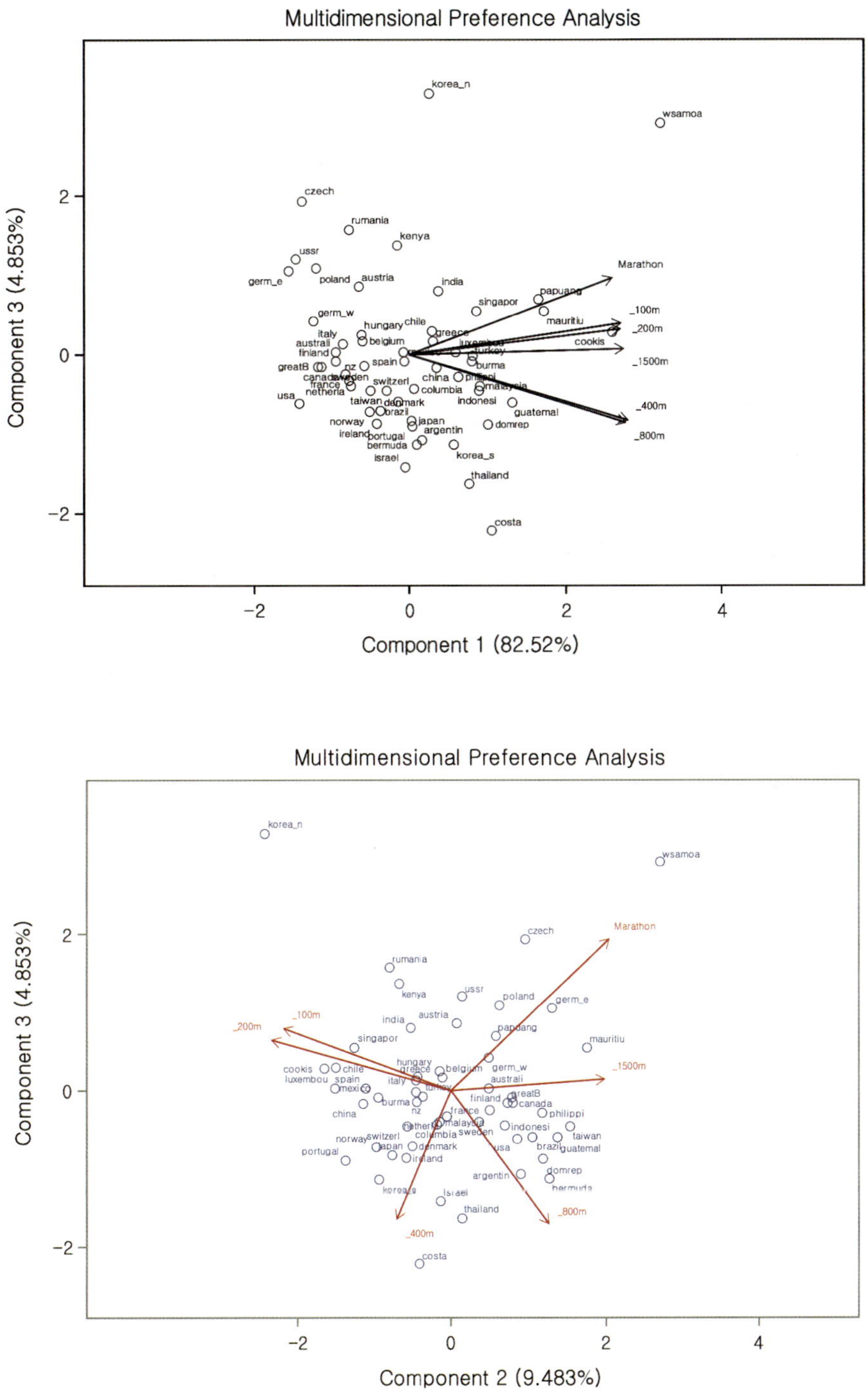

그림 10.20: `track_w` 자료에 대한 행렬도-3

10.6 연습문제

[1] 자료행렬 X 가 있고, 평균을 뺀 자료행렬 X_c 가 있을 때, X 의 표본분산공분산행렬을 S, X_c 의 표본분산공분산행렬을 S_c 라고 하자. 이때

$$S = S_c \tag{10.29}$$

임을 증명하라.

[2] 확률벡터 $\boldsymbol{x}_{p\times 1}$ 의 평균이 $\boldsymbol{\mu}$, 분산공분산행렬이 Σ 이다. $D = \text{diag}(\text{diag}(\Sigma))$ 이고,

$$\boldsymbol{z} = D^{-\frac{1}{2}}(\boldsymbol{x} - \boldsymbol{\mu}) \tag{10.30}$$

라고 할 때, 다음을 증명하라.

$$\text{Cov}(\boldsymbol{z}) = \text{Corr}(\boldsymbol{x}) \tag{10.31}$$

[3] 아래 그림 10.21에서 c는 벡터 $\boldsymbol{x}$를 '**길이 1인 단위벡터 $\boldsymbol{a}$**'에 투영시킨 좌표값을 나타낸다.

1. $\cos\theta$ 값을 이용하여 $c = \boldsymbol{a}^T\boldsymbol{x}$ 임을 증명하라.
2. 또한, $\boldsymbol{x} - \bar{\boldsymbol{x}}$ 를 $\boldsymbol{a}$ 에 투영시킨 값은 $c = \boldsymbol{a}^T(\boldsymbol{x} - \bar{\boldsymbol{x}})$임을 증명하라.

(이는 그림 10.22 같이 주성분을 축으로 하는 산점도를 그리기 위해 주성분점수를 구하는 과정이다.)

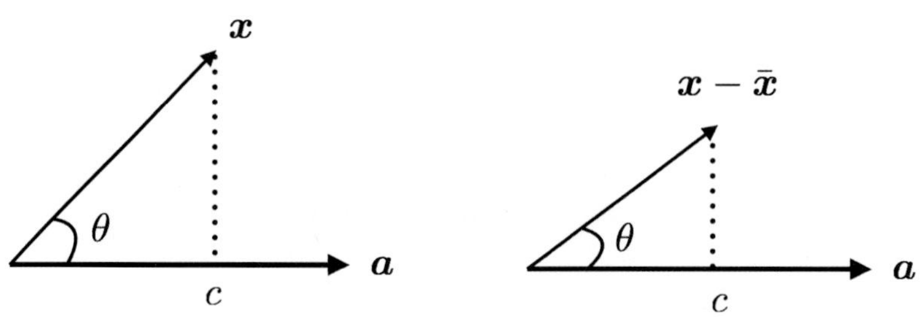

그림 10.21: 벡터 $\boldsymbol{x}$, $\boldsymbol{x} - \bar{\boldsymbol{x}}$ 를 각각 단위벡터 $\boldsymbol{a}$ 에 투영시킨 값

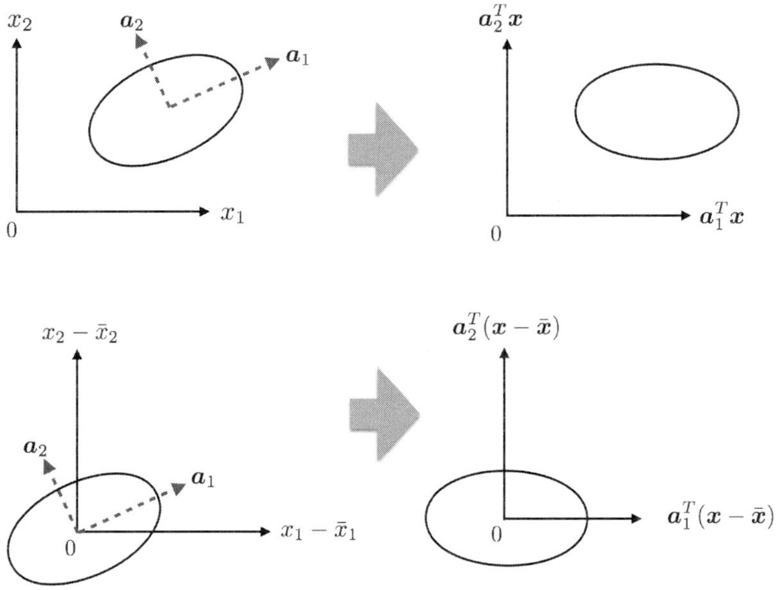

그림 10.22: X 에 대한 주성분점수와 X_c 에 대한 주성분점수

[4] 행렬 $A_{p\times p}$ 가 대칭행렬이면, 서로 상이한 고유값 λ_i, $\lambda_j\,(\lambda_i \neq \lambda_j)$ 에 대한 고유벡터 $\boldsymbol{a}_i$, $\boldsymbol{a}_j$ 에 대하여,

$$\boldsymbol{a}_i^T\boldsymbol{a}_j = 0 \tag{10.32}$$

임을 고유값, 고유벡터의 정의를 이용해서 증명하라.

Chapter 11

요인분석

주성분분석과 비슷한 용도로 사용되는 또 하나의 분석방법이 요인분석(Factor Analysis: FA)이다. 혹은 '인자분석'이라고도 하는데, 주성분분석이 전체 자료의 변동을 가장 잘 설명하는 변수들의 선형결합(주성분)을 구함으로써 자료의 차원 축소를 목적으로 한다면, 요인분석은 변수들 사이에 '영향을 끼치지만 보이지 않는 요인(factor)'을 찾아내는 것이 목적이다.

11.1 요인(Factor)이란?

주성분분석에서 분산공분산행렬 Σ 혹은 상관행렬 R을 이용해 주성분을 구했듯이, 요인분석도 변수 간 상관관계를 이용해 변수 사이에 보이지 않는 관계를 추정한다. 그러므로, 요인분석은 변수들 사이의 상관관계가 뚜렷하게 존재하는 경우에만 적용될 수 있으며, 요인분석을 통해 우리는 '**변수 간 상관관계는 무엇에 의해 발생하는가?**'에 대한 답을 할 수 있게 된다.

역사적으로, 요인분석은 통계학자 스피어만[1]이 여러 과목의 시험성적에 영향을 주는 잠재적 능력에 관한 연구를 실시함으로써 시작되었다. 예를 들어, 영어, 프랑스어, 과학 성적이 상관관계가 있고, 체육 성적과 봉사활동 성적이 상관관계가 있다고 가정하자. 첫 번째 그룹에 영향을 끼치는 요인을 '지능'이라고 한다면, 두 번째 그룹에 영향을 끼치는 요인은 '신체활동 능력'이 될 수 있다. 이 두 요인은 보이지 않더라도, 여러 과목들의 성적에 실제적인 영향을 끼치고 있기 때문에, 이런

[1]Charles E. Spearman (1863-1945), 정신분석학자, 통계학자, 스피어만의 순위상관계수로 유명함.

요인을 '**잠재변수(latent variable)**'라고 부르기도 한다. 이런 잠재변수의 예는 '애국심'이나 '브랜드의 충성도', 혹은 '기업 이미지'나 '업무태도' 등, 우리 주변에 실제로 존재하지만 특정 변수만으로 측정되기 힘든 값들이다.

Definition: (요인) 변수값들에 영향을 끼치지만 보이지 않는 변수를 '요인(factor)'이라고 한다.

아래 그림 11.1은 '지능(Intelligence)'이라는 요인에 의해 각 과목 성적의 상관관계가 어떻게 이루어지는지를 보여준다.

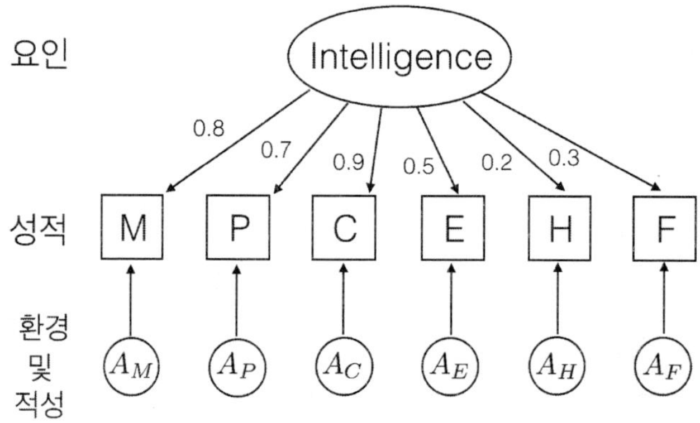

그림 11.1: 공통요인이 한 개인 요인분석의 예

수학(Mathematics), 물리(Physics), 화학(Chemistry), 영어(English), 역사(History), 프랑스어(French)의 성적에 영향을 주는 '지능(Intelligence: I)'이라는 요인은 비록 우리에게 보이진 않지만 실제적으로 존재하는 **공통요인(common factor)**이다. 그리고, 같은 지능이라도 학생의 개인 환경(교육환경 및 적성)에 따라 성적이 다를 수 있이므로, 각 과목 성적(M, P, C, E, H, F)을 아래와 같은 식으로 표현할 수 있다.

$$
\begin{aligned}
M &= 0.8 \times I + A_M \\
P &= 0.7 \times I + A_P \\
C &= 0.9 \times I + A_C \\
E &= 0.5 \times I + A_E \\
H &= 0.2 \times I + A_H \\
F &= 0.3 \times I + A_F
\end{aligned} \tag{11.1}
$$

식 (11.1)에서 0.8, 0.7 , ⋯과 같은 수치는 **요인적재값(factor loading)**이라고 하는데, 이는 특정 과목이 공통요인에 의해 얼마나 영향을 받는지를 나타낸다.

Definition: (요인적재값) 어떤 변수가 공통요인에 얼마나 의존하고 있는지를 −1 부터 1 사이의 수치로 나타낸 값을 '요인적재값(factor loading)'이라고 한다. 만일 1 이나 −1 에 가까우면 그 요인이 해당 변수에 많은 영향을 끼치고 있다는 의미이며, 0 에 가까울수록 그 요인은 해당 변수에 영향을 끼치지 않는다고 할 수 있다.

Q 그림 11.1을 보고, '지능'이라는 공통요인에 의해 영향을 가장 많이 받는 과목 3개와 가장 적게 받는 2개의 과목을 선택하라.

A 그림 11.1의 요인적재값을 보면, 수학이 0.8, 물리가 0.7, 화학이 0.9로써 공통요인에 의해 가장 많은 영향을 받고 있고, 영향을 가장 덜 받는 과목은 역사와 프랑스어이다.

Remark 요인분석에서는 효과적인 분석을 위해 아래와 같은 가정을 한다.

1. 요인적재값이 −1 에서 1 까지의 값을 가진다
2. 변수의 분산은 항상 1이다

$$V(M) = V(P) = V(C) = V(E) = V(H) = V(F) = 1 \tag{11.2}$$

3. 공통요인의 분산은 1이다(i.e. $V(I) = 1$).
4. 공통요인(I)과 그 변수의 외생변수값($A_M, A_P, \cdots, A_F$)은 서로 독립이다.

위 가정 하에서, 식 (11.1)로부터 프랑스어 성적의 분산을 계산하면,

$$V(F) = 0.09 + V(A_F) = 1 \tag{11.3}$$

이 되므로, 여기서 0.09 와 같이 요인적재값의 제곱값을 '**공통성(communality)**'이라 하고, 그 결과 $V(A_F) = 0.91$ 과 같이 계산된 값을 '**고유분산(unique variance)**'이라고 한다.

Definition: (공통성) 변수의 분산과 공통요인의 분산이 모두 1일 때, 요인적재값의 제곱을 '공통성(communality)'이라고 하며, 이는 변수의 분산 중에서 공통요인이 영향을 끼치는 비율을 뜻하고, 이 값이 클수록 공통요인이 해당 변수에 끼치는 영향력이 크다고 할 수 있다.

Definition: (고유분산) 1에서 공통성 혹은 공통성의 합(sum)을 제외한 값을 그 변수의 '고유분산(unique variance)'이라고 하며, 이는 해당 변수의 분산 중에서 공통요인에 의해 설명되지 못하는 부분이다, 이 값이 클수록 해당 변수에 대한 공통요인의 영향력은 줄어든다.

Q 식 (11.1)에서 각 과목 성적에 대한 공통성과 고유분산을 구하라.

A 공통성과 고유분산을 구해, 표로 작성하면 Table 11.1과 같다.

Table 11.1: 과목 성적에 대한 공통성과 고유분산의 계산

과목	공통성(communality)	고유분산(unique variance)
수학(M)	0.64	0.36
물리(P)	0.49	0.51
화학(C)	0.81	0.19
영어(E)	0.25	0.75
역사(H)	0.04	0.96
프랑스어(F)	0.09	0.91

공통요인이 두 개 이상인 경우도 존재하는데, 그림 11.1을 'Q-요인'과 'V-요인'이라는 두 개의 요인으로 표현한다면, 그림 11.2와 같다.
이 경우, 과목 성적과 공통요인과의 관계는 다음과 같다.

$$\begin{aligned}
M &= 0.8 \times Q + 0.2 \times V + A_M \\
P &= 0.7 \times Q + 0.3 \times V + A_P \\
C &= 0.6 \times Q + 0.3 \times V + A_C \\
E &= 0.2 \times Q + 0.8 \times V + A_E \\
H &= 0.15 \times Q + 0.82 \times V + A_H \\
F &= 0.25 \times Q + 0.85 \times V + A_F \qquad (11.4)
\end{aligned}$$

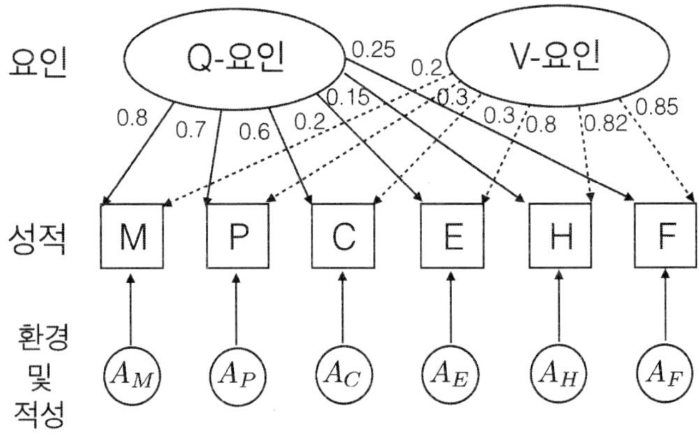

그림 11.2: 과목 성적에 요인이 두 개인 경우

Q 식 (11.4)에서 각 과목 성적에 대한 두 요인의 공통성과 고유분산을 구하라.

A 각 요인의 공통성과 고유분산은 Table 11.2와 같다.

Table 11.2. 과목 성적에 대한 두 요인의 공통성과 고유분산

과목	공통성(communality)		고유분산(unique variance)
	Q	V	
수학(M)	0.64	0.04	0.32
물리(P)	0.49	0.09	0.42
화학(C)	0.36	0.09	0.55
영어(E)	0.04	0.64	0.32
역사(H)	0.0225	0.6724	0.3051
프랑스어(F)	0.0625	0.7225	0.215

Table 11.2에 의하면, 수학, 물리, 화학과목이 첫 번째 요인 'Q'에 높은 공통성을 가지고 있고, 영어, 역사, 프랑스어는 두 번째 요인 'V'에 상대적으로 높은 공통성을 가지고 있다. 따라서 첫 번째 Q 요인은 '수리능력(Quantitative ability)'이라고 이름을 지을 수 있고, 두 번째 V 요인은 영어, 역사, 프랑스어에 높은 공통성을 가지고 있으므로 '언어능력(Verbal ability)'이라고 이름을 지을 수 있을 것이다. 그 결과 그림 11.3을 완성하게 된다.

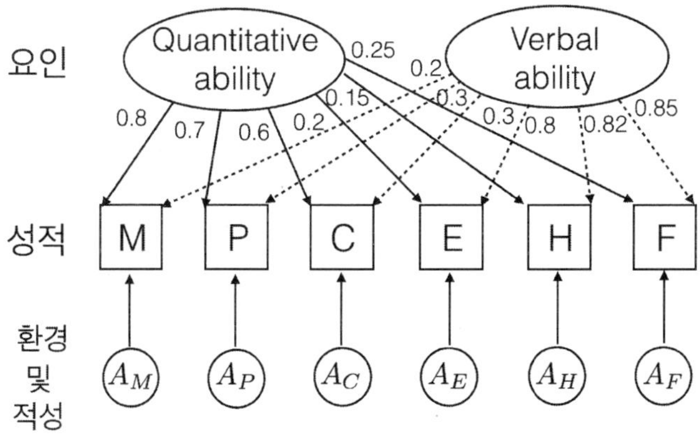

그림 11.3: 과목 성적을 두 개의 요인으로 분석한 그림

11.2 요인적재값의 추정

지금까지 우리는 요인적재값을 안다고 가정하고 요인분석을 실시했다. 그러나, 실제로 요인적재값(factor loading)은 우리가 자료를 통해 추정해야 하는 미지의 값들이다. 이 단원에서는, 요인의 개수는 어떻게 결정하는지, 요인적재값은 어떤 추정 방법을 통해 얻어지는지를 살펴볼 것이다. 특히, 요인적재값을 추정함에 있어서는 (1) 주성분분석을 이용한 방법과 (2) 최대가능도를 이용한 방법을 알아보기로 한다.

11.2.1 주성분분석(PCA)을 이용한 방법

변수 x_i 가 k개의 요인에 의해 영향을 받는다고 가정하면

$$x_i = \mu + l_{i1} f_1 + l_{i2} f_2 + \cdots + l_{ik} f_k + \epsilon_i, \qquad i = 1, 2, \cdots, p \tag{11.5}$$

라고 표현된다. 이를 행렬과 벡터로 표현하면,

$$\underbrace{\begin{pmatrix} x_1 \\ x_2 \\ \vdots \\ x_p \end{pmatrix}}_{\boldsymbol{x}} = \underbrace{\begin{pmatrix} \mu_1 \\ \mu_2 \\ \vdots \\ \mu_p \end{pmatrix}}_{\boldsymbol{\mu}} + \underbrace{\begin{pmatrix} l_{11} & l_{12} & \cdots & l_{1k} \\ l_{21} & l_{22} & \cdots & l_{2k} \\ \vdots & \vdots & \ddots & \vdots \\ l_{p1} & l_{p2} & \cdots & l_{pk} \end{pmatrix}}_{L} \underbrace{\begin{pmatrix} f_1 \\ f_2 \\ \vdots \\ f_k \end{pmatrix}}_{\boldsymbol{f}} + \underbrace{\begin{pmatrix} \epsilon_1 \\ \epsilon_2 \\ \vdots \\ \epsilon_p \end{pmatrix}}_{\boldsymbol{\epsilon}}$$

가 되어, $\boldsymbol{x} = \boldsymbol{\mu} + L\boldsymbol{f} + \boldsymbol{\epsilon}$ 으로 표현된다. 여기서 공통요인 f_i 는 서로 독립이면서

평균은 0, 분산은 1로 가정하고, f_i 와 ϵ_i 는 서로 독립이며, ϵ_i 의 분산은 고유분산이 된다. 그러므로, 아래와 같은 정리가 성립한다.

Theorem 11.1 (요인분석의 분산 가정) *확률벡터* $\boldsymbol{x} = (x_1\, x_2\, \cdots\, x_p)^T$ *의 분산공분산행렬이* Σ*라고 가정하자. 만일* $\boldsymbol{x} = \boldsymbol{\mu} + L\boldsymbol{f} + \boldsymbol{\epsilon}$ *이고,*

1. $E(\boldsymbol{f}) = \mathbf{0}, \quad \mathrm{V}(\boldsymbol{f}) = I_k$
2. $E(\boldsymbol{\epsilon}) = \mathbf{0}, \quad \mathrm{V}(\boldsymbol{\epsilon}) = \Psi = diag(\psi_1, \psi_2, \cdots, \psi_p)$
3. $\boldsymbol{f}$ *와* $\boldsymbol{\epsilon}$ *은 서로 독립*

이면,

$$\mathrm{V}(\boldsymbol{x}) = \Sigma = LL^T + \Psi \tag{11.6}$$

가 된다.

Proof $\boldsymbol{x}$ 의 분산을 직접 구하면,

$$\Sigma = \mathrm{V}(\boldsymbol{x}) = \mathrm{V}\left(\boldsymbol{\mu} + L\boldsymbol{f} + \boldsymbol{\epsilon}\right) = L\ \mathrm{V}(\boldsymbol{f})\, L^T + \Psi = LL^T + \Psi$$

가 됨을 알 수 있다[2]. ∎

그러므로, 요인적재값 L을 추정하는 문제는 분산공분산행렬 Σ에 대한 추정에 해당되므로, 이를 위해선 행렬의 고유값과 고유벡터에 대한 몇가지 성질을 익혀둘 필요가 있다.

Theorem 11.2 (행렬의 대각화) *행렬* $A_{p\times p}$ *의 고유값이* λ_i *이고, 고유벡터가* $\boldsymbol{v}_i$*일 때* $(i = 1, 2, \cdots, p)$*, 행렬* $C = \begin{pmatrix} \boldsymbol{v}_1 & \boldsymbol{v}_2 & \cdots & \boldsymbol{v}_p \end{pmatrix}$*와* $D = diag(\lambda_1, \lambda_2, \cdots, \lambda_p)$ *에 대하여, 아래와 같은 등식이 성립한다.*

$$AC = CD \tag{11.7}$$

Proof 고유값과 고유벡터의 정의를 이용하면

$$A\boldsymbol{v}_i = \lambda_i\, \boldsymbol{v}_i\,, \quad (i = 1, 2, \cdots, p) \tag{11.8}$$

[2] Ψ는 '사이(psi)' 혹은 '프시'라고 읽는다.

가 되는데, 이는 행렬로는

$$A\begin{pmatrix} \boldsymbol{v}_1 & \boldsymbol{v}_2 & \cdots & \boldsymbol{v}_p \end{pmatrix} = \begin{pmatrix} \boldsymbol{v}_1 & \boldsymbol{v}_2 & \cdots & \boldsymbol{v}_p \end{pmatrix}\begin{pmatrix} \lambda_1 & 0 & \cdots & 0 \\ 0 & \lambda_2 & \cdots & 0 \\ \vdots & \vdots & \ddots & \vdots \\ 0 & \cdots & 0 & \lambda_p \end{pmatrix}$$

라고 표현될 수 있으며, 곧 $AC = CD$ 이다. ∎

그렇다면, Σ 와 같이 '**대칭행렬에 대한 고유값, 고유벡터**'에는 어떤 성질이 있는지 알아보자.

Theorem 11.3 (대칭행렬의 고유벡터 성질-1) *행렬 $A_{p\times p}$ 가 대칭행렬이면, 다음과 같은 직교정규(orthonormal)인 고유벡터 $\boldsymbol{v}_i$ $(i = 1, 2, \cdots, p)$ 가 존재한다(증명생략).*

1. $\boldsymbol{v}_i^T\boldsymbol{v}_i = 1, \quad (i = 1, 2, \cdots, p)$
2. $\boldsymbol{v}_i^T\boldsymbol{v}_j = 0, \quad (i \neq j, \quad i, j = 1, 2, \cdots, p)$

Theorem 11.4 (대칭행렬의 고유벡터 성질-2) *행렬 $A_{p\times p}$ 의 직교정규인 고유벡터 $\boldsymbol{v}_i$로 이루어진 행렬 C 가*

$$C = \begin{pmatrix} \boldsymbol{v}_1 & \boldsymbol{v}_2 & \cdots & \boldsymbol{v}_p \end{pmatrix}$$

라면, C 는

$$C^{-1} = C^T \tag{11.9}$$

인 직교행렬(orthogonal matrix)이다(증명생략).

마지막으로, 대칭행렬의 고유값, 고유벡터에 관해서는 다음과 같은 **스펙트럼 분해(Spectral Decomposition)**가 성립한다.

Theorem 11.5 (스펙트럼 분해) *행렬 $A_{p\times p}$ 가 대칭행렬이고, 고유값이*

$$\lambda_1 \geq \lambda_2 \geq \cdots \geq \lambda_p \geq 0 \tag{11.10}$$

일 때, 직교정규인 고유벡터로 이루어진 행렬 C

$$C = \begin{pmatrix} \boldsymbol{v}_1 & \boldsymbol{v}_2 & \cdots & \boldsymbol{v}_p \end{pmatrix} \tag{11.11}$$

와 고유값으로 이루어진 대각행렬

$$D = \begin{pmatrix} \lambda_1 & 0 & \cdots & 0 \\ 0 & \lambda_2 & \cdots & 0 \\ \vdots & \vdots & \ddots & \vdots \\ 0 & \cdots & 0 & \lambda_p \end{pmatrix} \tag{11.12}$$

에 대하여, 행렬 A는 다음과 같이 스펙트럼 분해(spectral decomposition)된다.

$$\begin{aligned} A = CDC^T &= \lambda_1 \boldsymbol{v}_1 \boldsymbol{v}_1^T + \lambda_2 \boldsymbol{v}_2 \boldsymbol{v}_2^T + \cdots + \lambda_1 \boldsymbol{v}_p \boldsymbol{v}_p^T \\ &= \sum_{i=1}^{p} \lambda_i \boldsymbol{v}_i \boldsymbol{v}_i^T \end{aligned} \tag{11.13}$$

Proof A가 대칭행렬이므로, 고유벡터로 이루어진 C는 직교행렬이고 $C^{-1} = C^T$가 된다. 또한 고유값과 고유벡터의 정의에 의해,

$$AC = CD \tag{11.14}$$

가 성립하므로, 양변 오른쪽에 C^T를 곱하면 $A = CDC^T$ 가 된다. ∎

Q 아래 등식의 왼쪽 행렬에 대한 고유값과 직교정규인 고유벡터를 이용해서, 등식의 오른쪽같이 스펙트럼 분해됨을 보여라.

$$\begin{pmatrix} 1 & 3 \\ 3 & 1 \end{pmatrix} = \begin{pmatrix} 2 & 2 \\ 2 & 2 \end{pmatrix} + \begin{pmatrix} 1 & -1 \\ -1 & 1 \end{pmatrix} \tag{11.15}$$

A 연습문제 참조.

Theorem 11.6 (대칭행렬의 근사) *행렬 $A_{p\times p}$가 대칭행렬이고, 고유값이*

$$\lambda_1 \geq \lambda_2 \geq \cdots \geq \lambda_p \geq 0 \tag{11.16}$$

이고, 고유벡터가 $\boldsymbol{v}_1, \boldsymbol{v}_2, \cdots, \boldsymbol{v}_p$ 일 때, 어떤 $k(\leq p)$에 대하여

$$\lambda_{k+1}, \lambda_{k+2}, \cdots, \lambda_p \approx 0 \tag{11.17}$$

이면, 행렬 A는

$$A \approx \lambda_1 \boldsymbol{v}_1\boldsymbol{v}_1^T + \lambda_2 \boldsymbol{v}_2\boldsymbol{v}_2^T + \cdots + \lambda_k \boldsymbol{v}_k\boldsymbol{v}_k^T \tag{11.18}$$

로 근사된다(증명생략).

주성분분석을 통해, 대칭행렬 Σ로부터 주성분 개수 k를 정하고, 이를 이용한 스펙트럼 분해의 근사식을 이용하면,

$$\begin{aligned}
\mathrm{V}(\boldsymbol{x}) &= \lambda_1 \boldsymbol{v}_1\boldsymbol{v}_1^T + \lambda_2 \boldsymbol{v}_2\boldsymbol{v}_2^T + \cdots + \lambda_p \boldsymbol{v}_p\boldsymbol{v}_p^T \\
&= \begin{pmatrix} \sqrt{\lambda_1}\,\boldsymbol{v}_1 & \sqrt{\lambda_2}\,\boldsymbol{v}_2 & \cdots & \sqrt{\lambda_p}\,\boldsymbol{v}_p \end{pmatrix} \begin{pmatrix} \sqrt{\lambda_1}\,\boldsymbol{v}_1^T \\ \sqrt{\lambda_2}\,\boldsymbol{v}_2^T \\ \vdots \\ \sqrt{\lambda_p}\,\boldsymbol{v}_p^T \end{pmatrix} \\
&\approx \underbrace{\begin{pmatrix} \sqrt{\lambda_1}\,\boldsymbol{v}_1 & \sqrt{\lambda_2}\,\boldsymbol{v}_2 & \cdots & \sqrt{\lambda_k}\,\boldsymbol{v}_k \end{pmatrix}}_{L} \underbrace{\begin{pmatrix} \sqrt{\lambda_1}\,\boldsymbol{v}_1^T \\ \sqrt{\lambda_2}\,\boldsymbol{v}_2^T \\ \vdots \\ \sqrt{\lambda_k}\,\boldsymbol{v}_k^T \end{pmatrix}}_{L^T} + \Psi \\
&= LL^T + \Psi
\end{aligned} \tag{11.19}$$

가 된다. 여기서, 행렬 L은 분산공분산행렬의 고유값, 고유벡터를 이용해 구해지고,

$$\Psi = \begin{pmatrix} \psi_1 & 0 & \cdots & 0 \\ 0 & \psi_2 & \cdots & 0 \\ \vdots & \vdots & \ddots & \vdots \\ 0 & \cdots & 0 & \psi_p \end{pmatrix} \tag{11.20}$$

라고 정의했으므로, $\Sigma \approx LL^T + \Psi$ 식을 이용해 나머지 행렬 Ψ를 얻게된다.

Remark SAS®의 `proc factor`에서는 모든 변수의 분산을 1로 가정하기 때문에 S 대신 상관행렬인 R을 사용해서 L과 Ψ를 추정하고 있다.

Example Appendix의 자료 `WISC_R.sas7bdat`에는 175명의 어린이의 지능 검사 성적이 11개 소과목별로 기록되어 있다. 상관행렬에 대한 주성분분석을 이용해 요인적재값 L을 구하는 SAS®코드는 아래와 같다.

```
proc factor data=WISC_R method=p priors=one ;
run;
```

그 결과, 그림 11.4와 같이 고유값이 출력되고, 1보다 큰 고유값의 개수로 요인의 개수를 결정하는 `MINEIGEN=1` 기준(자동옵션)에 의해 3개의 요인이 선택되었다.

Prior Communality Estimates: ONE

Eigenvalues of the Correlation Matrix: Total = 11 Average = 1				
	Eigenvalue	Difference	Proportion	Cumulative
1	3.82864457	2.38665053	0.3481	0.3481
2	1.44199404	0.32585164	0.1311	0.4791
3	1.11614239	0.22605058	0.1015	0.5806
4	0.89009182	0.12173189	0.0809	0.6615
5	0.76835993	0.13558053	0.0699	0.7314
6	0.63277940	0.03749176	0.0575	0.7889
7	0.59528764	0.07293617	0.0541	0.8430
8	0.52235147	0.05146542	0.0475	0.8905
9	0.47088604	0.05226995	0.0428	0.9333
10	0.41861610	0.10376949	0.0381	0.9714
11	0.31484661		0.0286	1.0000

3 factors will be retained by the MINEIGEN criterion.

그림 11.4: `WISC_R`에 대한 PCA를 통한 요인분석-1

다음의 SAS®출력 그림 11.5는 요인의 패턴을 보여주는데, 이를 통해

$$\begin{aligned}\texttt{info} &= \mu_1 + 0.73555 \times \texttt{Factor1} - 0.35089 \times \texttt{Factor2} \\ &\quad -0.17085 \times \texttt{Factor3} + \epsilon_1\end{aligned}$$

Factor Pattern				
		Factor1	Factor2	Factor3
info	Information	0.73555	-0.35089	-0.17085
comp	Comprehension	0.75429	0.00535	-0.09380
arith	Arithmetic	0.60450	-0.34584	0.04381
simil	Similarities	0.74439	-0.06141	-0.24063
vocab	Vocabulary	0.74399	-0.27858	-0.11609
digit	Digit Span	0.42091	-0.46979	0.27503
pictcomp	Picture Completion	0.55892	0.46736	-0.17273
parang	Paragraph Arrangement	0.44915	0.32037	0.25221
block	Block Design	0.57442	0.44862	0.26468
object	Object Assembly	0.46280	0.58309	0.13772
coding	Coding	0.10086	-0.18668	0.86415

그림 11.5: WISC_R에 대한 PCA를 통한 요인분석-2

Variance Explained by Each Factor		
Factor1	Factor2	Factor3
3.8286446	1.4419940	1.1161424

Final Communality Estimates: Total = 6.386781										
info	comp	arith	simil	vocab	digit	pictcomp	parang	block	object	coding
0.69334360	0.57777717	0.48694428	0.61579235	0.64460275	0.47350636	0.56064781	0.36798352	0.60126902	0.57313906	0.79177506

그림 11.6: WISC_R에 대한 PCA를 통한 요인분석-3

$$
\begin{aligned}
\texttt{comp} &= \mu_2 + 0.75429 \times \texttt{Factor1} + 0.00535 \times \texttt{Factor2} \\
&\qquad -0.09380 \times \texttt{Factor3} + \epsilon_2 \\
&\vdots \\
\texttt{coding} &= \mu_{11} + 0.10086 \times \texttt{Factor1} - 0.18668 \times \texttt{Factor2} \\
&\qquad +0.86415 \times \texttt{Factor3} + \epsilon_{11}
\end{aligned}
$$

이라는 $\boldsymbol{x} = \boldsymbol{\mu} + L\boldsymbol{f} + \boldsymbol{\epsilon}$ 의 관계식을 만들 수 있다. 또한, 그림 11.5는 행렬 L을 나타내는데 이는 상관행렬 R의 고유값 λ_i와 고유벡터 $\boldsymbol{v}_i$를 이용해 식 (11.19)에 따라

$$
L = \begin{pmatrix} \sqrt{\lambda_1}\,\boldsymbol{v}_1 & \sqrt{\lambda_2}\,\boldsymbol{v}_2 & \sqrt{\lambda_3}\,\boldsymbol{v}_3 \end{pmatrix} \tag{11.21}
$$

임을 확인할 수 있다(SAS®실습문제 참조).

그림 11.6은 '각 공통요인의 영향력(L 의 열방향 제곱합)'과 '각 변수의 변동에 끼치는 공통요인의 영향력(L 의 행방향 제곱합)'을 나타낸다. `Factor1` 은 `Factor2` 에 비해 두 배 이상 자료의 분산을 잘 설명해 주며, 변수 중에서는 `info` 와 `coding` 변수가 3개의 공통요인에 의해 제일 영향을 많이 받고 있다. 그 결과, `Factor1` 이 상식, 산수, 어휘, 이해력에 해당되는 요인이라면, `Factor2` 는 그림이나 모양을 맞추는 능력이나 숫자를 잘 기억하는 능력에 해당되는 요인이다. 마지막으로 `Factor3` 은 기호를 사용하는 능력과 관계되는 요인이라고 할 수 있다.

11.2.2 최대가능도추정법(MLE)을 이용한 방법

요인적재값(factor loading) L 을 추정하는 다른 방법은 최대가능도(Maximum Likelihood: ML)를 이용한 추정방법이다. 이 방법에는 다음과 같은 가정이 선행된다.

1) $\boldsymbol{x} = \boldsymbol{\mu} + L\,\boldsymbol{f} + \boldsymbol{\epsilon}$

2) $\boldsymbol{x} \sim N_p\,(\boldsymbol{\mu},\ \Sigma), \quad \Sigma = LL^T + \Psi$

위 가정을 이용하면, $\boldsymbol{x}$ 의 로그가능도(log-likelihood)는

$$l\,(\boldsymbol{\mu},\ \Sigma) = -\frac{np}{2}\log(2\pi) - \frac{n}{2}\log|\Sigma| - \frac{1}{2}\sum_{i=1}^{n}(\boldsymbol{x}_i - \boldsymbol{\mu})^T\,\Sigma^{-1}\,(\boldsymbol{x}_i - \boldsymbol{\mu})$$

이고, $\Sigma = LL^T + \Psi$ 이다. 여기서,

$$\begin{aligned} \frac{\partial\, l\,(\boldsymbol{\mu},\ \Sigma)}{\partial L} &= 0 \\ \frac{\partial\, l\,(\boldsymbol{\mu},\ \Sigma)}{\partial \Psi} &= 0 \end{aligned} \qquad (11.22)$$

을 만족하는 L 과 Ψ 를 구하는데, SAS®에서는 아래와 같은 코드를 사용한다.

```
proc factor data=WISC_R method=m priors=smc ;
run;
```

최대가능도추정법에서는 `priors=smc` 라는 옵션을 주로 사용하는데, 이는 반복시행(iteration)시, 다중상관계수의 제곱근(Squared root of Multiple Correlation coefficient: SMC)을 공통성의 초기치로 사용함을 의미한다. 요인의 개수 결정은 `PROPORTION=1` 이라는 기준을 사용했는데(default), 전체 공통요인들에 의해 설명되는 분산이 1 (혹은 100%)을 초과하는 시점에서 요인의 개수를 결정한다.

그림 11.7은 WISC_R 자료에서, PROPORTION=1 기준을 통해 2개의 요인이 결정되는 과정을 보여주고 있다. 그림 11.8은 MLE로 추정된 요인적재값 L을 나타낸다.

Eigenvalues of the Weighted Reduced Correlation Matrix: Total = 8.14629933 Average = 0.74057267				
	Eigenvalue	Difference	Proportion	Cumulative
1	6.68484979	5.22339915	0.8206	0.8206
2	1.46145064	1.03321080	0.1794	1.0000
3	0.42823984	0.16384404	0.0526	1.0526
4	0.26439580	0.12197952	0.0325	1.0850
5	0.14241628	0.03992095	0.0175	1.1025
6	0.10249533	0.11554552	0.0126	1.1151
7	-.01305019	0.04208062	-0.0016	1.1135
8	-.05513082	0.18709017	-0.0068	1.1067
9	-.24222099	0.03504263	-0.0297	1.0770
10	-.27726363	0.07261909	-0.0340	1.0429
11	-.34988272		-0.0429	1.0000

그림 11.7: WISC_R에 대한 MLE 방법을 통한 요인분석-1

Factor Pattern			
		Factor1	Factor2
info	Information	0.74798	-0.28817
comp	Comprehension	0.70484	0.09897
arith	Arithmetic	0.55178	-0.18139
simil	Similarities	0.70018	0.00061
vocab	Vocabulary	0.74722	-0.18832
digit	Digit Span	0.37096	-0.21834
pictcomp	Picture Completion	0.47841	0.40451
parang	Paragraph Arrangement	0.34598	0.25865
block	Block Design	0.47883	0.41933
object	Object Assembly	0.38259	0.47832
coding	Coding	0.06910	-0.02111

그림 11.8: WISC_R에 대한 MLE 방법을 통한 요인분석-2

Remark 요인의 수와 요인적재값 L을 계산/추정함에 있어서, PCA와 MLE 방법을 소개하였다. 어느 방법을 선택할지는 자료의 성격과 상황에 따라 달라지겠지만, 일반적인 특징은 다음과 같다.

- PCA 방법이 MLE 방법보다 계산이 빠르다.
- MLE 방법은 L 뿐 아니라 Ψ도 추정해 준다.
- MLE 방법은 다변량정규분포를 가정하고 있다.
- PCA 방법은 요인의 수가 증가하여도 기존의 요인적재값이 변하지 않지만, MLE 방법은 요인의 수가 변함에 따라 요인적재값이 바뀌므로, 요인의 개수에 따라 요인들의 해석이 달라질 수 있다.
- MLE 방법을 통해, 가능도비 검정통계량(LRT)을 사용할 수 있다.

11.3 요인의 해석과 회전

요인의 개수와 요인적재값을 구했으니, 이제는 '**요인에 대한 해석**'을 할 차례이다. 주성분분석에서는 제1주성분, 제2주성분 ··· 등이 자료에 대한 차원축소를 목적으로 사용되었기에, 주성분에 대한 해석은 할 수 있으면 좋고, 할 수 없어도 무방했다. 그러나, 요인분석에서는 공통요인을 구할지라도 이에 대한 해석을 할 수 없다면 실제로는 아무 의미가 없게 된다. 또한, 올바른 요인의 해석을 위해서는 요인적재값을 수치적으로 비교하는 것 외에, 자료가 속한 분야에 대한 전문적인 이론과 자료 수집의 목적, 그리고 전문용어의 사용 등이 필수적일 것이다.

추가적으로, 요인의 해석을 돕기 위해 요인을 회전(rotation)시키기도 하는데, 이는 회전을 통해 변수의 요인적재값이 가능하면 한 개의 요인에 쏠리게 함으로써, 요인에 대한 해석을 쉽게해 주기 때문이다. 회전변환에는 직교회전(orthogonal rotation)과 사각회전(oblique rotaition)이 있다.

- `VARIMAX`: 대표적인 직교회전의 하나로서, 각 변수에 대한 요인적재값의 제곱의 분산이 최대화시키도록 요인의 축을 회전시키는 방법. 회전된 요인들은 서로 상관관계가 없게된다.
- `PROMAX`: 사각회전의 하나로서, 빠른 계산으로 인해 변수가 많은 경우에 적합한 방법. 회전 후에 요인 간 상관관계가 존재할 수 있다.

그림 11.9는 VARIMAX로 요인을 회전시키는 예를 보여주고 있다. Factor1, Factor2가 Factor1*, Factor2*로 직교회전됨으로써, M(수학), P(물리), C(화학) 과목에는 Factor1*가 높은 점수를 가지고 Factor2*는 0에 가까운 점수를 가지게 되었기에, Factor1*은 '수리능력'이라고 해석할 수 있다. 반면에 E(영어), H(역사)는 Factor2*의 값이 높고, 상대적으로 Factor1*의 값은 크지 않아서 '언어능력'이라고 해석해도 좋을 것 같다.

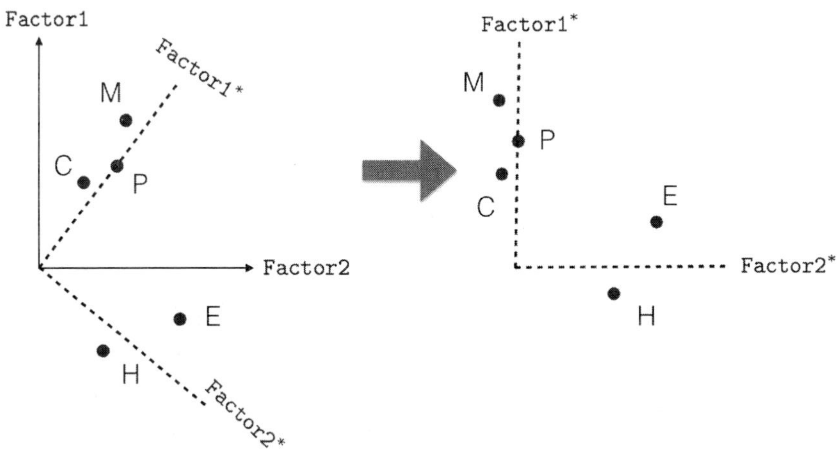

그림 11.9: VARIMAX 직교회전의 예

Example 어린이의 지능 검사 자료(WISC_R)에 대해, MLE를 사용하여 요인분석을 하되, 2개 요인으로 rotate=VARIMAX라는 옵션을 통한 직교회전을 실시하여, 회전 전·후를 비교하면 그림 11.10과 같게 된다.

이를 살펴보면, 회전 이전 보다는 회전 이후 Factor2*에 대한 요인적재값의 차이가 커지는 모습을 볼 수 있다. 그 결과, Factor1*의 경우, information(상식)과 vocabulary(어휘)가 대표하는 첫 번째 요인은 '**언어성(Verbal IQ: VIQ)**'이라고 해석 가능하고, Factor2*의 경우는 Picture Completion(빠진 그림 찾기), Block Design(도막 짜기), Object Assembly(모양 맞추기)라는 변수로 대표되기에, '**동작성(Performance IP: PIQ)**' 이라고 해석될 수 있다.

Factor Pattern			
		Factor1	Factor2
info	Information	0.74798★	-0.28817
comp	Comprehension	0.70484★	0.09897
arith	Arithmetic	0.55178	-0.18139
simil	Similarities	0.70018★	0.00061
vocab	Vocabulary	0.74722★	-0.18832
digit	Digit Span	0.37096	-0.21834
pictcomp	Picture Completion	0.47841	0.40451★
parang	Paragraph Arrangement	0.34598	0.25865
block	Block Design	0.47883	0.41933★
object	Object Assembly	0.38259	0.47832★
coding	Coding	0.06910	-0.02111

Rotated Factor Pattern			
		Factor1	Factor2
info	Information	0.78295★	0.17180
comp	Comprehension	0.53357	0.47106
arith	Arithmetic	0.56038	0.15276
simil	Similarities	0.58390	0.38641
vocab	Vocabulary	0.72727★	0.25470
digit	Digit Span	0.42987	0.02227
pictcomp	Picture Completion	0.17624	0.60120★
parang	Paragraph Arrangement	0.14613	0.40650
block	Block Design	0.16842	0.61380★
object	Object Assembly	0.05561	0.60998★
coding	Coding	0.06929	0.02047

그림 11.10: VARIMAX 직교회전 전·후의 요인적재값 비교

11.4 요인점수

변수 간 상관관계를 분석함으로써, 전체 자료에 영향을 주는 요인을 발견하는 것도 중요하지만, 각 개체(subject)의 요인별 점수도 우리의 관심이 된다. 예를 들어, 그림 11.3에서와 같이 M, P, C 에 영향을 주는 '수리능력(Q)'과 E, H, F 에 영향을 주는 '언어능력(V)'이라는 두 개의 요인이 있다고 하자. 이제 우리는 각 학생들의 수리능력 요인의 점수(Q)와 언어능력 요인의 점수(V)를 간단히

$$\text{수리능력 요인점수: } Q = \frac{\mathtt{M}+\mathtt{P}+\mathtt{C}}{3}$$

$$\text{언어능력 요인점수: } V = \frac{\mathtt{E}+\mathtt{H}+\mathtt{F}}{3} \qquad (11.23)$$

로 산출해서, 이를 이용해 성별(혹은 학교별)에 따른 학생들의 수리능력의 차이나, 언어능력의 차이를 검정할 수도 있고, 이 점수들을 대학 입학 후 학생들의 학업 성취도(GPA)를 예측하는 회귀분석의 독립변수로 활용할 수 있을 것이다. 혹은, 수리능력 요인점수들을 '상', '중', '하'로 구분함으로써, 전체 학생을 수리능력에 따른 세 그룹으로 집단화(grouping 혹은 clustering)시키는 효과도 얻을 수 있게 된다. 또는 요인을 축으로 하는 그래프로 각 개체에 대한 상대적 위치를 표시하는 '시각화'도 가능한데, 이와 같이 '요인 좌표계 위에 존재하는 개체들의 좌표값'을 '**요인점수(factor score)**'라고 한다.

Definition: (요인점수) 요인을 변수들의 선형결합으로 표현할 때, 각 개체의 변수값을 입력해서 얻은 요인 좌표계의 값을 '**요인점수(factor score)**라고 하며, 일반적으로 요인점수는 Z값같이 평균은 0이고 분산이 1이며, 대략 -3과 3 사이의 값을 갖는다.

요인점수는 단순히 산술평균(식 (11.23) 참조)을 사용할 수 있지만 더 효과적인 방법은 다음과 같은 추정방법이다.

11.4.1 최소제곱법(OLS)을 이용한 요인점수 추정

주성분분석을 이용해 요인적재값 L을 추정해 얻은 경우에(이를 $\hat{L}$이라고 하자), $\boldsymbol{x} - \boldsymbol{\mu} = L\boldsymbol{f} + \boldsymbol{\epsilon}$ 로부터,

$$\boldsymbol{x} - \bar{\boldsymbol{x}} = \hat{L}\boldsymbol{f} + \boldsymbol{\epsilon} \tag{11.24}$$

이 되어, $\boldsymbol{\epsilon}^T\boldsymbol{\epsilon}$을 최소화시키는 최소제곱추정량은

$$\hat{\boldsymbol{f}} = \left(\hat{L}^T\hat{L}\right)^{-1}\hat{L}^T(\boldsymbol{x} - \bar{\boldsymbol{x}}) \tag{11.25}$$

가 된다. 이를 이용해서 j번째 개체에 대한 요인점수 $\boldsymbol{f}_j$는

$$\hat{\boldsymbol{f}}_j = \left(\hat{L}^T\hat{L}\right)^{-1}\hat{L}^T(\boldsymbol{x}_j - \bar{\boldsymbol{x}}) \tag{11.26}$$

가 된다.

11.4.2 회귀모형(Regression)을 이용한 요인점수 추정

최대가능도를 이용해 $\hat{L}$과 $\hat{\Psi}$를 얻고,

(1) $\boldsymbol{f} \sim N_k(\mathbf{0}, I_k)$

(2) $\boldsymbol{x} - \boldsymbol{\mu} \sim N_p\left(\mathbf{0}, LL^T + \Psi\right)$

(3) $\boldsymbol{f}$ 와 $\boldsymbol{x} - \boldsymbol{\mu}$ 가 공동정규분포(Joint Normal Distribution)를 따른다[3]

고 가정하면, 아래와 같은 다변량정규분포가 성립하고,

$$\begin{pmatrix} \boldsymbol{x} - \boldsymbol{\mu} \\ \boldsymbol{f} \end{pmatrix} \sim N_{p+k}\left(\begin{pmatrix} \mathbf{0}_{p\times 1} \\ \mathbf{0}_{k\times 1} \end{pmatrix}, \begin{pmatrix} LL^T + \Psi & L \\ L^T & I_k \end{pmatrix}\right) \tag{11.27}$$

[3]공동정규분포(jointly normal distributed) : 원소의 임의의 선형결합이 정규분포를 따르면, 이런 원소들의 집합은 공동정규분포를 따른다.

따라서, $\boldsymbol{x}$가 주어졌을 경우에 $\boldsymbol{f}$의 조건부 확률분포는 다음과 같이 성립한다.

$$\boldsymbol{f}|\boldsymbol{x} \sim N_k\left(\boldsymbol{\mu}_{\boldsymbol{f}|\boldsymbol{x}},\ \Sigma_{\boldsymbol{f}|\boldsymbol{x}}\right) \tag{11.28}$$

여기서,

$$\boldsymbol{\mu}_{\boldsymbol{f}|\boldsymbol{x}} = E(\boldsymbol{f}|\boldsymbol{x}) = L^T\left(LL^T+\Psi\right)^{-1}(\boldsymbol{x}-\boldsymbol{\mu}) \tag{11.29}$$

$$\Sigma_{\boldsymbol{f}|\boldsymbol{x}} = I_k - L^T\left(LL^T+\Psi\right)^{-1}L \tag{11.30}$$

이 된다(증명은 연습문제 참조).

그런데, 회귀분석이란 일반적으로 독립변수 $\boldsymbol{x}_j$가 주어진 상황에서 반응변수 $\boldsymbol{f}_j$의 조건부 기댓값을 추정하는 방식이므로, 추정된 회귀선(요인점수)는

$$\hat{\boldsymbol{f}}_j = \hat{\boldsymbol{\mu}}_{\boldsymbol{f}_j|\boldsymbol{x}_j} = \hat{L}^T S^{-1}(\boldsymbol{x}_j - \bar{\boldsymbol{x}}) \tag{11.31}$$

가 된다.

Remark S 대신 상관행렬 R을 사용해서 요인분석을 했다면, 요인점수는

$$\hat{\boldsymbol{f}}_j = \hat{L}^T R^{-1}(\boldsymbol{x}_j - \bar{\boldsymbol{x}}) \tag{11.32}$$

가 된다. SAS®의 `proc factor`**는 이 방법으로 요인점수를 추정**하면서(default), 분산공분산행렬을 이용하고 싶을 때는 `COV`라는 옵션을 사용하게 하고 있다.

Example 어린이의 지능 검사 자료(`WISC_R`)에 대해, MLE 로 요인분석을 하였는데, `VARIMAX`를 통한 직교회전을 실시하여 2개의 요인으로 '언어성(VIQ)'과 '동작성(PIQ)'을 얻었다. 이제 검사에 참가한 모든 어린이들의 요인점수를 계산하여 수평축은 VIQ, 수직축은 PIQ로 하는 좌표평면에 도시하는 SAS®코드는 다음과 같다.

```
proc factor data=WISC_R method=m priors=smc rotate=varimax
     score nfactors=2 out=scoreout outstat=statout;
run;
```

```
data b; merge WISCSEM scoreout;
  VIQ=factor1; PIQ=factor2;
run;
proc sgplot data=b;
  scatter x=VIQ y=PIQ / datalabel=client
                    markerattrs=(color=white);
  refline 0.0 / axis=x transparency=0.5;
  refline 0.0 / axis=y transparency=0.5;
run;
```

그 결과, 식 (11.32)에 의해 요인점수를 가지고 그림 11.11이 작성된다.

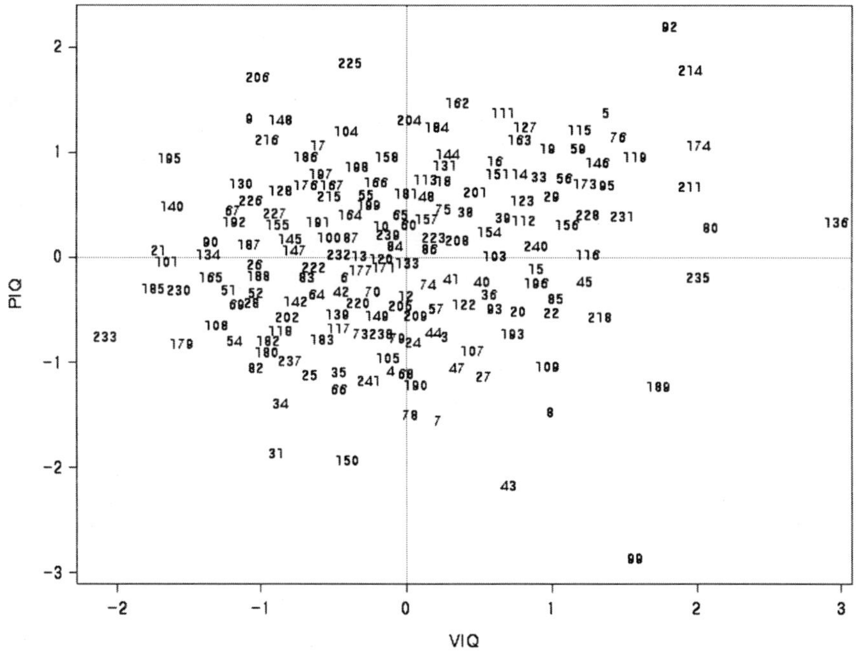

그림 11.11: 어린이 지능 검사 자료 WISC_R의 요인점수 그래프(숫자는 client 번호)

요인점수 그래프를 살펴보면 92번, 214번 어린이는 언어성(VIQ)과 동작성(PIQ)이 모두 뛰어난 반면, 99번, 189번 어린이는 언어성(VIQ)은 뛰어나지만 동작성(PIQ)은 발달하지 못한 것으로 평가된다.

11.5 PCA vs. FA

주성분분석(PCA)은 '분산을 최대로 하는 변수들의 선형결합'을 구하고, 요인분석(FA)은 '각 변수가 요인들의 선형결합으로 어떻게 표현되는지'를 추정하고 있다. 간단히 말하면, PCA는

$$\mathrm{PC}_i = a_{i1}\,x_1 + a_{i2}\,x_2 + \cdots + a_{ip}\,x_p \tag{11.33}$$

를 만족하는 $a_{i1}, a_{i2}, \cdots, a_{ip}$를 S 혹은 R에서 계산하지만, FA는

$$x_i = l_{i1}\,\text{Factor 1} + l_{i2}\,\text{Factor 2} + \cdots + l_{ik}\,\text{Factor } k + \epsilon_i \tag{11.34}$$

를 만족하는 요인적재값 $l_{i1}, l_{i2}, \cdots, l_{ik}$를 추정한다. 일단, 요인적재값이 추정되면, 각 개체의 요인점수도 추정될 수 있다.

그리고, PCA가 '차원의 축소'에 목적을 두고 있다면, FA는 변수들에게 영향을 주는 보이지 않는 '잠재변수 발견'이 목적이다. 이와 같은 내용을 표로 정리하면 Table 11.3과 같다.

Table 11.3: PCA와 FA의 차이점

	PCA	FA
목적	차원축소	잠재변수 발견
관심	분산	상관관계
직교성	항상 직교	직교 혹은 사각
회전	하지 않음	필요에 따라 실시함
선형결합	주성분은 변수의 선형결합	변수는 요인의 선형결합 + ϵ
적재값	계산가능	추정해야 함
해석	해석 안 해도 상관없음	해석을 해야 활용가능함

11.6 EFA 와 CFA

일반적으로 요인분석법은 탐색적 요인분석(Exploratory Factor Analysis: EFA)과 확증적 요인분석(Confirmative Factor Analysis: CFA)으로 구분된다. 이 과에서 다룬 내용은 EFA에 해당되며, CFA에는 요인의 수나 적재값, 그리고 요인 간의 관계에 대한 특정 가설을 세우고 이를 검정하는 절차를 다루고 있다. CFA의 예로는 구조방정식모형(Structural Equation Model: SEM)과 선형구조관계(Linear

Structural Relations: LISREL) 등이 있으나 이 책의 범위를 벗어나므로 생략하기로 한다.

11.7 SAS®실습문제

[1] Appendix의 어린이 지능 검사 자료(`WISC_R`, `WISCSEM`)를 가지고 아래 질문에 답하라.

1. SAS®의 `proc princomp`를 이용해 상관행렬 R의 고유값 λ_i, 고유벡터 $\boldsymbol{v}_i$를 구하라 ($i = 1, 2, 3$).

2. 고유값 $\lambda_1, \lambda_2, \cdots \lambda_p$에 대한 산비탈그림(Scree Plot)을 그려라.

3. 요인분석에 필요한 요인적재값 L을 식 (11.21)을 사용하여 구하라.

4. 위에서 구한 L이 그림 11.5와 일치하는지 확인하라.

5. 아래 SAS®코드를 참고하여, PCA를 이용한 요인분석으로 3개의 요인을 구한 후, 각 어린이들에 대한 요인점수를 구한 결과가 그림 11.12와 같이 나옴을 확인하라. 그리고, 99번 어린이와 214번 어린이의 상대적 위치에 대하여 설명하라.

```
data b; set a;
  label=client;
  if client not in (99, 214) then label=" ";
run;
proc sgscatter data=b;
    matrix factor1 factor2 factor3/datalabel=label;
run;
```

[2] Appendix의 육상기록 자료(`track_m`)에는 1984년까지 55개국의 남자 육상기록을 담고 있다. 아래 질문에 순서대로 답하라.

1. 상관행렬을 이용한 PCA 방법으로 요인을 구하되, `MINEIGEN=1` 을 사용해서 요인의 개수를 결정하라. 그리고 회전시키지 말고, 그 요인을 해석하라.

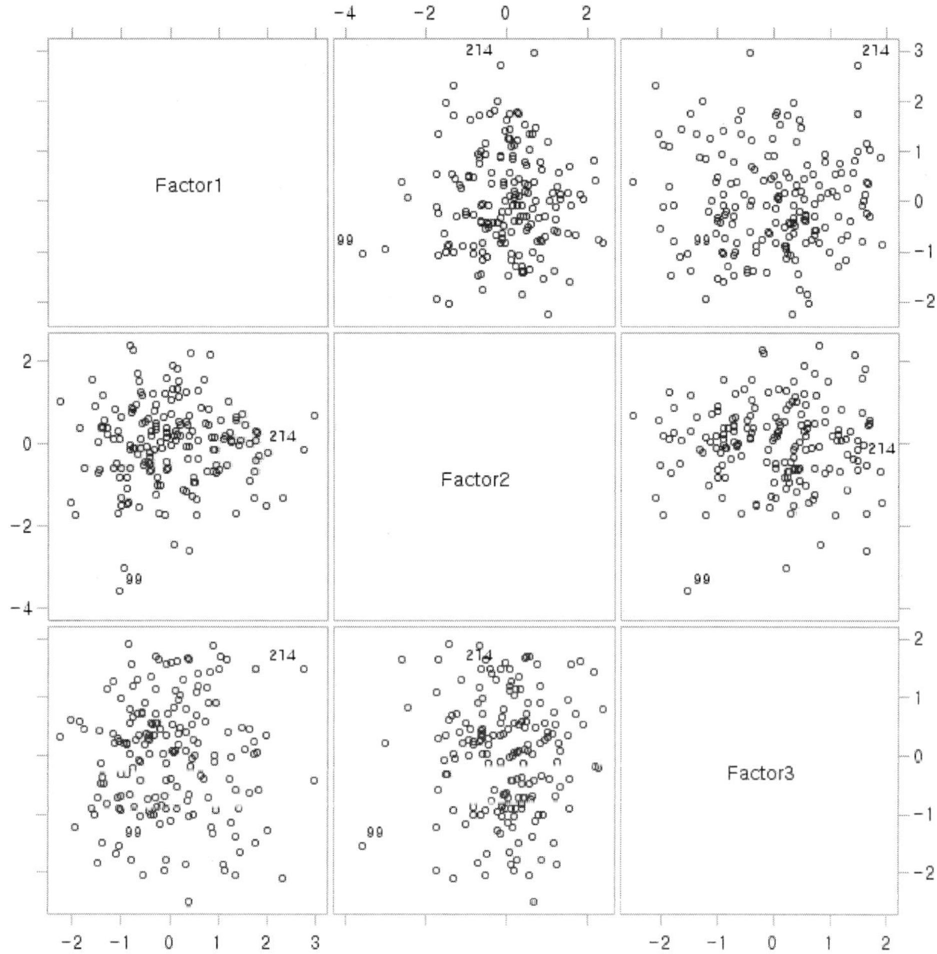

그림 11.12: 어린이 지능 검사 자료의 PCA에 의한 요인점수 그래프

2. 위 2번에서 요인의 개수가 2개라고 가정하고, 그 두 요인을 축으로 하는 그래프에 각 나라이름을 표시하라. 그 결과가 그림 11.13와 같은지 확인하라.

3. 위에서 구한 2개의 요인을 회전시키되, `PROMAX`를 이용한 사각회전을 하여 2개의 요인을 각각 다시 해석하라.

4. 사각회전된 두 요인을 축으로 하는 그래프에 나라의 이름을 표시하여 그림 11.14를 생성하라.

5. 쿡제도(`cookis`)의 남자 육상기록을 다른 나라의 기록과 비교해서 설명하되, 회전시킨 후의 요인을 사용하여 서술하라.

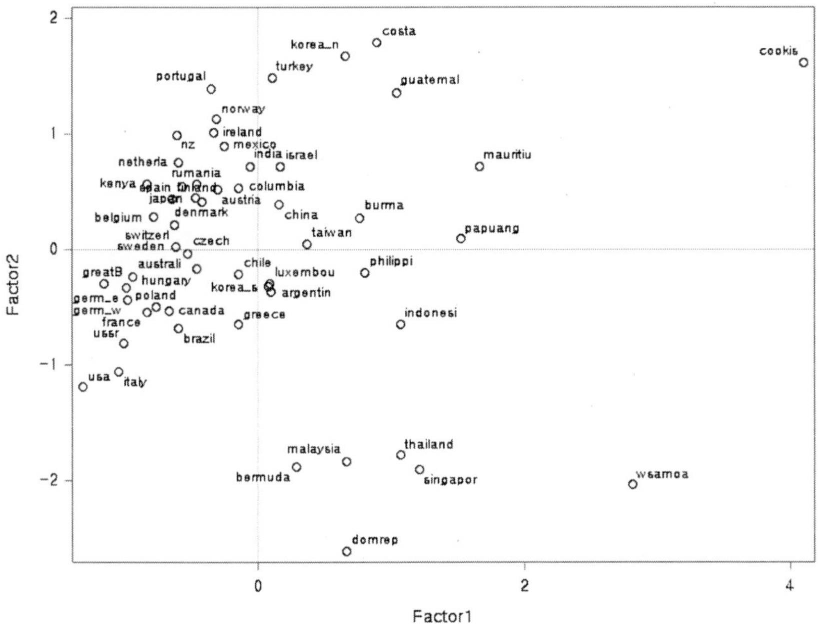

그림 11.13: 남자 육상기록 자료의 PCA에 의한 요인점수 그래프

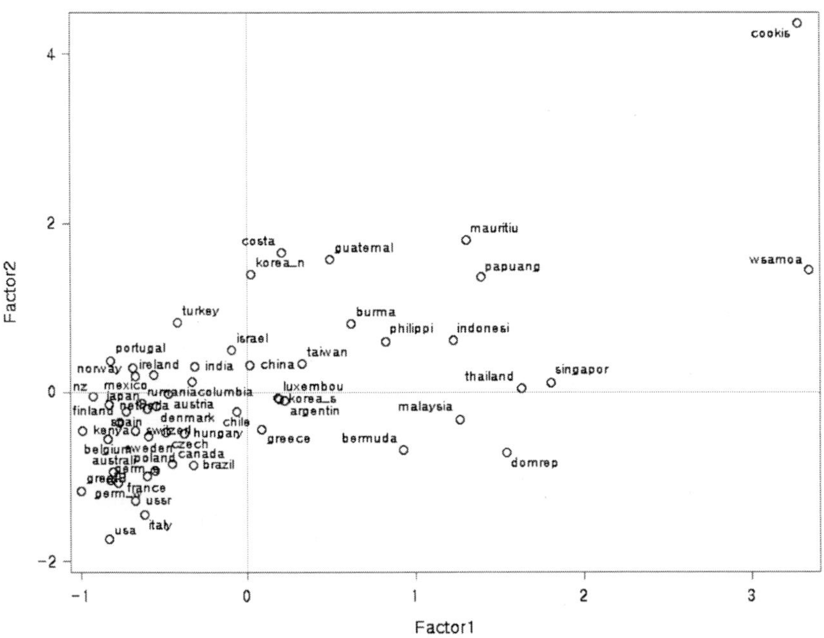

그림 11.14: 남자 육상기록 자료의 PCA에 의한 요인점수(사각회전) 그래프

[3] SAS의 proc factor는 변수들의 상관행렬만을 입력시켜도 요인분석을 할 수 있다. 아래 코드는 Johnson & Wichern[4]의 책에 수록된 스낵(간식)에 대한 소비자 선호도 조사 결과를 PCA를 통한 요인분석을 실시하는 내용이다.

```
data a (type=corr);
_type_='corr';
input name $ taste money flavour snack energy;
cards;
  taste 1.00  .  .  .  .
  money .02 1.00  .  .  .
  flavour .96 .13 1.00  .  .
  snack .42 .71 .50 1.00  .
  energy .01 .85 .11 .79 1.00
run;
```

```
proc factor data=a method=p rotate=varimax
      score outstat=factout ;
  var taste money flavour snack energy;
run;
```

사용된 질문은 아래와 같은 5개의 문항이고, 소비자의 응답은 1-5까지 리커트 척도(Likert Scale)로 이루어 졌다고 가정한다(5점은 매우 긍정적, 1점은 매우 부정적).

- taste: 간식(스낵)의 맛이 좋은가?
- money: 이 가격에 구입하겠는가?
- flavour: 간식(스낵)의 풍미가 좋은가?
- snack: 간식(스낵)으로 적합한가?
- energy: 에너지 보충원으로 적합한가?

위 SAS® 코드의 출력을 참고하여, 아래 물음에 답하라.

1. 회전된 2개의 요인들을 해석하라.

[4] Johnson and Wichern (2014) "Applied Multivariate Statistical Analysis", 6th Edition, p.491

2. 위 SAS® 코드에 의한 출력을 참조하여, 회전된 2개의 요인들을 아래와 같이 각각 변수들의 선형결합으로 표현해 보아라(taste* 는 taste 의 표준화된 변수이다).

$$\texttt{factor1} = b_{11}\,\texttt{taste}^* + b_{12}\,\texttt{money}^* + b_{13}\,\texttt{flavour}^* + b_{14}\,\texttt{snack}^* + b_{15}\,\texttt{energy}^*$$

$$\texttt{factor2} = b_{21}\,\texttt{taste}^* + b_{22}\,\texttt{money}^* + b_{23}\,\texttt{flavour}^* + b_{24}\,\texttt{snack}^* + b_{25}\,\texttt{energy}^*$$

3. 새롭게 소개된 두 종류의 스낵(Snack1, Snack2)이 소비자 응답에서 다음과 같은 점수를 받았다고 가정하자.

	taste	money	flavour	snack	energy
Snack1	4	4	5	5	2
Snack2	3	5	4	4	5

앞에서 당신이 구한 요인분석 결과를 이용하여 Snack1 과 Snack2 에 대한 평가를 서술하기 원한다(각 변수의 평균은 3, 표준편차는 1로 가정한다). 아래 SAS®코드로 두 스낵에 대해 요인을 이용한 당신의 평가를 서술하라.

```
data new;
input S_name $ taste money flavour snack energy;
  taste=(taste-3)/1; money=(money-3)/1;
  flavour=(flavour-3)/1; snack=(snack-3)/1;
  energy=(energy-3)/1;
cards;
Snack1 4 4 5 5 2
Snack2 3 5 4 4 5
;

proc score data=new score=factout nostd out=new_score;
    id S_name;
var taste money flavour snack energy; run;

proc print data=new_score; run;
```

11.8 연습문제

[1] 행렬 A 에 대해 아래 질문에 답하시오.

$$A = \begin{pmatrix} 3 & 1 \\ 1 & 3 \end{pmatrix} \tag{11.35}$$

1. 행렬 A 의 고유값이 4와 2임을 증명하라.
2. 행렬 A 의 길이 1인 고유벡터를 구하면 아래와 같음을 보여라.

$$\boldsymbol{v}_1 = \begin{pmatrix} \frac{1}{\sqrt{2}} \\ \frac{1}{\sqrt{2}} \end{pmatrix}, \quad \boldsymbol{v}_2 = \begin{pmatrix} -\frac{1}{\sqrt{2}} \\ \frac{1}{\sqrt{2}} \end{pmatrix} \tag{11.36}$$

3. 스펙트럼 분해 $A = \lambda_1 \boldsymbol{v}_1 \boldsymbol{v}_1^T + \lambda_2 \boldsymbol{v}_2 \boldsymbol{v}_2^T$ 를 손으로 계산하여 등식이 성립하는지 확인하라.
4. 고유값 2를 0이라고 가정하고, 행렬 A 를 $A \approx LL^T + \Psi$ 로 근사시킬 때, L 과 Ψ 를 구하라.

[2] 아래와 같은 다변량정규분포가 성립할 때,

$$\begin{pmatrix} \boldsymbol{x} - \boldsymbol{\mu} \\ \boldsymbol{f} \end{pmatrix} \sim N_{p+k} \left(\begin{pmatrix} \mathbf{0}_{p \times 1} \\ \mathbf{0}_{k \times 1} \end{pmatrix}, \begin{pmatrix} LL^T + \Psi & L \\ L^T & I_k \end{pmatrix} \right)$$

Theorem 3.5를 사용하여

$$\boldsymbol{f} | \boldsymbol{x} \sim N_k \left(\boldsymbol{\mu}_{\boldsymbol{f}|\boldsymbol{x}}, \ \Sigma_{\boldsymbol{f}|\boldsymbol{x}} \right)$$

임을 증명하라. 여기서,

$$\begin{aligned} \boldsymbol{\mu}_{\boldsymbol{f}|\boldsymbol{x}} &= L^T \left(LL^T + \Psi \right)^{-1} (\boldsymbol{x} - \boldsymbol{\mu}) \\ \Sigma_{\boldsymbol{f}|\boldsymbol{x}} &= I_k - L^T \left(LL^T + \Psi \right)^{-1} L \end{aligned} \tag{11.37}$$

이다.

Chapter 12

판별분석

통계학의 주요 역할 중 하나는 불확실성에 대한 예측(prediction/forecasting)이다. 주어진 자료를 가지고 특정한 개체가 어느 그룹에 속할지 예측하는 과정을 '분류화(classification)' 혹은 '판별분석(discriminant analysis)'이라고 한다.

Definition: (판별분석) 두 개 이상의 그룹에 대한 정보가 주어졌을 때, 판별함수를 구해서 이를 근거로 특정한 개체가 어느 그룹에 속할지 예측하는 통계적 기법을 '**판별분석(Discriminant Analysis: DA)**'이라고 한다.

이와 같은 판별분석은 여러 분야에서 유용하게 활용되고 있다. 예를 들어, 홍적세의 지층에서 포유류의 두개골(skull)이 발견되었다고 가정했을 때, 두개골의 여러 부위별 치수를 이용해, 침팬지인지 네안데르탈인인지, 아니면 호모사피엔스(현생인류)인지를 판별하는데 활용된다. 또한, 은행의 대출자료를 가지고 과거 고객들의 자산, 교육수준, 직업, 결혼여부, 그리고 그들의 은행의 여신정보(채무이행, 채무불이행)를 토대로 판별함수를 구한 후, 대출을 신청하는 새 고객의 여신정보를 예측하기도 한다.

이 단원에서는 피셔(Fisher)[1]의 '**선형판별분석(Linear Discriminant Analysis: LDA)**'을 중심으로 판별분석의 개념과 방법을 소개하도록 한다.

[1]R.A. Fisher (1980-1962) 영국의 통계학자. 현대통계학의 창시자. 선형판별함수를 비롯해 실험계획법, 최대가능도법, 유의성 검정에 대한 기초를 세움.

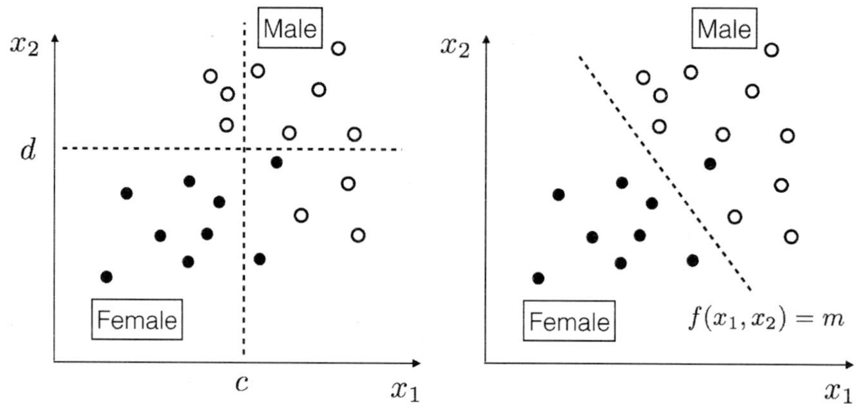

그림 12.1: 키(x1)와 몸무게(x2)를 이용한 선형판별함수의 예

12.1 선형판별분석

남학생과 여학생의 키(x_1)와 몸무게(x_2)를 조사하여 그래프로 표시한 결과, 그림 12.1의 왼쪽 그래프와 같다고 하자. 키(x_1)만을 사용해서 남녀를 판별한다면

$$x_1 > c \text{ 이라면, 남학생(Male),}$$
$$x_1 \leq c \text{ 이라면, 여학생(Female)}$$

이라고 판별할 수 있고, 몸무게(x_2)만을 가지고 남녀를 판별한다면,

$$x_2 > d \text{ 이라면, 남학생(Male),}$$
$$x_2 \leq d \text{ 이라면, 여학생(Female)}$$

이라고 할지도 모른다. 그러나, 실제 여학생이지만 키가 커서 남학생으로 분류되거나, 실제 남학생이지만 몸무게가 가벼워서 여학생으로 분류되는 경우가 많이 발생하게 된다. 그러나 만일 두 변수를 이용한 선형함수 $f(x_1, x_2)$를 통해, 그림 12.1의 오른쪽 그래프와 같이

$$f(x_1, x_2) > m \text{ 이라면, 남학생(Male),}$$
$$f(x_1, x_2) \leq m \text{ 이라면, 여학생(Female)}$$

이라고 한다면, 좀 더 효과적인 판별이 가능하고, 이로 인한 오분류가 줄어들 것이다.

이와 같이 선형함수 $f(x_1, x_2)$를 사용해서, 해당 그룹을 판별하는 통계적 기법을 '**선형판별분석(Linear Discriminant Analysis: LDA)**'이라고 한다.

12.2 Fisher의 선형판별함수

Fisher(1936)는 붓꽃 자료(`sashelp.iris`)를 이용하여 붓꽃의 종류를 판별하는 선형판별함수(linear discriminant function)를 소개하였다(Appendix 참조). 여기서 Fisher는 '그룹 간 차이를 최대화'시키면서 동시에 '판별함수의 분산은 최소화' 시키는 선형판별함수를 다음과 같이 소개하였다.

두 그룹 (G1, G2)에 대하여, p개의 변수(x_1, x_2, $\cdots$, x_p)가 관측되었다고 가정하자. Table 12.1은 이와 같은 자료구조를 보여준다.

Table 12.1: 두 그룹 G1, G2의 자료구조

G1	x_1	x_2	$\cdots$	x_p	G2	x_1	x_2	$\cdots$	x_p
sub_1	x_{111}	x_{112}	$\cdots$	x_{11p}	sub_1	x_{211}	x_{212}	$\cdots$	x_{21p}
sub_2	x_{121}	x_{122}	$\cdots$	x_{12p}	sub_2	x_{221}	x_{222}	$\cdots$	x_{22p}
$\vdots$		$\vdots$		$\vdots$	$\vdots$		$\vdots$		$\vdots$
sub_i		$\boldsymbol{x}_{G1i}^T$			sub_i		$\boldsymbol{x}_{G2i}^T$		
$\vdots$		$\vdots$		$\vdots$	$\vdots$		$\vdots$		$\vdots$
sub_n	x_{1n1}	x_{1n2}	$\cdots$	x_{1np}	sub_n	x_{2n1}	x_{2n2}	$\cdots$	x_{2np}

선형판별함수를 위한 가정은 다음과 같다.

두 그룹, (G1, G2)에 대하여,

- $\boldsymbol{x}_{G1i}$, $\boldsymbol{x}_{G2i}$ 는 각각 다변량정규분포를 따른다.
- $\boldsymbol{x}_{G1i}$, $\boldsymbol{x}_{G2i}$ 의 분산구조는 동일하다.

이를 종합하면

$$\begin{aligned} \boldsymbol{x}_{G1i} &\sim N_p(\boldsymbol{\mu}_1,\ \Sigma) \\ \boldsymbol{x}_{G2i} &\sim N_p(\boldsymbol{\mu}_2,\ \Sigma) \end{aligned} \tag{12.1}$$

로 표현된다.

만일, 우리가 구할 선형판별함수를 $f(\boldsymbol{x})$라고 하면,

$$f(\boldsymbol{x}) = b_1\,x_1 + b_2\,x_2 + \cdots + b_p\,x_p = \boldsymbol{x}^T\boldsymbol{b} \tag{12.2}$$

의 모습이 되고, 이 선형판별함수의 평균과 분산을 계산하면

$$\begin{aligned}\mathrm{E}\left(\boldsymbol{x}_{G1i}^T\boldsymbol{b}\right) &= \boldsymbol{\mu}_1^T\boldsymbol{b} \\ \mathrm{E}\left(\boldsymbol{x}_{G2i}^T\boldsymbol{b}\right) &= \boldsymbol{\mu}_2^T\boldsymbol{b} \\ \mathrm{V}\left(\boldsymbol{x}_{G1i}^T\boldsymbol{b}\right) = \mathrm{V}\left(\boldsymbol{x}_{G2i}^T\boldsymbol{b}\right) &= \boldsymbol{b}^T\Sigma\boldsymbol{b} \qquad (12.3)\end{aligned}$$

가 된다. 따라서, 선형판별함수의 분산을 가능한 최소화시키면서, 동시에 판별함수의 평균 차이를 최대화시키는 방법은

$$\max_{\boldsymbol{b}} \frac{\left(\boldsymbol{\mu}_1^T\boldsymbol{b} - \boldsymbol{\mu}_2^T\boldsymbol{b}\right)^2}{\boldsymbol{b}^T\Sigma\boldsymbol{b}} \qquad (12.4)$$

을 구하는 것이며, 이렇게 구한 $f(\boldsymbol{x}) = \boldsymbol{x}^T\boldsymbol{b}$가 Fisher의 선형판별함수가 된다.

Theorem 12.1 (Fisher의 선형판별함수) *함수 $f(\boldsymbol{x}) = \boldsymbol{x}^T\boldsymbol{b}$ 에 대하여,*

$$\begin{aligned}\boldsymbol{x}_{G1i} &\sim N_p\left(\boldsymbol{\mu}_1,\ \Sigma\right), \quad i = 1, 2, \cdots, n_1 \\ \boldsymbol{x}_{G2i} &\sim N_p\left(\boldsymbol{\mu}_2,\ \Sigma\right), \quad i = 1, 2, \cdots, n_2\end{aligned}$$

이라면, 목적함수

$$J(\boldsymbol{b}) = \frac{\left(\boldsymbol{\mu}_1^T\boldsymbol{b} - \boldsymbol{\mu}_2^T\boldsymbol{b}\right)^2}{\boldsymbol{b}^T\Sigma\boldsymbol{b}} \qquad (12.5)$$

을 최대화시키는 $\boldsymbol{b}$ 는

$$\boldsymbol{b} = \Sigma^{-1}\left(\boldsymbol{\mu}_1 - \boldsymbol{\mu}_2\right) \qquad (12.6)$$

이며, 자료를 통해 구한 $\boldsymbol{b}$ 의 추정량은

$$\hat{\boldsymbol{b}} = \hat{\Sigma}^{-1}\left(\bar{\boldsymbol{x}}_{G1} - \bar{\boldsymbol{x}}_{G2}\right) \qquad (12.7)$$

가 되어, Fisher의 선형판별함수는 $\boldsymbol{x}^T\hat{\boldsymbol{b}}$ 가 된다. 여기서

$$\hat{\Sigma} = \frac{(n_1 - 1)S_{G1} + (n_2 - 1)S_{G2}}{n_1 + n_2 - 2} \qquad (12.8)$$

이고, S_{G1}, S_{G2} 는 각 그룹의 표본분산공분산행렬이다.

Proof 만일 Σ가 양정치행렬이면, 임의의 벡터 $\boldsymbol{a}$, $\boldsymbol{b}$에 대하여, 아래와 같은 부등

식이 성립한다.

$$\left(\boldsymbol{a}^T\boldsymbol{b}\right)^2 \leq \left(\boldsymbol{a}^T\Sigma^{-1}\boldsymbol{a}\right)\left(\boldsymbol{b}^T\Sigma\boldsymbol{b}\right) \tag{12.9}$$

등호는 $\boldsymbol{b} = c\Sigma^{-1}\boldsymbol{a}$ 일 때 성립하며(c는 상수), 이 부등식을 '**확장 코쉬-슈바르츠 부등식(Extended Cauchy-Schwarz Inequality)**'이라고 일컫는다. 특히, $\Sigma = I$ 인 경우는 '코쉬-슈바르츠 부등식'이 된다(증명은 연습문제 참조).

이 부등식에서 $\boldsymbol{a} = (\boldsymbol{\mu}_1 - \boldsymbol{\mu}_2)$ 로 대치하면,

$$\frac{\left(\boldsymbol{\mu}_1^T\boldsymbol{b} - \boldsymbol{\mu}_2^T\boldsymbol{b}\right)^2}{\boldsymbol{b}^T\Sigma\boldsymbol{b}} \leq (\boldsymbol{\mu}_1 - \boldsymbol{\mu}_2)^T\Sigma^{-1}(\boldsymbol{\mu}_1 - \boldsymbol{\mu}_2) \tag{12.10}$$

가 되어, 왼쪽 항이 최댓값을 갖기 위해서는(편의상 $c = 1$ 대입)

$$\boldsymbol{b} = \Sigma^{-1}\boldsymbol{a} = \Sigma^{-1}(\boldsymbol{\mu}_1 - \boldsymbol{\mu}_2) \tag{12.11}$$

가 된다. 그러므로, 자료에서 추정된 Fisher 의 선형판별함수는

$$f(\boldsymbol{x}) = \boldsymbol{x}^T\hat{\Sigma}^{-1}\left(\bar{\boldsymbol{x}}_{G1} - \bar{\boldsymbol{x}}_{G2}\right) \tag{12.12}$$

가 된다. ∎

12.3 Fisher의 선형판별함수의 이해

주성분분석에서는 자료 $\boldsymbol{x}$를 단위벡터 $\boldsymbol{a}$에 투영시킨 그림자를 $\boldsymbol{a}^T\boldsymbol{x}$ 라고 할 때, $\boldsymbol{a}^T\boldsymbol{x}$ 의 분산을 최대화시키는 벡터 $\boldsymbol{a}$를 구했다. Fisher의 선형판별분석에서도 자료 $\boldsymbol{x}$를 벡터 $\boldsymbol{b}$에 투영된 그림자 $\boldsymbol{x}^T\boldsymbol{b}$(혹은 $\boldsymbol{b}^T\boldsymbol{x}$)를 가지고 분석을 하는데, (1) 투영된 그룹 평균의 차이는 최대화시키고, (2) 투영된 그룹 내 분산은 최소화시키는 방향으로 벡터 $\boldsymbol{b}$를 선택하고 있다. 그림 12.2에서 살펴보면, 자료를 벡터 $\boldsymbol{b}'$에 투영한 그림자보다 벡터 $\boldsymbol{b}$에 투영한 그림자가 그룹 평균 간 거리를 최대화시키므로 그룹 안의 분산을 최소화시켜서 중첩(overlap)되는 부분이 적게 된다. 따라서, 판별함수는 $\boldsymbol{x}^T\boldsymbol{b}'$ 보단 $\boldsymbol{x}^T\boldsymbol{b}$에 가깝게 될 것이다.

Remark 선형판별함수 $f(\boldsymbol{x}) = \boldsymbol{x}^T\hat{\Sigma}^{-1}\left(\bar{\boldsymbol{x}}_{G1} - \bar{\boldsymbol{x}}_{G2}\right)$ 와 경계치 c를 이용하면 다음과 같은 결정규칙이 정해진다. 만일, $\underline{f\left(\bar{\boldsymbol{x}}_{G1}\right) > f\left(\bar{\boldsymbol{x}}_{G2}\right)}$ 이라면,

$$\begin{aligned} f(\boldsymbol{x}_0) = \boldsymbol{x}_0^T\hat{\Sigma}^{-1}\left(\bar{\boldsymbol{x}}_{G1} - \bar{\boldsymbol{x}}_{G2}\right) &> c \quad \text{이면,} \quad \boldsymbol{x}_0 \in \text{G1 이고,} \\ &\leq c \quad \text{이면,} \quad \boldsymbol{x}_0 \in \text{G2 이다.} \end{aligned} \tag{12.13}$$

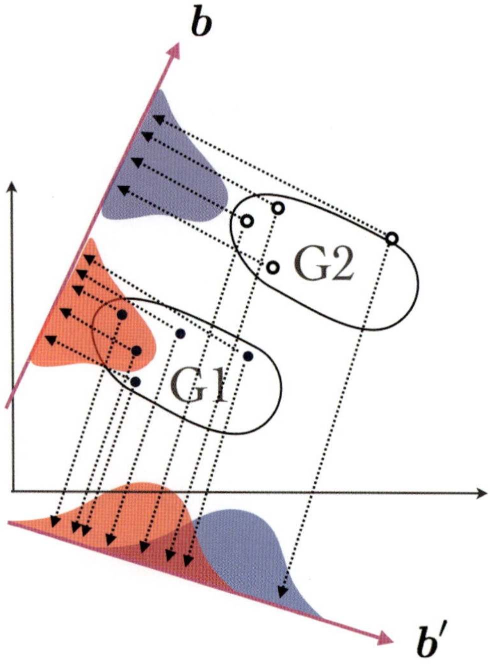

그림 12.2: 선형판별함수의 선택

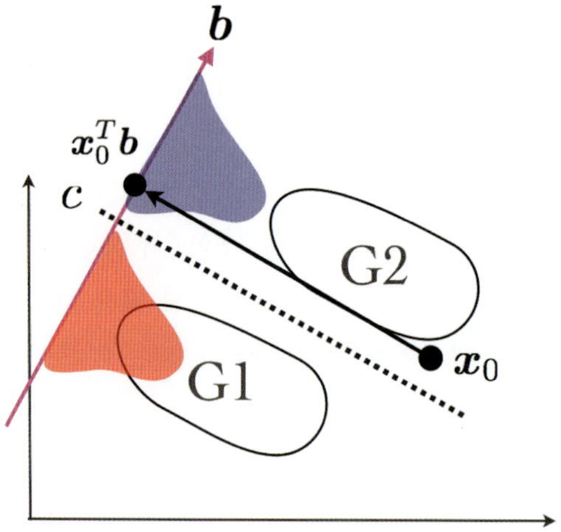

그림 12.3: 새로운 관측값 $\boldsymbol{x}_0$ 에 대한 판별함수값 $\boldsymbol{x}_0^T\boldsymbol{b}$ 와 경계값 c

Remark Fisher의 선형판별함수 $f(\boldsymbol{x}) = \boldsymbol{x}^T\hat{\Sigma}^{-1}(\bar{\boldsymbol{x}}_{G1} - \bar{\boldsymbol{x}}_{G2})$에 대하여, 언제나 $f(\bar{\boldsymbol{x}}_{G1}) > f(\bar{\boldsymbol{x}}_{G2})$가 성립한다(연습문제 참고). 따라서 $\boldsymbol{x}_0$라는 새로운 개체를 Fisher의 선형판별함수로 판별할 때의 판별법칙은 다음과 같다.

$$
\begin{aligned}
f(\boldsymbol{x}_0) = \boldsymbol{x}_0^T\hat{\boldsymbol{b}} = \boldsymbol{x}_0^T\hat{\Sigma}^{-1}(\bar{\boldsymbol{x}}_{G1} - \bar{\boldsymbol{x}}_{G2}) &> c \quad \text{이면,} \quad \boldsymbol{x}_0 \in \text{G1 이고,} \\
&\le c \quad \text{이면,} \quad \boldsymbol{x}_0 \in \text{G2 이다.}
\end{aligned} \tag{12.14}
$$

Remark 경계값 c의 계산은 그룹 평균의 중간값을 사용하는 것이 무난하므로,

$$
\begin{aligned}
c &= \frac{1}{2}\{f(\bar{\boldsymbol{x}}_{G1}) + f(\bar{\boldsymbol{x}}_{G2})\} \\
&= \frac{1}{2}(\bar{\boldsymbol{x}}_{G1} + \bar{\boldsymbol{x}}_{G2})^T\hat{\Sigma}^{-1}(\bar{\boldsymbol{x}}_{G1} - \bar{\boldsymbol{x}}_{G2}) \\
&= \frac{1}{2}(\bar{\boldsymbol{x}}_{G1} + \bar{\boldsymbol{x}}_{G2})^T\hat{\boldsymbol{b}}
\end{aligned} \tag{12.15}
$$

이거나, 그룹 내 관측개수가 다른 경우에는 가중평균인

$$
\begin{aligned}
c &= \frac{1}{n_1 + n_2}\{n_1 f(\bar{\boldsymbol{x}}_{G1}) + n_2 f(\bar{\boldsymbol{x}}_{G2})\} \\
&= \frac{1}{n_1 + n_2}(n_1\bar{\boldsymbol{x}}_{G1} + n_2\bar{\boldsymbol{x}}_{G2})^T\,\hat{\Sigma}^{-1}(\bar{\boldsymbol{x}}_{G1} - \bar{\boldsymbol{x}}_{G2}) \\
&= \frac{1}{n_1 + n_2}(n_1\bar{\boldsymbol{x}}_{G1} + n_2\bar{\boldsymbol{x}}_{G2})^T\,\hat{\boldsymbol{b}}
\end{aligned} \tag{12.16}
$$

를 사용한다.

Example 19명 남녀 학생들의 키와 몸무게를 기록한 `sashelp.class`자료(Appendix 참조)의 남녀 그룹별 평균, 분산을 정리해 보았다(Table 12.2).

Table 12.2: `class` 자료의 남녀 학생 그룹별 키와 몸무게 정보

	남학생(M)		여학생(F)	
	Height	Weight	Height	Weight
평균	63.910	108.950	60.588	90.111
분산	24.383	516.525	25.183	375.736
공분산	95.400		86.238	
관측개수	10		9	

이를 이용하면, 분산공분산행렬은

$$S_M = \begin{pmatrix} 24.383 & 95.400 \\ 95.400 & 516.525 \end{pmatrix}, \qquad S_F = \begin{pmatrix} 25.183 & 86.238 \\ 86.238 & 375.736 \end{pmatrix} \tag{12.17}$$

이 되어, 분산이 서로 같다는 가정하에

$$\hat{\Sigma} = \frac{(10-1)S_M + (9-1)S_F}{10+9-2} = \begin{pmatrix} 24.759 & 91.088 \\ 91.088 & 450.271 \end{pmatrix} \tag{12.18}$$

이 된다. 역행렬을 구하면

$$\hat{\Sigma}^{-1} = \begin{pmatrix} 0.157 & -0.031 \\ -0.031 & 0.008 \end{pmatrix} \tag{12.19}$$

이 되어, Fisher의 선형판별함수는

$$\begin{aligned} f(\boldsymbol{x}) &= \boldsymbol{x}^T \hat{\boldsymbol{b}} \\ &= \boldsymbol{x}^T \hat{\Sigma}^{-1} (\bar{\boldsymbol{x}}_M - \bar{\boldsymbol{x}}_F) \\ &= (\texttt{Height Weight}) \begin{pmatrix} 0.157 & -0.031 \\ -0.031 & 0.008 \end{pmatrix} \begin{pmatrix} 63.910 - 60.588 \\ 108.950 - 90.111 \end{pmatrix} \\ &= -0.062 \times \texttt{Height} + 0.047 \times \texttt{Weight} \end{aligned} \tag{12.20}$$

가 된다.

그림 12.4에서, 키와 몸무게는 양의 상관관계가 있어 보인다. 남학생은 대체로 키가 크고 몸무게가 무거운 반면, 여학생은 상대적으로 키가 작고 몸무게가 가벼운 것으로 보여서, 판별함수를 제2주성분 방향(기울기가 음수)으로 기대할 수도 있다. 그러나, Fisher의 선형판별함수 공식을 사용하면 식 (12.20)이 되어 그림 12.4의 점선같이 양의 기울기가 된다.

이때 판별함수의 경계값(cut-off value)은

$$\begin{aligned} c &= \frac{1}{10+9}(10\,\bar{\boldsymbol{x}}_M + 9\,\bar{\boldsymbol{x}}_F)^T\ \hat{b} \\ &= \begin{pmatrix} 62.336 & 100.026 \end{pmatrix} \begin{pmatrix} -0.062 \\ 0.047 \end{pmatrix} = 0.836 \end{aligned} \tag{12.21}$$

이고, 그림 12.4에서 긴 점선으로 표시되고 있다. 만일 새로 입학한 학생의 키가 65, 몸무게가 75 이면, $\boldsymbol{x}_0 = (65\ \ 75)^T$ 이므로,

$$f(\boldsymbol{x}_0) = \begin{pmatrix} 65 & 75 \end{pmatrix} \begin{pmatrix} -0.062 \\ 0.047 \end{pmatrix} = -0.505 < 0.836 \tag{12.22}$$

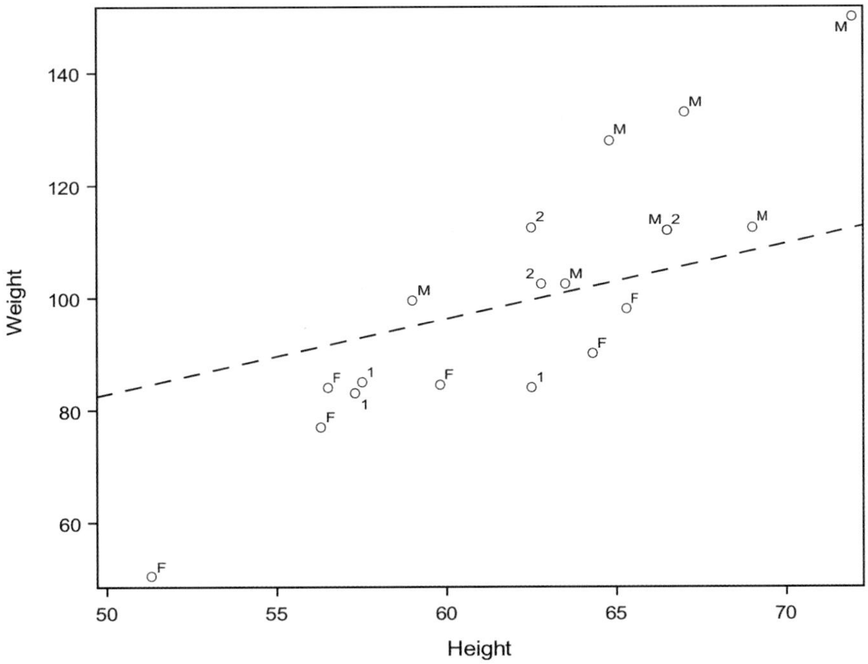

그림 12.4: class의 남녀 학생그룹에 대한 Fisher의 선형판별함수

이 되어 그 신입생을 '여학생'으로 판별하게 된다. 그림 12.4에서 '1'은 남학생을 여학생으로, '2'는 여학생을 남학생으로 오분류한 것을 나타낸다.

SAS® 의 proc discrim 을 이용해 선형판별함수를 구하는 코드는 아래와 같다.

```
proc discrim data=a method=normal pool=yes;
  class sex;
  var Height Weight;
  priors equal;
run;
```

여기서 method=normal 은 다변량정규분포를 가정하는 모수적 방법을 의미한다. pool=yes 는 분산이 동일한 Fisher의 선형판별함수를 의미하며, pool=no 이면 선형판별함수대신 2차판별함수를 사용하고, pool=test 는 등분산에 대한 검정을 실시해 준다. 또한 priors equal 은 각 그룹에 대한 사전확률이 동일하다는 의미이고, priors proportional 은 사전확률을 그룹 내 자료의 수에 비례하여 할당시킨

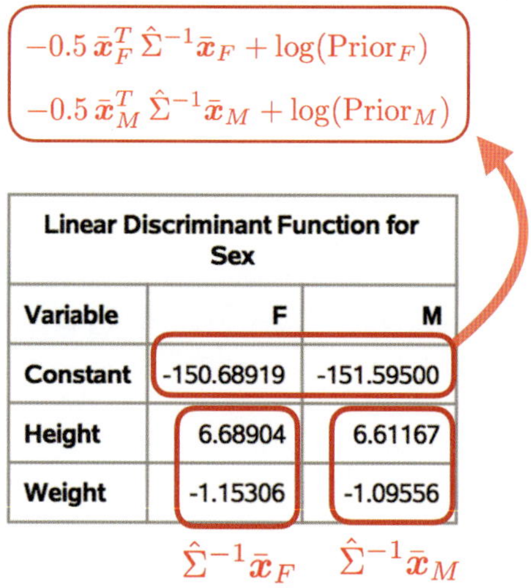

Linear Discriminant Function for Sex		
Variable	F	M
Constant	-150.68919	-151.59500
Height	6.68904	6.61167
Weight	-1.15306	-1.09556

그림 12.5: 자료 `class`에 대한 `proc discrim`의 출력-1

다는 의미이다. 그림 12.5는 `proc discrim`의 출력의 일부이다. 이 출력으로부터

$$\begin{aligned} f(\boldsymbol{x}) &= \boldsymbol{x}^T\hat{\Sigma}^{-1}(\bar{\boldsymbol{x}}_M - \bar{\boldsymbol{x}}_F) \\ &= (\texttt{Height Weight})\begin{pmatrix} 6.61167 - 6.68904 \\ -1.09556 + 1.15306 \end{pmatrix} \\ &= -0.07737 \times \texttt{Height} + 0.0575 \times \texttt{Weight} \end{aligned} \tag{12.23}$$

가 된다. 우리가 손으로 계산한 선형판별함수 식 (12.20)과 약간의 차이가 있는데, 이는 계산 과정에서 소수점 3자리 아래를 절삭함으로 인함이다.

`proc discrim`은 그림 12.6과 같은 출력도 제공하는데, 이에 의하면, 전체 9명의 여학생 중에 Fisher의 선형판별함수에 의해 여학생으로 분류된 사람은 6명이고 나머지 3명(33.33%)은 남학생으로 오분류되었고, 남학생 중에는 10명 중 3명(30%)이 오분류되었다. 이를 종합하면 전체 오분류율은 31.67%이다.

Remark (변수의 표준화) 변수의 단위가 크게 다르면 주성분분석(PCA)에서는 상관행렬을 이용하던지 아니면 변수의 표준화(standardization)를 추천하였다. 하지만, 선형판별분석(LDA)에서는 <u>변수를 표준화시킬 필요가 없다</u>. 이는 표준화 전/후에 선형판별함수값도 같은 비율로 축소/확대 되어 같은 결론에 이르기 때문이다.

Remark (정규성 가정) Fisher의 선형판별함수 유도 과정에서, 식 (12.1)의 다변

The SAS System

The DISCRIM Procedure
Classification Summary for Calibration Data: WORK.A
Resubstitution Summary using Linear Discriminant Function

Number of Observations and Percent Classified into Sex			
From Sex	F	M	Total
F	6 66.67	3 33.33	9 100.00
M	3 30.00	7 70.00	10 100.00
Total	9 47.37	10 52.63	19 100.00
Priors	0.5	0.5	

Error Count Estimates for Sex			
	F	M	Total
Rate	0.3333	0.3000	0.3167
Priors	0.5000	0.5000	

그림 12.6: 자료 `class`에 대한 `proc discrim`의 출력-2

량정규분포 가정은 사용되지 않았다. 그러나, 자료가 다변량정규분포를 따를 경우, Fisher의 선형판별함수 결과는 '다변량정규분포의 사후확률을 이용한 선형판별분석의 결과와 일치'하고, 이때 사용한 통계량이 최적의 성질을 갖게된다. 따라서 Fisher의 선형판별함수를 원한다면, `method=normal` 을 사용하면 된다.

12.4 사후확률를 이용한 판별분석

지금까지 2개 그룹에 대한 판별분석을 했지만, 3개 이상의 그룹에 대한 판별분석도 사후확률(posterior probability)를 이용하면 가능하다. i 번째 그룹에 속한 $\boldsymbol{x}$가 아래와 같은 다변량정규분포를 따른다고 할 때,

$$f_i(\boldsymbol{x}) = \frac{1}{(2\pi)^{p/2}|\Sigma_i|^{1/2}} \exp\left\{-\frac{1}{2}(\boldsymbol{x}-\boldsymbol{\mu}_i)^T \Sigma_i^{-1} (\boldsymbol{x}-\boldsymbol{\mu}_i)\right\} \tag{12.24}$$

i 번째 그룹의 사전확률(prior probability)이 p_i 이고, 어떤 개체 $\boldsymbol{x}$ 가 그룹 i 에 속하는 사건을 π_i 라면, 사후확률(posterior probability)은[2]

$$P(\pi_i|\boldsymbol{x}) = \frac{p_i\, f_i(\boldsymbol{x})}{\sum_{j=1}^{a} p_j\, f_j(\boldsymbol{x})} \tag{12.25}$$

가 된다. 따라서, 사후확률을 이용한 선형판별분석은 다음과 같이 정리된다.

만일 $\boldsymbol{x}_i \sim N(\boldsymbol{\mu}_i, \Sigma_i)$ 이고, $\Sigma_1 = \Sigma_2 = \cdots = \Sigma_a = \Sigma$ 인 경우, 사후확률이 최대가 되는 i 를 구하는 문제는

$$d_i(\boldsymbol{x}) = \boldsymbol{x}^T S_{\text{pool}}^{-1} \bar{\boldsymbol{x}}_i - \frac{1}{2}\, \bar{\boldsymbol{x}}_i^T S_{\text{pool}}^{-1} \bar{\boldsymbol{x}}_i + \log p_i \tag{12.26}$$

가 최대가 되는 i 를 선택하는 내용과 동일하다(연습문제 참조). 여기서

$$S_{\text{pool}} = \frac{\sum_{k=1}^{a}(n_k - 1)\, S_k}{\sum_{j=1}^{a}(n_j - 1)} \tag{12.27}$$

이고, 이때 $d_i(\boldsymbol{x})$ 를 '**선형판별점수(linear discriminant score)**'라고 한다.

Q `class` 자료에 대해 남녀 학생들에 대한 사전확률이 동일하다는 가정 하에서, `proc discrim` 의 출력(그림 12.5)을 이용하여 남학생과 여학생의 선형판별점수($d_M(\boldsymbol{x})$, $d_F(\boldsymbol{x})$)를 구하고, $\boldsymbol{x}_0 = (65\ \ 75)^T$ 인 학생이 남학생인지 여학생인지 판별하여라.

A SAS®출력인 그림 12.5에서 선형판별점수를 계산할 수 있는데, 식 (12.26)의 선형판별점수 공식을 고려하면

$$d_F(\boldsymbol{x}) = -150.689 + 6.689 \times \texttt{Height} - 1.153 \times \texttt{Weight}$$

$$d_M(\boldsymbol{x}) = -151.595 + 6.611 \times \texttt{Height} - 1.095 \times \texttt{Weight}$$

임을 알 수 있고, 여기에 $\boldsymbol{x}_0 = (65\ \ 75)^T$ 를 대입하면,

$$d_F(\boldsymbol{x}_0) = -150.689 + 6.689 \times 65 - 1.153 \times 75 = 197.621$$

$$d_M(\boldsymbol{x}_0) = -151.595 + 6.611 \times 65 - 1.095 \times 75 = 195.995$$

이므로 $d_F(\boldsymbol{x}_0) > d_M(\boldsymbol{x}_0)$ 가 된다. 따라서, $\boldsymbol{x}_0$ 는 사후확률이 큰 '여학생'으로 판별된다.

[2]베이즈정리(Bayes' Theorem)를 참고하라.

Remark 다변량정규분포에서 등분산 가정($\Sigma_1 = \Sigma_2 = \cdots = \Sigma_a = \Sigma$)을 할 수 없는 경우에는 선형판별함수 대신 이차판별함수(Quadratic Discriminant Function)를 사용할 수 있다. 이 경우, 사후확률은 $d_i(\boldsymbol{x})$가 아닌, **이차판별점수(quadratic discriminant score)**인

$$d_i^Q(\boldsymbol{x}) = -\frac{1}{2}\log|S_i| - \frac{1}{2}(\boldsymbol{x} - \bar{\boldsymbol{x}}_i)^T S_i^{-1}(\boldsymbol{x} - \bar{\boldsymbol{x}}_i) + \log p_i \tag{12.28}$$

를 최대로 하는 그룹 i를 선택한다(증명생략).

Example 붓꽃 자료 `sashelp.iris` (Appendix 참조)에는 세 종류의 붓꽃에 대하여 꽃받침(Sepal)과 꽃잎(Petal)의 길이와 너비가 기록되어 있다. 총 4개의 변수로 이루어진 이 자료를 가지고 선형판별함수를 이용하여 판별해 보자.

세 종류의 붓꽃에 대한 측정자료는 Table 12.3와 같이 요약된다.

Table 12.3: `sashelp.iris` 자료의 평균벡터와 분산공분산행렬

Group		SepalLength	SepalWidth	PetalLength	PetalWidth
	$\bar{\boldsymbol{x}}_{SE}$	50.060	34.280	14.620	2.460
		12.424	9.921	1.635	1.033
Setosa			14.368	1.169	0.929
(50개)	S_{SE}			3.015	0.606
					1.110
	$\bar{\boldsymbol{x}}_{VE}$	59.360	27.700	42.600	13.260
		26.643	8.518	18.289	5.577
Versicolor			9.846	8.265	4.120
(50개)	S_{VE}			22.081	7.310
					3.910
	$\bar{\boldsymbol{x}}_{VI}$	65.880	29.740	55.520	20.260
		40.434	9.376	30.328	4.909
Virginica			10.400	7.137	4.762
(50개)	S_{VI}			30.458	4.882
					7.543

만일 $\Sigma_{SE} = \Sigma_{VE} = \Sigma_{VI}$ 라고 가정한다면,

$$S_{\texttt{pool}} = \frac{(50-1)S_{SE} + (50-1)S_{VE} + (50-1)S_{VI}}{150-3}$$
$$= \begin{pmatrix} 26.500 & 9.271 & 16.750 & 3.839 \\ 9.271 & 11.538 & 5.523 & 3.270 \\ 16.750 & 5.523 & 18.518 & 4.266 \\ 3.839 & 3.270 & 4.266 & 4.187 \end{pmatrix} \quad (12.29)$$

가 되어, 식 (12.26)을 이용한 선형판별점수는

$$d_{SE}(\boldsymbol{x}) = \boldsymbol{x}^T \begin{pmatrix} 2.354 \\ 2.358 \\ -1.642 \\ -1.739 \end{pmatrix} - 85.208 + \log(\text{Prior}_{SE})$$

$$d_{VE}(\boldsymbol{x}) = \boldsymbol{x}^T \begin{pmatrix} 1.569 \\ 0.707 \\ 0.521 \\ 0.643 \end{pmatrix} - 71.757 + \log(\text{Prior}_{VE})$$

$$d_{VI}(\boldsymbol{x}) = \boldsymbol{x}^T \begin{pmatrix} 1.244 \\ 0.368 \\ 1.276 \\ 2.108 \end{pmatrix} - 103.276 + \log(\text{Prior}_{VI}) \quad (12.30)$$

가 된다. 이제 각 $\boldsymbol{x}$ 값에 대해 가장 큰 판별점수값을 갖는 그룹을 선택하면 된다. 이와 같은 과정은 아래와 같은 SAS®코드로 동일하게 이루어 진다.

```
proc discrim data=sashelp.iris method=normal pool=yes;
  class species;
  var SepalLength SepalWidth PetalLength PetalWidth;
  priors equal;
run;
```

그 결과, 그림 12.7과 같은 선형판별함수가 출력되는데, 이는 식 (12.30)과 동일하다. 또한, 그림 12.8은 선형판별함수의 결과에 관한 것인데, 전체 150개 붓꽃 가운데

3개(2%)가 오분류되었으며, 그 중 `Versicolor`를 `Virginica`로 분류한 것이 2개이고, `Virginica`를 `Versicolor`로 분류한 것이 1개로 판명되었다.

Linear Discriminant Function for Species				
Variable	**Label**	**Setosa**	**Versicolor**	**Virginica**
Constant		-85.20986	-71.75400	-103.26971
SepalLength	Sepal Length (mm)	2.35442	1.56982	1.24458
SepalWidth	Sepal Width (mm)	2.35879	0.70725	0.36853
PetalLength	Petal Length (mm)	-1.64306	0.52115	1.27665
PetalWidth	Petal Width (mm)	-1.73984	0.64342	2.10791

그림 12.7: 자료 `sashelp.iris`에 대한 `proc discrim`의 출력-1

The SAS System

The DISCRIM Procedure
Classification Summary for Calibration Data: SASHELP.IRIS
Resubstitution Summary using Linear Discriminant Function

Number of Observations and Percent Classified into Species				
From Species	**Setosa**	**Versicolor**	**Virginica**	**Total**
Setosa	50 100.00	0 0.00	0 0.00	50 100.00
Versicolor	0 0.00	48 96.00	2 4.00	50 100.00
Virginica	0 0.00	1 2.00	49 98.00	50 100.00
Total	50 33.33	49 32.67	51 34.00	150 100.00
Priors	0.33333	0.33333	0.33333	

Error Count Estimates for Species				
	Setosa	**Versicolor**	**Virginica**	**Total**
Rate	0.0000	0.0400	0.0200	0.0200
Priors	0.3333	0.3333	0.3333	

그림 12.8: 자료 `sashelp.iris`에 대한 `proc discrim`의 출력-2

판별과정을 자세히 살펴보면, 만일 어떤 관측값 $\boldsymbol{x}_0$ 에 대하여,

$$d_{SE}(\boldsymbol{x}_0) > d_{VE}(\boldsymbol{x}_0) \quad \text{그리고} \quad d_{SE}(\boldsymbol{x}_0) > d_{VI}(\boldsymbol{x}_0) \tag{12.31}$$

라면, $\boldsymbol{x}_0$ 는 Setosa 로 판명된다. 이를 수식으로 표현하면,

$$\begin{aligned} &0.784 \times \texttt{SepalLength} + 1.651 \times \texttt{SepalWidth} \\ &\quad - 2.164 \times \texttt{PetalLength} - 2.383 \times \texttt{PetalWidth} - 13.451 > 0 \\ &1.109 \times \texttt{SepalLength} + 1.990 \times \texttt{SepalWidth} \\ &\quad - 2.919 \times \texttt{PetalLength} - 3.848 \times \texttt{PetalWidth} + 18.068 > 0 \end{aligned} \tag{12.32}$$

이 되며, 이 부등식에 포함되는 관측치들은 모두 Setosa 라고 판별된다. 같은 방법으로 Versicolor 나 Virginica 에 대해서도 판별 가능하다(그림 12.9)

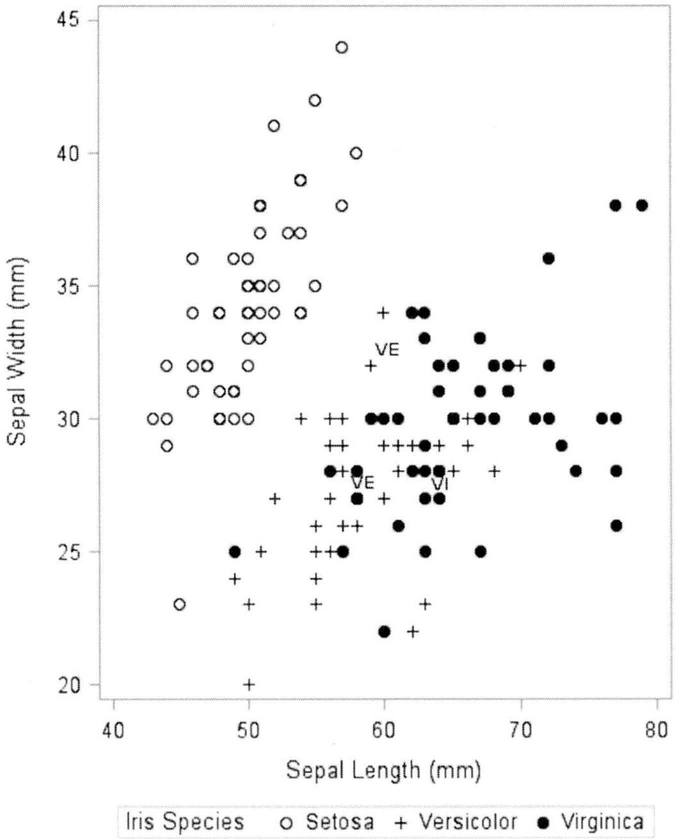

그림 12.9: sashelp.iris 에 대한 선형판별분석 결과(VE 는 Versicolor 인데 Virginica 로 오분류; VI 는 실제론 Virginica 이지만 Versicolor 로 오분류)

12.5 SAS® 실습문제

[1] Appendix에 있는 남녀 학생들의 키와 몸무게에 대한 자료(`sashelp.class`)를 가지고 아래 지시한 대로 분석을 실시하라.

1. `proc sgplot`을 이용해, 그림 12.4처럼 수직축을 `Weight`, 수평축을 `Height`로 하고 점의 표시를 F, M으로 하는 산점도를 그려라.

2. SAS®의 `proc discrim`의 출력을 근거로 Fisher의 선형판별함수에 대한 경계값(cut-off value) c를 계산하고, 새로운 자료 $\boldsymbol{x}_0$에 대해, 식 (12.14)와 같은 결정규칙을 서술하라(소수점 5자리까지 계산할 것).

3. 자료 `class`에서 키와 몸무게가 다변량정규분포를 따르는지 식 (7.23)에서 이용했던 `proc iml`과 `proc sgplot`을 이용하여 그림 7.12 같은 카이제곱 분위수-분위수 그림을 그려서 판단하라

4. 다변량분산분석(MANOVA)을 이용하여 남녀 학생들 신체조건에 차이가 있는지 알아보려고 한다. 아래 SAS® 코드를 참고해서 실시하라.

```
proc glm data=a;
  class group;
  model y1 y2 y3 = group;
  manova h=group;
run;
```

5. 새로운 학생이 키가 60, 몸무게가 100이라고 한다. 이 학생이 남학생일지, 여학생일지를 위 2번의 경계값을 이용하여 예측하라.

6. 위 5번의 학생을 아래 SAS® 코드를 활용하여 예측하고, 5번 결론과 동일한지 확인하라.

```
data new; input Name $ Height Weight; cards;
Park 60 100 ;
data all; set a new; run;

proc discrim data=all method=normal pool=yes out=predout;
  class sex;
  var Height Weight;
  priors equal;
run;

proc print data=predout (where=(Name="Park"));
run;
```

[2] 붓꽃 자료(`sashelp.iris`)를 가지고, 선형판별함수가 아닌 이차판별함수를 사용하여 판별분석을 실시하되 다음 순서에 따라 답하라.

1. 식 (12.28)의 $d_i^Q(\boldsymbol{x})$로 생성되는 이차판별함수식을 아래 SAS®출력을 보고 각각 작성하라(i = SE, VE, VI).

```
proc discrim data=sashelp.iris method=normal pool=no
  out=predout2 outstat=statout2;
  class sex;
  var Height Weight;
  priors equal;
run;

proc print data=statout2 (where=(_Type_="QUAD"));
run;
```

2. 이차판별함수를 사용하여 수평축을 `PetalLength`, 수직축을 `PetalWidth`로 해서, 그림 12.9와 같은 그림을 SAS®를 이용해 작성하되, 특히 오분류된 점을 그래프 상에서 표시하는데 주력하라.

[3] 국가별 남자 육상기록은 `track_m`에 있고, 여자 육상기록은 `track_w`에 담겨

있다(Appendix 참조). 남녀 육상기록을 모두 합쳐서 100m, 200m, 400m, 800m, 1500m, Marathon 에 이르는 총 6개의 변수를 이용하여 선수의 성별을 판별하려고 한다. 다음 순서에 따라 답하여라.

1. 수평축을 100m, 수직축을 1500m로 하는 산점도를 SAS®를 이용해서 그림 12.10과 같이 도시하라.

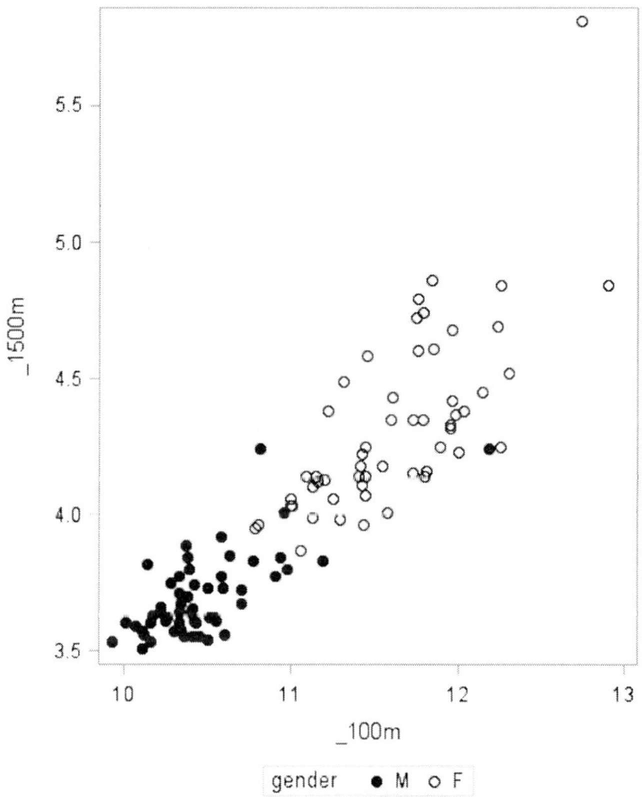

그림 12.10: 자료 `track_m`과 `track_w`에 대한 산점도.

2. `proc discrim`을 이용하여 Fisher의 선형판별함수로 이 자료의 남자와 여자를 판별하고 오분류율을 구하라.

3. 수평축을 100m, 수직축을 1500m로 하는 산점도에 판별결과를 도시하되, 오분류된 점을 구분하여 표시하라.

4. 상관행렬의 주성분을 이용한 요인분석(FA)을 통해 2개의 요인을 구하고 요인에 알맞은 이름을 적어라.

5. 수평축을 첫 번째 요인점수로, 수직축을 두 번째 요인점수로 하는 산점도를 표시하되, 남자/여자를 표시하라.

6. 6개의 변수가 아닌, 두 개의 요인점수만을 사용해서 선형판별분석을 하려고 한다. `proc discrim`을 이용하여, 이때의 $d_M(\boldsymbol{x})$과 $d_F(\boldsymbol{x})$ 식을 구하라.

7. 수평축을 첫 번째 요인점수로, 수직축을 두 번째 요인점수로 하는 그래프 위에 6번의 판별결과를 산점도로 표시하되 오분류한 것을 구분하여 표시하라.

8. 만일 어떤 나라의 육상기록이 Table 12.4와 같다고 하자. 7번의 요인점수를 사용한 선형판별함수로 이 기록이 남자 육상선수의 기록인지 여자 육상선수의 기록인지를 예측하라.

Table 12.4: 선형판별분석을 위한 어떤 선수의 육상기록

100m	200m	400m	800m	1500m	Marathon
11	24	47	2	4	150

12.6 연습문제

[1] 아래 확장 코쉬-슈바르츠 부등식을 증명하되, 단계별로 답하여 증명하라.

$$\left(\boldsymbol{a}^T\boldsymbol{b}\right)^2 \le \left(\boldsymbol{a}^T\Sigma^{-1}\boldsymbol{a}\right)\left(\boldsymbol{b}^T\Sigma\boldsymbol{b}\right) \tag{12.33}$$

1. $\Sigma = I$ 인 경우에 부등식을 증명하라. (Hint: $\boldsymbol{a}^T\boldsymbol{b} = ||\boldsymbol{a}|| \cdot ||\boldsymbol{b}|| \cos\theta$)

2. Σ가 대칭이고 양정치행렬이면, 스펙트럼 분해(Theorem 11.5)에 의해

$$\Sigma = \underbrace{\left(UD^{\frac{1}{2}}U^T\right)}_{=\Sigma^{\frac{1}{2}}}\underbrace{\left(UD^{\frac{1}{2}}U^T\right)}_{=\Sigma^{\frac{1}{2}}} = \Sigma^{\frac{1}{2}}\Sigma^{\frac{1}{2}} \tag{12.34}$$

임을 증명하라.

3. Σ의 역행렬이 Σ^{-1}이면,

$$\Sigma^{-1} = \underbrace{\left(UD^{-\frac{1}{2}}U^T\right)}_{=\Sigma^{-\frac{1}{2}}}\underbrace{\left(UD^{-\frac{1}{2}}U^T\right)}_{=\Sigma^{-\frac{1}{2}}} = \Sigma^{-\frac{1}{2}}\Sigma^{-\frac{1}{2}} \tag{12.35}$$

임을 증명하라.

4. $\boldsymbol{a}_* = \Sigma^{-\frac{1}{2}}\boldsymbol{a}$ 이고, $\boldsymbol{b}_* = \Sigma^{\frac{1}{2}}\boldsymbol{b}$ 라고 할 때, 벡터 $\boldsymbol{a}_*$, $\boldsymbol{b}_*$ 에 대한 코쉬-슈바르츠 부등식을 이용해, 식 (12.33)을 증명하라.

[2] 두 그룹의 평균벡터는 $\boldsymbol{\mu}_1$, $\boldsymbol{\mu}_2$, 전체 평균벡터를 $\boldsymbol{\mu} = \frac{1}{2}(\boldsymbol{\mu}_1 + \boldsymbol{\mu}_2)$ 라고 할 때, 아래 식을 증명하라.

$$J(\boldsymbol{b}) = \frac{\left(\boldsymbol{\mu}_1^T\boldsymbol{b} - \boldsymbol{\mu}_2^T\boldsymbol{b}\right)^2}{\boldsymbol{b}^T\Sigma\boldsymbol{b}}$$

$$= 2 \times \frac{\boldsymbol{b}^T\left\{(\boldsymbol{\mu}_1 - \boldsymbol{\mu})(\boldsymbol{\mu}_1 - \boldsymbol{\mu})^T + (\boldsymbol{\mu}_2 - \boldsymbol{\mu})(\boldsymbol{\mu}_2 - \boldsymbol{\mu})^T\right\}\boldsymbol{b}}{\boldsymbol{b}^T\Sigma\boldsymbol{b}}$$

[3] 그룹 i 에 속해 있는 개체 $\boldsymbol{x}$ 가 아래와 같은 다변량정규분포를 따른다고 할 때, 다음 질문에 답하라.

$$f_i(\boldsymbol{x}) = \frac{1}{(2\pi)^{p/2}|\Sigma|^{1/2}} \exp\left\{-\frac{1}{2}(\boldsymbol{x} - \boldsymbol{\mu}_i)^T \Sigma^{-1}(\boldsymbol{x} - \boldsymbol{\mu}_i)\right\} \qquad (12.36)$$

1. 그룹 i 가 발생하는 사전확률을 p_i 라고 하자. 개체 $\boldsymbol{x}$ 가 관측된 후, 그 개체가 i 번째 그룹에 속할 사후확률을 계산하여, 그 사후확률이 $p_i\, f_i(\boldsymbol{x})$ 와 비례함을 보여라.

2. 1번의 $p_i\, f_i(\boldsymbol{x})$ 값이 최대가 되는 그룹 i 를 정하는 문제는

$$d_i^* = -\frac{1}{2}\log|\Sigma| - \frac{1}{2}(\boldsymbol{x} - \boldsymbol{\mu}_i)^T \Sigma^{-1}(\boldsymbol{x} - \boldsymbol{\mu}_i) + \log p_i, \qquad i = 1, 2, \cdots, a$$

를 최대로 하는 i 를 정하는 문제와 동일함을 보여라.

3. $\hat{\mu}_i = \bar{\boldsymbol{x}}_i$, $\hat{\Sigma} = S_{\text{pool}}$ 라고 할 때, 위 d_i^* 를 최대로 하는 i 를 결정하는 문제는

$$d_i(\boldsymbol{x}) = \boldsymbol{x}^T S_{\text{pool}}^{-1}\bar{\boldsymbol{x}}_i - \frac{1}{2}\bar{\boldsymbol{x}}_i^T S_{\text{pool}}^{-1}\bar{\boldsymbol{x}}_i + \log p_i \qquad (12.37)$$

를 최대로 하는 i 를 결정하는 문제와 동일함을 증명하라.

4. 두 개의 그룹 (M, F)이 있고, 사전확률이 $p_M = p_F$ 일 때, $\boldsymbol{x}$를 가지고, 다변량정규분포 가정하에 $\boldsymbol{x}$의 사후확률을 비교한 결과 $d_M > d_F$ 라고 나왔다.

   같은 자료를 가지고, Fisher의 선형판별함수와 경계값이

$$\begin{aligned} f(\boldsymbol{x}) &= \boldsymbol{x}^T \hat{\boldsymbol{b}} \\ &= \boldsymbol{x}^T \hat{\Sigma}^{-1} (\bar{\boldsymbol{x}}_M - \bar{\boldsymbol{x}}_F), \qquad (12.38) \\ c &= \frac{1}{2} (\bar{\boldsymbol{x}}_M + \bar{\boldsymbol{x}}_F)^T \hat{\boldsymbol{b}} \qquad (12.39) \end{aligned}$$

   라고 정의되었을 때, $d_M > d_F$ 라는 결과는

$$f(\boldsymbol{x}) > c \qquad (12.40)$$

   와 일치함을 보여라.

[4] 행렬 $\hat{\Sigma}^{-1}$ 이 양정치행렬이라고 가정할 때, Fisher 의 선형판별함수

$$f(\boldsymbol{x}) = \boldsymbol{x}^T \hat{\Sigma}^{-1} (\bar{\boldsymbol{x}}_{G1} - \bar{\boldsymbol{x}}_{G2}) \qquad (12.41)$$

에 대하여, 언제나 $f(\bar{\boldsymbol{x}}_{G1}) > f(\bar{\boldsymbol{x}}_{G2})$ 가 성립함을 증명하라.

Chapter 13

정준상관분석

주성분분석(PCA)은 변수 간 상관관계를 이용해서 고차원 자료를 몇 개의 변수로 표현하는데 유용하고, 요인분석(FA)은 변수 간 상관관계의 원인을 잠재적 변수를 사용하여 설명할 뿐 아니라, 때로는 요인점수를 이용해 고차원 자료의 차원을 축소시키는데도 활용되고 있다. 판별분석(DA)은 변수 간 상관관계를 통해서, 특정 개체가 어느 그룹에 포함되는지를 예측하는 역할을 하고 있다. 이 단원에서는 변수와 변수 간 상관관계가 아닌, 여러 개 변수로 이루어진 변수 그룹($x_1, x_2, \cdots, x_p$)과 또 다른 변수 그룹($y_1, y_2, \cdots, y_q$) 사이의 상관관계 측정에 대해 알아보고자 한다.

일반적으로 두 변수 간의 상관관계는 상관계수(correlation coefficient)를 통해서 분석되어지고 있으며, 우리는 이미 지난 단원에서 여러 종류의 상관계수와 그 활용도를 살펴보았다. 거기에는 피어슨의 상관계수, 스피어만의 순위상관계수, 한 변수와 여러 변수 사이의 다중상관계수, 그리고 제3의 변수에 의한 영향을 배제한 상태에서 두 변수 간 상관관계를 측정하는 부분상관계수도 있었다. 이 단원에서는 서로 다른 두 변수 그룹 사이의 상관관계를 나타내는 '**정준상관계수(Canonical Correlation Coefficient)**'의 개념과 활용에 대해 설명하고자 한다.

13.1 정준상관계수

어떤 변수 그룹이 p개의 변수로 이루어져 있고, 다른 변수 그룹은 q개의 변수로 이루어져 있다면, 두 변수 그룹 간의 상관관계는 어떻게 측정할 것인가? 우리에게 익숙한 피어슨의 상관계수를 사용한다고 해도, 모두 $p \times q$개의 상관계수가 측정될

텐데, 그 중 우리는 어느 상관계수를 사용할 것인가? 단순히 $p \times q$개 상관계수의 평균을 생각해 보지만, 곧 이것도 소용없는 방법임을 알게 된다. 예를 들어 $\rho_{x1,y1} = 0.8$이고 $\rho_{x1,y2} = -0.8$ 이면, 평균은 $\bar{\rho} = 0.0$ 이 되어 두 그룹은 전혀 상관관계가 없다는 오류를 범하게 되기 때문이다. 이처럼 그룹 간 상관관계에는 이 보다 더 신중한 접근이 필요하다.

예를 들어 보자. 사람의 신체조건을 기록하기 위해 키(x_1), 몸무게(x_2), 가슴둘레(x_3)를 측정하고, 운동능력을 알아보기 위해 달리기(y_1)와 윗몸일으키기(y_2)를 측정했다고 가정하자(Table 13.1참조).

Table 13.1: 신체조건과 운동능력

신체조건			운동능력	
키(x_1)	몸무게(x_2)	가슴둘레(x_3)	달리기(y_1)	윗몸일으키기(y_2)
x_{11}	x_{12}	x_{13}	y_{11}	y_{12}
x_{21}	x_{22}	x_{23}	y_{21}	y_{22}
$\vdots$	$\vdots$	$\vdots$	$\vdots$	$\vdots$
x_{n1}	x_{n2}	x_{n3}	y_{n1}	y_{n2}

이제 신체조건 영역의 세 변수로 이루어지는 선형결합은

$$V = a_1\, x_1 + a_2\, x_2 + a_3\, x_3 = \boldsymbol{a}^T \boldsymbol{x} \tag{13.1}$$

라고 할 수 있다. 이 모든 선형결합은 생성[1], Span $\{x_1,\, x_2,\, x_3\}$ 에 속하는 원소이다. 같은 방법으로 운동능력 영역의 선형결합도

$$W = b_1\, y_1 + b_2\, y_2 = \boldsymbol{b}^T \boldsymbol{y} \tag{13.2}$$

가 되며, 이들은 Span $\{y_1,\, y_2\}$ 의 원소이다. 이때, 제1정준상관계수(The 1st Canonical Correlation Coefficient)는 발생 가능한 $(V,\, W)$ 쌍 가운데 상관계수의 절댓값이 가장 큰 쌍의 상관계수를 의미하며, 그 때의 $(V,\, W)$를 제1정준변량(The 1st Canonical Variate)이라고 한다.

Definition: (정준상관계수) 두 개의 변수 그룹에 각각

$$\boldsymbol{x} = (x_1\ x_2\ \cdots\ x_p)^T$$

[1] 원소들의 선형결합으로 구성되는 공간, Span$\{\cdots\}$이라고 표현된다.

$$\boldsymbol{y} = (y_1\ y_2\ \cdots\ y_q)^T$$

로 구성될 때,

$$\begin{aligned} V &= \boldsymbol{a}^T \boldsymbol{x} \quad \in \text{Span}\{x_1,\, x_2,\, \cdots,\, x_p\} \\ W &= \boldsymbol{b}^T \boldsymbol{y} \quad \in \text{Span}\{x_1,\, x_2,\, \cdots,\, y_q\} \end{aligned}$$

인 V, W 에 대하여

$$\rho_1^* = \max_{\boldsymbol{a},\, \boldsymbol{b}} \text{Corr}\left(\boldsymbol{a}^T \boldsymbol{x},\, \boldsymbol{b}^T \boldsymbol{y}\right) \tag{13.3}$$

인 ρ_1^* 를 '**제1정준상관계수(the 1st canonical correlation coefficient)**'라고 하며, 이때의 (V, W) 를

$$(V_1, W_1) = \left(\boldsymbol{a}_1^T \boldsymbol{x},\, \boldsymbol{b}_1^T \boldsymbol{y}\right) \tag{13.4}$$

라고 표기하며, '**제1정준변량(the 1st canonical variate)**'이라고 한다. 그리고, 제1정준변량과 직교하면서 두 번째로 상관계수값이 큰 쌍 (V_2, W_2) 를 제2정준변량이라고 하고, 그 때의 상관계수를 제2정준상관계수 ρ_2^* 라고 한다.

Remark 두 그룹에 각각 $\boldsymbol{x} = (x_1\ x_2\ \cdots\ x_p)^T$, $\boldsymbol{y} = (y_1\ y_2\ \cdots\ y_q)^T$ 가 있을 때, 정준상관계수는 k차

$$k = \min(p, q) \tag{13.5}$$

까지 발생한다(증명생략).

그림 13.1은 정준상관계수의 개념을 보여준다. 벡터 $\boldsymbol{x}$ 와 벡터 $\boldsymbol{y}$, 각각의 생성(Span) 위에 정의되는 $\boldsymbol{a}^T \boldsymbol{x}$ 와 $\boldsymbol{b}^T \boldsymbol{y}$ 의 사잇각 가운데, 제일 작은 각도 θ 를 구성하는 $\boldsymbol{a}_1^T \boldsymbol{x}$ 와 $\boldsymbol{b}_1^T \boldsymbol{y}$, 그리고 이와 직교하면서 사잇각을 최소로 하는 $\boldsymbol{a}_2^T \boldsymbol{x}$ 와 $\boldsymbol{b}_2^T \boldsymbol{y}$ 를 나타내고 있다.

Remark 정준상관계수와 정준변량을 이용한 분석을 '**정준상관분석(Canonical Correlation Analysis: CCA)**[2]'이라고 한다.

[2] H. Hotelling (1936) "Relations between two sets of variates", *Biometrika*, 28:321-377.

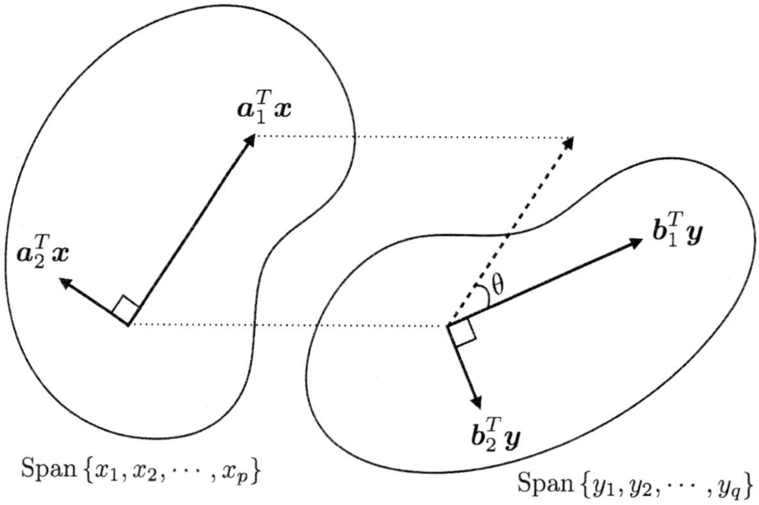

그림 13.1: 정준상관계수의 정의

13.2 정준변량의 결정

정준상관계수를 계산하기 위해선, 무엇보다 정준변량을 이루는 $\boldsymbol{a}_i$, $\boldsymbol{b}_i$ 를 어떻게 결정하는지 알아야 한다.

먼저 확률벡터 $\boldsymbol{x}, \boldsymbol{y}$ 에 대하여,

$$\mathrm{V}\begin{pmatrix} \boldsymbol{x} \\ \boldsymbol{y} \end{pmatrix} = \begin{pmatrix} \mathrm{V}(\boldsymbol{x}) & \mathrm{Cov}(\boldsymbol{x}, \boldsymbol{y}) \\ \mathrm{Cov}(\boldsymbol{y}, \boldsymbol{x}) & \mathrm{V}(\boldsymbol{y}) \end{pmatrix} = \begin{pmatrix} \Sigma_{\boldsymbol{xx}} & \Sigma_{\boldsymbol{xy}} \\ \Sigma_{\boldsymbol{yx}} & \Sigma_{\boldsymbol{yy}} \end{pmatrix} \tag{13.6}$$

라고 하고,

$$\Sigma_{\boldsymbol{xx}}^{-1/2}\,\Sigma_{\boldsymbol{xy}}\,\Sigma_{\boldsymbol{yy}}^{-1}\,\Sigma_{\boldsymbol{yx}}\,\Sigma_{\boldsymbol{xx}}^{-1/2} \tag{13.7}$$

의 고유값을 $\rho_1^{*2} \geq \rho_2^{*2} \geq \cdots \geq \rho_p^{*2}$ 이라 하고, 해당 고유벡터를 $\boldsymbol{e}_1, \boldsymbol{e}_2, \cdots, \boldsymbol{e}_p$ 라 하자. 또한

$$\Sigma_{\boldsymbol{yy}}^{-1/2}\,\Sigma_{\boldsymbol{yx}}\,\Sigma_{\boldsymbol{xx}}^{-1}\,\Sigma_{\boldsymbol{xy}}\,\Sigma_{\boldsymbol{yy}}^{-1/2} \tag{13.8}$$

의 고유값을 $\rho_1^{*2} \geq \rho_2^{*2} \geq \cdots \geq \rho_q^{*2}$ 이라 하고, 고유벡터를 $\boldsymbol{f}_1, \boldsymbol{f}_2, \cdots, \boldsymbol{f}_q$ 라 하자. 이때, 다음과 같은 정리가 성립한다.

Theorem 13.1 (정준변량의 결정) *확률벡터* $\boldsymbol{x}$, $\boldsymbol{y}$ *의 선형결합* $\boldsymbol{a}^T\boldsymbol{x}$ *와* $\boldsymbol{b}^T\boldsymbol{y}$ *에 대하여, 제1정준상관계수*

$$\rho_1^* = \max_{\boldsymbol{a},\boldsymbol{b}} \text{Corr}\left(\boldsymbol{a}^T\boldsymbol{x},\, \boldsymbol{b}^T\boldsymbol{y}\right) \tag{13.9}$$

를 이루는 $\boldsymbol{a}_1$, $\boldsymbol{b}_1$ *은 (* $\boldsymbol{a}_1^T\,\Sigma_{\boldsymbol{xx}}\,\boldsymbol{a}_1 = \boldsymbol{b}_1^T\,\Sigma_{\boldsymbol{yy}}\,\boldsymbol{b}_1 = 1$ *일 때),*

$$\begin{aligned} \boldsymbol{a}_1^T &= \boldsymbol{e}_1^T\,\Sigma_{\boldsymbol{xx}}^{-1/2} \\ \boldsymbol{b}_1^T &= \boldsymbol{f}_1^T\,\Sigma_{\boldsymbol{yy}}^{-1/2} \end{aligned} \tag{13.10}$$

이 된다.

Proof 정준상관계수는

$$\rho^* = \max_{\boldsymbol{a},\boldsymbol{b}} \frac{\boldsymbol{a}^T\,\Sigma_{\boldsymbol{xy}}\,\boldsymbol{b}}{\sqrt{(\boldsymbol{a}^T\,\Sigma_{\boldsymbol{xx}}\,\boldsymbol{a})\left(\boldsymbol{b}^T\,\Sigma_{\boldsymbol{yy}}\,\boldsymbol{b}\right)}} \tag{13.11}$$

이므로 '척도불변성(scale invariance)[3]'을 가지고 있다. 따라서, $\boldsymbol{a}$ 대신 $\boldsymbol{c} = \Sigma_{\boldsymbol{xx}}^{1/2}\,\boldsymbol{a}$ 를, $\boldsymbol{b}$ 대신 $\boldsymbol{d} = \Sigma_{\boldsymbol{yy}}^{1/2}\,\boldsymbol{b}$ 를 대입시켜도 무방하고,

$$\begin{aligned} \boldsymbol{c}^T\boldsymbol{c} &= \boldsymbol{a}^T\,\Sigma_{\boldsymbol{xx}}\,\boldsymbol{a} = 1 \\ \boldsymbol{d}^T\boldsymbol{d} &= \boldsymbol{b}^T\,\Sigma_{\boldsymbol{yy}}\,\boldsymbol{b} = 1 \end{aligned} \tag{13.12}$$

이기 때문에, 정준상관계수는

$$\rho^* = \max_{\boldsymbol{c},\boldsymbol{d}} \boldsymbol{c}^T\,\Sigma_{\boldsymbol{xx}}^{-1/2}\,\Sigma_{\boldsymbol{xy}}\,\Sigma_{\boldsymbol{yy}}^{-1/2}\,\boldsymbol{d}, \qquad \left(\boldsymbol{c}^T\boldsymbol{c} = \boldsymbol{d}^T\boldsymbol{d} = 1\right) \tag{13.13}$$

가 되어, 라그랑지 승수법(Lagrange's multiplier)을 이용하면

$$\mathcal{L} = \boldsymbol{c}^T\,\Sigma_{\boldsymbol{xx}}^{-1/2}\,\Sigma_{\boldsymbol{xy}}\,\Sigma_{\boldsymbol{yy}}^{-1/2}\,\boldsymbol{d} - \lambda_1\left(\boldsymbol{c}^T\boldsymbol{c} - 1\right) - \lambda_2\left(\boldsymbol{d}^T\boldsymbol{d} - 1\right)$$

을 최대화시키는 $\boldsymbol{c}$, $\boldsymbol{d}$를 구하면 된다. $\frac{\partial\mathcal{L}}{\partial\boldsymbol{c}} = \boldsymbol{0}$, $\frac{\partial\mathcal{L}}{\partial\boldsymbol{d}} = \boldsymbol{0}$으로부터

$$\begin{aligned} \Sigma_{\boldsymbol{xx}}^{-1/2}\,\Sigma_{\boldsymbol{xy}}\,\Sigma_{\boldsymbol{yy}}^{-1}\,\Sigma_{\boldsymbol{yx}}\,\Sigma_{\boldsymbol{xx}}^{-1/2}\,\boldsymbol{c} &= \rho^2_{\boldsymbol{a}^T\boldsymbol{x},\,\boldsymbol{b}^T\boldsymbol{y}}\,\boldsymbol{c} \\ \Sigma_{\boldsymbol{yy}}^{-1/2}\,\Sigma_{\boldsymbol{yx}}\,\Sigma_{\boldsymbol{xx}}^{-1}\,\Sigma_{\boldsymbol{xy}}\,\Sigma_{\boldsymbol{yy}}^{-1/2}\,\boldsymbol{d} &= \rho^2_{\boldsymbol{a}^T\boldsymbol{x},\,\boldsymbol{b}^T\boldsymbol{y}}\,\boldsymbol{d} \end{aligned} \tag{13.14}$$

가 된다(연습문제 참조).

[3]벡터가 상수배 변하여도($\boldsymbol{a} \rightarrow k\boldsymbol{a}$) 전체값이 불변하는 성질.

고유값, 고유벡터의 정의를 생각하면, 식 (13.14)에서 $\boldsymbol{c}$는 $\Sigma_{\boldsymbol{xx}}^{-1/2}\,\Sigma_{\boldsymbol{xy}}\,\Sigma_{\boldsymbol{yy}}^{-1}\,\Sigma_{\boldsymbol{yx}}\,\Sigma_{\boldsymbol{xx}}^{-1/2}$의 고유벡터인 $\boldsymbol{e}$가 되고, $\boldsymbol{d}$는 $\Sigma_{\boldsymbol{yy}}^{-1/2}\,\Sigma_{\boldsymbol{yx}}\,\Sigma_{\boldsymbol{xx}}^{-1}\,\Sigma_{\boldsymbol{xy}}\,\Sigma_{\boldsymbol{yy}}^{-1/2}$ 의 고유벡터인 $\boldsymbol{f}$ 이다. 따라서, $\boldsymbol{c} = \Sigma_{\boldsymbol{xx}}^{1/2}\,\boldsymbol{a}$, $\boldsymbol{d} = \Sigma_{\boldsymbol{yy}}^{1/2}\,\boldsymbol{b}$를 이용하면

$$\begin{aligned} \boldsymbol{a}_1^T &= \boldsymbol{e}_1^T\,\Sigma_{\boldsymbol{xx}}^{-1/2} \\ \boldsymbol{b}_1^T &= \boldsymbol{f}_1^T\,\Sigma_{\boldsymbol{yy}}^{-1/2} \end{aligned} \tag{13.15}$$

이 되고, 고유값 $\rho^2_{\boldsymbol{a}_1^T\boldsymbol{x},\,\boldsymbol{b}_1^T\boldsymbol{y}}$ 과 정준상관계수 ρ^* 의 관계는

$$\rho^{*2} = \rho^2_{\boldsymbol{a}_1^T\boldsymbol{x},\boldsymbol{b}_1^T\boldsymbol{y}} \tag{13.16}$$

가 된다. ▮

Example 헬스클럽에서 회원들의 신체조건(몸무게, 허리둘레, 맥박)과 운동능력(턱걸이, 윗몸일으키기, 점프)을 측정하여, 신체조건과 운동능력 사이의 상관관계를 조사하려고 한다. Table 13.2는 `fitness` 자료(Appendix 참조)를 사용한 분산공분산행렬을 나타낸다.

Table 13.2: 신체조건과 운동능력에 대한 분산공분산행렬

	신체조건			운동능력		
	`Weight`	`Waist`	`Pulse`	`Chins`	`Situps`	`Jumps`
`Weight`	609.621	68.800	-65.115	-50.863	-761.715	-286.505
`Waist`	68.800	10.252	-8.147	-9.347	-129.336	-31.442
`Pulse`	-65.115	-8.147	51.989	5.742	101.521	12.915
`Chins`	-50.863	-9.347	5.742	27.944	230.107	134.384
`Situps`	-761.715	-129.336	101.521	230.107	3914.576	2146.984
`Jumps`	-286.505	-31.442	12.915	134.384	2146.984	2629.378

여기서

$$\Sigma_{\boldsymbol{xx}} = \begin{pmatrix} 609.621 & 68.800 & -65.115 \\ 68.800 & 10.252 & -8.147 \\ -65.115 & -8.147 & 51.989 \end{pmatrix} \tag{13.17}$$

이므로, 식 (12.35)에 의해

$$\Sigma_{\boldsymbol{xx}}^{-1/2} = \begin{pmatrix} 0.048 & -0.066 & 0.011 \\ -0.066 & 0.632 & 0.010 \\ 0.011 & 0.010 & 0.148 \end{pmatrix} \tag{13.18}$$

이 되고, 같은 방법으로

$$\Sigma_{\boldsymbol{yy}}^{-1/2} = \begin{pmatrix} 0.263 & -0.013 & -0.001 \\ -0.013 & 0.020 & -0.008 \\ -0.001 & -0.008 & 0.024 \end{pmatrix} \tag{13.19}$$

이므로,

$$\Sigma_{\boldsymbol{xx}}^{-1/2}\, \Sigma_{\boldsymbol{xy}}\, \Sigma_{\boldsymbol{yy}}^{-1}\, \Sigma_{\boldsymbol{yx}}\, \Sigma_{\boldsymbol{xx}}^{-1/2} = \begin{pmatrix} 0.203 & 0.261 & -0.044 \\ 0.261 & 0.454 & -0.083 \\ -0.044 & -0.083 & 0.021 \end{pmatrix} \tag{13.20}$$

이고, 첫 번째 고유벡터는

$$\boldsymbol{e}_1^T = (-0.524 \quad -0.837 \quad 0.152) \tag{13.21}$$

가 된다. 같은 방법으로 $\Sigma_{\boldsymbol{yy}}^{-1/2}\, \Sigma_{\boldsymbol{yx}}\, \Sigma_{\boldsymbol{xx}}^{-1}\, \Sigma_{\boldsymbol{xy}}\, \Sigma_{\boldsymbol{yy}}^{-1/2}$ 의 첫 번째 고유벡터는

$$\boldsymbol{f}_1^T - (-0.297 \quad -0.926 \quad 0.228) \tag{13.22}$$

이 되어서, 제1정준변량은

$$\begin{aligned} V_1 &= \boldsymbol{e}_1^T\, \Sigma_{\boldsymbol{xx}}^{-1/2}\, \boldsymbol{x} \\ &= (0.031 \quad -0.493 \quad 0.008) \begin{pmatrix} \texttt{Weight} \\ \texttt{Waist} \\ \texttt{Pulse} \end{pmatrix} \end{aligned} \tag{13.23}$$

와

$$\begin{aligned} W_1 &= \boldsymbol{f}_1^T\, \Sigma_{\boldsymbol{yy}}^{-1/2}\, \boldsymbol{y} \\ &= (-0.065 \quad -0.016 \quad 0.013) \begin{pmatrix} \texttt{Chins} \\ \texttt{Situps} \\ \texttt{Jumps} \end{pmatrix} \end{aligned} \tag{13.24}$$

가 된다. 이때, $(V_1,\ W_1)$의 상관계수를 구하면 -0.795가 되는데, **통상적으로 정준상관계수는 양수**를 취하므로 V_1을

$$V_1 = -\boldsymbol{e}_1^T\,\Sigma_{\boldsymbol{xx}}^{-1/2}\,\boldsymbol{x}$$

$$= (-0.031\ \ 0.493\ \ -0.008)\begin{pmatrix}\texttt{Weight}\\ \texttt{Waist}\\ \texttt{Pulse}\end{pmatrix} \tag{13.25}$$

라고 하면, 정준상관계수는 0.795가 될 것이다. 결론적으로 말하면, 정준상관계수는 0.795이고, 이는 신체조건과 운동능력 간에 높은 상관관계가 있음을 나타낸다.

13.3 PROC CANCORR의 사용

이 단원에서 우리는 정준상관분석을 SAS®의 proc cancorr 라는 프로시저를 이용해 분석하는 방법을 다뤄보도록 한다. 헬스클럽 자료에 대한 proc cancorr 코드는 다음과 같다.

```
proc cancorr data=fitness all
  vprefix=Physiological vname='Physiological Measurements'
  wprefix=Exercises wname='Exercises';
  var weight waist pulse;
  with chins situps jumps;
run;
```

이 코드에서 var 문장은 $\boldsymbol{x}$그룹 변수명을, with 문장은 $\boldsymbol{y}$그룹 변수명을 포함하며 vprefix와 wprefix 문장을 통해 $V_1,\ V_2,\ \cdots$이란 정준변량의 이름을

$$\texttt{Physiological1},\ \texttt{Physiological2},\ \cdots \tag{13.26}$$

로 바꾸고, $W_1,\ W_2,\ \cdots$라는 정준변량의 이름은

$$\texttt{Exercises1},\ \texttt{Exercises2},\ \cdots \tag{13.27}$$

라고 부르게 된다.

SAS®출력 중 그림 13.2에서, 두 그룹 사이의 변수 간 상관계수는 절댓값이 0.65를 넘지 않음에도 불구하고, 앞서 계산한 정준상관계수는 0.795이었음을 주지하기 바란다.

Correlations Between the Physiological Measurements and the Exercises			
	Chins	Situps	Jumps
Weight	-0.3897	-0.4931	-0.2263
Waist	-0.5522	-0.6456	-0.1915
Pulse	0.1506	0.2250	0.0349

그림 13.2: fitness 자료의 proc cancorr 출력-1

					Eigenvalues of Inv(E)*H = CanRsq/(1-CanRsq)			
	Canonical Correlation	Adjusted Canonical Correlation	Approximate Standard Error	Squared Canonical Correlation	Eigenvalue	Difference	Proportion	Cumulative
1	0.795608	0.754056	0.084197	0.632992	1.7247	1.6828	0.9734	0.9734
2	0.200556	-.076399	0.220188	0.040223	0.0419	0.0366	0.0237	0.9970
3	0.072570	.	0.228208	0.005266	0.0053		0.0030	1.0000

	Test of H0: The canonical correlations in the current row and all that follow are zero				
	Likelihood Ratio	Approximate F Value	Num DF	Den DF	Pr > F
1	0.35039053	2.05	9	34.223	0.0635
2	0.95472266	0.18	4	30	0.9491
3	0.99473355	0.08	1	16	0.7748

Multivariate Statistics and F Approximations					
S=3 M=-0.5 N=6					
Statistic	Value	F Value	Num DF	Den DF	Pr > F
Wilks' Lambda	0.35039053	2.05	9	34.223	0.0635
Pillai's Trace	0.67848151	1.56	9	48	0.1551
Hotelling-Lawley Trace	1.77194146	2.64	9	19.053	0.0357
Roy's Greatest Root	1.72473874	9.20	3	16	0.0009
NOTE: F Statistic for Roy's Greatest Root is an upper bound.					

그림 13.3: fitness 자료의 proc cancorr 출력-2

그림 13.3에서는 정준상관계수가 0.795608 로서 앞에서 계산한 값과 일치하고 있다. 제1정준상관계수는 전체 상관관계의 97%를 차지하고 있고, 가능도비 검정(LRT)에서도 제2, 제3정준상관계수는 유의하지 않게 나온다. 그러나, 대부분 상관관계

를 설명하고 있는 제1정준상관계수조차도 가능도비 검정의 p-value가 0.0635가 되어서 유의수준 0.05에서는 그 유의성이 의심되지만, 제1정준상관계수라는 점과 MANOVA 검정통계량이

$$H_0 : \rho_1^* = \rho_2^* = \rho_3^* = 0 \tag{13.28}$$

을 검정하는 점을 고려하면, 제1정준상관계수를 사용해도 무방하리라 생각한다.

그림 13.4의 `Raw Canonical Coefficients`는 각 변수 그룹의 제1, 제2, 제3정준변량을 보여주며, 제1정준변량은 우리가 구한 식 (13.24), 식 (13.25)와 일치한다. 하지만 **변수의 단위가 많이 다른 것**을 생각하면, `Standardized Canonical Coefficients`를 이용한 정준변량으로 분석할 것을 추천한다.

The CANCORR Procedure

Canonical Correlation Analysis

Raw Canonical Coefficients for the Physiological Measurements			
	Physiological1	Physiological2	Physiological3
Weight	-0.031404688	-0.076319506	-0.007735047
Waist	0.4932416756	0.3687229894	0.1580336471
Pulse	-0.008199315	-0.032051994	0.1457322421

Raw Canonical Coefficients for the Exercises			
	Exercises1	Exercises2	Exercises3
Chins	-0.066113986	-0.071041211	-0.245275347
Situps	-0.016846231	0.0019737454	0.0197676373
Jumps	0.0139715689	0.0207141063	-0.008167472

그림 13.4: `fitness` 자료의 `proc cancorr` 출력-3

그리고, 정준변량과 변수 간 상관관계 구조는 그림 13.5에 나타나는데, 신체조건(`Physiological`)을 나타내는 제1정준변량 V_1과 가장 상관관계가 높은 그룹 내 변수는 허리둘레(`Waist`)이고, 운동능력(`Exercises`)을 나타내는 제1정준변량 W_1과 상관관계가 가장 높은 그룹 내 변수는 턱걸이(`Chins`)와 윗몸일으키기(`Situps`)가 된다.

$\text{Corr}(\boldsymbol{x}, V_i)$

Correlations Between the Physiological Measurements and Their Canonical Variables			
	Physiological1	Physiological2	Physiological3
Weight	0.6206	-0.7724	-0.1350
Waist	★ 0.9254	-0.3777	-0.0310
Pulse	-0.3328	0.0415	0.9421

$\text{Corr}(\boldsymbol{y}, W_i)$

Correlations Between the Exercises and Their Canonical Variables			
	Exercises1	Exercises2	Exercises3
Chins	★ -0.7276	0.2370	-0.6438
Situps	★ -0.8177	0.5730	0.0544
Jumps	-0.1622	0.9586	-0.2339

$\text{Corr}(\boldsymbol{x}, W_i)$

Correlations Between the Physiological Measurements and the Canonical Variables of the Exercises			
	Exercises1	Exercises2	Exercises3
Weight	0.4938	-0.1549	-0.0098
Waist	★ 0.7363	-0.0757	-0.0022
Pulse	-0.2648	0.0083	0.0684

$\text{Corr}(\boldsymbol{y}, V_i)$

Correlations Between the Exercises and the Canonical Variables of the Physiological Measurements			
	Physiological1	Physiological2	Physiological3
Chins	★ -0.5789	0.0475	-0.0467
Situps	★ -0.6506	0.1149	0.0040
Jumps	-0.1290	0.1923	-0.0170

그림 13.5: `fitness` 자료의 `proc cancorr` 출력-4

Remark 정준변량과 기존 변수들 사이의 관계에 대해 더 자세히 알아보기 위하여 '중복분석(Redundancy Analysis)'을 실시하기도 하는데, SAS®에서는 `all` 이라는 옵션을 `proc cancorr` 문장에 첨가함으로 구현된다.

13.4 범주형변수가 있는 경우(PROC CANDISC)

지금까지 정준상관계수에 사용된 변수는 모두 구간척도/비율척도인 연속형 변수였다. 만일 한 그룹의 변수가 범주형변수(categorical variable)[4]라면 어떻게 될 것

[4] 이산형변수(discrete variable)라고도 하며, 남/여, 찬성/반대 등을 나타낸다.

인가? 다음은 그와 같은 경우의 예다.

Example Appendix에 있는 항공사 직업군 자료(`airjobs`)에는 244명 직원을 대상으로 한 세 항목(`Outdoor`, `Social`, `Conservative`)의 적성검사들의 점수와 해당 직원의 직업군(`Job`)이

'1'= 고객서비스 인사관리(Customer Service Personnel)-85명

'2'= 기능직(Mechanics)-93명

'3'= 운항관리자(Dispatchers)-66명

으로 표기되어 있다. 이 경우, 범주형인 직업군 변수(1, 2, 3)와 연속형인 적성검사 점수들(0-35) 간의 상관관계가 존재한다고 볼 수 있는가? 다시 말해서, 직원들의 직업군 배치가 적성검사 결과와 상관관계가 있는지 알아보자.

직업군 변수(`Job`)는 비록 1, 2, 3 으로 표현되었지만 범주형자료이므로 크기와 순서는 관계없다. 따라서, '직업군에 따라 적성검사 점수 차이가 있는가'에 대한 조사는 다변량분산분석(MANOVA)으로 답할 수 있는 분야이다(SAS® 실습문제 참조). 그러나, 이 단원에서는 적성검사 점수들과 직업군에 대한 정준상관계수를 구해서 그 두 그룹 간 상호 상관성을 살펴보려고 한다.

SAS®의 `proc candisc`라는 프로시져는 이와 같은 목적으로 개발되었으며, 항공사 직업군 자료(`airjobs`)를 분석할 경우, `proc candisc`는 아래와 같은 원리로 작동한다.

1. 적성검사 점수들의 선형결합을 반응변수로 두고, 직업군(`Job`) 변수를 범주형 독립변수로 하는 ANOVA 모형에서, 다중상관계수(R^2)가 가장 높은 선형결합이 **제1정준변량**이 되고, 그때 $\sqrt{R^2}$ 이 **제1정준상관계수**가 된다.
2. 제2정준변량은 제1정준변량과 직교하면서, 직업군(`Job`)과의 R^2값이 제일 큰 선형결합을 선택한다. 이때의 $\sqrt{R^2}$ 이 **제2정준상관계수**가 된다.

이를 위한 SAS®코드는 아래와 같다.

```
proc candisc data=airjobs;
  class job;
  var outdoor social conservative;
run;
```

그 결과, 그림 13.6에서 MANOVA를 통해 직업군(`job`)에 따라 적성검사 점수들의 차이가 유의한 것으로 추론되고, 두 개의 정준상관계수 0.720, 0.492 모두 유의한 것으로 나타난다. 또한, 그림 13.7에서 제1, 제2정준변량은

$$V_1 = -0.091 \times \texttt{Outdoor} + 0.1942 \times \texttt{Social} - 0.154 \times \texttt{Conservative}$$

$$V_2 = 0.225 \times \texttt{Outdoor} + 0.049 \times \texttt{Social} - 0.087 \times \texttt{Conservative} \quad (13.29)$$

가 된다. 그러므로, 적성검사 항목에서 보수성(`Conservative`) 점수보다 사교성(`Social`) 점수가 높을수록 V_1 값이 커지고,V_1 에 해당하는 `Can1` 평균값이 `job=1`에서 제일 높으므로, 제1정준변량이 높을수록 직업군의 '1'에 해당되는 고객서비스 인사관리(Customer Service Personnel) 부서에 적합하다고 여겨진다. 한편, 적성검사에서 실외 근무환경에 적응도(`Outdoor`)가 높을수록 V_2 값이 커지고, 직업군으로는 '2'에 해당되는 기능직(Mechanics) 부서에 적합하다고 할 수 있다.

Multivariate Statistics and F Approximations					
S=2 M=0 N=118.5					
Statistic	Value	F Value	Num DF	Den DF	Pr > F
Wilks' Lambda	0.36398797	52.38	6	478	<.0001
Pillai's Trace	0.76206574	49.25	6	480	<.0001
Hotelling-Lawley Trace	1.40103067	55.69	6	316.9	<.0001
Roy's Greatest Root	1.08052702	86.44	3	240	<.0001
NOTE: F Statistic for Roy's Greatest Root is an upper bound.					
NOTE: F Statistic for Wilks' Lambda is exact.					

					Eigenvalues of Inv(E)*H = CanRsq/(1-CanRsq)			
	Canonical Correlation	Adjusted Canonical Correlation	Approximate Standard Error	Squared Canonical Correlation	Eigenvalue	Difference	Proportion	Cumulative
1	0.720661	0.716099	0.030834	0.519353	1.0805	0.7600	0.7712	0.7712
2	0.492659	.	0.048580	0.242713	0.3205		0.2288	1.0000

	Test of H0: The canonical correlations in the current row and all that follow are zero				
	Likelihood Ratio	Approximate F Value	Num DF	Den DF	Pr > F
1	0.36398797	52.38	6	478	<.0001
2	0.75728681	38.46	2	240	<.0001

그림 13.6: `proc candisc`를 통한 직업군(`Job`)과 적성검사 점수들의 상관관계-1

Raw Canonical Coefficients		
Variable	Can1	Can2
OUTDOOR	-.0919806484	0.2250143132
SOCIAL	0.1942741455	0.0497810516
CONSERVATIVE	-.1549919858	-.0873428785

Class Means on Canonical Variables		
JOB	Can1	Can2
1	1.219100186	-0.389003864
2	-0.106724637	0.714570441
3	-1.419668555	-0.505904888

그림 13.7: proc candisc를 통한 직업군(Job)과 적성검사 점수들의 상관관계-2

13.5 SAS®실습문제

[1] Appendix의 자료 headsize에는 아들이 두 명 이상 있는 25 가정을 선택하여 첫째 아들의 머리길이(Length1), 머리너비(Breadth1), 그리고 둘째 아들의 머리길이(Length2), 머리너비(Breadth2)의 측정 기록이 있다(Frets, 1921).[5]

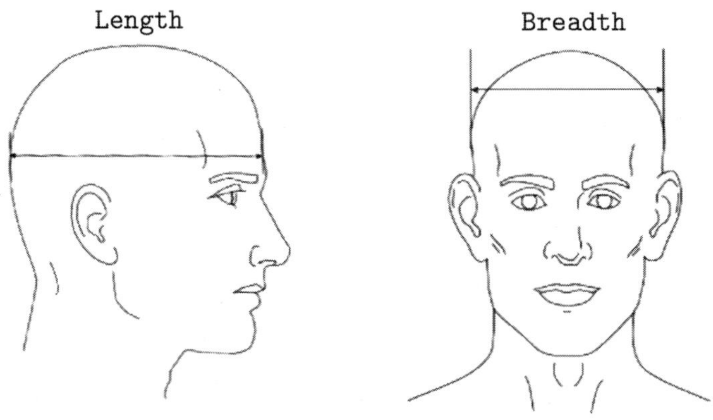

그림 13.8: 머리길이(Length)와 머리너비(Breadth)

1. 머리길이(Length)를 수평축, 머리너비(Breadth)를 수직축으로 하는 산점도를 SAS®를 이용해 그리되, 첫째 아들과 둘째 아들을 구분하라.

[5]Frets, G.P. (1921) "Heredity of Head Form in Man", *Genetica*, 3, 193.

2. 첫째 아들의 머리길이와 머리너비 간 상관계수를 계산하라.

3. 둘째 아들의 머리길이와 머리너비 간 상관계수를 계산하라.

4. 첫째 아들의 머리 크기와 둘째 아들의 머리 크기에 대한 제1정준상관계수를 구하라.

5. 제1정준변량 (V_1, W_1)을 구하고, 각 변량의 의미를 적어 보아라.

6. 제2정준상관계수를 구하라.

7. 제2정준변량 (V_2, W_2)을 구하고, 각 변량의 의미를 적어 보아라.

8. 그림 13.9는 제1정준변량 (V_1, W_1)에 대한 산점도이다. 9번 가정과 24번 가정에서 태어난 첫째 아들과 둘째 아들의 머리크기에 대해 서술하라.

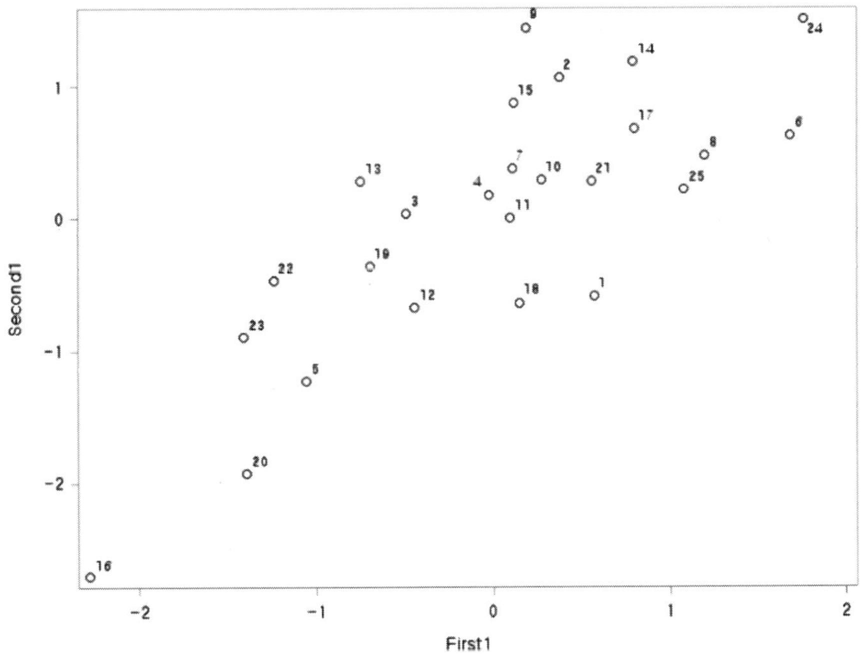

그림 13.9: 제1정준변량 V_1=`First1`, W_1=`Second1` 의 산점도

9. 그림 13.10은 제2정준변량 (V_2, W_2)에 대한 산점도이다. 17번 가정에서 태어난 첫째 아들과 둘째 아들의 머리크기에 대해 서술하라.

10. 제1정준상관계수와 제2정준상관계수의 유의성 검정 결과를 요약하고, 그 의미하는 바를 통계학을 전공하지 않은 사람들이 이해할 수 있는 문장으로 요약해 보아라.

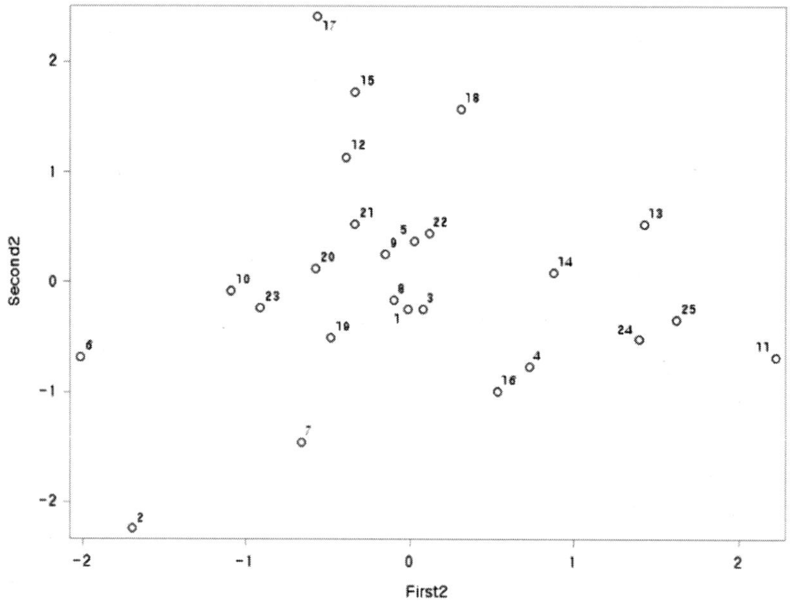

그림 13.10: 제2정준변량 V_2=First2, W_2=Second2 의 산점도

[2] 항공사 직업군 자료(airjobs)를 가지고 아래 물음에 답하라.

1. 직업군(Job)별로 Outdoor, Social, Conservative의 상자그림을 SAS®로 그려서 직업군에 따른 차이가 있는지 눈으로 확인하라.

2. 다변량분산분석(MANOVA)을 이용해 유의수준 0.05로 적성검사 점수들이 직업군별 차이가 존재하는지 proc glm 으로 검정하라.

3. 식 (13.29)에서 얻은 제1, 제2정준변량

$$V_1 = -0.091 \times \texttt{Outdoor} + 0.1942 \times \texttt{Social} - 0.154 \times \texttt{Conservative}$$

$$V_2 = 0.225 \times \texttt{Outdoor} + 0.049 \times \texttt{Social} - 0.087 \times \texttt{Conservative}$$

를 가지고, V_1 혹은 V_2 를 반응변수로 하고, Job 을 설명변수로 하는 ANOVA 의 결과로부터 제1정준상관계수와 제2정준상관계수를 구해서 그림 13.6의 내용과 일치하는지 확인하라.

4. 아래 SAS®코드는 제1정준변량, 제2정준변량을 이용해서 선형판별분석을 실시하는 내용이다. 오분류율을 계산하라.

```
proc candisc data=a out=candisc_out;
  class job;
  var outdoor social conservative;
run;
proc discrim data=candisc_out pool=yes;
  class job;
  var can1 can2;
run;
```

5. 제1정준변량만을 가지고 선형판별분석을 실시하여 오분류율을 계산하라.

6. 아래 관측치는 새로 들어온 신입사원들의 적성검사 점수자료이다. 이들의 직업군(1, 2, 3)을 제1정준변량과 제2정준변량을 사용하여 선형판별함수를 통해 판별하되, 아래 SAS®코드를 참고하라.

Table 13.3: 새로 입사한 신입사원의 적성검사 점수

	Outdoor	Social	Conservative
new1	4	24	5
new2	17	17	19

```
data new; input name $ Outdoor Social Conservative; cards;
new1 4 24 5
new2 17 17 19
;
data total; set airjobs new; run;
proc candisc data=total out=candisc_out; class Job;
  var Outdoor Social Conservative;
run;
proc discrim data=candisc_out method=normal pool=yes
  out=total_out; class Job;
  var can1 can2;
run;
proc print data=total_out
  (where=(name="new1" or name="new2")); run;
```

7. 아래 코드는 위에서 구한 정준변량 Can1, Can2를 수평축, 수직축으로 하는 산점도와 등고선(contour)그림을 그리는 과정이다. 그림 13.11과 같은 등고선이 도시됨을 확인하라.

```
proc discrim data=candisc_out out=discrim_out
  method=normal pool=yes;
  class job;
  var can1 can2;
run;

proc template;
  define statgraph classify;
     begingraph;
       layout overlay;
         contourplotparm x=Can1 y=Can2 z=_into_
          /contourtype=fill nhint=30 gridded=false;
        scatterplot x=Can1 y=Can2/group=job
          markercharacter=job;
      endlayout;
    endgraph;
  end;
run;

proc sgrender data=discrim_out template=classify;
run;
```

[3] 붓꽃 자료(iris)의 제1, 제2정준변량을 이용한 선형판별분석과 등고선 그림을 그림 13.12와 같이 생성시키길 원한다. 이때 필요한 proc template 문을 윗 문제 [2]의 7번 proc template 문을 참고하여 완성시켜라.

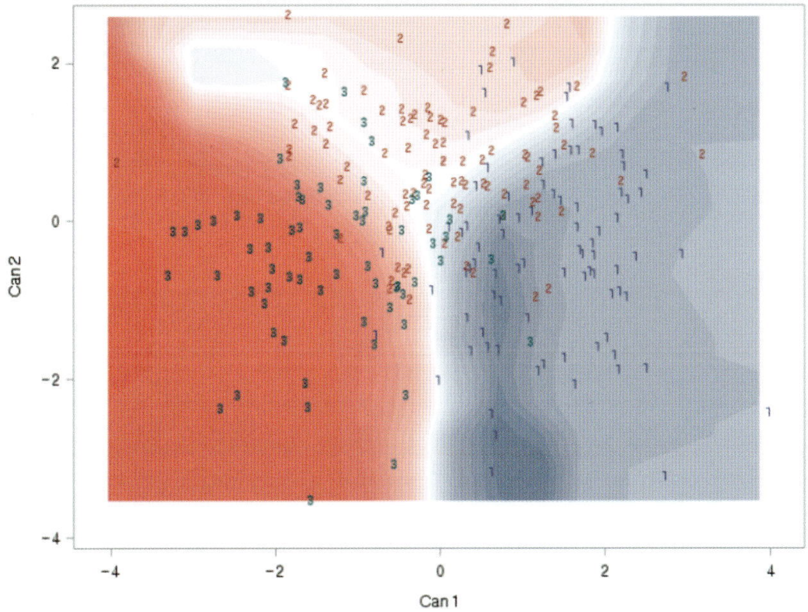

그림 13.11: 항공사 직업군 자료(airjobs)의 정준변량 산점도와 등고선 그림

```
data iris2; set sashelp.iris;
if species="Setosa" then do; sp=1; sym="SE"; end;
if species="Versicolor" then do; sp=2; sym="VE"; end;
if species="Virginica" then do; sp=3; sym="VI"; end; run;

proc candisc data=iris2 out=candisc_out3;
class sp; var SepalLength SepalWidth PetalLength PetalWidth; run;

proc discrim data=candisc_out3
  method=normal pool=yes out=discrim_out3;
class sp; var can1 can2; run;

proc template;
...
run;

proc sgrender data=discrim_out3 template=classify;
run;
```

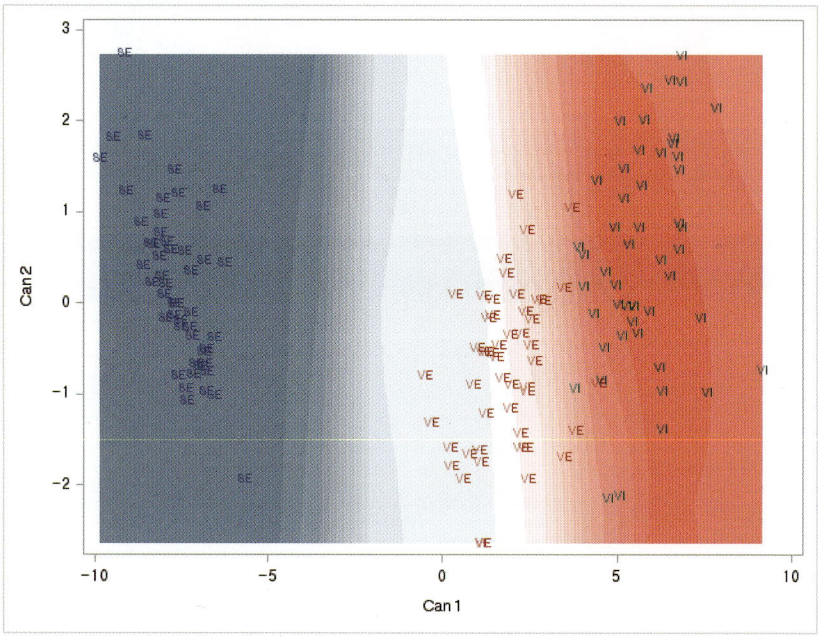

그림 13.12: 붓꽃 자료(iris)의 정준변량의 산점도와 등고선 그림

13.6 연습문제

[1] $\boldsymbol{c} = \Sigma_{\boldsymbol{xx}}^{1/2}\,\boldsymbol{a}$ 이고 $\boldsymbol{d} = \Sigma_{\boldsymbol{yy}}^{1/2}\,\boldsymbol{b}$ 일 때, 라그랑지 승수법을 이용한 식에서

$$\mathcal{L} = \boldsymbol{c}^T\,\Sigma_{\boldsymbol{xx}}^{-1/2}\,\Sigma_{\boldsymbol{xy}}\,\Sigma_{\boldsymbol{yy}}^{-1/2}\,\boldsymbol{d} - \lambda_1\left(\boldsymbol{c}^T\boldsymbol{c} - 1\right) - \lambda_2\left(\boldsymbol{d}^T\boldsymbol{d} - 1\right)$$

을 최대화시키는 $\boldsymbol{c}$, $\boldsymbol{d}$를 구하는 방정식이 식 (13.14)가 됨을 증명하되, 아래 순서대로 답하라.

1. 아래를 증명하라.

$$\mathrm{Cov}\left(\boldsymbol{a}^T\boldsymbol{x},\,\boldsymbol{b}^T\boldsymbol{y}\right) = \boldsymbol{c}^T\,\Sigma_{\boldsymbol{xx}}^{-1/2}\,\Sigma_{\boldsymbol{xy}}\,\Sigma_{\boldsymbol{yy}}^{-1/2}\,\boldsymbol{d} \tag{13.30}$$

2. 아래를 증명하라.

$$\rho_{\boldsymbol{a}^T\boldsymbol{x},\,\boldsymbol{b}^T\boldsymbol{y}} = \mathrm{Corr}\left(\boldsymbol{a}^T\boldsymbol{x},\,\boldsymbol{b}^T\boldsymbol{y}\right) = \mathrm{Cov}\left(\boldsymbol{a}^T\boldsymbol{x},\,\boldsymbol{b}^T\boldsymbol{y}\right) \tag{13.31}$$

3. $\frac{\partial\mathcal{L}}{\partial\boldsymbol{c}} = \boldsymbol{0}$, $\frac{\partial\mathcal{L}}{\partial\boldsymbol{d}} = \boldsymbol{0}$ 에서, 아래와 같은 방정식이 유도됨을 증명하라.

$$\Sigma_{\boldsymbol{xx}}^{-1/2}\,\Sigma_{\boldsymbol{xy}}\,\Sigma_{\boldsymbol{yy}}^{-1/2}\,\boldsymbol{d} - 2\lambda_1\boldsymbol{c} = \boldsymbol{0} \tag{13.32}$$

$$\Sigma_{\boldsymbol{yy}}^{-1/2}\,\Sigma_{\boldsymbol{yx}}\,\Sigma_{\boldsymbol{xx}}^{-1/2}\,\boldsymbol{c} - 2\lambda_2\boldsymbol{d} = \boldsymbol{0} \tag{13.33}$$

4. 식 (13.32)에 $\boldsymbol{c}^T$ 를 곱하고, 식 (13.33)에 $\boldsymbol{d}^T$ 를 곱함으로써 아래 식을 증명하라.

$$\lambda_1 = \lambda_2 = \frac{1}{2}\,\rho_{\boldsymbol{a}^T\boldsymbol{x},\,\boldsymbol{b}^T\boldsymbol{y}} \tag{13.34}$$

5. 식 (13.34)을 사용하여, 식 (13.32)-(13.33)으로부터 아래를 증명하라.

$$\begin{aligned}\Sigma_{\boldsymbol{xx}}^{-1/2}\,\Sigma_{\boldsymbol{xy}}\,\Sigma_{\boldsymbol{yy}}^{-1}\,\Sigma_{\boldsymbol{yx}}\,\Sigma_{\boldsymbol{xx}}^{-1/2}\,\boldsymbol{c} &= \rho^2_{\boldsymbol{a}^T\boldsymbol{x},\,\boldsymbol{b}^T\boldsymbol{y}}\,\boldsymbol{c}\\ \Sigma_{\boldsymbol{yy}}^{-1/2}\,\Sigma_{\boldsymbol{yx}}\,\Sigma_{\boldsymbol{xx}}^{-1}\,\Sigma_{\boldsymbol{xy}}\,\Sigma_{\boldsymbol{yy}}^{-1/2}\,\boldsymbol{d} &= \rho^2_{\boldsymbol{a}^T\boldsymbol{x},\,\boldsymbol{b}^T\boldsymbol{y}}\,\boldsymbol{d}\end{aligned} \tag{13.35}$$

Chapter 14

군집분석

학생들의 신체치수(키, 몸무게, 가슴둘레) 자료가 주어진다면, 학생들을 그들의 신체치수에 따라 몇 개의 그룹으로 나눌 수 있을 것이다. '키 크고 날씬한 그룹', '키 작고 뚱뚱한 그룹', '키도 몸무게도 모두 큰 그룹' 등. 이와 같이 여러 변수를 기반으로 서로 비슷한 개체들끼리 그룹화(grouping)하는 작업을 군집분석(Cluster Analysis)이라고 한다.

Definition: (군집분석) 유사한 개체들을 같은 그룹으로 하고, 서로 상이한 개체들을 다른 그룹에 할당하는 과정을 **군집분석(Cluster Analysis: CA)**이라고 한다. 이때 얻어진 그룹을 '군집(cluster)'이라고 부르며, 마케팅 분야에서는 이와 같은 과정을 '고객 세분화(customer segmentation)'라고 일컫기도 한다.

아래는 군집분석이 많이 활용되는 분야이다.

- 백화점에서 고객의 소비패턴에 따른 고객 세분화(일반고객, VIP, VVIP, ...)
- 병원에서 환자의 나이, 혈압, 체중, 질병이력, 운동습관 등을 고려한 체질분류(건강체질, 허약체질)
- 유전자 정보를 이용한 종(species)의 진화계통수(evolution tree)
- MRI를 통한 뇌종양의 발견(image segmentation)

Example 유전자 정보를 이용해서 개(dog)와 비슷한 포유동물들을 대상으로 군집분석을 실시하여 그림 14.1을 완성하였다[1]. 그림에 따르면, 개와 가장 유전학적으로 가까운 포유류는 회색늑대(grey wolf)이며, 그 다음은 코요테(coyote)나 자칼(jackal)이다.

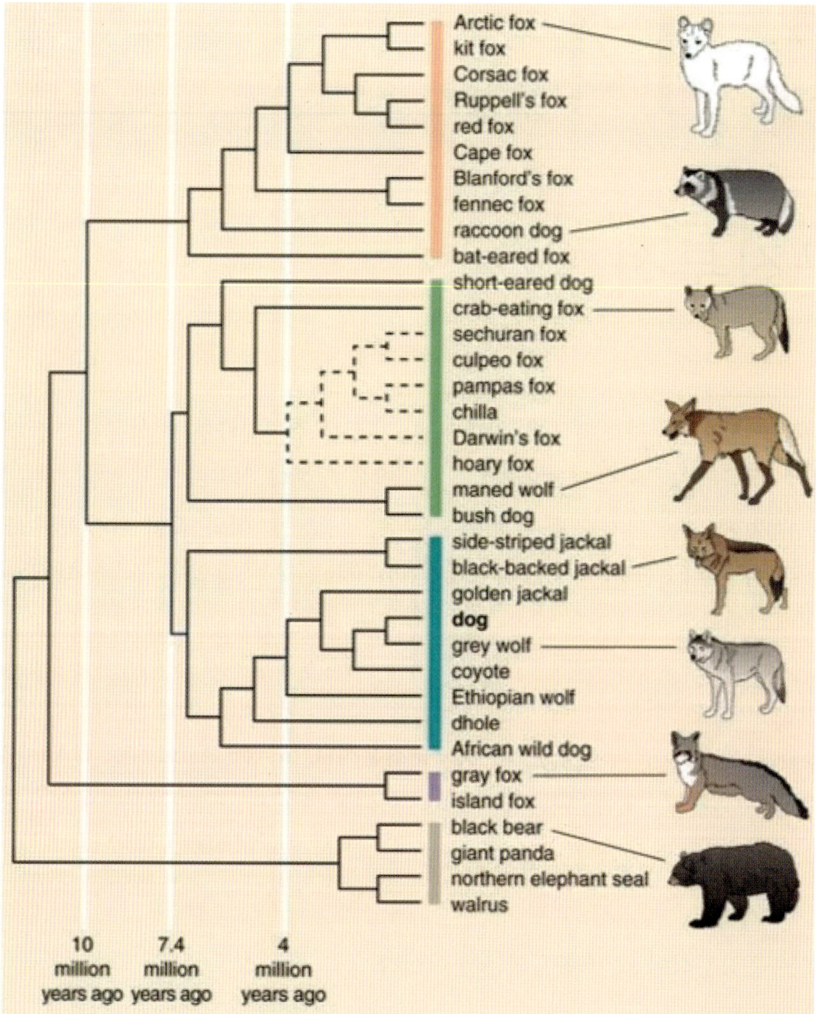

그림 14.1: 개와 비슷한 포유동물의 진화계통수(evolution tree)

Example MRI(Magnetic Resonance Imaging, 자기공명영상)는 몸 속의 수소 양성자(proton)가 인위적 고주파의 자기장에 반응하는 정도가 세포조직의 두께나 단단함에 따라 달라지는 현상을 이용하여 세포조직을 시각화하는 기법이다. 그림 14.2는 정상적인 성인의 뇌를 MRI로 촬영한 후, 수치에 따라 3개의 군집(White

[1] Ostrander, E. (2007) "Genetics and the Shape of Dogs", *American Scientist*, Vol. 95, No. 5, pp.406-413

Matter, Grey Matter, CSF)으로 구분한 모습이다.

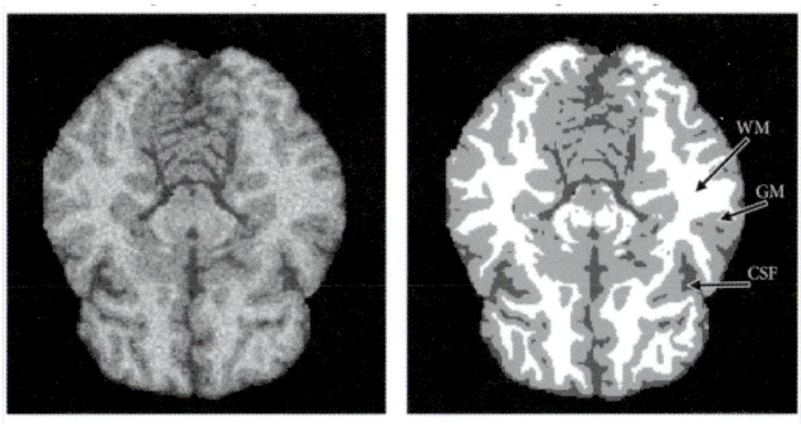

그림 14.2: MRI를 이용한 정상적인 뇌의 모습(왼쪽)과 군집화(WM, GM, CSF)시킨 모습

이와 같이 군집분석은 개체(subject)들을 유사성이 높은 것끼리 모으는 역할을 하는데, 주성분분석(PCA)이나 요인분석(FA)과의 차이는 주성분분석이나 요인분석이 변수의 개수를 줄여주는 역할을 하는 반면, 군집분석은 관측 개체를 소수의 동질그룹으로 표현하는 역할을 한다는 점이다. 그림 14.3은 이를 잘 설명해 주고 있다[2].

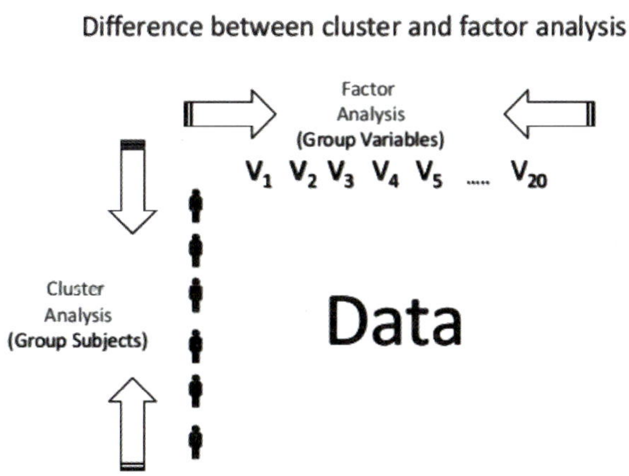

그림 14.3: 군집분석(CA)과 주성분분석(PCA)/요인분석(FA)의 차이

[2]출처: http://www.slideshare.net/veesingh/unsupervised-learning-48012926

14.1 계층적 군집분석

일반적으로 두 개체 간 유사성(similarity)은 거리에 반비례한다. 여기서, 거리는 유클리디안 거리(식 (4.1)), 혹은 마할라노비스 거리(식 (4.8))일 수도 있다. 개체간 거리가 멀수록 유사성은 떨어지며, 비유사성(dissimilarity)은 증가하게 된다.

Definition: (개체의 비유사성) 서로 다른 개체 간의 **비유사성(dissimilarity)은 거리에 비례**한다. 거리가 멀수록 비유사성은 증가하고, 거리가 가까울수록 비유사성은 감소한다고 한다.

Definition: (그룹의 비유사성) 서로 다른 두 그룹 간 비유사성(dissimilarity)은 그룹 간의 거리에 비례하며, **그룹 간의 거리**는 다음과 같은 3가지 종류 중 하나를 사용한다.

- 단일연결법(Single Linkage): 그룹을 구성하는 개체 간 거리 중에 최단거리를 그룹 사이의 거리로 간주하는 방법이다.

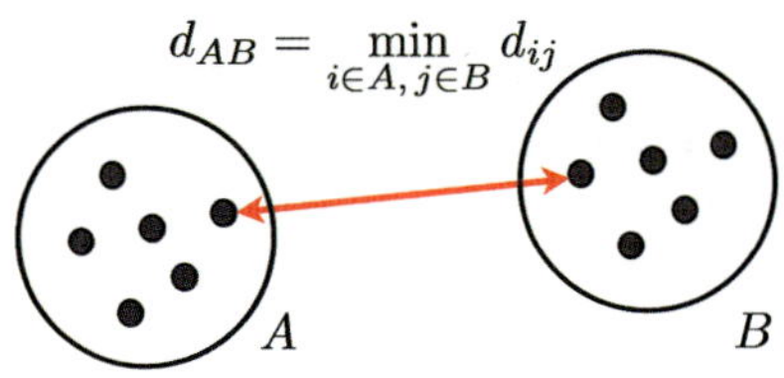

- 최장연결법(Complete Linkage): 그룹을 구성하는 개체 간 거리 중에 최장거리를 그룹 사이의 거리로 간주하는 방법이다.

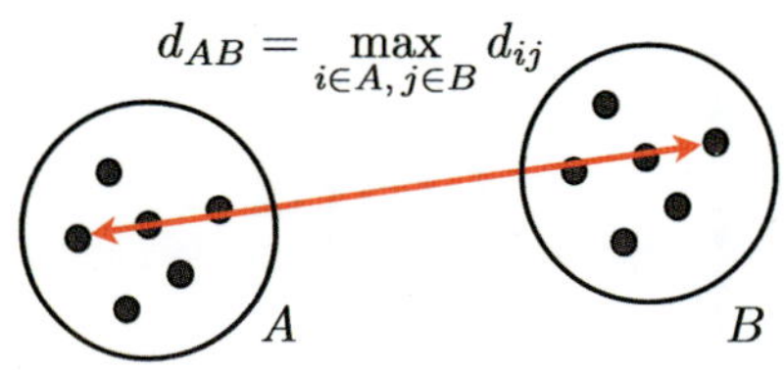

- 평균연결법(Average Linkage): 그룹을 구성하는 개체 간 거리의 평균값을 그룹 사이의 거리로 간주하는 방법이다.

$$d_{AB} = \frac{1}{n_A \cdot n_B} \sum_{i=1}^{n_A} \sum_{j=1}^{n_B} d_{ij} \tag{14.1}$$

군집분석을 위해 사용되는 비유사성의 척도는 아래와 같은 종류가 있다.

- 유클리디안 거리 (`method=EUCLID` 옵션 in SAS®)

$$d_{ij} = \sqrt{(\boldsymbol{x}_i - \boldsymbol{x}_j)^T (\boldsymbol{x}_i - \boldsymbol{x}_j)} \tag{14.2}$$

- 마할라노비스 거리

$$D_{ij} = \sqrt{(\boldsymbol{x}_i - \boldsymbol{x}_j)^T S^{-1} (\boldsymbol{x}_i - \boldsymbol{x}_j)} \tag{14.3}$$

- 맨하탄 거리 (`method=CITYBLOCK` 옵션 in SAS®)

$$d_{1(ij)} = ||\boldsymbol{x}_i - \boldsymbol{x}_j||_1 = \sum_{k=1}^{p} |x_{ik} - x_{jk}| \tag{14.4}$$

- 상관계수를 이용한 거리 (`method=DSQCORR` 옵션 in SAS®)

$$d_{r^2(ij)} = 1 - r^2_{\boldsymbol{x}_i, \boldsymbol{x}_j} \tag{14.5}$$

Definition: (계층적 군집분석) 계층적 구조를 이용해, **거리가 가까운 개체들부터 군집화**시키면서 '아래에서 위로(bottom up)' 군집의 크기를 키워가는 방법을 계층적 군집분석(Hierarchical Cluster Analysis: HCA)이라고 한다.

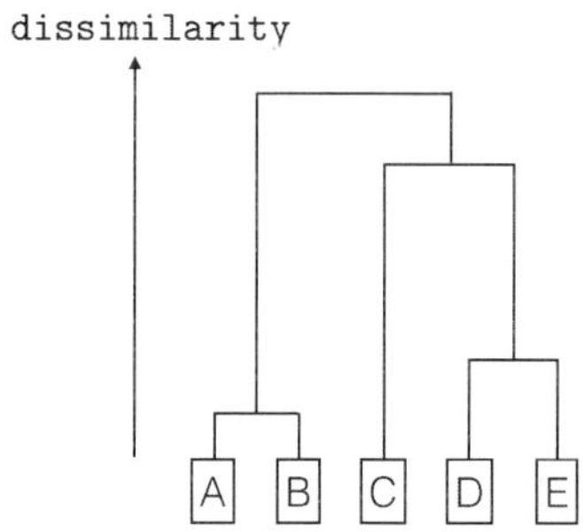

그림 14.4: 계층적 군집분석의 예

Definition: (나무형그림: Dendrogram) 계층적 군집분석(HCA)에 의한 결과를 나무형태로 표시한 그림을 '나무형그림(dendrogram)'이라고 한다[3]. 여기서 마디(node)는 군집을 의미하고, 마디의 높이는 군집 간 거리, 곧 비유사성(dissimilarity)을 의미한다.

[3]그리스어로 dendro는 나무를 의미하고 gramma는 그림을 의미한다.

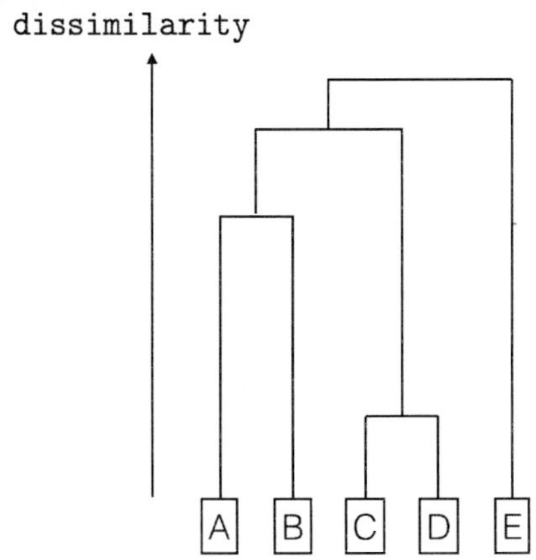

그림 14.5: 나무형그림(dendrogram)의 예

Q 나무형그림(그림 14.5)에서 3개의 군집을 형성할 경우, 군집을 나열해 보아라. 그리고, 4개의 군집을 형성시킨다면 어떻게 될 것인가?

A 3개의 군집은 다음과 같이 형성된다.
(A, B), (C, D), (E)

그리고, 4개의 군집을 형성하면 아래와 같다.
(A), (B), (C, D), (E)

Example 다음의 Table 14.1은 A, B, C 개체 간 거리를 나타내는 비유사성 행렬(dissimilarity matrix)이다.

Table 14.1: 비유사성 행렬

	A	B	C
A	0	1	1.5
B	1	0	2
C	1.5	2	0

이를 근거로 나무형그림을 그리면 그림 14.6이 되는데, 왼쪽 그림은 '단일연결법'이고, 오른쪽 그림은 '최장연결법'에 의한 그림이다.

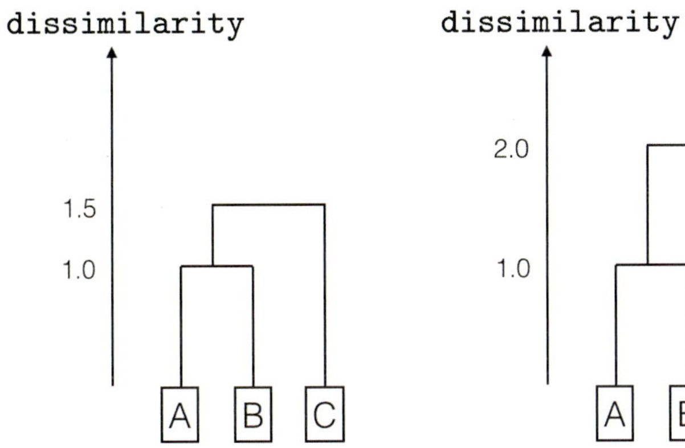

그림 14.6: 단일연결법과 최장연결법에 의한 나무형그림

Remark 군집분석에서 적정한 군집의 개수를 구하는 확실한 방법은 없다. 하지만, '꼭지점에서 떨어지는 수직선이 수평연장선(점선)에 이르기까지 길이가 가장 긴 부분(largest drop)' 위치에 군집의 수를 결정하는 것이 적당하다고 한다. 그림 14.7은 나무형그림에서 적절한 군집의 수를 어느 지점에서 결정할 것인지 보여주고 있다.

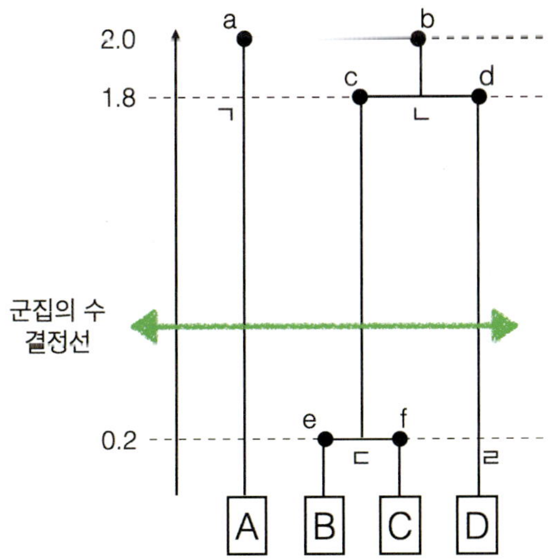

꼭지점부터	수평연장선까지	길이
a	ㄱ	0.2
b	ㄴ	0.2
c	ㄷ	1.6
d	ㄹ	1.6
e	B	0.2
f	C	0.2

그림 14.7: 나무형그림에 의한 군집의 수 결정

Remark 단일연결법은 주로 '길게 늘어선 형태의 군집'을 찾아내는데 적합하고, 최장연결법은 '밀집되어 있지만 서로 구분이 잘 안가는 군집'을 찾아내는데 적합하다. 한편, 평균연결법은 '감자처럼 모여있으면서, 잘 구분되어 있는 군집'을 찾아내는데 주로 사용되고 있다. 그 결과, 단일연결법은 '**적은 수의 큰 군집들**'이 형성되며, 최장연결법은 '**많은 수의 작은 군집들**'을 형성하는데 사용된다.

Remark 지금까지 소개된 계층적 군집분석(HCA)은 진행순서에 따라 군집의 크기를 점점 증가시키는 **병합군집화(agglomerative clustering)**의 일종이다. 군집분석에는 이 외에도 군집의 크기를 점점 쪼개어 가는 **구분군집화(divisive clustering)**가 있는데, 이는 자료 전체를 한 개의 군집으로 간주한 후에 2개, 3개, ... , 군집수를 증가시켜서 마지막에는 각 개체가 하나의 군집이 되는 방법이다.

Example 1974년 '모터 트랜드' 매거진의 32종 자동차에 대한 자료(Appendix의 mtcars 자료)를 가지고 SAS®를 이용해 계층적 군집분석을 실시하여 나무형그림을 완성시켜 보자. 아래는 이를 위한 SAS®코드이다. `proc distance`는 개체 간 거리를 `method=EUCLID`을 이용해 유클리디안 거리를 계산한다. `mtcars` 자료의 경우 변수 간 단위가 많이 달라서 `std=mean` 옵션으로 변수를 표준화시키고 있다. `proc distance`는 `out=out1`을 통해 거리를 저장하고, `proc cluster`는 이를 받아들여서 나무형그림을 생성하고 있다.

```
proc distance data=mtcars method=EUCLID out=out1;
  var interval(mpg cyl disp hp drat wt qsec vs am gear carb
          /std=mean);
  id models;
run;
proc cluster data=out1 method=single;
  id models;
run;
proc cluster data=out1 method=complete;
  id models;
run;
```

그림 14.8은 단일연결법에 의한 '적은 수의 큰 군집구성'을 나타내고 그림 14.9는 최장연결법에 의한 '많은 수의 적은 군집구성'을 나타낸다.

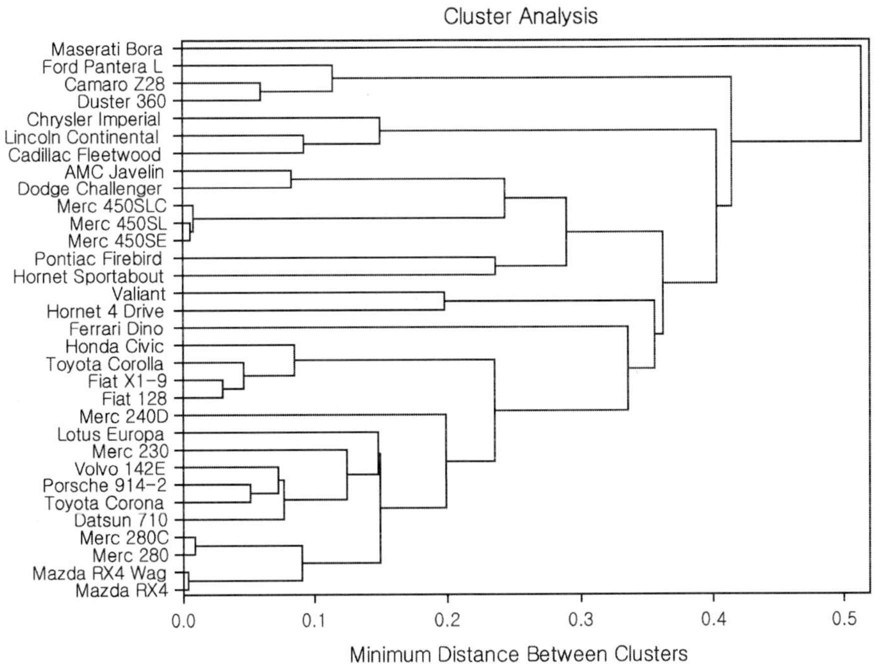

그림 14.8: 자료 `mtcars`에 대한 단일연결법의 나무형그림

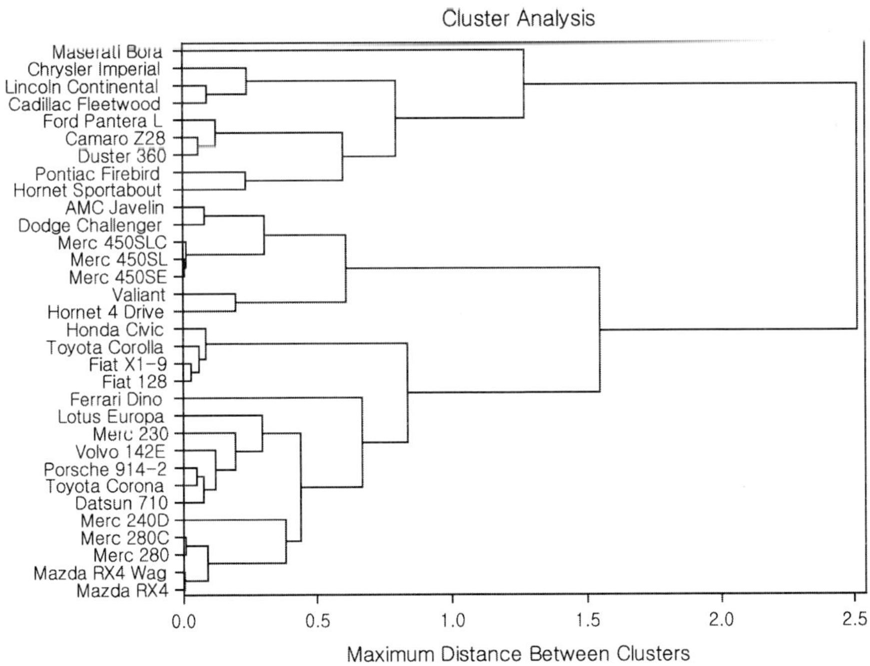

그림 14.9: 자료 `mtcars`에 대한 최장연결법의 나무형그림

14.1.1 마할라노비스 거리를 이용한 계층적 군집분석

계층적 군집분석을 다루는 SAS®의 proc cluster는 기본적으로 EUCLID를 사용하고 있지만, method= 옵션을 통해 CITYBLOCK, DSQCORR 등과 같은 다른 종류의 거리를 사용하여 비유사성 행렬을 생성할 수 있다. 그러나, 마할라노비스 거리는 proc distance의 옵션에 없는 관계로, '**주성분점수를 이용한 유클리디안 거리**를 대신하여 다음과 같이 구할 수 있다.

```
proc princomp data=mtcars out=out2;
  var mpg cyl disp hp drat wt qsec vs am gear carb;
run;
proc distance data=out2 method=EUCLID out=out3;
  var interval(prin:);
  id models;
run;
proc cluster data=out3 method=single;
  id models;
run;
```

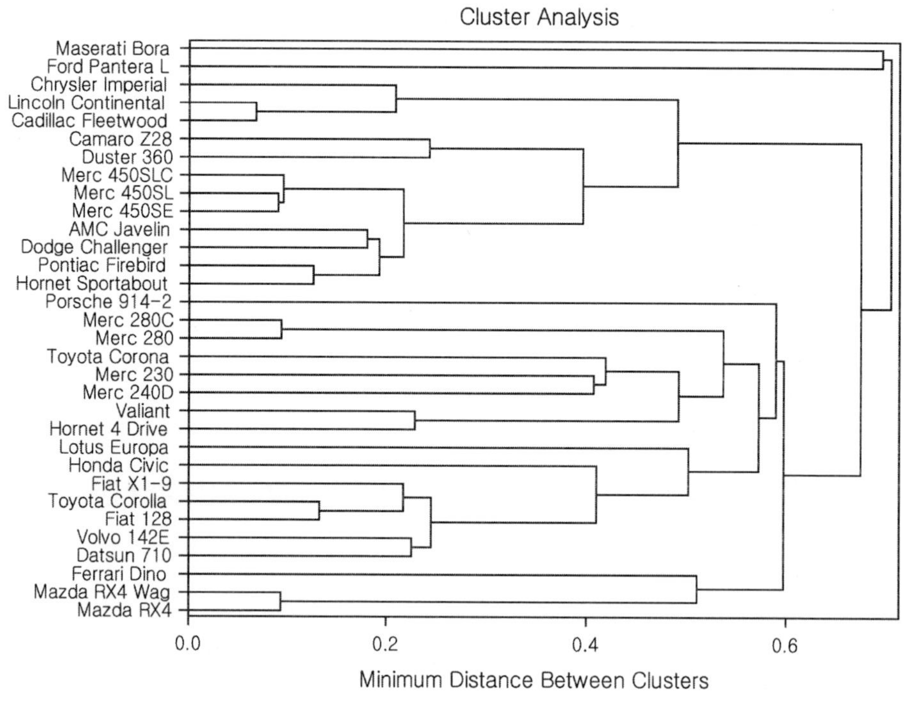

그림 14.10: 자료 mtcars에 대한 마할라노비스 거리와 단일연결법을 이용한 나무형그림

Remark 마할라노비스 거리는 유클리디안 거리와 달리, 변수 간 공분산(혹은 상관관계)을 고려한 개념이다. 따라서, 변수 간 상관관계가 높은 자료에서는 유클리디안 거리보단 마할라노비스 거리를 사용하는 것이 의미있다고 할 수 있다. 그러나, 실제 상황에서 어떤 거리 척도를 사용할 것인지는 경우에 따라 다를 것이며, 여러 종류의 거리를 사용한 후에 군집결과가 자료의 성격이나 우리의 기본 상식과 일치되는 것을 선택하는 것도 좋은 방법이다.

Q mtcars 자료에서 유클리디안 거리를 이용한 군집분석(그림 14.9)와 마할라노비스 거리를 이용한 군집분석(그림 14.11) 가운데 어떤 거리를 선택하는 것이 좋은지 proc corr 결과를 근거로 답하라.

A 상관계수 절댓값이 0.7 – 0.9 가 되는 변수가 많아서 마할라노비스 거리를 사용할 것을 추천한다.

14.1.2 PROC TREE를 이용한 군집정보 저장

나무형그림(dendrogram)을 통해 거리의 종류와 측정방법이 결정되고, 군집의 수가 정해지면, 사후 분석을 위해 각 개체가 어느 군집에 속하여 있는지를 저장할 필요가 있다 이를 위해 proc tree를 사용한다. 예를 들어, 유클리디안 거리를 사용한 최장연결법으로 그림 14.9의 나무형그림이 완성되고, 군집의 수를 3개로 정했다고 가정한다면, 아래 코드를 사용해서 군집정보를 clustout 에 저장시킨다.

```
proc distance data=mtcars method=EUCLID out=out1;
  var interval(mpg cyl disp hp drat wt qsec vs am gear carb
           /std=mean);
  id models;
run;
proc cluster data=out1 method=complete outtree=treeout;
  id models;
run;
proc tree data=treeout ncl=3 out=clustout; run;
proc print data=clustout; run;
```

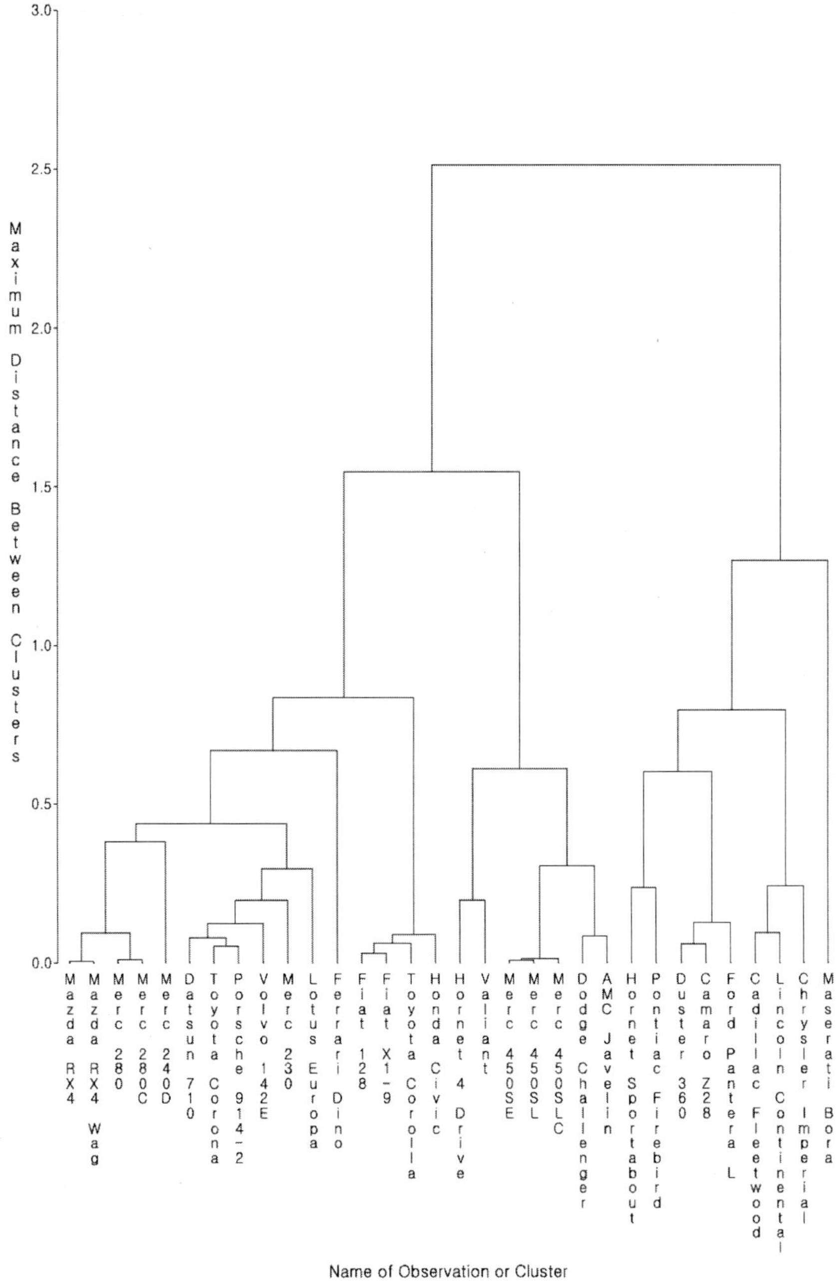

그림 14.11: `proc tree`를 이용한 최장연결법의 나무형그림(dendrogram)

14.2 비계층적 군집분석

계층적 군집분석은 개체수가 n일 경우, 매 번 $\frac{n(n-1)}{2}$개의 거리를 계산해야 하므로, 개체수가 많은 군집분석에서는 사용하기 힘들다. 이를 대치하기 위한 수단으로 많이 사용되는 알고리즘이 '비계층적 군집분석'이며, 대표적인 방법은 '**k-평균 군집화(k-means clustering)**'이다.

Definition: (비계층적 군집분석) 개체를 반복적으로 다른 군집에 할당시키는 알고리즘을 통해 군집화를 이루는 방법을 '**비계층적 군집분석(Non-Hierarchical Cluster Analysis: NHCA)**'이라고 한다.

14.2.1 k-평균 군집화

비계층적 군집분석 중에 가장 널리 사용되는 방법으로 'k-평균 군집화(k-means clustering)'가 있다. 이는 개체들 사이에 각 군집을 상징하는 k개의 중심점(centroid)을 선정하고, 중심점과 개체까지의 거리를 계산하여 제일 가까운 중심점이 속한 군집에 그 개체를 배정하는 작업을 컴퓨터로 반복수행하는 알고리즘이다. 예를 들어 $k = 3$인 경우, 다음과 같이 설명할 수 있다.

Step 1: 임의로 3개의 중심점을 선정하여 표시한다(그림 14.12의 삼각형).

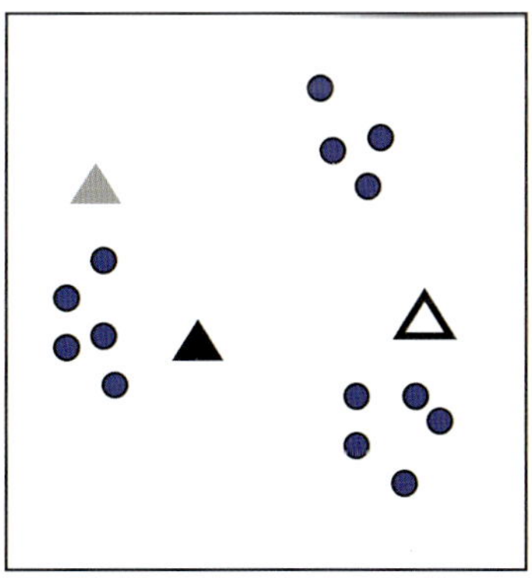

그림 14.12: k-평균 군집화 알고리즘 설명-1

Step 2: 각 개체를 제일 가까운 중심점이 속한 군집에 배정한다(그림 14.13).

Step 3: 새로 정의된 군집내 평균값을 새로운 중심점(centroid)으로 다시 선정한다(그림 14.14).

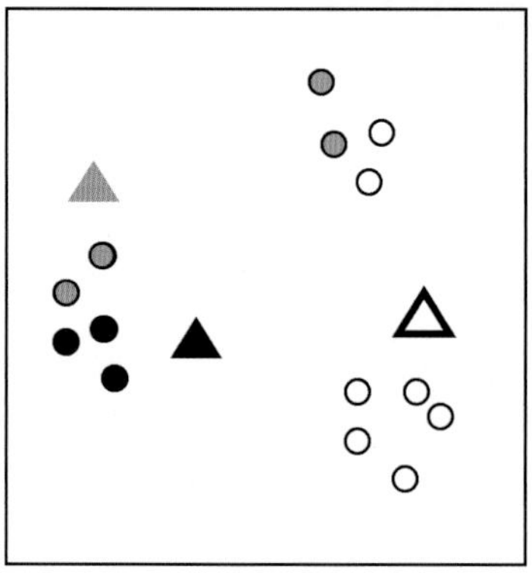

그림 14.13: k-평균 군집화 알고리즘 설명-2

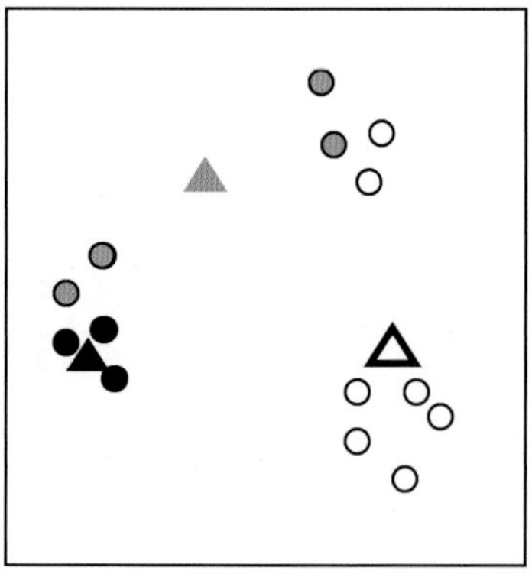

그림 14.14: k-평균 군집화 알고리즘 설명-3

Step 4: 각 개체를 제일 가까운 중심점에 속한 군집에 다시 배정하고, 군집내 평균값을 다시 계산한다(그림 14.15).

Step 5: 반복수행에도 불구하고 군집의 평균값이 변화가 없으면, 군집형성이 완료된 것이다(그림 14.16).

14.2.2 PROC FASTCLUS 를 이용한 k-평균 군집화

앞서 언급한대로 군집의 수가 많을 것으로 예상되거나, 개체수가 많을 경우에 계층적 군집분석보다는 k-평균 군집화를 추천하고 있다. 아래는 SAS®에서 k-평균 군집화를 위해 개발된 `proc fastclus` 의 특징이다.

- 자료 간 유클리디안 거리를 기준으로 군집분석을 실시한다.

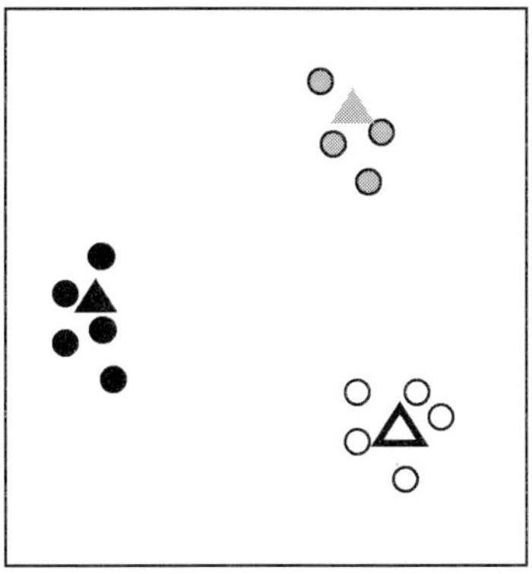

그림 14.15: k-평균 군집화 알고리즘 설명-4

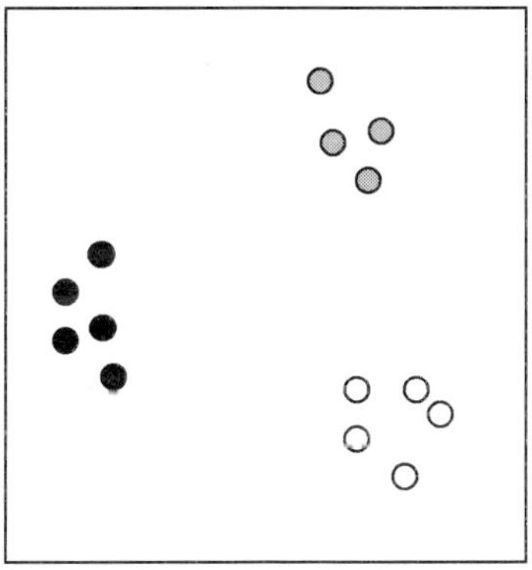

그림 14.16: k-평균 군집화 알고리즘 설명-5

- 모든 개체는 단 한개의 군집에만에 속하게 한다.
- 모든 변수는 군집화에 사용되기 전에 <u>표준화 작업을 거쳐야 한다</u>.
- 나무형그림은 생성되지 않는다.
- 이상점(outlier)을 감지하는데도 활용될 수 있다.

아래 SAS®코드는 `proc fastclus`를 통한 군집분석의 예다.

```
proc standard data=a out=b mean=0 std=1 replace;
  var x1 x2 ··· xp;
run;
proc fastclus data=b out=clustout2 summary maxclusters={···};
  var x1 x2 ··· xp;
run;
proc print data=clustout2; run;
```

Example '모터 트랜드' 매거진 자료(mtcars)의 11개 변수에 대해 표준화를 거친 후, `proc fastclus`를 통해 k-평균 군집화로 4개의 군집을 구하면, 그림 14.17과 같은 출력이 생성된다.

The FASTCLUS Procedure
Replace=FULL Radius=0 Maxclusters=4 Maxiter=1

Criterion Based on Final Seeds =	0.4966

Cluster Summary						
Cluster	Frequency	RMS Std Deviation	Maximum Distance from Seed to Observation	Radius Exceeded	Nearest Cluster	Distance Between Cluster Centroids
1	5	0.7293	3.0649		2	4.0228
2	12	0.4368	1.9253		1	4.0228
3	8	0.4973	2.3467		4	3.3039
4	7	0.5679	2.0207		3	3.3039

Pseudo F Statistic =	27.33

Observed Over-All R-Squared =	0.74540

Approximate Expected Over-All R-Squared =	0.31437

Cubic Clustering Criterion =	27.413

WARNING: The two values above are invalid for correlated variables.

그림 14.17: '모터 트랜드' 매거진 자료(mtcars)에 대한 `proc fastclus`의 출력

SAS® 의 `proc fastclus`를 사용한 k-평균 군집화의 경우, 최적 군집 수를 결정할 때 도움이 되는 여러 통계량을 출력하고 있는데, 이에 대한 내용은 다음과 같다.

만일 $x_1, x_2, \cdots, x_p$ 변수로 이루어진 n개의 개체에 대하여, G개의 군집이 형성되었다고 가정하자. $\boldsymbol{x}_i$를 i-번째 개체벡터, $\bar{\boldsymbol{x}}$를 전체 평균벡터, $\bar{\boldsymbol{x}}_{(k)}$를 k-번째 군집 평균벡터, C_k를 k-번째 군집이라고 하면,

$$T = \sum_{i=1}^{n} ||\boldsymbol{x}_i - \bar{\boldsymbol{x}}||^2 \tag{14.6}$$

$$W_k = \sum_{i \in C_k}^{n_k} ||\boldsymbol{x}_i - \bar{\boldsymbol{x}}_{(k)}||^2, \qquad k = 1, 2, \cdots, G \tag{14.7}$$

$$P_G = \sum_{k=1}^{G} W_k \tag{14.8}$$

라고 할 때, T는 '개체와 전체 평균 간 거리제곱합'이고, P_G는 '군집 내 거리제곱합'을 의미하여

$$R^2 = 1 - \frac{P_G}{T} \tag{14.9}$$

는 `Observed Over-all R-Squared`가 되어, **값이 클수록** 전체적으로 군집 내 동질성이 높게 형성되었음을 의미한다. 또한

$$\texttt{Pseudo F} = \frac{\frac{R^2}{G-1}}{\frac{1-R^2}{n-G}} \tag{14.10}$$

값이 클수록 군집 내 동질성이 높다는 의미가 된다. 그 외에 아래와 같은 통계량 수치도 클수록 군집의 동질성이 높다고 말할 수 있으나, 이 두 개의 통계량은 변수들 사이에 독립성을 가정하고 있으므로, 변수 간 상관관계가 높은 자료에서는 신뢰하기 어렵다는 단점이 있다(그림 14.17의 `WARNING` 참조).

- `Approximate Expected Over-All R-Squared`
- `Cubic Clustering Criterion(CCC)`

Remark 전체적인 군집형성의 지표 뿐 아니라, 개개의 군집 내 동질성도 상대적으로 비교할 수 있는데, k-번째 군집의 경우,

$$\texttt{RMSSTD}_k = \sqrt{\frac{W_k}{p(n_k - 1)}} \tag{14.11}$$

는 'Root Mean Squared Standard Deviation(`RMSSD`)'이라고 해서, **값이 작을 수록** k-번째 군집 내 동질성은 높다고 평가된다.

군집분석을 마친 후에, 군집형성을 시각화해 보는 것도 유익할 것으로 판단되어, '모터 트랜드' 매거진 자료를 `proc fastclus`로 4개 군집을 형성한 후, `mpg`와 `drat`를 축으로 하는 산점도에 표시하였다(그림 14.18 참조).

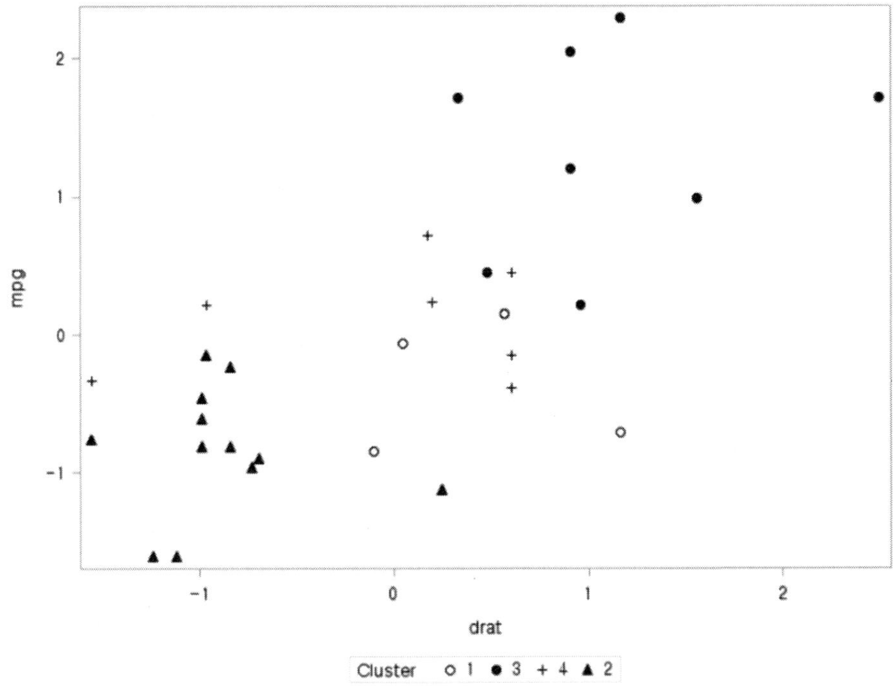

그림 14.18: '모터 트랜드' 매거진 자료(mtcars)의 k-평균 군집화를 통한 4개 군집

14.3 정준변량을 이용한 군집분석의 시각화

군집분석의 시각화는 매우 중요하면서도 어려운 단계이다. 이는 군집이 아무리 효과적으로 이루어졌다고 하더라도, 다변량의 여러 변수 가운데 2개 혹은 3개의 변수만으로 표현되는 그래프에서는 군집효과를 제대로 보여줄 수 없기 때문이다 (그림 14.18 참조).

이러한 배경으로, 이 단원에서는 우리가 정준상관분석(CCA)에서 다루었던 '정준변량(canonical variate)'의 개념을 활용하여, p개의 변수들과 군집 간 상관관계를 제일 잘 나타내는 제1, 제2, $\cdots$ 정준변량을 구한 후, 그 정준변량을 축으로 하는 산점도를 이용하여, 군집 간 차이를 시각화하는 방법을 설명하고 있다(그림 14.19 참조).

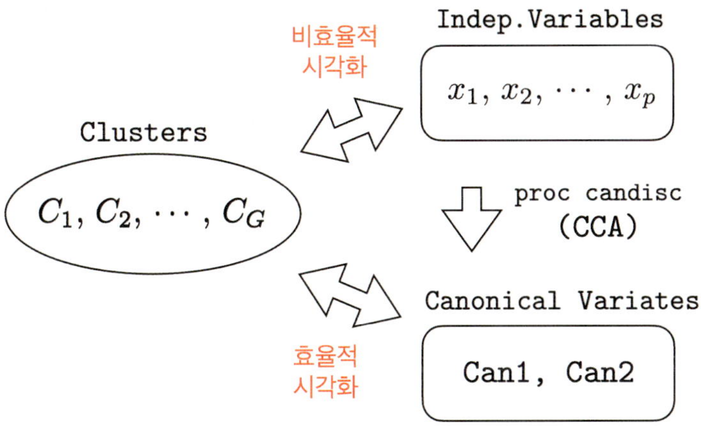

그림 14.19: 정준변량을 통한 군집분석의 시각화 과정

Example '모터 트랜드' 매거진 자료(mtcars)에 대해서, k-평균 군집화를 통해 4개의 군집을 형성했다고 가정하자. 이 군집의 분포는 이미 그림 14.18에서 제한적으로 표현되었다. 그러나, drat와 mpg만을 축으로 하는 이 그래프에서는 군집1과 군집4가 서로 섞여있는 형태를 보여주고 있어서, 효과적인 군집형태를 시각화시켰다고 하기엔 아쉬움이 있다. 이를 개선하기 위해서, 이미 proc fastclus로 군집화가 이루어진 자료(clustout2)를 가지고 proc candisc를 통해 산출된 정준변량(can1, can2, can3, can4)을 축으로 하는 산점도를 그려서 mtcars 자료의 군집형태를 보여주고자 한다.

```
proc candisc data=clustout2 out=candiscout;
  class cluster;
  var mpg cyl disp hp drat wt qsec vs am gear carb;
run;
proc sgplot data=candiscout;
  scatter x=can1 y=can2 / group=cluster;
run;
proc sgplot data=candiscout;
  scatter x=can3 y=can2 / group=cluster;
run;
```

그 결과, 수평축을 제1정준변량(Can1), 수직축을 제2정준변량(Can2)으로 하는 산점도(그림 14.20)와, 수평축이 제3정준변량(Can3), 수직축이 제2정준변량(Can2)인 산점도(그림 14.21)가 생성된다(SAS® 실습문제 참조). 이 그림들에서는 그림 14.18보다 4개 군집의 형태가 훨씬 뚜렷하게 구분이 되고 있다.

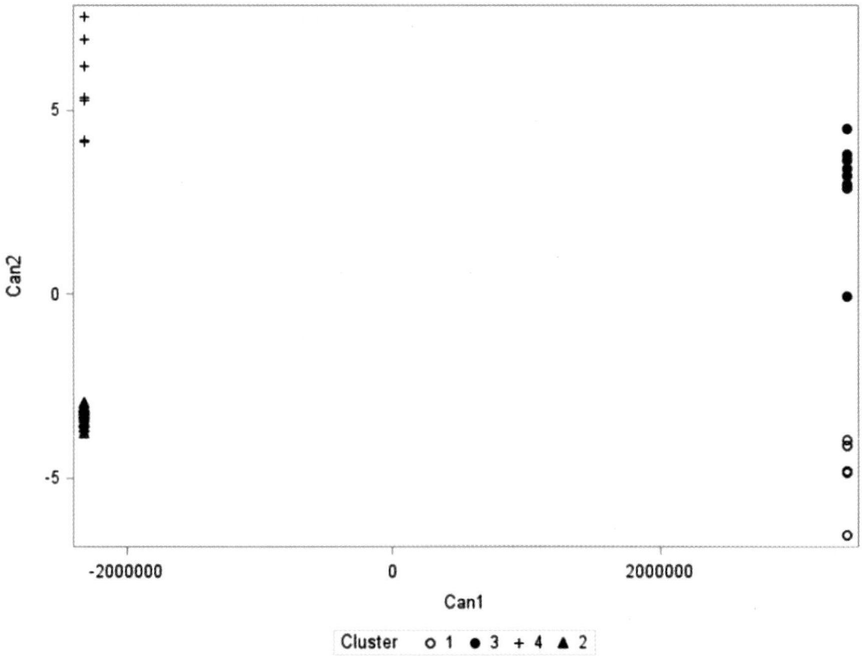

그림 14.20: 자료 mtcars의 군집분석 결과를 정준변량을 이용해 시각화시킨 그래프-1

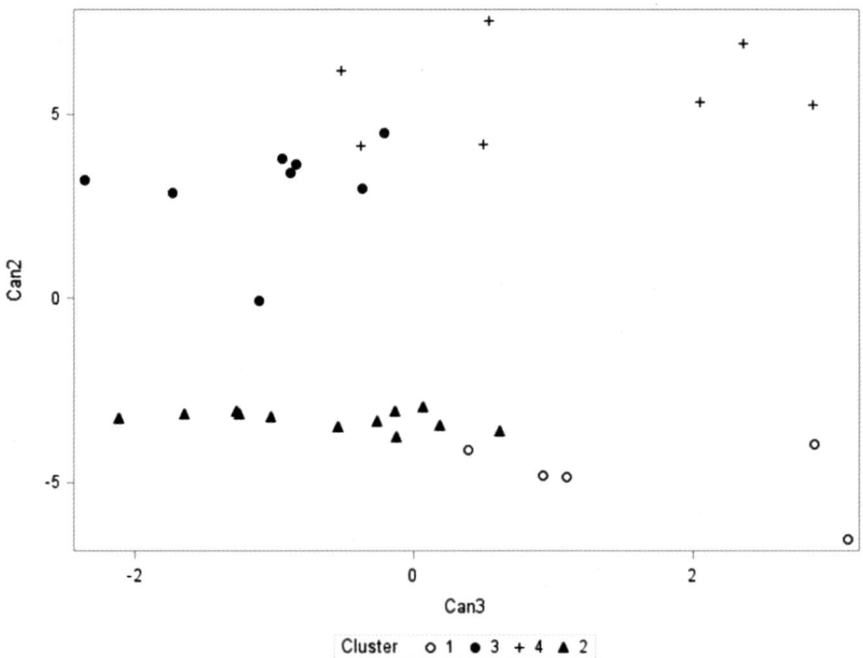

그림 14.21: 자료 mtcars의 군집분석 결과를 정준변량을 이용해 시각화시킨 그래프-2

14.4 SAS® 실습문제

[1] '모터 트랜드' 매거진 자료(mtcars) 중에 5개의 변수(mpg, cyl, disp, hp, drat)만을 가지고, 계층적 군집분석(HCA)을 하려고 한다. 아래 산점도를 근거로 유클리디안 거리를 사용할지 아니면 마할라노비스 거리를 사용할지 결정하라.

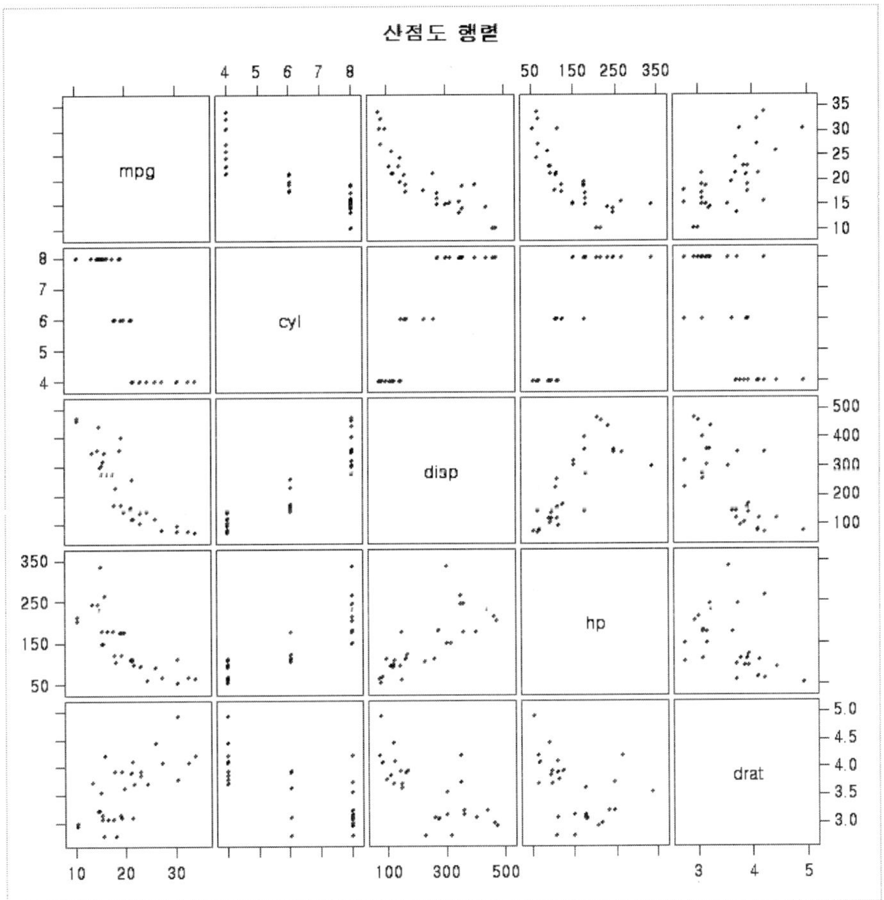

그림 14.22: '모터 트랜드' 매거진 자료 mtcars 중 5개 변수 간 상관관계

[2] '모터 트랜드' 매거진 자료(mtcars)에 대하여, 군집 수를 1에서 6까지 증가시키면서 k-평균 군집화를 실시하되, 아래의 절차에 따라 실시하라.

1. 수평축을 군집 수, 수직축을 R^2으로 하는 그래프를 완성하라.
2. 수평축을 군집 수, 수직축을 Pseudo F로 하는 그래프를 완성하라.

3. 수평축을 군집 수, 수직축을 Cubic Clustering Criterion(CCC)으로 하는 그래프를 완성하라.

4. 위의 3개 그래프를 참고하여, 최적의 군집 수를 결정하라.

5. 위에서 구한 '최적의 군집 수'를 사용하여, 32개 개체에 대한 군집을 할당하여 아래 Table 14.2를 완성하라.

Table 14.2: '모터 트랜드' 매거진 자료(mtcars)의 k-평균 군집화에 의한 군집구성

군집	RMSSTD	군집 구성원
1		
2		
⋮		
G		

[3] '모터 트랜드' 매거진 자료(mtcars)를 k-평균 군집화를 통해 4개 군집을 이룬 결과가 fin_clust 라는 SAS 데이터에 저장되었다고 가정하자. 이제 아래 SAS® 코드를 사용하여 그림 14.21이 생성되는지를 확인하라.

```
proc candisc data=fin_clust out=candiscout;
  class cluster;
  var mpg cyl disp hp drat wt qsec vs am gear carb;
run;
proc sgplot data=candiscout;
  styleattrs datacontrastcolors=(black)
    datasymbols=(circle circlefilled plus trianglefilled)
    datalinepatterns=(solid);
  scatter x=can3 y=can2 / group=cluster;
run;
```

14.5 연습문제

[1] 다음은 4지역에 대한 가구의 평균소득($1000)과 교육수준(years)을 나타낸다. 아래 물음에 답하라.

Table 14.3: 지역별 가구의 평균소득과 교육수준

	평균소득($1000)	교육수준(years)
A	5.5	5.5
B	15	14
C	16	15
D	25	20

1. 유클리디안 거리를 이용해서 Table 14.4의 비유사성 행렬(dissimilarity matrix)을 완성하라.

Table 14.4: 비유사성 행렬(dissimilarity matrix)

	A	B	C	D
A	0	$\sqrt{162.5}$	$\sqrt{200.5}$	$\sqrt{590.5}$
B	$\sqrt{162.5}$	0		
C	$\sqrt{200.5}$		0	
D	$\sqrt{590.5}$			0

2. 단일연결법(Single Linkage)을 이용하여 나무형그림을 그리되, 수직축에는 군집 간 거리를 기록하라.

3. 최장연결법(Complete Linkage)을 이용하여 나무형그림을 그리되, 수직축에는 군집 간 거리를 기록하라.

4. Table 14.3의 표본분산공분산행렬과 그 역행렬이 아래와 같을 때, 마할라노비스 거리를 사용한 비유사성 행렬을 작성하라.

$$S = \begin{pmatrix} 63.562 & 47.437 \\ 47.437 & 36.229 \end{pmatrix}, \qquad S^{-1} = \begin{pmatrix} 0.690 & -0.903 \\ -0.903 & 1.210 \end{pmatrix} \tag{14.12}$$

5. 마할라노비스 거리를 이용한 단일연결법으로 나무형그림을 그려라.

6. 마할라노비스 거리를 이용한 단일연결법의 나무형그림을 사용하여 적당한 군집 수를 결정하라.

[2] 그림 14.23은 두 군집(흰색, 검은색)의 분포를 두 변수를 축으로 하는 산점도를 통해 살펴본 것이다. 만일, 우리가 제1정준변량, 제2정준변량을 축으로 한 산점도를 그린다면, 다음 중 어떤 축을 사용한 산점도일지를 추측하라.

1. ⓐ축과 ⓑ축

2. ⓒ축과 ⓓ축

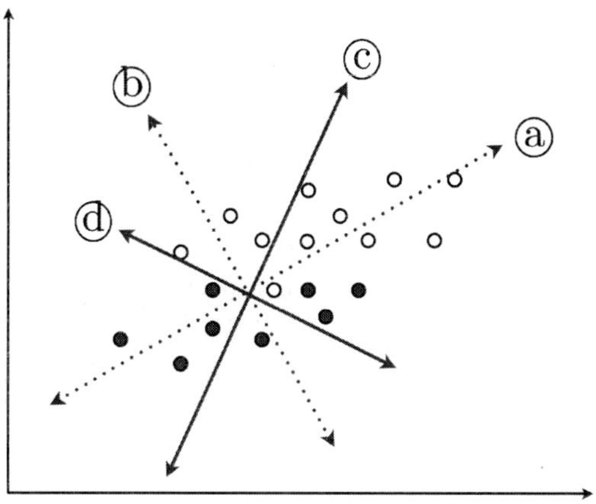

그림 14.23: 정준변량을 이용한 시각화

[3] 구분군집화(divisive clustering)에 해당되지는 않지만, 의사결정나무(decision tree)는 나무모양의 그림을 통해 발생 가능한 사건의 결과, 효용, 또는 비용을 고려함으로써 의사결정을 돕는 알고리즘이다. 그림 14.24는 고객이 매장에 들어와서 어떤 애완동물을 구입할지 모르는 경우 고객의 취향에 관한 몇가지 질문을 통해서 고객의 의사결정을 돕기위한 알고리즘이다. 그림의 (Q)부분의 질문을 선택하라.

ⓐ 성격이 사납다.

ⓑ 생선을 좋아한다.

ⓒ 아이들과 친숙하다.

ⓓ 사람과 놀기를 좋아한다.

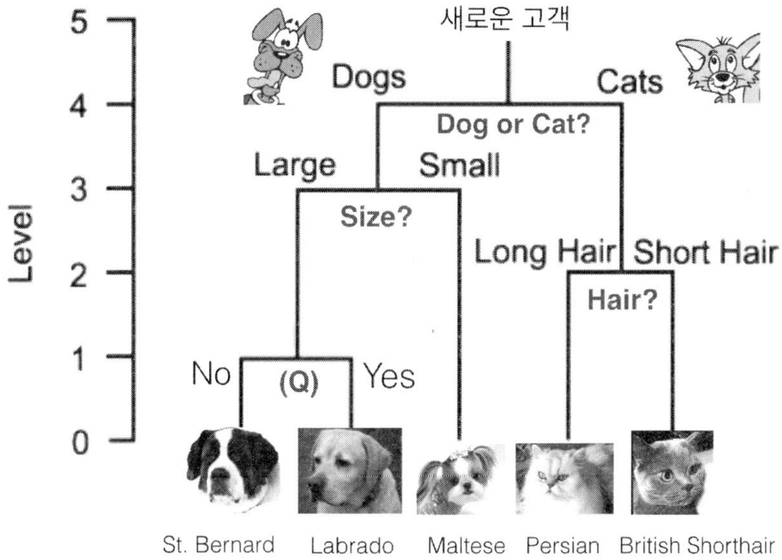

그림 14.24: 애완동물 구입을 위한 의사결정나무

[4] 계층적 군집분석에서 적당한 군집의 수를 결정할 때 '수직으로 떨어지는 길이가 가장 큰 부분(largest drop)'을 군집을 구분하는 경계선으로 두기도 한다. 이 방법을 사용하여 아래 그림 14.25의 적당한 군집 개수를 적어라.

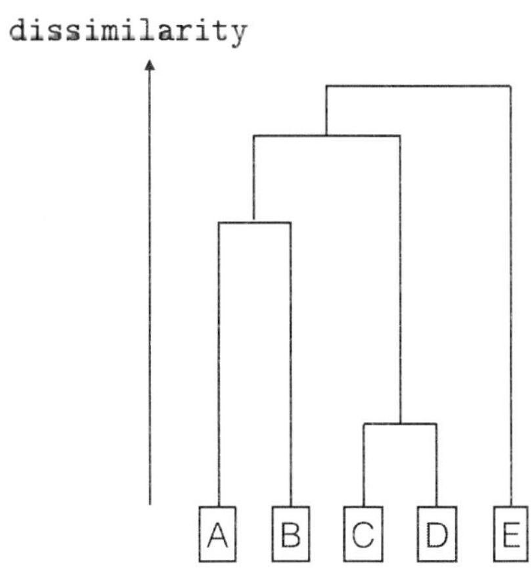

그림 14.25: 군집의 수 결정

Chapter 15

문항의 신뢰성

다변량자료는 자연과학이나 공학 분야의 실험환경 속에서 관찰을 통해 습득되기도 하지만, 사회과학이나 마케팅 분야에서는 설문조사(survey)를 통해 얻어지기도 한다. 이러한 설문자료는 소득, 혈압, 수능점수와 같은 연속형 확률변수 뿐 아니라, 만족도, 성적 등급, 성별같은 이산형 확률변수(혹은 순서형 변수)도 포함하고 있다.

본 단원은 설문지를 작성할 때 요구되는 '**문항의 신뢰성(Reliability of Questionnaire)**'에 대해 살펴보고자 한다. 그 이유는 문항의 신뢰성 척도가 다변량 자료의 상관계수와 비슷한 개념일 뿐 아니라, 우리의 자료가 설문지에서 얻어진 경우라면 수집한 자료를 기계적으로 분석하는 것도 중요하지만, 분석하기 전에 보다 신뢰성있는 정보를 얻기위해서 어느 문항을 제외시킬 것인지, 또는 어느 문항은 반드시 분석에 포함시킬 것인지에 대한 평가도 수행되어야 하기 때문이다.

15.1 신뢰성과 타당성

모든 통계적 조사방법론이 그렇겠지만, 자료를 수집하고 분석하는 일련의 과정 속에서 조사자는 항상 편향(bias)과 분산(variance)을 줄이기 위해 많은 노력을 하고 있다.

Definition: (편향/Bias) 조사연구에서 '편향(bias)'이라 함은 표본통계량이 모수(parameter)를 과대/과소 추정하는 현상을 의미하며, 주로 비대표 표본(unrepresentative sample)[1]에서 발생한다.

[1]모집단을 대표하지 못 하는 표본을 말하며 통계량의 편향을 가져온다.

Definition: (분산/Variance) 조사연구에서 '분산(Variance)'이라 함은 표본통계량이 반복적으로 취해질 경우, 표본통계량 값이 가지는 산포도(dispersion)를 의미한다. 일반적으로 자료의 수가 많아질수록 표본통계량의 분산은 줄어든다.

그림 15.1은 통계분석에서 언급되는 편향과 분산에 대한 개념을 '과녁 위의 탄착점 분포'로 설명한 것이다[2].

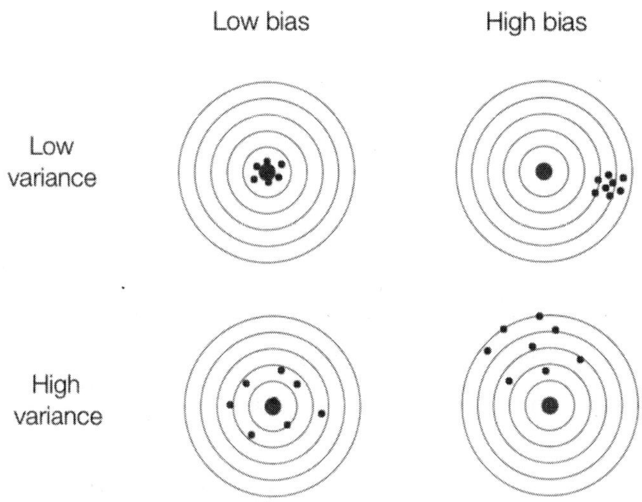

그림 15.1: 편향(bias)과 분산(variance)의 개념

그렇다면, 설문지가 내포하고 있는 '타당성'과 '신뢰성'은 무엇인지 살펴보자.

Definition: (타당성/Validity) 설문지의 타당성(Validity)이란 '조사자가 측정하려고 하는 특정 개념이 설문지를 통해 얼마나 잘 전달되고 있는지를 나타내는 척도이다. 설문지의 타당성은 조사연구의 '편향'에 해당되며, 편향이 클수록 타당성은 낮게된다.

Example 성인들의 평균 운동량을 알기 위해 설문조사를 했는데, 질문이 "지난 1주일 간, 몇 시간 동안 운동했습니까?" 이었다. 그러나, 지난 주에는 평소와 다르게 1주일 내내 비가 왔다면 설문조사 결과는 실제 운동량보다 적게 추정될 것이다. 이 경우 '설문지의 타당성이 낮다'고 할 수 있다.

---

[2]그림 출처: https://prateekvjoshi.com/2015/10/20/dissecting-bias-vs-variance-tradeoff-in-machine-learning/

Definition: (신뢰성/Reliability) 설문지의 신뢰성(Reliability)이란 같은 질문이 반복되었을 경우에 동일한 대답이 나오는 정도를 의미한다. 또한, 비슷한 환경에서 유사한 조사 대상자에게 같은 질문을 했을 경우, 수집된 반응이 일치하는 정도를 말한다. 이는 '분산'의 개념과 일치한다.

Example 어떤 사람이 여성차별주의자(sexist)인지 여부를 가늠하는 설문조사를 실시하였다고 하자. 철수에게 실시한 결과 여성차별주의 경향이 있는 것으로 판정되었다. 그러나, 일주일 후 다시 실시하였더니 여성차별주의 경향이 없다고 판정되었다면 이 설문지는 신뢰성이 없게 된다(일주일 사이에 사람의 성향이 바뀌지 않는다고 가정함).

Example 마케팅에서 특정 브랜드에 대한 호감도를 조사하기 위해, 이와 관련된 5가지 질문을 만들었다. 소비성향이 비슷한 그룹에게 5개의 질문을 한 결과, 나머지 질문과는 달리, 유독 4번 질문에 대한 답변은 서로 다르게 나왔다. 따라서, 4번 질문을 제외시키면 설문지의 신뢰성이 높아질 수 있다.

Remark 문항의 신뢰성은 '동일 인물에게 같은 질문을 반복했을 때, 동일한 반응이 나오는 정도'이면서, 동시에 '동일 목적으로 하는 여러 개 질문에 대한 결과가 일치하는 정도'라고도 할 수 있다. 따라서, 설문지의 신뢰성을 높이기 위해선 아래와 같은 노력이 필요할 것이다.

- 추상적인 질문보다는 구체적인 질문을 한다.
- 시간에 따라 반복되는 질문이라면, 반복주기를 가능한 짧게 한다.
- 조사 대상자 수를 늘린다.
- 가능한 주어, 목적어, 동사가 모두 포함된 완전한 문장(complete sentence)을 사용하도록 한다.

15.2 크론바흐의 알파(Cronbach's Alpha)

이 단원에서는 문항의 신뢰성을 객관적으로 측정하는 방법을 소개하고자 한다.

특정 주제에 대한 설문조사를 위해 p개의 질문을 준비한 후, n명의 응답자에게 설문지에 답하게 하여 Table 15.1 과 같은 자료를 얻었다고 가정하자.

Table 15.1: 문항의 신뢰성 계산을 위한 자료의 예

	$X1$	$X2$	$\cdots$	Xp
subject 1	x_{11}	x_{12}	$\cdots$	x_{1p}
subject 2	x_{21}	x_{22}	$\cdots$	x_{2p}
$\vdots$	$\vdots$	$\vdots$	$\vdots$	$\vdots$
subject n	x_{n1}	x_{n2}	$\cdots$	x_{np}

만일 p개 문항 사이에 신뢰성이 아주 높다면, 문항 간 상관계수

$$\rho_{x_1,x_2}\,, \quad \rho_{x_1,x_3}\,, \quad \cdots, \quad \rho_{x_{p-1},x_p} \tag{15.1}$$

가 모두 1에 가까운 값을 가지게 될 것이다. 이를 이용해, 크론바흐[3]는 '문항의 신뢰성'의 척도를 다음과 같이 제안하였다.

Definition: (크론바흐의 알파) 특정 개념에 대한 p개의 문항이 있다고 가정할 때,

$$\alpha = \frac{p}{p-1}\left(1 - \frac{\sum_{i=1}^{p} \mathrm{V}(x_i)}{\mathrm{V}(x_1 + x_2 + \cdots + x_p)}\right) \tag{15.2}$$

를 '크론바흐의 알파(Cronbach's Alpha)'라고 한다.

Remark 문항 간 상관계수가 높으면 크론바흐의 알파는 1에 가깝게 되고, 문항이 서로 독립이면 크론바흐의 알파는 0에 가깝게 된다. 일반적으로, 크론바흐의 알파값에 따라 다음과 같이 판정한다.

- $\alpha \geq 0.8$: 문항의 신뢰성이 높다.
- $0.6 \leq \alpha \leq 0.7$: 문항의 신뢰성이 의심이 된다.
- $\alpha < 0.6$: 문항의 신뢰성이 낮다.

[3]Cronbach, Lee (1951) "Coefficient alpha and the internal structure of tests". *Psychometrika* 16 (3): 297–334.

Theorem 15.1 *특정 개념에 대한 p개 문항에 대해, 크론바흐의 알파는 다음과 같이 표현 가능하다($\bar{\rho}$는 문항 간 상관계수들의 평균).*

$$\alpha = \frac{p \cdot \bar{\rho}}{1 + (p-1)\,\bar{\rho}} \tag{15.3}$$

(증명생략).

Remark 때로는, 크론바흐의 알파가 작아서 설문지가 잘못된 것으로 오해받는데, 서로 다른 항목에 대한 질문일 수도 있기 때문에 주의가 필요하다. 예를 들어 수능고사에서 국어, 수학, 영어, 과학시험의 경우에 크론바흐의 알파값이 높지 않을 수 있다.

Q 현 정부의 대북정책에 대하여 4개 질문을 통해 만족도를 조사하였다. 4명의 응답자의 반응을 Table 15.2에 정리하였다. 여기서 1='매우 불만', 2='불만', 3='보통', 4='만족', 5='매우 만족'이다. 대북정책 만족도에 대한 문항의 신뢰성을 크론바흐의 알파로 구하라.

Table 15.2: 대북정책의 만족도에 대한 문항 응답표

	$X1$	$X2$	$X3$	$X4$
subject 1	2	1	2	1
subject 2	3	2	4	2
subject 3	2	2	3	3
subject 4	4	4	3	3

A 문항끼리 상관계수를 구하면

$$\rho_{x_1,x_2} = 0.899, \quad \rho_{x_1,x_3} = 0.426, \quad \rho_{x_1,x_4} = 0.454,$$
$$\rho_{x_2,x_3} = 0.324, \quad \rho_{x_2,x_4} = 0.760, \quad \rho_{x_3,x4} = 0.426$$

가 되어, $\bar{\rho} = 0.548$ 이다. 따라서

$$\alpha = \frac{4 \cdot 0.548}{1 + (4-1)\,0.548} = 0.829 \tag{15.4}$$

이므로 문항의 신뢰성이 높다고 할 수 있다.

Remark 크론바흐의 알파에서, 문항의 수가 커지면 $\bar{\rho}$값이 작을지라도 1에 수렴하는 단점이 있다. 따라서, 특정 개념에 대한 문항이 많은 경우는 적합하지 않을 수 있다.

Q 20개 문항에 대해 $\bar{\rho} = 0.2$가 되었다. 크롬바흐의 알파를 계산하라.

A 크롬바흐의 알파는 $\bar{\rho} = 0.2$ 임에도 불구하고,

$$\alpha = \frac{20 \cdot 0.2}{1 + (20 - 1)\, 0.2} = 0.833 \tag{15.5}$$

이라는 높은 값이 나온다.

15.3 PROC CORR를 이용한 크론바흐의 알파

크론바흐의 알파는 문항의 신뢰성에 대한 척도이지만, 불필요한 문항을 제거하는데도 사용할 수 있다. SAS®에서는 proc corr에 ALPHA라는 옵션을 통해 크론바흐의 알파를 계산하고 있다. 아래는 크론바흐의 알파를 위한 SAS®코드이다.

```
proc corr ALPHA data=a;
  var x1 x2 x3 ··· xp;
run;
```

Example 현 정부의 대북정책에 대한 만족도를 4개 질문을 통해 조사한 결과 (Table 15.2 참조)에서, proc corr를 사용해서 크론바흐의 알파를 구하면 그림 15.2와 같은 출력이 나온다.

여기서 크론바흐의 알파는 0.8346이 되어, 손으로 계산한 0.833과 거의 일치하고 있다. 또한 각 문항을 번갈아 제거할 때 변하는 크론바흐의 알파를 비교하면, $X3$를 제거할 때 크론바흐의 알파값이 0.8787로 증가하고, 나머지 변수를 제거할 경우는 오히려 감소하는 현상을 발견하게 된다. 따라서, 현재 문항의 신뢰성이 높다고 할지라도 만일 한 개의 문항을 반드시 제거해야 한다면, 문항의 신뢰성을 고려할 때 $X3$ 문항을 제거하는 것이 좋을 것으로 사료된다.

Cronbach Coefficient Alpha	
Variables	Alpha
Raw	0.834606
Standardized	0.829419

Cronbach Coefficient Alpha with Deleted Variable				
	Raw Variables		Standardized Variables	
Deleted Variable	Correlation with Total	Alpha	Correlation with Total	Alpha
x1	0.760886	0.750000	0.725337	0.752921
x2	0.858395	0.696429	0.837530	0.698532
x3	0.426401	0.878788★	0.437843	0.877535
x4	0.674200	0.787500	0.654114	0.785731

그림 15.2: proc corr를 사용한 크론바하의 알파

15.4 SAS®실습문제

[1] SAS®에 내장된 sashelp 라이브러리에는 핀란드의 호수에서 잡힌 7종류의 물고기에 대한 크기를 측정한 자료(sashelp.fish)가 저장되어 있다(Appendix의 Table 16.9 참조). 그 중, 변수 Weight의 값이 '.' 또는 '0'인 관측값을 제외한 157개 자료를 가지고 분석하되, 물고기의 크기를 나타내는 6개 변수 가운데 5개의 변수만을 선택하려고 한다. 아래 물음에 답하여라.

1. 요인분석(proc factor)의 요인적재값을 기준으로 변수를 한 개 제거하라.

2. 크론바흐의 알파를 이용하여 변수 한 개를 제거하라.

3. 위 두 질문에 대한 답을 종합하여 어느 변수를 제거함이 좋은지 답하라.

[2] 핀란드에 물고기의 크기 자료(fish)에 대해서, Height를 제거한 자료 D와, Height를 제거하지 않은 자료 C가 있을 때, 아래 물음에 답하라.

1. 그림 15.3과 그림 15.4를 비교함으로써, 판별분석을 위해 자료 C와 자료 D 가운데 어느 것을 사용할지 판단해 보아라.

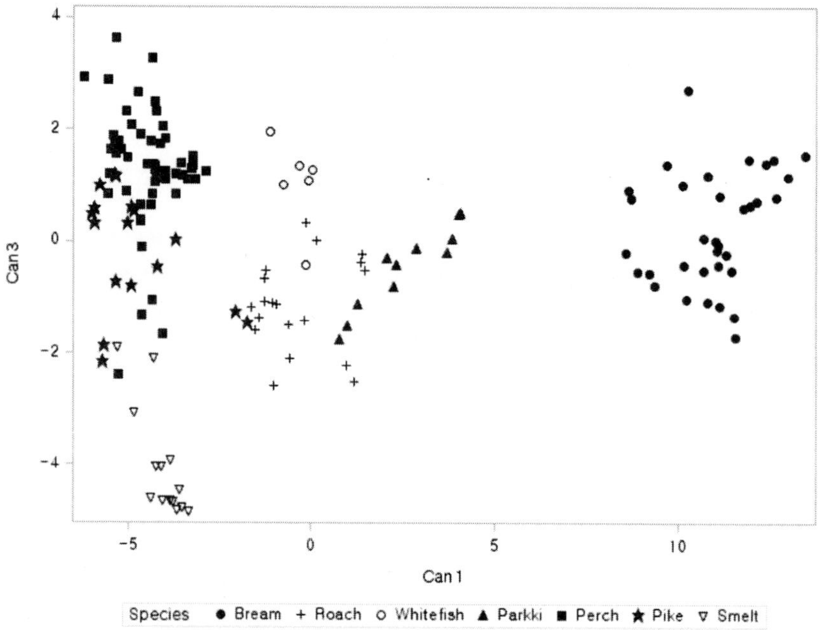

그림 15.3: 변수 Height 가 포함된 자료 C 의 산점도

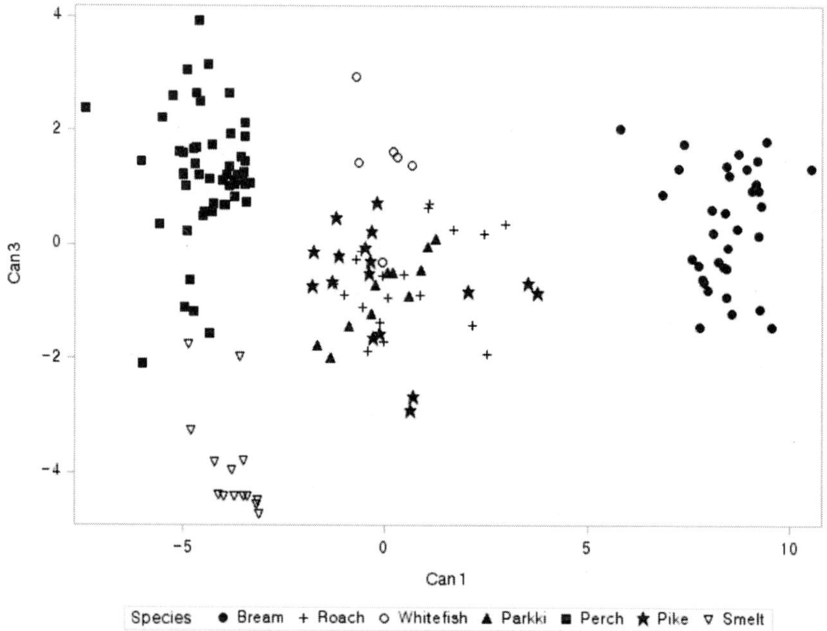

그림 15.4: 변수 Height 를 제외한 자료 D 의 산점도

2. 아래 SAS®코드를 활용하여, 그림 15.3과 그림 15.4 같은 산점도가 나오는지 확인하라.

```
proc candisc data=c out=cout;
  class species;
  var weight--width;
run;
proc sgplot data=cout;
  scatter x=can1 y=can3 /group=species;
run;
```

3. `proc discrim`을 이용한 선형판별분석을 실시하여, 오분류율을 비교함으로써, 변수 `Height`를 포함시키는 것이 좋은지, 아니면 변수 `Height`를 제외시키는 것이 좋은지 판단하라.

15.5 연습문제

[1] Table 15.3은 피거 스케이딩 대회에 참가한 9명의 선수들에 내해, 3명의 심사위원이 작성한 점수표다. 3명의 심판 가운데, 일치성(신뢰성)이 떨어지는 한 명의 심사위원은 다음 심사에서 제외시키려고 한다. 누구를 제외시킬 것인지 그론비흐의 알파를 이용해 분석하고, 그 이유를 서술하라.

Table 15.3: 피겨 스케이팅 심사위원 점수표

선수	심사위원1	심사위원2	심사위원3
1	12	10	8
2	8	10	11
3	3	4	5
4	14	10	11
5	10	10	12
6	8	8	9
7	7	8	9
8	10	10	9
9	12	10	10

Chapter 16

Appendix 1: Data Sets

16.1 붓꽃 자료 (iris) in SAS

다변량 분석에서 가장 많이 사용되는 자료는 R.A. Fisher[1]가 사용한 iris flower(붓꽃) 자료이다. Fisher는 그가 개발한 선형판별분석(LDA: Linear Discriminant Analysis)에 아이리스 자료를 처음 사용하였는데, 그 후로 많은 학자들이 다변량 분석의 대표적인 자료로 사용하고 있다. 이 자료는 그림 16.1 의 세 종류의 붓꽃(Iris setosa, Iris versicolor, Iris virginica)에 대해 그림 16.2 와 같은 꽃받침(Sepal)의 길이와 너비, 꽃잎(Petal)의 길이와 너비 값들로 구성되어 있다.

그림 16.1: iris의 종류(https://en.wikipedia.org/wiki/Iris_flower_data_set)

[1]R. A. Fisher (1936), "The use of multiple measurements in taxonomic problems", Annals of Eugenics, 7 (2), 179-188.

그림 16.2: iris의 Sepal, Petal의 정의(http://irisabramson.com/?p=87)

다음은 iris 자료를 담은 표이며, 전체 자료는 SAS의 `sashelp` 라이브러리 안에 `iris.sas7dbat`라는 SAS 데이터 파일로 내장되어있다.

- Table 16.1 iris 자료 / iris setosa-1
- Table 16.2 iris 자료 / iris setosa-2
- Table 16.3 iris 자료 / iris versicolor-1
- Table 16.4 iris 자료 / iris versicolor-2
- Table 16.5 iris 자료 / iris virginica-1
- Table 16.6 iris 자료 / iris virginica-2

Table 16.1: iris 자료 / iris setosa-1

Species	Sepal Length	Sepal Width	Petal Length	Petal Width
Setosa	50	33	14	2
Setosa	46	34	14	3
Setosa	46	36	10	2
Setosa	51	33	17	5
Setosa	55	35	14	2
Setosa	48	31	16	2
Setosa	52	34	14	2
Setosa	49	36	14	1
Setosa	44	32	14	2
Setosa	50	35	16	6
Setosa	44	30	13	2
Setosa	47	32	16	2
Setosa	48	30	14	3
Setosa	51	38	16	2
Setosa	48	34	19	2
Setosa	50	30	16	2
Setosa	50	32	12	2
Setosa	43	30	11	1
Setosa	58	40	12	2
Setosa	51	38	19	4
Setosa	49	30	14	2
Setosa	51	35	14	2
Setosa	50	34	16	4
Setosa	46	32	14	2
Setosa	57	44	15	4
Setosa	50	36	14	2
Setosa	54	34	15	4
Setosa	52	41	15	1
Setosa	55	42	14	2

Table 16.2: iris 자료 / iris setosa-2

Species	Sepal Length	Sepal Width	Petal Length	Petal Width
Setosa	49	31	15	2
Setosa	54	39	17	4
Setosa	50	34	15	2
Setosa	44	29	14	2
Setosa	47	32	13	2
Setosa	46	31	15	2
Setosa	51	34	15	2
Setosa	50	35	13	3
Setosa	49	31	15	1
Setosa	54	37	15	2
Setosa	54	39	13	4
Setosa	51	35	14	3
Setosa	48	34	16	2
Setosa	48	30	14	1
Setosa	45	23	13	3
Setosa	57	38	17	3
Setosa	51	38	15	3
Setosa	54	34	17	2
Setosa	51	37	15	4
Setosa	52	35	15	2
Setosa	53	37	15	2

Table 16.3: iris 자료 / iris versicolor-1

Species	Sepal Length	Sepal Width	Petal Length	Petal Width
Versicolor	65	28	46	15
Versicolor	62	22	45	15
Versicolor	59	32	48	18
Versicolor	61	30	46	14
Versicolor	60	27	51	16
Versicolor	56	25	39	11
Versicolor	57	28	45	13
Versicolor	63	33	47	16
Versicolor	70	32	47	14
Versicolor	64	32	45	15
Versicolor	61	28	40	13
Versicolor	55	24	38	11
Versicolor	54	30	45	15
Versicolor	58	26	40	12
Versicolor	55	26	44	12
Versicolor	50	23	33	10
Versicolor	67	31	44	14
Versicolor	56	30	45	15
Versicolor	58	27	41	10
Versicolor	60	29	45	15
Versicolor	57	26	35	10
Versicolor	57	29	42	13
Versicolor	49	24	33	10
Versicolor	56	27	42	13
Versicolor	57	30	42	12
Versicolor	66	29	46	13
Versicolor	52	27	39	14
Versicolor	60	34	45	16
Versicolor	50	20	35	10

Table 16.4: iris 자료 / iris versicolor-2

Species	Sepal Length	Sepal Width	Petal Length	Petal Width
Versicolor	55	24	37	10
Versicolor	58	27	39	12
Versicolor	62	29	43	13
Versicolor	59	30	42	15
Versicolor	60	22	40	10
Versicolor	67	31	47	15
Versicolor	63	23	44	13
Versicolor	56	30	41	13
Versicolor	63	25	49	15
Versicolor	61	28	47	12
Versicolor	64	29	43	13
Versicolor	51	25	30	11
Versicolor	57	28	41	13
Versicolor	61	29	47	14
Versicolor	56	29	36	13
Versicolor	69	31	49	15
Versicolor	55	25	40	13
Versicolor	55	23	40	13
Versicolor	66	30	44	14
Versicolor	68	28	48	14
Versicolor	67	30	50	17

Table 16.5: iris 자료 / iris virginica-1

Species	Sepal Length	Sepal Width	Petal Length	Petal Width
Virginica	64	28	56	22
Virginica	67	31	56	24
Virginica	63	28	51	15
Virginica	69	31	51	23
Virginica	65	30	52	20
Virginica	65	30	55	18
Virginica	58	27	51	19
Virginica	68	32	59	23
Virginica	62	34	54	23
Virginica	77	38	67	22
Virginica	67	33	57	25
Virginica	76	30	66	21
Virginica	49	25	45	17
Virginica	67	30	52	23
Virginica	59	30	51	18
Virginica	63	25	50	19
Virginica	64	32	53	23
Virginica	79	38	64	20
Virginica	67	33	57	21
Virginica	77	28	67	20
Virginica	63	27	49	18
Virginica	72	32	60	18
Virginica	61	30	49	18
Virginica	61	26	56	14
Virginica	64	28	56	21
Virginica	62	28	48	18
Virginica	77	30	61	23
Virginica	63	34	56	24
Virginica	58	27	51	19

Table 16.6: iris 자료 / iris virginica-2

Species	Sepal Length	Sepal Width	Petal Length	Petal Width
Virginica	72	30	58	16
Virginica	71	30	59	21
Virginica	64	31	55	18
Virginica	60	30	48	18
Virginica	63	29	56	18
Virginica	77	26	69	23
Virginica	60	22	50	15
Virginica	69	32	57	23
Virginica	74	28	61	19
Virginica	56	28	49	20
Virginica	73	29	63	18
Virginica	67	25	58	18
Virginica	65	30	58	22
Virginica	69	31	54	21
Virginica	72	36	61	25
Virginica	65	32	51	20
Virginica	64	27	53	19
Virginica	68	30	55	21
Virginica	57	25	50	20
Virginica	58	28	51	24
Virginica	63	33	60	25

16.2 자동차 정보 자료 (mcars) in SAS

2004년도에 미국에서 시판된 428 종류의 자동차에 대한 정보가 sashelp.cars에 저장되어 있다(결측치 2개 포함). 그 가운데 이 책의 mcars.sas7dbat에는 Type, MSRP, EngineSize, Cylinders, Horsepower, MPG_City, Weight, Length의 값만 사용하고 있다. 그림 16.3은 mcars.sas7dbat의 처음 25개 자료만 보여주고 있다.

Obs	Type	MSRP	EngineSize	Cylinders	Horsepower	MPG_City	Weight	Length	car
1	SUV	$36,945	3.5	6	265	17	4451	189	1
2	Sedan	$23,820	2.0	4	200	24	2778	172	2
3	Sedan	$26,990	2.4	4	200	22	3230	183	3
4	Sedan	$33,195	3.2	6	270	20	3575	186	4
5	Sedan	$43,755	3.5	6	225	18	3880	197	5
6	Sedan	$46,100	3.5	6	225	18	3893	197	6
7	Sports	$89,765	3.2	6	290	17	3153	174	7
8	Sedan	$25,940	1.8	4	170	22	3252	179	8
9	Sedan	$35,940	1.8	4	170	23	3638	180	9
10	Sedan	$31,840	3.0	6	220	20	3462	179	10
11	Sedan	$33,430	3.0	6	220	17	3583	179	11
12	Sedan	$34,480	3.0	6	220	18	3627	179	12
13	Sedan	$36,640	3.0	6	220	20	3561	192	13
14	Sedan	$39,640	3.0	6	220	18	3880	192	14
15	Sedan	$42,490	3.0	6	220	20	3814	180	15
16	Sedan	$44,240	3.0	6	220	18	4013	180	16
17	Sedan	$42,840	2.7	6	250	18	3836	192	17
18	Sedan	$49,690	4.2	8	300	17	4024	193	18
19	Sedan	$69,190	4.2	8	330	17	4399	204	19
20	Sedan	$48,040	4.2	8	340	14	3825	179	20
21	Sports	$84,600	4.2	8	450	15	4024	191	21
22	Sports	$35,940	1.8	4	180	20	3131	159	22
23	Sports	$37,390	1.8	4	225	20	2921	159	23
24	Sports	$40,590	3.2	6	250	21	3351	159	24
25	Wagon	$40,840	3.0	6	220	18	4035	192	25

그림 16.3: mcars.sas7dbat의 일부(총 428개 자료 중 처음 25개 자료만 출력)

16.3 '모터 트랜드' 매거진 자료 (mtcars)

1974년 '모터 트랜드(*Motor Trend*)' 매거진에는 32종의 자동차에 대한 도로주행시험 결과가 mtcars라는 이름으로 저장되어 있다. 이 자료에는 아래와 같은 변수들이 있다.

- `mpg` : 연비 (miles per gallon)
- `cyl` : 실린더의 수
- `disp` : 엔진크기 (cubic inches)
- `hp`: 엔진의 마력
- `drat`: 액슬비[2] (rear axle ratio)
- `wt`: 차의 무게 (1000 lb)
- `qsec`: 1/4 마일까지 걸리는 시간 (초)
- `vs`: v-엔진[3]이면 0, straight-엔진이면 1
- `am`: 기어가 자동(automatic)이면 0, 수동(manual)이면 1
- `gear`: 기어의 수
- `carb`: 카뷰레터[4](carburetor)의 수

---

[2] 엔진의 회전수와 구동바퀴의 회전수의 비율. 숫자가 클수록 느린 속도에서 힘이 세다

[3] 실린더가 V자 모양으로 정렬된 엔진

[4] 연료분사기

16.4 코르크 자료 (cork)

Table 16.7: cork 자료의 모습

	North	East	South	West
1	72	66	76	77
2	60	53	66	63
3	56	57	64	58
4	41	29	36	38
5	32	32	35	36
6	30	35	34	26
7	39	39	31	27
8	42	43	31	25
9	37	40	31	25
10	33	29	27	36
11	32	30	34	28
12	63	45	74	63
13	54	46	60	52
14	47	51	52	43
15	91	79	100	75
16	56	68	47	50
17	79	65	70	61
18	81	80	68	58
19	78	55	67	60
20	46	38	37	38
21	39	35	34	37
22	32	30	30	32
23	60	50	67	54
24	35	37	48	39
25	39	36	39	31
26	50	34	37	40
27	43	37	39	50
28	48	54	57	43

16.5 학생 신체검사 자료 (class) in SAS

SAS의 `sashelp.class`에는 19명 학생들의 이름(Name), 성별(Sex), 나이(Age), 키(Height), 몸무게(Weight)가 아래 Table 16.8와 같이 기록되어 있다.

Table 16.8: `sashelp.class`의 자료 내용

Name	Sex	Age	Height	Weight
Alfred	M	14	69.0	112.5
Alice	F	13	56.5	84.0
Barbara	F	13	65.3	98.0
Carol	F	14	62.8	102.5
Henry	M	14	63.5	102.5
James	M	12	57.3	83.0
Jane	F	12	59.8	84.5
Janet	F	15	62.5	112.5
Jeffrey	M	13	62.5	84.0
John	M	12	59.0	99.5
Joyce	F	11	51.3	50.5
Judy	F	14	64.3	90.0
Louise	F	12	56.3	77.0
Mary	F	15	66.5	112.0
Phillip	M	16	72.0	150.0
Robert	M	12	64.8	128.0
Ronald	M	15	67.0	133.0
Thomas	M	11	57.5	85.0
William	M	15	66.5	112.0

16.6 핀란드 물고기 크기 자료 (fish) in SAS

SAS의 `sashelp.fish`에는 핀란드 호수(lake Laengelmavesi)에서 잡힌 물고기 7 종류에 대한 측정자료가 기록되어 있다. 여기서, 결측값 1개와 무게가 0으로 기록된 것을 제외하면 157개의 관측값을 사용할 수 있다.

Table 16.9: 핀란드 물고기 크기 자료(`sashelp.fish`)의 내용

Species	Weight	Length1	Length2	Length3	Height	Width
Bream	242.0	23.2	25.4	30.0	11.5200	4.0200
Bream	290.0	24.0	26.3	31.2	12.4800	4.3056
Bream	340.0	23.9	26.5	31.1	12.3778	4.6961
⋮	⋮	⋮	⋮	⋮	⋮	⋮
Smelt	19.7	13.2	14.3	15.2	2.8728	2.0672
Smelt	19.9	13.8	15.0	16.2	2.9322	1.8792

16.7 어린이 지능 검사 자료 (WISCSEM/ WISC_R)

Tabacknick & Fidell은 그들의 저서[5]에서 6세-16세 어린이들 175명의 지적능력을 테스트하기 위해, 웩슬러(David Wechsler, 1949)가 개발한 소과목 11개에 대한 지능 시험 성적을 분석했다. 아래 그림 16.4는 `WISCSEM.sas7bdat`의 첫 20개 관측값만을 출력한 것이다[6]. 여기서, `client`와 `agemate`를 제외한 나머지 변수는 `WISC_R.sas7bdat`로 저장되었다.

- `client` : 어린이 번호
- `agemate` : 선호하는 놀이 친구들의 나이 그룹$(0, 1, 2, 3, 6)$
- `info` : 상식(Information)
- `comp` : 이해(Comprehension)
- `arith` : 산수(Arithmetic)
- `simil` : 유사성(Similarities)
- `vocab` : 어휘(Vocabulary)
- `digit` : 숫자 기억력(Digit Span)
- `pictcomp` : 빠진 그림 찾기(Picture Completion)
- `parang` : 문장배열(Paragraph Arrangement)
- `block` : 도막 짜기(Block Design)
- `object` : 모양 맞추기(Object Assembly)
- `coding` : 기호 쓰기(Coding)

[5]Using Multivariate Statistics (1996), 3rd Ed., HarperCollins College Publishers.
[6]Wechsler Intelligence Scale for Children: WISC

OBS	client	agemate	info	comp	arith	simil	vocab	digit	pictcomp	parang	block	object	coding
1	3	3	8	7	13	9	12	9	6	11	12	7	9
2	4	3	9	6	8	7	11	12	6	8	7	12	14
3	5	3	13	18	11	16	15	6	18	8	11	12	9
4	6	3	8	11	6	12	9	7	13	4	7	12	11
5	7	2	10	3	8	9	12	9	7	7	11	4	10
6	8	3	11	7	15	12	10	12	6	12	10	5	10
7	9	3	6	13	7	8	11	6	14	9	14	14	10
8	10	2	7	10	10	15	10	7	8	14	11	10	12
9	12	3	10	8	8	14	9	9	10	11	10	9	6
10	13	3	9	10	8	11	9	11	10	12	9	13	13
11	14	3	11	15	13	14	12	7	15	12	10	10	4
12	15	3	12	11	8	11	13	13	14	7	11	9	10
13	16	2	8	12	12	15	13	13	14	17	9	12	7
14	17	0	9	5	7	11	13	7	13	10	15	15	11
15	18	3	9	15	8	15	13	8	11	13	11	11	7
16	19	1	12	11	9	17	17	7	17	12	11	11	5
17	20	2	12	10	12	12	12	12	7	7	10	14	8
18	21	1	5	6	5	8	6	5	11	8	10	11	5
19	22	2	12	12	9	14	13	8	6	7	11	11	12
20	24	2	11	10	9	10	8	8	9	7	12	6	2

그림 16.4: WISCSEM.sas7dbat의 일부(총 175개 가운데 처음 20개 관측값만 출력)

16.8 헬스클럽 자료 (fitness)

이 자료는 SAS/STAT® 9.3의 사용자 매뉴얼에 있는 헬스클럽(fitness club) 자료로서 20명의 회원들의 신체조건(몸무게, 허리둘레, 맥박)과 운동능력(턱걸이, 윗몸일으키기, 점프)을 측정한 것이다. `fitness.sas7bdat`에 저장되어 있다.

Table 16.10: 헬스클럽 (fitness) 자료

Weight	Waist	Pulse	Chins	Situps	Jumps
191	36	50	5	162	60
189	37	52	2	110	60
193	38	58	12	101	101
162	35	62	12	105	37
189	35	46	13	155	58
182	36	56	4	101	42
211	38	56	8	101	38
167	34	60	6	125	40
176	31	74	15	200	40
154	33	56	17	251	250
169	34	50	17	120	38
166	33	52	13	210	115
154	34	64	14	215	105
247	46	50	1	50	50
193	36	46	6	70	31
202	37	62	12	210	120
176	37	54	4	60	25
157	32	52	11	230	80
156	33	54	15	225	73
138	33	68	2	110	43

16.9 헤드사이즈 자료 (headsize)

첫째 아들과 둘째 아들의 헤드사이즈에 대한 파일 headsize.sas7bdat의 내용은 아래와 같다[7].

Table 16.11: 헤드사이즈 (headsize) 자료

Length1	Breadth1	Length2	Breadth2
191	155	179	145
195	149	201	152
181	148	185	149
183	153	188	149
176	144	171	142
208	157	192	152
189	150	192	149
197	159	189	152
188	152	197	159
192	150	187	151
179	158	186	148
183	147	174	147
174	150	185	152
190	159	195	157
188	151	187	158
163	137	161	130
195	155	183	158
186	153	173	148
181	145	182	146
175	140	165	137
192	154	185	152
174	143	178	147
176	139	176	143
197	167	200	158
190	163	187	150

[7] Frets, G.P. (1921) "Heredity of Head Form in Man", *Genetica*, 3, 193.

16.10 항공사 직업군 자료 (airjobs)

항공사 직업군에 대한 파일 airjobs.sas7bdat에는 항공사 직원 244명에 대한 직업군(Job)이

'1'= 고객서비스 인사관리(Customer Service Personnel)-85명

'2'= 기능직(Mechanics)-93명

'3'= 운항관리자(Dispatchers)-66명

과 같이 구분되고, 아래와 같은 항목의 설문조사 점수가 담겨있다[8].

- 실외 근무환경의 적응능력(Outdoor)
- 사교성(Social)
- 보수적 성향(Conservative)

Table 16.12: 항공사 직업군 (airjobs) 과 적성검사 자료

Outdoor	Social	Conservative	Job	JID
10	22	5	1	1
14	17	6	1	2
19	33	7	1	3
14	29	12	1	4
14	25	7	1	5
20	25	12	1	6
6	18	4	1	7
13	27	7	1	8
⋮	⋮	⋮	⋮	⋮
18	20	10	3	66

[8]출처: http://www.ats.ucla.edu/stat/sas/dae/discrim.htm

16.11 남자 육상기록 자료 (track_m)

Table 16.13-16.14은 1984년까지 55개 나라별 남자 육상기록을 모은 것이다.[9]. 100m, 200m, 400m의 기록단위는 초(sec.)이고, 800m, 1500m, 5Km, 10Km, 마라톤의 기록단위는 분(min.)이다.

Table 16.13: 국가별 남자 육상기록 track_m 자료-1

Country	_100m	_200m	_400m	_800m	_1500m	_5Km	_10Km	Marathon
argentin	10.39	20.81	46.84	1.81	3.70	14.04	29.36	137.72
australi	10.31	20.06	44.84	1.74	3.57	13.28	27.66	128.30
austria	10.44	20.81	46.82	1.79	3.60	13.26	27.72	135.90
belgium	10.34	20.68	45.04	1.73	3.60	13.22	27.45	129.95
bermuda	10.28	20.58	45.91	1.80	3.75	14.68	30.55	146.62
brazil	10.22	20.43	45.21	1.73	3.66	13.62	28.62	133.13
burma	10.64	21.52	48.30	1.80	3.85	14.45	30.28	139.95
canada	10.17	20.22	45.68	1.76	3.63	13.55	28.09	130.15
chile	10.34	20.80	46.20	1.79	3.71	13.61	29.30	134.03
china	10.51	21.04	47.30	1.81	3.73	13.90	29.13	133.53
columbia	10.43	21.05	46.10	1.82	3.74	13.49	27.88	131.35
cookis	12.18	23.20	52.94	2.02	4.24	16.70	35.38	164.70
costa	10.94	21.90	48.66	1.87	3.84	14.03	28.81	136.58
czech	10.35	20.65	45.64	1.76	3.58	13.42	28.19	134.32
denmark	10.56	20.52	45.89	1.78	3.61	13.50	28.11	130.78
domrep	10.14	20.65	46.80	1.82	3.82	14.91	31.45	154.12
finland	10.43	20.69	45.49	1.74	3.61	13.27	27.52	130.87
france	10.11	20.38	45.28	1.73	3.57	13.34	27.97	132.30
germ_e	10.12	20.33	44.87	1.73	3.56	13.17	27.42	129.92
germ_w	10.16	20.37	44.50	1.73	3.53	13.21	27.61	132.23
greatB	10.11	20.21	44.93	1.70	3.51	13.01	27.51	129.13
greece	10.22	20.71	46.56	1.78	3.64	14.59	28.45	134.60
guatemal	10.98	21.82	48.40	1.89	3.80	14.16	30.11	139.33

[9] Johnson and Wichern (2014) "Applied Multivariate Statistical Analysis", 6th Edition

Table 16.14: 국가별 남자 육상기록 track_m 자료-2

Country	_100m	_200m	_400m	_800m	_1500m	_5Km	_10Km	Marathon
hungary	10.26	20.62	46.02	1.77	3.62	13.49	28.44	132.58
india	10.60	21.42	45.73	1.76	3.73	13.77	28.81	131.98
indonesi	10.59	21.49	47.80	1.84	3.92	14.73	30.79	148.83
ireland	10.61	20.96	46.30	1.79	3.56	13.32	27.81	132.35
israel	10.71	21.00	47.80	1.77	3.72	13.66	28.93	137.55
italy	10.01	19.72	45.26	1.73	3.60	13.23	27.52	131.08
japan	10.34	20.81	45.86	1.79	3.64	13.41	27.72	128.63
kenya	10.46	20.66	44.92	1.73	3.55	13.10	27.38	129.75
korea_s	10.34	20.89	46.90	1.79	3.77	13.96	29.23	136.25
korea_n	10.91	21.94	47.30	1.85	3.77	14.13	29.67	130.87
luxembou	10.35	20.77	47.40	1.82	3.67	13.64	29.08	141.27
malaysia	10.40	20.92	46.30	1.82	3.80	14.64	31.01	154.10
mauritiu	11.19	22.45	47.70	1.88	3.83	15.06	31.77	152.23
mexico	10.42	21.30	46.10	1.80	3.65	13.46	27.95	129.20
netherla	10.52	20.95	45.10	1.74	3.62	13.36	27.61	129.02
nz	10.51	20.88	46.10	1.74	3.54	13.21	27.70	128.98
norway	10.55	21.16	46.71	1.76	3.62	13.34	27.69	131.48
papuang	10.96	21.78	47.90	1.90	4.01	14.72	31.36	148.22
philippi	10.78	21.64	46.24	1.81	3.83	14.74	30.64	145.27
poland	10.16	20.24	45.36	1.76	3.60	13.29	27.89	131.58
portugal	10.53	21.17	46.70	1.79	3.62	13.13	27.38	128.65
rumania	10.41	20.98	45.87	1.76	3.64	13.25	27.67	132.50
singapor	10.38	21.28	47.40	1.88	3.89	15.11	31.32	157.77
spain	10.42	20.77	45.98	1.76	3.55	13.31	27.73	131.57
sweden	10.25	20.61	45.63	1.77	3.61	13.29	27.94	130.63
switzerl	10.37	20.46	45.78	1.78	3.55	13.22	27.91	131.20
taiwan	10.59	21.29	46.80	1.79	3.77	14.07	30.07	139.27
thailand	10.39	21.09	47.91	1.83	3.84	15.23	32.56	149.90
turkey	10.71	21.43	47.60	1.79	3.67	13.56	28.58	131.50
usa	9.93	19.75	43.86	1.73	3.53	13.20	27.43	128.22
ussr	10.07	20.00	44.60	1.75	3.59	13.20	27.53	130.55
wsamoa	10.82	21.86	49.00	2.02	4.24	16.28	34.71	161.83

16.12 여자 육상기록 자료 (track_w)

Table 16.15-16.16은 1984년까지 55개 나라별 여자 육상기록을 모은 것이다.[10]. 100m, 200m, 400m의 기록단위는 초(sec.)이고, 800m, 1500m, 마라톤의 기록단위는 분(min.)이다.

Table 16.15: 국가별 여자 육상기록 track_w 자료-1

Country	_100m	_200m	_400m	_800m	_1500m	Marathon
argentin	11.61	22.94	54.50	2.15	4.43	178.52
australi	11.20	22.35	51.08	1.98	4.13	152.37
austria	11.43	23.09	50.62	1.99	4.22	159.37
belgium	11.41	23.04	52.0	2.00	4.14	157.85
bermuda	11.46	23.05	53.30	2.16	4.58	169.98
brazil	11.31	23.17	52.80	2.10	4.49	168.75
burma	12.14	24.47	55.00	2.18	4.45	191.02
canada	11.00	22.25	50.06	2.00	4.06	149.45
chile	12.00	24.52	54.90	2.05	4.23	171.38
china	11.95	24.41	54.97	2.08	4.33	168.48
columbia	11.60	24.00	53.26	2.11	4.35	165.42
cookis	12.90	27.10	60.40	2.30	4.84	233.22
costa	11.96	24.60	58.25	2.21	4.68	171.80
czech	11.09	21.97	47.99	1.89	4.14	158.85
denmark	11.42	23.52	53.60	2.03	4.18	151.75
domrep	11.79	24.05	56.05	2.24	4.74	203.88
finland	11.13	22.39	50.14	2.03	4.10	154.23
france	11.15	22.59	51.73	2.00	4.14	155.27
germ_e	10.81	21.71	48.16	1.93	3.96	157.68
germ_w	11.01	22.39	49.75	1.95	4.03	148.53
greatB	11.00	22.13	50.46	1.98	4.03	149.72
greece	11.79	24.08	54.93	2.07	4.35	182.20
guatemal	11.84	24.54	56.09	2.28	4.86	215.08

[10] Johnson and Wichern (2014) “Applied Multivariate Statistical Analysis”, 6th Edition

Table 16.16: 국가별 여자 육상기록 track_w 자료-2

Country	_100m	_200m	_400m	_800m	_1500m	Marathon
hungary	11.45	23.06	51.50	2.01	4.14	156.37
india	11.95	24.28	53.60	2.10	4.32	188.03
indonesi	11.85	24.24	55.34	2.22	4.61	201.28
ireland	11.43	23.51	53.24	2.05	4.11	149.38
israel	11.45	23.57	54.90	2.10	4.25	160.48
italy	11.29	23.00	52.01	1.96	3.98	151.82
japan	11.73	24.00	53.73	2.09	4.35	150.50
kenya	11.73	23.88	52.70	2.00	4.15	181.05
korea_s	11.96	24.49	55.70	2.15	4.42	164.65
korea_n	12.25	25.78	51.20	1.97	4.25	179.17
luxembou	12.03	24.96	56.10	2.07	4.38	174.68
malaysia	12.23	24.21	55.09	2.19	4.69	182.17
mauritiu	11.76	25.08	58.10	2.27	4.79	261.13
mexico	11.89	23.62	53.76	2.04	4.25	158.53
netherla	11.25	22.81	52.38	1.99	4.06	152.48
nz	11.55	23.13	51.60	2.02	4.18	145.48
norway	11.58	23.31	53.12	2.03	4.01	145.48
papuang	12.25	25.07	56.96	2.24	4.84	233.00
philippi	11.76	23.54	54.60	2.19	4.60	200.37
poland	11.13	22.21	49.29	1.95	3.99	160.82
portugal	11.81	24.22	54.30	2.09	4.16	151.20
rumania	11.44	23.46	51.20	1.92	3.96	165.45
singapor	12.30	25.00	55.08	2.12	4.52	182.77
spain	11.80	23.98	53.59	2.05	4.14	162.60
sweden	11.16	22.82	51.79	2.02	4.12	154.48
switzerl	11.45	23.31	53.11	2.02	4.07	153.42
taiwan	11.22	22.62	52.50	2.10	4.38	177.87
thailand	11.75	24.46	55.80	2.20	4.72	168.45
turkey	11.98	24.44	56.45	2.15	4.37	201.08
usa	10.79	21.83	50.62	1.96	3.95	142.72
ussr	11.06	22.19	49.19	1.89	3.87	151.22
wsamoa	12.74	25.85	58.73	2.33	5.81	306.00

Chapter 17

Appendix 2: 연습문제 해답(홀수)

Chapter 1

[1]

1.

$$2A = \begin{pmatrix} -4 & 2 & 6 \\ 8 & 0 & -2 \end{pmatrix}$$

2.

$$0C = \begin{pmatrix} 0 & 0 \\ 0 & 0 \\ 0 & 0 \end{pmatrix}$$

3.

$$A - B = \begin{pmatrix} -6 & 0 & 5 \\ -1 & 1 & -4 \end{pmatrix}$$

4.

$$(AC)^2 = ACAC = \begin{pmatrix} 323 & -266 \\ -209 & 190 \end{pmatrix}$$

5.

$$A^TA = \begin{pmatrix} 20 & -2 & -10 \\ -2 & 1 & 3 \\ -10 & 3 & 10 \end{pmatrix}$$

6.

$$BC = \begin{pmatrix} 14 & -2 \\ 1 & -5 \end{pmatrix}$$

7.

$$CB = \begin{pmatrix} 3 & 3 & -7 \\ 30 & -6 & 18 \\ -2 & -5 & 12 \end{pmatrix}$$

8.

$$C \otimes B = \begin{pmatrix} 8 & 2 & -4 & -4 & -1 & 2 \\ 10 & -2 & 6 & -5 & 1 & -3 \\ 0 & 0 & 0 & 24 & 6 & -12 \\ 0 & 0 & 0 & 30 & -6 & 18 \\ -12 & -3 & 6 & 8 & 2 & -4 \\ -15 & 3 & -9 & 10 & -2 & 6 \end{pmatrix}$$

9. $\text{tr}(AC) = -19$

[3]

$$AA = \begin{pmatrix} 0 & 1 \\ 0 & 0 \end{pmatrix}\begin{pmatrix} 0 & 1 \\ 0 & 0 \end{pmatrix} = \begin{pmatrix} 0 & 0 \\ 0 & 0 \end{pmatrix}$$

[5] $\det(A - \lambda I) = \lambda(\lambda - 4) + 3 = 0$ 에서 $\lambda = 1$ 또는 $\lambda = 3$.
만일 $\lambda = 1$ 이면,

$$\begin{pmatrix} 4 & -1 \\ 3 & 0 \end{pmatrix}\begin{pmatrix} x_1 \\ x_2 \end{pmatrix} = 1 \cdot \begin{pmatrix} x_1 \\ x_2 \end{pmatrix}$$

그러므로,

$$\boldsymbol{x} = \begin{pmatrix} 1 \\ 3 \end{pmatrix} t, \qquad (t \text{ 는 실수})$$

단위벡터를 구하면, $\lambda = 1$ 에 대한 고유벡터는

$$\boldsymbol{x} = \begin{pmatrix} 0.3162 \\ 0.9486 \end{pmatrix}$$

만일 $\lambda = 3$ 이면,

$$\begin{pmatrix} 4 & -1 \\ 3 & 0 \end{pmatrix} \begin{pmatrix} x_1 \\ x_2 \end{pmatrix} = 3 \cdot \begin{pmatrix} x_1 \\ x_2 \end{pmatrix}$$

그러므로,

$$\boldsymbol{x} = \begin{pmatrix} 1 \\ 1 \end{pmatrix} t, \qquad (t \text{ 는 실수})$$

단위벡터를 구하면, $\lambda = 3$ 에 대한 고유벡터는

$$\boldsymbol{x} = \begin{pmatrix} 0.7071 \\ 0.7071 \end{pmatrix}$$

이를 위한 SAS 코드는 아래와 같다.

```
proc iml;
   A = {4 -1, 3 0};
   Eval = eigval(A);
   Evec = eigvec(A);
   print A, Eval, Evec;
quit;
```

Chapter 2

[1]

1.

$$\det(\Sigma) = \begin{vmatrix} \sigma_1^2 & \sigma_{12} \\ \sigma_{12} & \sigma_2^2 \end{vmatrix} = \sigma_1^2\sigma_2^2(1-\rho^2)$$

2.

$$C_{11} = (-1)^{1+1}\sigma_2^2 = \sigma_2^2$$
$$C_{12} = (-1)^{1+2}\sigma_{12} = -\sigma_{12} = C_{21}$$
$$C_{22} = (-1)^{2+2}\sigma_1^2 = \sigma_1^2$$

그러므로,

$$\text{adj}(\Sigma) = \begin{pmatrix} \sigma_2^2 & -\sigma_{12} \\ -\sigma_{12} & \sigma_1^2 \end{pmatrix}$$

가 되어,

$$\Sigma^{-1} = \frac{1}{\sigma_1^2\sigma_2^2(1-\rho^2)} \begin{pmatrix} \sigma_2^2 & -\sigma_{12} \\ -\sigma_{12} & \sigma_1^2 \end{pmatrix}$$

3. (생략)

[3]

1.

$$\begin{aligned} \mathrm{Cov}(X-Y,\, X+Y) &= \mathrm{Cov}(X,X) + \mathrm{Cov}(X,Y) - \mathrm{Cov}(Y,X) - \mathrm{Cov}(Y,Y) \\ &= \mathrm{V}(X) - \mathrm{V}(Y) \\ &= 4 - 1 = 3 \end{aligned}$$

2.

$$\begin{aligned} \mathrm{E}(XY) &= \mathrm{Cov}(X,Y) + \mathrm{E}(X)\mathrm{E}(Y) \\ &= \rho\sigma_x\sigma_y - \mu_x\mu_y \\ &= -1 + 1 = 0 \end{aligned}$$

3.

$$\begin{aligned} \mathrm{E}(Y|X=1) &= \mu_y + \rho\frac{\sigma_y}{\sigma_x}\,(x-\mu_x)|_{x=1} \\ &= 1 + \left(-\frac{1}{2}\right)\left(\frac{1}{2}\right)(1+1) \\ &= \frac{1}{2} \end{aligned}$$

4.

$$\mathrm{V}(Y|X=1) = \sigma_y^2(1-\rho^2) = 1(1-0.25) = 0.75$$

5.

$$X - 2Y \le 2 \quad \longrightarrow \quad Y \ge \frac{1}{2}X - 1$$

이므로

$$P(X-2Y\le 2)=\int_{-\infty}^{\infty}\int_{\frac{1}{2}x-1}^{\infty} f_{XY}(x,y)\,dydx$$

6. $Y|X=0\sim N(\frac{3}{4},\,0.75)$ 이므로,

$$\begin{aligned}P(Y\le 1|X=0)&=P\left(Z\le\frac{1-\frac{3}{4}}{\sqrt{0.75}}\right)\\&=P(Z\le 0.288)=0.6133\end{aligned}$$

[5]

1.

$$\begin{aligned}P(80\le Y\le 85)&=P(Y\le 85)-P(Y\le 80)\\&=P\left(Z\le\frac{85-63}{22}\right)-P\left(Z\le\frac{80-63}{22}\right)\\&=P(Z\le 1)-P(Z\le 0.772)\\&=0.841-0.779\\&=0.062\end{aligned}$$

2. $Y|X=80\sim N(68.28,\,440.44)$ 이므로,

$$\begin{aligned}&P\left(Z\le\frac{85-68.28}{\sqrt{440.44}}\right)-P\left(Z\le\frac{80-68.28}{\sqrt{440.44}}\right)\\&=P(Z\le 0.796)-P(Z\le 0.558)\\&=0.075\end{aligned}$$

Chapter 3

[1]

1. $\begin{pmatrix}\bar{x}_1\\ \bar{x}_2\end{pmatrix}=\begin{pmatrix}1.933\\ 3.266\end{pmatrix}$

2.

$$S=\begin{pmatrix}\mathrm{V}(x_1) & \mathrm{Cov}(x_1,\,x_2)\\ \mathrm{Cov}(x_2,\,x_1) & \mathrm{V}(x_2)\end{pmatrix}=\begin{pmatrix}4.306 & 6.887\\ 6.887 & 11.290\end{pmatrix}$$

3.

$$\bar{\boldsymbol{x}} = \frac{1}{6}X^T\mathbf{1}_6 = \frac{1}{6}\begin{pmatrix} 0.5 & 6.0 & \cdots & 0.5 \\ 0.9 & 9.9 & \cdots & 0.9 \end{pmatrix}\begin{pmatrix} 1 \\ 1 \\ \vdots \\ 1 \end{pmatrix} = \begin{pmatrix} 1.933 \\ 3.266 \end{pmatrix}$$

4.

$$X^TX = \begin{pmatrix} 0.5 & 6.0 & \cdots & 0.5 \\ 0.9 & 9.9 & \cdots & 0.9 \end{pmatrix}\begin{pmatrix} 0.5 & 0.9 \\ 6.0 & 9.9 \\ \vdots & \vdots \\ 0.5 & 0.9 \end{pmatrix} = \begin{pmatrix} 43.96 & 72.33 \\ 72.33 & 120.48 \end{pmatrix}$$

5.

$$\begin{aligned} \hat{\mu}_{x_2|x_1=3.0} &= \hat{\mu}_{x_2} + s_{21}s_1^{-1}(x_1 - \mu_{x_1})\big|_{x_1=3} \\ &= 3.266 + \frac{6.887}{4.306}(3 - 1.933) = 4.972 \end{aligned}$$

$$\begin{aligned} \hat{\sigma}^2_{x_2|x_1} &= s_2 - s_{21}s_1^{-1}s_{12} \\ &= 11.290 - \frac{(6.887)^2}{4.306} = 0.274 \end{aligned}$$

그러므로,

$$x_2|(x_1 = 3) \ \sim N(4.972,\ 0.274)$$

[3] $A\boldsymbol{x} + \boldsymbol{b} \sim N\left(A\boldsymbol{\mu} + \boldsymbol{b},\ A\Sigma A^T\right)$ 에서,

1.

$$A\boldsymbol{\mu} + \boldsymbol{b} = \begin{pmatrix} 1 & -1 & 0 \\ 0 & 1 & -1 \end{pmatrix}\begin{pmatrix} 1 \\ 2 \\ 3 \end{pmatrix} + \begin{pmatrix} 1 \\ 1 \end{pmatrix} = \begin{pmatrix} 0 \\ 0 \end{pmatrix}$$

$$A\Sigma A^T = \begin{pmatrix} 1 & -1 & 0 \\ 0 & 1 & -1 \end{pmatrix}\begin{pmatrix} 1 & 0 & 0 \\ 0 & 2 & 1 \\ 0 & 1 & 1 \end{pmatrix}\begin{pmatrix} 1 & 0 \\ -1 & 1 \\ 0 & -1 \end{pmatrix} = \begin{pmatrix} 3 & -1 \\ -1 & 1 \end{pmatrix}$$

그러므로,

$$A\boldsymbol{x}+\boldsymbol{b} \sim N\left(\begin{pmatrix} 0 \\ 0 \end{pmatrix}, \begin{pmatrix} 3 & -1 \\ -1 & 1 \end{pmatrix}\right)$$

2.

$$A\boldsymbol{\mu}+\boldsymbol{b} = \begin{pmatrix} \frac{1}{3} & \frac{1}{3} & \frac{1}{3} \end{pmatrix} \begin{pmatrix} 1 \\ 2 \\ 3 \end{pmatrix} + \begin{pmatrix} 0 \end{pmatrix} = 2$$

$$A\Sigma A^T = \begin{pmatrix} \frac{1}{3} & \frac{1}{3} & \frac{1}{3} \end{pmatrix} \begin{pmatrix} 1 & 0 & 0 \\ 0 & 2 & 1 \\ 0 & 1 & 1 \end{pmatrix} \begin{pmatrix} \frac{1}{3} \\ \frac{1}{3} \\ \frac{1}{3} \end{pmatrix} = \frac{1}{9} \cdot 6 = \frac{2}{3}$$

그러므로

$$A\boldsymbol{x}+\boldsymbol{b} \sim N\left(2, \frac{2}{3}\right)$$

3.

$$A\boldsymbol{\mu}+\boldsymbol{b} = \begin{pmatrix} 1 & 0 & 0 \end{pmatrix} \begin{pmatrix} 1 \\ 2 \\ 3 \end{pmatrix} + \begin{pmatrix} 0 \end{pmatrix} = 1$$

$$A\Sigma A^T = \begin{pmatrix} 1 & 0 & 0 \end{pmatrix} \begin{pmatrix} 1 & 0 & 0 \\ 0 & 2 & 1 \\ 0 & 1 & 1 \end{pmatrix} \begin{pmatrix} 1 \\ 0 \\ 0 \end{pmatrix} = 1$$

그러므로

$$A\boldsymbol{x}+\boldsymbol{b} \sim N(1, 1)$$

4.

$$A\boldsymbol{\mu}+\boldsymbol{b} = \begin{pmatrix} 0 & 1 & 0 \end{pmatrix} \begin{pmatrix} 1 \\ 2 \\ 3 \end{pmatrix} + \begin{pmatrix} 0 \end{pmatrix} = 2$$

$$A\Sigma A^T = \begin{pmatrix} 0 & 1 & 0 \end{pmatrix} \begin{pmatrix} 1 & 0 & 0 \\ 0 & 2 & 1 \\ 0 & 1 & 1 \end{pmatrix} \begin{pmatrix} 0 \\ 1 \\ 0 \end{pmatrix} = 2$$

그러므로

$$A\boldsymbol{x} + \boldsymbol{b} \sim N(2,\, 2)$$

5.

$$A\boldsymbol{\mu} + \boldsymbol{b} = \begin{pmatrix} 0 & 0 & 1 \end{pmatrix} \begin{pmatrix} 1 \\ 2 \\ 3 \end{pmatrix} + \begin{pmatrix} 0 \end{pmatrix} = 3$$

$$A\Sigma A^T = \begin{pmatrix} 0 & 0 & 1 \end{pmatrix} \begin{pmatrix} 1 & 0 & 0 \\ 0 & 2 & 1 \\ 0 & 1 & 1 \end{pmatrix} \begin{pmatrix} 0 \\ 0 \\ 1 \end{pmatrix} = 1$$

그러므로

$$A\boldsymbol{x} + \boldsymbol{b} \sim N(3,\, 1)$$

6.

$$A\boldsymbol{\mu} + \boldsymbol{b} = \begin{pmatrix} 0 & 0 & 0 \\ 0 & 1 & 0 \\ 0 & 0 & 1 \end{pmatrix} \begin{pmatrix} 1 \\ 2 \\ 3 \end{pmatrix} + \begin{pmatrix} 0 \\ 0 \\ 0 \end{pmatrix} = \begin{pmatrix} 0 \\ 2 \\ 3 \end{pmatrix}$$

$$A\Sigma A^T = \begin{pmatrix} 0 & 0 & 0 \\ 0 & 1 & 0 \\ 0 & 0 & 1 \end{pmatrix} \begin{pmatrix} 1 & 0 & 0 \\ 0 & 2 & 1 \\ 0 & 1 & 1 \end{pmatrix} \begin{pmatrix} 0 & 0 & 0 \\ 0 & 1 & 0 \\ 0 & 0 & 1 \end{pmatrix} = \begin{pmatrix} 0 & 0 & 0 \\ 0 & 2 & 1 \\ 0 & 1 & 1 \end{pmatrix}$$

그러므로

$$A\boldsymbol{x} + \boldsymbol{b} \sim N\left(\begin{pmatrix} 0 \\ 2 \\ 3 \end{pmatrix}, \begin{pmatrix} 0 & 0 & 0 \\ 0 & 2 & 1 \\ 0 & 1 & 1 \end{pmatrix} \right)$$

[5]

1. $\boldsymbol{y}_2 = (x_2\ x_3)^T$일 때

$$\begin{aligned}\mu_{\boldsymbol{y}_2|x_1=0} &= \mu_{\boldsymbol{y}_2} + \Sigma_{\boldsymbol{y}_2 x_1}\Sigma_{x_1}^{-1}(x_1 - 1)\big|_{x_1=0} \\ &= \begin{pmatrix} 2 \\ 3 \end{pmatrix} + \begin{pmatrix} 0 \\ 0 \end{pmatrix} = \begin{pmatrix} 2 \\ 3 \end{pmatrix}\end{aligned}$$

$$\begin{aligned}\Sigma_{\boldsymbol{y}_2|x_1=0} &= \Sigma_{\boldsymbol{y}_2} - \Sigma_{\boldsymbol{y}_2 x_1}\Sigma_{x_1}^{-1}\Sigma_{x_1\boldsymbol{y}_2} \\ &= \begin{pmatrix} 2 & 1 \\ 1 & 1 \end{pmatrix} - \begin{pmatrix} 0 & 0 \\ 0 & 0 \end{pmatrix} = \begin{pmatrix} 2 & 1 \\ 1 & 1 \end{pmatrix}\end{aligned}$$

그러므로,

$$\boldsymbol{y}_2|(x_1 = 0) \sim N\left(\begin{pmatrix} 2 \\ 3 \end{pmatrix}, \begin{pmatrix} 2 & 1 \\ 1 & 1 \end{pmatrix}\right)$$

2. $\boldsymbol{y}_3 = (x_1\ x_3)^T$일 때

$$\begin{aligned}\mu_{\boldsymbol{y}_3|x_2=2} &= \mu_{\boldsymbol{y}_3} + \Sigma_{\boldsymbol{y}_3 x_2}\Sigma_{x_2}^{-1}(x_2 - 2)\big|_{x_2=2} \\ &= \begin{pmatrix} 1 \\ 3 \end{pmatrix} + \begin{pmatrix} 0 \\ 0 \end{pmatrix} = \begin{pmatrix} 1 \\ 3 \end{pmatrix}\end{aligned}$$

$$\begin{aligned}\Sigma_{\boldsymbol{y}_3|x_2=2} &= \Sigma_{\boldsymbol{y}_3} - \Sigma_{\boldsymbol{y}_3 x_2}\Sigma_{x_2}^{-1}\Sigma_{x_2\boldsymbol{y}_3} \\ &= \begin{pmatrix} 1 & 0 \\ 0 & 1 \end{pmatrix} - \frac{1}{2}\begin{pmatrix} 0 & 0 \\ 0 & 1 \end{pmatrix} = \begin{pmatrix} 1 & 0 \\ 0 & \frac{1}{2} \end{pmatrix}\end{aligned}$$

그러므로,

$$\boldsymbol{y}_3|(x_2 = 2) \sim N\left(\begin{pmatrix} 1 \\ 3 \end{pmatrix}, \begin{pmatrix} 1 & 0 \\ 0 & \frac{1}{2} \end{pmatrix}\right)$$

3.

$$\begin{pmatrix} x_3 \\ x_1 \\ x_2 \end{pmatrix} \sim N\left(\begin{pmatrix} 3 \\ 1 \\ 2 \end{pmatrix}, \begin{pmatrix} 1 & 0 & 1 \\ 0 & 1 & 0 \\ 1 & 0 & 2 \end{pmatrix}\right)$$

이므로,

$$\mu_{x_3|x_1=0,x_2=0} = \mu_{x_3} + \Sigma_{x_3(x_1x_2)}\Sigma^{-1}_{(x_1x_2)} \left.\begin{pmatrix} x_1-1 \\ x_2-2 \end{pmatrix}\right|_{x_1=0,x_2=0}$$
$$= 3 + \begin{pmatrix} 0 & 1 \end{pmatrix}\begin{pmatrix} 1 & 0 \\ 0 & \frac{1}{2} \end{pmatrix}\begin{pmatrix} -1 \\ -2 \end{pmatrix} = -1$$

$$\Sigma_{x_3|x_1,x_2} = \Sigma_{x_3} - \Sigma_{x_3(x_1x_2)}\Sigma^{-1}_{x_1x_2}\Sigma_{(x_1x_2)x_3}$$
$$= 1 - \begin{pmatrix} 0 & 1 \end{pmatrix}\begin{pmatrix} 1 & 0 \\ 0 & \frac{1}{2} \end{pmatrix}\begin{pmatrix} 0 \\ 1 \end{pmatrix} = \frac{1}{2}$$

그러므로,

$$x_3|(x_1=0, x_2=0) \sim N\left(-1,\ \frac{1}{2}\right)$$

4.

$$\bar{\boldsymbol{x}} \sim N\left(\boldsymbol{\mu},\ \frac{1}{n}\Sigma\right)$$

이므로,

$$\bar{\boldsymbol{x}} \sim N\left(\begin{pmatrix} 1 \\ 2 \\ 3 \end{pmatrix}, \frac{1}{n}\begin{pmatrix} 1 & 0 & 0 \\ 0 & 2 & 1 \\ 0 & 1 & 1 \end{pmatrix}\right)$$

5.

Theorem 4.10 에 의해,

$$(n-1)S \sim W_3\left(n-1, \begin{pmatrix} 1 & 0 & 0 \\ 0 & 2 & 1 \\ 0 & 1 & 1 \end{pmatrix}\right)$$

인 위샤트 분포를 따른다.

Chapter 4

[1]

1.

$$LL^T = \begin{pmatrix} a & 0 \\ b & c \end{pmatrix} \begin{pmatrix} a & b \\ 0 & c \end{pmatrix} \overset{let}{=} \begin{pmatrix} 2 & 1 \\ 1 & 1 \end{pmatrix}$$

라고 할 때,

$$a^2 = 2$$
$$ab = 1$$
$$b^2 + c^2 = 1$$

에서, $a = \sqrt{2},\ b = c = \frac{1}{\sqrt{2}}$ 가 되어

$$L = \begin{pmatrix} \sqrt{2} & 0 \\ \frac{1}{\sqrt{2}} & \frac{1}{\sqrt{2}} \end{pmatrix}$$

가 된다.

2. $\det(L) = 1$ 이고,

$$\mathrm{adj}(L) = \begin{pmatrix} \frac{1}{\sqrt{2}} & 0 \\ -\frac{1}{\sqrt{2}} & \sqrt{2} \end{pmatrix}$$

이므로,

$$L^{-1} = \frac{1}{\det(L)}\mathrm{adj}(L) = \begin{pmatrix} \frac{1}{\sqrt{2}} & 0 \\ -\frac{1}{\sqrt{2}} & \sqrt{2} \end{pmatrix}$$

이다.

3.

$$\begin{aligned} L^{-1}\Sigma L^{-T} &= \begin{pmatrix} \frac{1}{\sqrt{2}} & 0 \\ -\frac{1}{\sqrt{2}} & \sqrt{2} \end{pmatrix} \begin{pmatrix} 2 & 1 \\ 1 & 1 \end{pmatrix} \begin{pmatrix} \frac{1}{\sqrt{2}} & -\frac{1}{\sqrt{2}} \\ 0 & \sqrt{2} \end{pmatrix} \\ &= \begin{pmatrix} \sqrt{2} & \frac{1}{\sqrt{2}} \\ 0 & \sqrt{2} - \frac{1}{\sqrt{2}} \end{pmatrix} \begin{pmatrix} \frac{1}{\sqrt{2}} & -\frac{1}{\sqrt{2}} \\ 0 & \sqrt{2} \end{pmatrix} \\ &= I_2 \end{aligned}$$

[3] 검은색 둥근 점을 $\boldsymbol{x}_1$, 삼각형 점을 $\boldsymbol{x}_2$ 라고 하면, 두 점 사이의 마할라노비스 거리의 제곱값은

$$D^2 = (\boldsymbol{x}_1 - \boldsymbol{x}_2)^T \Sigma^{-1} (\boldsymbol{x}_1 - \boldsymbol{x}_2)$$

$$= \boldsymbol{x}_1^T \boldsymbol{x}_1 - 2\boldsymbol{x}_1^T \boldsymbol{x}_2 + \boldsymbol{x}_2^T \boldsymbol{x}_2$$
$$= (-2) \times \log(6.28 \times 0.1) - 0 + (-2) \times \log(6.28 \times 0.04)$$
$$= 3.693$$

이므로, $D = \sqrt{3.693} = 1.921$ 이 된다.

[5] 변환 전의 마할라노비스 거리를 d라 하면,

$$d = \sqrt{(\boldsymbol{x}_1 - \boldsymbol{x}_2)^T \Sigma^{-1} (\boldsymbol{x}_1 - \boldsymbol{x}_2)}$$

가 되고, 변환 후의 마할라노비스 거리는

$$\begin{aligned} d^* &= \sqrt{(\boldsymbol{y}_1 - \boldsymbol{y}_2)^T \left(100^2 \Sigma\right)^{-1} (\boldsymbol{y}_1 - \boldsymbol{y}_2)} \\ &= \sqrt{100^2 \cdot (\boldsymbol{x}_1 - \boldsymbol{x}_2)^T \left(100^2 \Sigma\right)^{-1} (\boldsymbol{x}_1 - \boldsymbol{x}_2)} \\ &= 1 \cdot \sqrt{(\boldsymbol{x}_1 - \boldsymbol{x}_2)^T \left(\Sigma\right)^{-1} (\boldsymbol{x}_1 - \boldsymbol{x}_2)} \\ &= d \end{aligned}$$

가 된다.

Chapter 5

[1]

$$\begin{aligned} D_n^{-\frac{1}{2}}\, S\, D_n^{-\frac{1}{2}} &= \begin{pmatrix} s_1 & 0 & 0 \\ 0 & s_2 & 0 \\ 0 & 0 & s_3 \end{pmatrix}^{-1} \begin{pmatrix} s_1^2 & s_{12} & s_{13} \\ s_{21} & s_2^2 & s_{23} \\ s_{31} & s_{32} & s_3^2 \end{pmatrix} \begin{pmatrix} s_1 & 0 & 0 \\ 0 & s_2 & 0 \\ 0 & 0 & s_3 \end{pmatrix}^{-1} \\ &= \begin{pmatrix} \frac{s_1^2}{s_1} & \frac{s_{12}}{s_1} & \frac{s_{13}}{s_1} \\ \frac{s_{21}}{s_2} & \frac{s_2^2}{s_2} & \frac{s_{23}}{s_2} \\ \frac{s_{31}}{s_3} & \frac{s_{32}}{s_3} & \frac{s_3^2}{s_3} \end{pmatrix} \begin{pmatrix} s_1 & 0 & 0 \\ 0 & s_2 & 0 \\ 0 & 0 & s_3 \end{pmatrix}^{-1} \\ &= \begin{pmatrix} \frac{s_1^2}{s_1 s_1} & \frac{s_{12}}{s_1 s_2} & \frac{s_{13}}{s_1 s_3} \\ \frac{s_{21}}{s_2 s_1} & \frac{s_2^2}{s_2 s_2} & \frac{s_{23}}{s_2 s_3} \\ \frac{s_{31}}{s_3 s_1} & \frac{s_{32}}{s_3 s_2} & \frac{s_3^2}{s_3 s_3} \end{pmatrix} = \begin{pmatrix} 1 & r_{12} & r_{13} \\ r_{21} & 1 & r_{23} \\ r_{31} & r_{32} & 1 \end{pmatrix} = R_n \end{aligned}$$

[3] 코쉬-슈바르츠 부등식에서

$$\xi \overset{let}{=} X - \mu_x$$

$$\eta \overset{let}{=} Y - \mu_y$$

라 하면,

$$-1 \le \frac{\mathrm{E}\{(X-\mu_x)(Y-\mu_y)\}}{\sqrt{\mathrm{E}\{(X-\mu_x)^2\}}\sqrt{\mathrm{E}\{(Y-\mu_y)^2\}}} \le 1$$

가 된다. 이는

$$-1 \le \frac{\mathrm{Cov}(X,\, Y)}{\sqrt{\mathrm{V}(X)}\sqrt{\mathrm{V}(Y)}} \le 1$$

을 의미하므로, $-1 \le \rho_{xy} \le 1$ 이 된다.

[5] 최소제곱추정량을 사용한 회귀식은

$$\begin{aligned} \hat{y}_i &= \hat{\beta}_0 + \hat{\beta}_1 x_i \\ &= \bar{y} - \hat{\beta}_1 \bar{x} + \hat{\beta} x_i \\ &= \bar{y} + \hat{\beta}_1 (x_i - \bar{x}) \end{aligned}$$

가 되므로,

$$\sum_{i=1}^{n} \hat{y}_i = n\bar{y} + 0$$

가 되어서, $\frac{1}{n}\sum_{i=1}^{n} \hat{y}_i = \bar{y}$ 가 된다.

Chapter 7

[1] $A\boldsymbol{x} \sim N(A\boldsymbol{\mu},\, A\Sigma A^T)$ 이므로, 만일 모두 0이고 i-번째 원소만 1인 벡터 $A = (0 \cdots 0\ 1\ 0 \cdots 0)^T$ 에 대하여,

$$\begin{aligned} A\boldsymbol{x} &= x_i \\ A\boldsymbol{\mu} &= \mu_i \\ A\Sigma A^T &= \sigma_i^2 \end{aligned}$$

가 된다. 따라서 $x_i \sim N(\mu_i,\, \sigma_i^2)$ 이다.

Chapter 8

[1]

$$
\begin{aligned}
L\left(\beta_0, \beta_1, \sigma^2\right) &= \prod_{i=1}^{n} \frac{1}{\sqrt{2\pi\sigma^2}} e^{-\frac{1}{2\sigma^2}(y_i-\beta_0-\beta_1 x_i)^2} \\
&= (2\pi)^{-\frac{n}{2}} \left(\sigma^2\right)^{-\frac{n}{2}} e^{-\frac{1}{2\sigma^2}\sum_{i=1}^{n}(y_i-\beta_0-\beta_1 x_i)^2}
\end{aligned}
$$

로그를 취하면,

$$
l\left(\beta_0, \beta_1, \sigma^2\right) = -\frac{n}{2}\log(2\pi) - \frac{n}{2}\log\sigma^2 - \frac{1}{2\sigma^2}\sum_{i=1}^{n}(y_i - \beta_0 - \beta_1 x_i)^2
$$

[3]

1.

$$
\boldsymbol{x}^T A \boldsymbol{x} = \begin{pmatrix} x_1 \, x_2 \cdots x_p \end{pmatrix} \begin{pmatrix} a_{11} & \cdots & a_{1p} \\ \vdots & \cdots & \vdots \\ a_{p1} & \cdots & a_{pp} \end{pmatrix} \begin{pmatrix} x_1 \\ x_2 \\ \vdots \\ x_p \end{pmatrix}
$$

$$
= \begin{pmatrix} \sum_{i=1}^{n} a_{i1}x_i & \cdots & \sum_{i=1}^{n} a_{ip}x_i \end{pmatrix} \begin{pmatrix} x_1 \\ x_2 \\ \vdots \\ x_p \end{pmatrix} = \sum_{j=1}^{p}\sum_{i=1}^{p} a_{ij}x_i x_j
$$

2. $Q(\boldsymbol{x})$ 중에서 x_1 이 포함된 항만 적으면

$$
Q^* = \sum_{j=1}^{p} a_{1j}x_1 x_j + \sum_{i=1}^{p} a_{i1}x_i x_1
$$

가 되므로 이를 x_1 에 대해 편미분하면,

$$
\frac{\partial Q^*}{\partial x_1} = \sum_{j=1}^{p} a_{1j}x_j + \sum_{k=1}^{p} a_{k1}x_k
$$

가 된다.

3.

$$
\frac{\partial Q(\boldsymbol{x})}{\partial \boldsymbol{x}} = \begin{pmatrix} \frac{\partial Q(\boldsymbol{x})}{x_1} \\ \frac{\partial Q(\boldsymbol{x})}{x_2} \\ \vdots \\ \frac{\partial Q(\boldsymbol{x})}{x_p} \end{pmatrix} = \begin{pmatrix} \sum_{j=1}^{p} a_{1j}x_j + \sum_{k=1}^{p} a_{k1}x_k \\ \sum_{j=1}^{p} a_{2j}x_j + \sum_{k=1}^{p} a_{k2}x_k \\ \vdots \\ \sum_{j=1}^{p} a_{pj}x_j + \sum_{k=1}^{p} a_{kp}x_k \end{pmatrix}
$$

$$= \left(A\boldsymbol{x} + A^T\boldsymbol{x}\right) = \left(A + A^T\right)\boldsymbol{x}$$

Chapter 9

[1]

1. $P_X^T = \left[X(X^TX)^{-1}X^T\right]^T = X\left[(X^TX)^{-1}\right]^T X^T$

그런데,

$$(X^TX)^T\left[(X^TX)^{-1}\right]^T = I$$
$$\left[(X^TX)^{-1}\right]^T(X^TX)^T = I$$

이므로,

$$\left[(X^TX)^{-1}\right]^T = \left[(X^TX)^T\right]^{-1}$$

가 된다. 따라서,

$$P_X^T = X\left[(X^TX)^{-1}\right]^T X^T = X\left[(X^TX)^T\right]^{-1}X^T = X(X^TX)^{-1}X^T = P_X$$

가 되어, 대칭행렬이다. 한편,

$$\begin{aligned} P_XP_X &= X(X^TX)^{-1}X^TX(X^TX)^{-1}X^T \\ &= X(X^TX)^{-1}\left[X^TX(X^TX)^{-1}\right]X^T \\ &= X(X^TX)^{-1}X^T = P_X \end{aligned}$$

따라서, P_X 는 멱등행렬이다.

2. $P_XX = X(X^TX)^{-1}X^TX = X\left[(X^TX)^{-1}X^TX\right] = X$

3. $X = [\mathbf{1}_n : X_c]$ 라면, $P_XX = X$ 이므로,

$$P_X[\mathbf{1}_n : X_c] = [P_X\mathbf{1}_n : P_XX_c] = [\mathbf{1}_n : X_c]$$

이므로, $P_X\mathbf{1}_n = \mathbf{1}_n$ 가 된다.

4.

$$\frac{J_n}{n}\frac{J_n}{n} == \frac{1}{n^2}\left(\mathbf{1}_n\mathbf{1}_n^T\mathbf{1}_n\mathbf{1}_n^T\right) = \frac{n}{n^2}\left(\mathbf{1}_n\mathbf{1}_n^T\right) = \frac{J_n}{n}$$

[3] 해당되는 귀무가설은

$$\beta_{1I} = \beta_{1P} = \beta_{1C} = 0$$
$$\beta_{2I} = \beta_{2P} = \beta_{2C} = 0$$
$$\beta_{3I} = \beta_{3P} = \beta_{3C} = 0$$

이므로, 해당되는 L, M, C는

$$L = \begin{pmatrix} 0 & 1 & 0 & 0 \\ 0 & 0 & 1 & 0 \\ 0 & 0 & 0 & 1 \end{pmatrix}, \quad M = \begin{pmatrix} 1 & 0 & 0 \\ 0 & 1 & 0 \\ 0 & 0 & 1 \end{pmatrix}, \quad C = \begin{pmatrix} 0 & 0 & 0 \\ 0 & 0 & 0 \\ 0 & 0 & 0 \end{pmatrix}$$

이다.

Chapter 10

[1] $S \overset{def.}{=} \frac{1}{n-1}(X-\bar{X})(X-\bar{X})^T$ 에서, 만일 $X_c = X - \bar{X}$라고 하면,

$$\bar{X}_c \overset{def.}{=} \begin{pmatrix} \frac{1}{n}\sum_i^n(x_{i1}-\bar{x}_1) & \cdots & \frac{1}{n}\sum_i^n(x_{ip}-\bar{x}_p) \\ \vdots & \ddots & \vdots \\ \frac{1}{n}\sum_i^n(x_{i1}-\bar{x}_1) & \cdots & \frac{1}{n}\sum_i^n(x_{ip}-\bar{x}_p) \end{pmatrix} = \begin{pmatrix} 0 & \cdots & 0 \\ \vdots & \ddots & \vdots \\ 0 & \cdots & 0 \end{pmatrix}$$

이 된다. 따라서,

$$\begin{aligned} S_c &\overset{def.}{=} \frac{1}{n-1}(X_c-\bar{X}_c)(X_c-\bar{X}_c)^T \\ &= \frac{1}{n-1}X_cX_c^T \\ &= \frac{1}{n-1}(X-\bar{X})(X-\bar{X})^T \\ &= S \end{aligned}$$

가 된다.

[3]

$$c = ||\boldsymbol{x}|| \cos\theta = ||\boldsymbol{a}|| \, ||\boldsymbol{x}|| \cos\theta = \boldsymbol{a}^T\boldsymbol{x}$$

또한,

$$c = ||\boldsymbol{x}-\bar{\boldsymbol{x}}|| \cos\theta = ||\boldsymbol{a}|| \, ||\boldsymbol{x}-\bar{\boldsymbol{x}}|| \cos\theta = \boldsymbol{a}^T(\boldsymbol{x}-\bar{\boldsymbol{x}})$$

가 된다.

Chapter 11

[1]

1. $\det(A - \lambda I) = 0)$ 에서,

$$\det\begin{pmatrix} 3-\lambda & 1 \\ 1 & 3-\lambda \end{pmatrix} = (3-\lambda)^2 - 1 = (\lambda-4)(\lambda-2) = 0$$

이므로, $\lambda = 4,\ 2$ 가 된다.

2. $\lambda = 4$일 때,

$$\begin{pmatrix} 3 & 1 \\ 1 & 3 \end{pmatrix}\begin{pmatrix} x_1 \\ x_2 \end{pmatrix} = 4\begin{pmatrix} x_1 \\ x_2 \end{pmatrix}$$

이므로,

$$\boldsymbol{v}_1 = \begin{pmatrix} x_1 \\ x_2 \end{pmatrix} = \begin{pmatrix} \frac{1}{\sqrt{2}} \\ \frac{1}{\sqrt{2}} \end{pmatrix}$$

이고, $\lambda = 2$일 때,

$$\begin{pmatrix} 3 & 1 \\ 1 & 3 \end{pmatrix}\begin{pmatrix} x_1 \\ x_2 \end{pmatrix} = 2\begin{pmatrix} x_1 \\ x_2 \end{pmatrix}$$

이므로,

$$\boldsymbol{v}_2 = \begin{pmatrix} x_1 \\ x_2 \end{pmatrix} = \begin{pmatrix} -\frac{1}{\sqrt{2}} \\ \frac{1}{\sqrt{2}} \end{pmatrix}$$

가 된다.

3. $\lambda_1 \boldsymbol{v}_1 \boldsymbol{v}_1^T + \lambda_2 \boldsymbol{v}_2 \boldsymbol{v}_2^T$

$$\begin{aligned} &= 4\begin{pmatrix} \frac{1}{\sqrt{2}} \\ \frac{1}{\sqrt{2}} \end{pmatrix}\begin{pmatrix} \frac{1}{\sqrt{2}} & \frac{1}{\sqrt{2}} \end{pmatrix} + 2\begin{pmatrix} -\frac{1}{\sqrt{2}} \\ \frac{1}{\sqrt{2}} \end{pmatrix}\begin{pmatrix} -\frac{1}{\sqrt{2}} & \frac{1}{\sqrt{2}} \end{pmatrix} \\ &= 4\begin{pmatrix} \frac{1}{2} & \frac{1}{2} \\ \frac{1}{2} & \frac{1}{2} \end{pmatrix} + 2\begin{pmatrix} \frac{1}{2} & -\frac{1}{2} \\ -\frac{1}{2} & \frac{1}{2} \end{pmatrix} \\ &= \begin{pmatrix} 2 & 2 \\ 2 & 2 \end{pmatrix} + \begin{pmatrix} 1 & 1 \\ 1 & 1 \end{pmatrix} = \begin{pmatrix} 3 & 1 \\ 1 & 3 \end{pmatrix} = A \end{aligned}$$

4.

$$\begin{aligned} A &= \lambda_1 \boldsymbol{v}_1\boldsymbol{v}_1^T + \lambda_2 \boldsymbol{v}_2\boldsymbol{v}_2^T \\ &\approx \underbrace{\left(\sqrt{\lambda_1}\,\boldsymbol{v}_1\right)}_{L}\underbrace{\left(\sqrt{\lambda_1}\,\boldsymbol{v}_1^T\right)}_{L^T} + \Psi \\ &= 2\begin{pmatrix} \frac{1}{\sqrt{2}} \\ \frac{1}{\sqrt{2}} \end{pmatrix} \cdot 2\left(\frac{1}{\sqrt{2}}\ \frac{1}{\sqrt{2}}\right) + \Psi \\ &= \begin{pmatrix} 2 & 2 \\ 2 & 2 \end{pmatrix} + \Psi \end{aligned}$$

그러므로

$$\Psi = A - \begin{pmatrix} 2 & 2 \\ 2 & 2 \end{pmatrix} = \begin{pmatrix} 1 & -1 \\ -1 & 1 \end{pmatrix} \overset{let}{=} \begin{pmatrix} \psi_1 & 0 \\ 0 & \psi_2 \end{pmatrix}$$

에서 $\psi_1 = 1$, $\psi_2 = 1$ 이다. 그러므로

$$L = \begin{pmatrix} \sqrt{2} \\ \sqrt{2} \end{pmatrix}, \quad \Psi = \begin{pmatrix} 1 & 0 \\ 0 & 1 \end{pmatrix}$$

가 된다.

Chapter 12

[1]

1. $\boldsymbol{a}^T\boldsymbol{b} = ||\boldsymbol{a}|| \cdot ||\boldsymbol{b}|| \cos\theta$ 에서,

$$\cos\theta = \frac{\boldsymbol{a}^T\boldsymbol{b}}{||\boldsymbol{a}||\,||\boldsymbol{b}||}$$

이므로, $0 \le \cos^2\theta \le 1$ 을 이용하면

$$\frac{(\boldsymbol{a}^T\boldsymbol{b})^2}{(\boldsymbol{a}^T\boldsymbol{a})(\boldsymbol{b}^T\boldsymbol{b})} \le 1$$

가 되므로,

$$\left(\boldsymbol{a}^T\boldsymbol{b}\right)^2 \le \left(\boldsymbol{a}^T\boldsymbol{a}\right)\left(\boldsymbol{b}^T\boldsymbol{b}\right)$$

이다.

2. 스펙트럼 분해로 $\Sigma = UDU^T$ 가 되고,

$$D = \begin{pmatrix} \lambda_1 & 0 & \cdots & 0 \\ 0 & \lambda_2 & \cdots & 0 \\ \vdots & \vdots & \ddots & \vdots \\ 0 & \cdots & 0 & \lambda_p \end{pmatrix}$$

$$= \begin{pmatrix} \sqrt{\lambda_1} & 0 & \cdots & 0 \\ 0 & \sqrt{\lambda_2} & \cdots & 0 \\ \vdots & \vdots & \ddots & \vdots \\ 0 & \cdots & 0 & \sqrt{\lambda_p} \end{pmatrix} \begin{pmatrix} \sqrt{\lambda_1} & 0 & \cdots & 0 \\ 0 & \sqrt{\lambda_2} & \cdots & 0 \\ \vdots & \vdots & \ddots & \vdots \\ 0 & \cdots & 0 & \sqrt{\lambda_p} \end{pmatrix} = D^{\frac{1}{2}} D^{\frac{1}{2}}$$

라고 할 수 있다. 또한 U 가 직교행렬이므로 $U^T U = UU^T = I$ 가 되어,

$$\begin{aligned} \Sigma = UDU^T &= UD^{\frac{1}{2}} D^{\frac{1}{2}} U^T \\ &= UD^{\frac{1}{2}} U^T U D^{\frac{1}{2}} U^T \\ &= \underbrace{\left(UD^{\frac{1}{2}}U^T\right)}_{=\Sigma^{\frac{1}{2}}} \underbrace{\left(UD^{\frac{1}{2}}U^T\right)}_{=\Sigma^{\frac{1}{2}}} \\ &= \Sigma^{\frac{1}{2}} \Sigma^{\frac{1}{2}} \end{aligned}$$

가 된다.

3. 역행렬의 정의를 이용하면,

$$\left(UD^{\frac{1}{2}}U^T UD^{\frac{1}{2}}U^T\right)\left(UD^{-\frac{1}{2}}U^T UD^{-\frac{1}{2}}U^T\right) = I$$

이고,

$$\left(UD^{-\frac{1}{2}}U^T UD^{-\frac{1}{2}}U^T\right)\left(UD^{\frac{1}{2}}U^T UD^{\frac{1}{2}}U^T\right) = I$$

이므로,

$$\left(UD^{\frac{1}{2}}U^T UD^{\frac{1}{2}}U^T\right)^{-1} = \left(UD^{-\frac{1}{2}}U^T UD^{-\frac{1}{2}}U^T\right)$$

가 된다.

4. $\boldsymbol{a}_* = \Sigma^{-\frac{1}{2}}\boldsymbol{a}$ 이고, $\boldsymbol{b}_* = \Sigma^{\frac{1}{2}}\boldsymbol{b}$ 라고 하면,

$$\boldsymbol{a}_*^T \boldsymbol{b}_* = \boldsymbol{a}^T \Sigma^{-\frac{1}{2}} \Sigma^{\frac{1}{2}} \boldsymbol{b} = \boldsymbol{a}^T \boldsymbol{b}$$

이고,

$$\begin{aligned}\boldsymbol{a}_*^T\boldsymbol{a}_* &= \boldsymbol{a}^T\Sigma^{-\frac{1}{2}}\Sigma^{-\frac{1}{2}}\boldsymbol{a} = \boldsymbol{a}^T\Sigma^{-1}\boldsymbol{a}\\ \boldsymbol{b}_*^T\boldsymbol{b}_* &= \boldsymbol{b}^T\Sigma^{\frac{1}{2}}\Sigma^{\frac{1}{2}}\boldsymbol{b} = \boldsymbol{a}^T\Sigma\boldsymbol{a}\end{aligned}$$

가 되어, 코쉬-슈바르츠 부등식에 의해

$$\left(\boldsymbol{a}_*^T\boldsymbol{b}_*\right)^2 \le \left(\boldsymbol{a}_*^T\boldsymbol{a}_*\right)\left(\boldsymbol{b}_*^T\boldsymbol{b}_*\right)$$

을 이용하면

$$\left(\boldsymbol{a}^T\boldsymbol{b}\right)^2 \le \left(\boldsymbol{a}^T\Sigma^{-1}\boldsymbol{a}\right)\left(\boldsymbol{b}^T\Sigma\boldsymbol{b}\right)$$

가 된다.

[3]

1. 사후확률은

$$P\left(\pi_i|\boldsymbol{x}\right) = \frac{p_i\, f_i(\boldsymbol{x})}{\sum_{j=1}^{a} p_j\, f_j(\boldsymbol{x})} \propto p_i\, f_i(\boldsymbol{x})$$

2.

$$p_i\, f_i(\boldsymbol{x}) = p_i \times \frac{1}{(2\pi)^{p/2}|\Sigma|^{1/2}} \exp\left\{-\frac{1}{2}\left(\boldsymbol{x}-\boldsymbol{\mu}_i\right)^T\Sigma^{-1}\left(\boldsymbol{x}-\boldsymbol{\mu}_i\right)\right\}$$

에서 양변에 로그를 취하면,

$$\log\left(p_i\, f_i(\boldsymbol{x})\right) = -\frac{p}{2}\log 2\pi \underbrace{-\frac{1}{2}\log|\Sigma| - \frac{1}{2}\left(\boldsymbol{x}-\boldsymbol{\mu}_i\right)^T\ \Sigma^{-1}\left(\boldsymbol{x}-\boldsymbol{\mu}_i\right) + \log p_i}_{d_i^*}$$

가 되므로, 사후확률을 최대화시키는 것은 d_i^* 가 가장 큰 그룹 i 를 선정하는 문제와 동일하다.

3. d_i^* 에서 $\boldsymbol{\mu}_i$대신에 $\bar{\boldsymbol{x}}_i$, Σ대신에 S_{pool} 을 대입하면,

$$\begin{aligned}d_i^* &\simeq C - \frac{1}{2}\left(\boldsymbol{x}-\bar{\boldsymbol{x}}_i\right)^T\ S_{\text{pool}}^{-1}\left(\boldsymbol{x}-\bar{\boldsymbol{x}}_i\right) + \log p_i\\ &= -\frac{1}{2}\boldsymbol{x}^T S_{\text{pool}}^{-1}\boldsymbol{x} + \frac{1}{2}\boldsymbol{x}^T S_{\text{pool}}^{-1}\bar{\boldsymbol{x}}_i + \frac{1}{2}\bar{\boldsymbol{x}}_i^T S_{\text{pool}}^{-1}\boldsymbol{x} - \frac{1}{2}\bar{\boldsymbol{x}}_i^T S_{\text{pool}}^{-1}\bar{\boldsymbol{x}}_i + \log p_i\\ &= -\frac{1}{2}\boldsymbol{x}^T S_{\text{pool}}^{-1}\boldsymbol{x} + \underbrace{\boldsymbol{x}^T S_{\text{pool}}^{-1}\bar{\boldsymbol{x}}_i - \frac{1}{2}\bar{\boldsymbol{x}}_i^T S_{\text{pool}}^{-1}\bar{\boldsymbol{x}}_i + \log p_i}_{d_i}\end{aligned}$$

가 되므로, 사후확률을 최대화시키는 문제는 d_i 를 최대로 하는 그룹 i 를 결정하는 문제가 된다.

4. d_M 과 d_F 를 각각 계산하면,

$$d_M = \boldsymbol{x}^T S_{\text{pool}}^{-1} \bar{\boldsymbol{x}}_M - \frac{1}{2} \bar{\boldsymbol{x}}_M^T S_{\text{pool}}^{-1} \bar{\boldsymbol{x}}_M + \log p_M$$
$$d_F = \boldsymbol{x}^T S_{\text{pool}}^{-1} \bar{\boldsymbol{x}}_F - \frac{1}{2} \bar{\boldsymbol{x}}_F^T S_{\text{pool}}^{-1} \bar{\boldsymbol{x}}_F + \log p_F$$

여기서 $p_M = p_M$ 이라고 했으므로

$$\begin{aligned} d_M - d_F &= \boldsymbol{x}^T S_{\text{pool}}^{-1} (\bar{\boldsymbol{x}}_M - \bar{\boldsymbol{x}}_F) - \frac{1}{2} \bar{\boldsymbol{x}}_M^T S_{\text{pool}}^{-1} (\bar{\boldsymbol{x}}_M - \bar{\boldsymbol{x}}_F) - \frac{1}{2} \bar{\boldsymbol{x}}_M^T S_{\text{pool}}^{-1} \bar{\boldsymbol{x}}_F \\ &\quad - \frac{1}{2} \bar{\boldsymbol{x}}_F^T S_{\text{pool}}^{-1} (\bar{\boldsymbol{x}}_M - \bar{\boldsymbol{x}}_F) + \frac{1}{2} \bar{\boldsymbol{x}}_F^T S_{\text{pool}}^{-1} \bar{\boldsymbol{x}}_M \\ &= \boldsymbol{x}^T S_{\text{pool}}^{-1} (\bar{\boldsymbol{x}}_M - \bar{\boldsymbol{x}}_F) - \frac{1}{2} (\bar{\boldsymbol{x}}_M + \bar{\boldsymbol{x}}_F)^T S_{\text{pool}}^{-1} (\bar{\boldsymbol{x}}_M - \bar{\boldsymbol{x}}_F) \\ &= \boldsymbol{x}^T \hat{\boldsymbol{b}} - \frac{1}{2} (\bar{\boldsymbol{x}}_M + \bar{\boldsymbol{x}}_F)^T \hat{\boldsymbol{b}} > 0 \end{aligned}$$

이므로, $d_M > d_F$ 이고 $\Sigma_M = \Sigma_F$ 이면 다변량정규분포의 사후확률을 최대로 하는 판별분석의 결과는 Fisher의 선형판별함수에 의한 판별분석 결과와 일치한다.

Chapter 13

[1]

1. $\boldsymbol{c} = \Sigma_{\boldsymbol{xx}}^{1/2} \boldsymbol{a}$ 이고 $\boldsymbol{d} = \Sigma_{\boldsymbol{yy}}^{1/2} \boldsymbol{b}$ 이므로,

$$\begin{aligned} \boldsymbol{c}^T \Sigma_{\boldsymbol{xx}}^{-1/2} \Sigma_{\boldsymbol{xy}} \Sigma_{\boldsymbol{yy}}^{-1/2} \boldsymbol{d} &= \boldsymbol{a}^T \Sigma_{\boldsymbol{xx}}^{1/2} \Sigma_{\boldsymbol{xx}}^{-1/2} \Sigma_{\boldsymbol{xy}} \Sigma_{\boldsymbol{yy}}^{-1/2} \Sigma_{\boldsymbol{yy}}^{1/2} \boldsymbol{b} \\ &= \boldsymbol{a}^T \Sigma_{\boldsymbol{xy}} \boldsymbol{b} \\ &= \text{Cov}\left(\boldsymbol{a}^T \boldsymbol{x}, \boldsymbol{b}^T \boldsymbol{y}\right) \end{aligned}$$

2. $\text{V}\left(\boldsymbol{a}^T \boldsymbol{x}\right) = \boldsymbol{a}^T \Sigma_{xx} \boldsymbol{a} = 1$ 이고, $\text{V}\left(\boldsymbol{b}^T \boldsymbol{y}\right) = \boldsymbol{b}^T \Sigma_{yy} \boldsymbol{b} = 1$ 이므로,

$$\text{Corr}\left(\boldsymbol{a}^T \boldsymbol{x}, \boldsymbol{b}^T \boldsymbol{y}\right) \stackrel{def.}{=} \frac{\text{Cov}\left(\boldsymbol{a}^T \boldsymbol{x}, \boldsymbol{b}^T \boldsymbol{y}\right)}{\sqrt{\text{V}\left(\boldsymbol{a}^T \boldsymbol{x}\right)}\sqrt{\text{V}\left(\boldsymbol{b}^T \boldsymbol{y}\right)}} = \text{Cov}\left(\boldsymbol{a}^T \boldsymbol{x}, \boldsymbol{b}^T \boldsymbol{y}\right)$$

3.

$$\frac{\partial \mathcal{L}}{\partial \boldsymbol{c}} = \Sigma_{\boldsymbol{xx}}^{-1/2} \Sigma_{\boldsymbol{xy}} \Sigma_{\boldsymbol{yy}}^{-1/2} \boldsymbol{d} - 2\lambda_1 \boldsymbol{c} = 0$$

$$\frac{\partial \mathcal{L}}{\partial \boldsymbol{d}} = \Sigma_{\boldsymbol{yy}}^{-1/2}\,\Sigma_{\boldsymbol{yx}}\,\Sigma_{\boldsymbol{xx}}^{-1/2}\,\boldsymbol{c} - 2\lambda_2 \boldsymbol{d} = 0$$

4. $\boldsymbol{c}^T\Sigma_{\boldsymbol{xx}}^{-1/2}\,\Sigma_{\boldsymbol{xy}}\,\Sigma_{\boldsymbol{yy}}^{-1/2}\boldsymbol{d} = 2\lambda_1\boldsymbol{c}^T\boldsymbol{c} = 0$ 이고, $\boldsymbol{c}^T\boldsymbol{c} = 1$, $\boldsymbol{d}^T\boldsymbol{d} = 1$ 이므로,

$$\lambda_1 = \frac{1}{2}\text{Cov}\left(\boldsymbol{a}^T\boldsymbol{x},\, \boldsymbol{b}^T\boldsymbol{y}\right) = \frac{1}{2}\text{Corr}\left(\boldsymbol{a}^T\boldsymbol{x},\, \boldsymbol{b}^T\boldsymbol{y}\right)$$
$$\lambda_2 = \frac{1}{2}\left[\text{Cov}\left(\boldsymbol{a}^T\boldsymbol{x},\, \boldsymbol{b}^T\boldsymbol{y}\right)\right]^T = \frac{1}{2}\text{Cov}\left(\boldsymbol{a}^T\boldsymbol{x},\, \boldsymbol{b}^T\boldsymbol{y}\right) = \frac{1}{2}\text{Corr}\left(\boldsymbol{a}^T\boldsymbol{x},\, \boldsymbol{b}^T\boldsymbol{y}\right)$$

5. λ_1, λ_2 값을 대입하면,

$$\begin{aligned}\boldsymbol{c} &= \frac{1}{2\lambda_1}\,\Sigma_{\boldsymbol{xx}}^{-1/2}\,\Sigma_{\boldsymbol{xy}}\,\Sigma_{\boldsymbol{yy}}^{-1/2}\,\boldsymbol{d} \\ &= \frac{1}{\rho_{\boldsymbol{a}^T\boldsymbol{x},\,\boldsymbol{b}^T\boldsymbol{y}}}\,\Sigma_{\boldsymbol{xx}}^{-1/2}\,\Sigma_{\boldsymbol{xy}}\,\Sigma_{\boldsymbol{yy}}^{-1/2}\,\boldsymbol{d}\end{aligned}$$

에서

$$\begin{aligned}\boldsymbol{d} &= \frac{1}{2\lambda_2}\,\Sigma_{\boldsymbol{yy}}^{-1/2}\,\Sigma_{\boldsymbol{yx}}\,\Sigma_{\boldsymbol{xx}}^{-1/2}\,\boldsymbol{c} \\ &= \frac{1}{\rho_{\boldsymbol{a}^T\boldsymbol{x},\,\boldsymbol{b}^T\boldsymbol{y}}}\,\Sigma_{\boldsymbol{yy}}^{-1/2}\,\Sigma_{\boldsymbol{yx}}\,\Sigma_{\boldsymbol{xx}}^{-1/2}\,\boldsymbol{c}\end{aligned}$$

을 대입하면,

$$\rho^2_{\boldsymbol{a}^T\boldsymbol{x},\,\boldsymbol{b}^T\boldsymbol{y}}\boldsymbol{c} = \Sigma_{\boldsymbol{xx}}^{-1/2}\,\Sigma_{\boldsymbol{xy}}\,\Sigma_{\boldsymbol{yy}}^{-1/2}\Sigma_{\boldsymbol{yy}}^{-1/2}\,\Sigma_{\boldsymbol{yx}}\,\Sigma_{\boldsymbol{xx}}^{-1/2}\,\boldsymbol{c}$$

가 되어 $\rho^2_{\boldsymbol{a}^T\boldsymbol{x},\,\boldsymbol{b}^T\boldsymbol{y}}$ 은 행렬

$$\Sigma_{\boldsymbol{xx}}^{-1/2}\,\Sigma_{\boldsymbol{xy}}\,\Sigma_{\boldsymbol{yy}}^{-1}\,\Sigma_{\boldsymbol{yx}}\,\Sigma_{\boldsymbol{xx}}^{-1/2}$$

의 고유값이고 $\boldsymbol{c}$는 그 고유벡터가 된다. 마찬가지 방법으로

$$\rho^2_{\boldsymbol{a}^T\boldsymbol{x},\,\boldsymbol{b}^T\boldsymbol{y}}\boldsymbol{d} = \Sigma_{\boldsymbol{yy}}^{-1/2}\,\Sigma_{\boldsymbol{yx}}\,\Sigma_{\boldsymbol{xx}}^{-1/2}\Sigma_{\boldsymbol{xx}}^{-1/2}\,\Sigma_{\boldsymbol{xy}}\,\Sigma_{\boldsymbol{yy}}^{-1/2}\,\boldsymbol{d}$$

가 되어, $\rho^2_{\boldsymbol{a}^T\boldsymbol{x},\,\boldsymbol{b}^T\boldsymbol{y}}$ 은 행렬

$$\Sigma_{\boldsymbol{yy}}^{-1/2}\,\Sigma_{\boldsymbol{yx}}\,\Sigma_{\boldsymbol{xx}}^{-1}\,\Sigma_{\boldsymbol{xy}}\,\Sigma_{\boldsymbol{yy}}^{-1/2}$$

의 고유값이고 $\boldsymbol{d}$는 그 고유벡터가 된다.

Chapter 14

Table 17.1: 비유사성 행렬(dissimilarity matrix)

	A	B	C	D
A	0	$\sqrt{162.5}$	$\sqrt{200.5}$	$\sqrt{590.5}$
B	$\sqrt{162.5}$	0	$\sqrt{2}$	$\sqrt{136}$
C	$\sqrt{200.5}$	$\sqrt{2}$	0	$\sqrt{106}$
D	$\sqrt{590.5}$	$\sqrt{136}$	$\sqrt{106}$	0

[1]

1. 비유사성 행렬을 계산하면 위 Table 17.1과 같다.

2. 단일연결법을 이용하면 그림 17.1과 같게 된다.

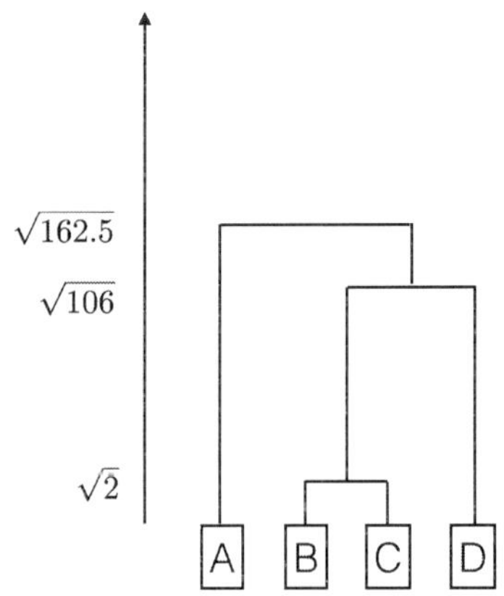

그림 17.1: 단일연결법에 의한 군집분석

2. 최장연결법을 이용하면 그림 17.2와 같게 된다.

3.

$$D_{AB} = \sqrt{\begin{pmatrix} 9.5 \\ 8.5 \end{pmatrix}^T \begin{pmatrix} 0.690 & -0.903 \\ -0.903 & 0.690 \end{pmatrix} \begin{pmatrix} 9.5 \\ 8.5 \end{pmatrix}} = 1.964$$

$$D_{AC} = \sqrt{\begin{pmatrix} 10.5 \\ 9.5 \end{pmatrix}^T \begin{pmatrix} 0.690 & -0.903 \\ -0.903 & 0.690 \end{pmatrix} \begin{pmatrix} 10.5 \\ 9.5 \end{pmatrix}} = 2.264$$

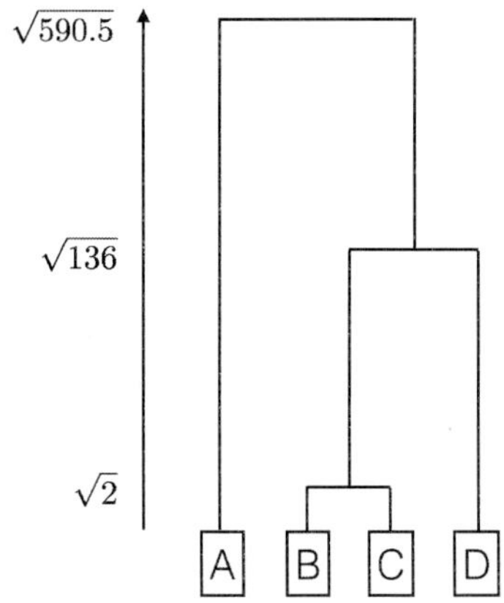

그림 17.2: 최장연결법에 의한 군집분석

$$D_{AD} = \sqrt{\begin{pmatrix} 19.5 \\ 14.5 \end{pmatrix}^T \begin{pmatrix} 0.690 & -0.903 \\ -0.903 & 0.690 \end{pmatrix} \begin{pmatrix} 19.5 \\ 14.5 \end{pmatrix}} = 2.475$$

$$D_{BC} = \sqrt{\begin{pmatrix} 1 \\ 1 \end{pmatrix}^T \begin{pmatrix} 0.690 & -0.903 \\ -0.903 & 0.690 \end{pmatrix} \begin{pmatrix} 1 \\ 1 \end{pmatrix}} = 0.306$$

$$D_{BD} = \sqrt{\begin{pmatrix} 10 \\ 6 \end{pmatrix}^T \begin{pmatrix} 0.690 & -0.903 \\ -0.903 & 0.690 \end{pmatrix} \begin{pmatrix} 10 \\ 6 \end{pmatrix}} = 2.049$$

$$D_{CD} = \sqrt{\begin{pmatrix} 9 \\ 5 \end{pmatrix}^T \begin{pmatrix} 0.690 & -0.903 \\ -0.903 & 0.690 \end{pmatrix} \begin{pmatrix} 9 \\ 5 \end{pmatrix}} = 2.206$$

그러므로, 비유사성 행렬은 Table 17.2가 된다.

4. 마할라노비스 거리로 단일연결법으로 군집분석을 하면 그림 17.3이 된다.

5. 그림 17.3에서 군집의 수를 결정하면 그림 17.4와 같이 3개의 군집이 형성된다.

[3] Labrado의 특징은 St. Bernard 에 비해 사람과 놀기를 좋아한다는 점이다. 답은 ⓓ.

Table 17.2: 비유사성 행렬(dissimilarity matrix)

	A	B	C	D
A	0	1.964	2.264	2.475
B	1.964	0	0.306	2.049
C	2.264	0.306	0	2.206
D	2.475	2.049	2.206	0

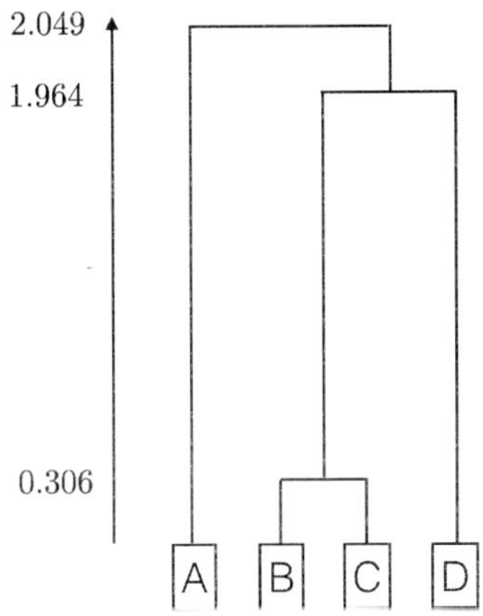

그림 17.3: 단일연결법에 의한 군집분석

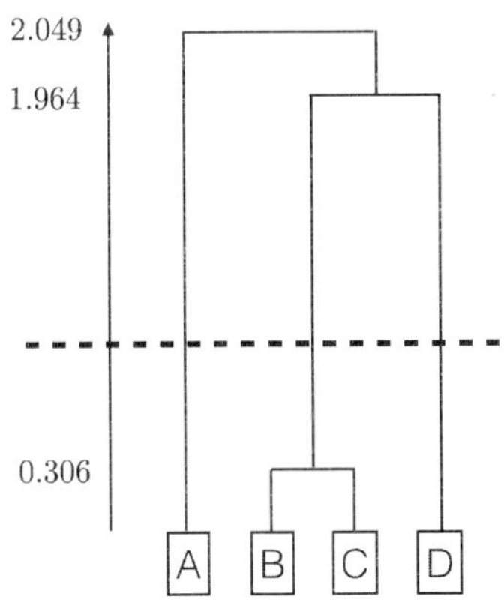

그림 17.4: 군집의 수 결정

Chapter 15

[1] 문항 전체의 크론바흐의 알파값을 구하면 0.873이 되어, 문항의 신뢰성은 비교

적 높다고 할 수 있다. 그럼에도 불구하고 심사위원 한 명을 탈락시켜야 한다면, 심사위원에서 제외됨으로써 크론바흐의 알파값이 증가하는 사람을 선택하면 된다. 아래 Table 17.3은 각 심사위원이 제외된 상태의 크론바흐의 알파를 나타낸다.

Table 17.3: 크론바흐의 알파

제외된 심사위원	크론바흐의 알파
심사위원1	0.8994
심사위원2	0.7234
심사위원3	0.8653

그러므로, 신뢰성을 높이는 측면에서는 [심사위원1]을 제외시킬 것을 추천한다.

Index

SAS를 이용한

다변량 자료분석 - 제2판 -

저　　자　박홍선
발 행 인　김지영
발 행 처　자유아카데미
주　　소　경기도 파주시 회동길 37-42
　　　　　파주출판도시
전　　화　031-955-1321
팩　　스　031-955-1322
홈페이지　www.freeaca.com
전자우편　main@freeaca.com (대표)
　　　　　editor@freeaca.com (편집)
　　　　　crm@freeaca.com (영업)
등　　록　제406-2003-017호, 1980. 7. 12
제2판1쇄　2023년 7월 31일 발행

ISBN 979-11-5808-509-4　93310